Derecho de la formación profesional
en Uruguay

ADVERTENCIA

El uso de un lenguaje que no discrimine ni marque diferencias entre hombres y mujeres es una de las preocupaciones de nuestra Organización. Sin embargo, no hay acuerdo entre los lingüistas sobre la manera de cómo hacerlo en nuestro idioma.

En tal sentido y con el fin de evitar la sobrecarga gráfica que supondría utilizar en español o/a para marcar la existencia de ambos sexos, hemos optado por emplear el masculino genérico clásico, en el entendido de que todas las menciones en tal género representan siempre a hombres y mujeres.

En carátula: Joaquín Torres García, *Paisaje de ciudad*, 1928. Óleo sobre cartón, 36 x 56 cm.

Hugo Barretto Ghione
Octavio Carlos Racciatti
Mario Garmendia Arigón

Derecho de la formación profesional en Uruguay

Oficina Internacional del Trabajo

CINTERFOR

BARRETTO GHIONE, H.; RACCIATTI, O. C.; GARMENDIA ARIGÓN, M.
Derecho de la formación profesional en Uruguay. Montevideo : CINTERFOR, 2003.
318 p. (Trazos de la Formación, 18)

Incluye Bibliografía
ISBN: 92-9088-157-7

/FORMACIÓN PROFESIONAL/ /DERECHO ADMINISTRATIVO/ /DERECHO DE LOS TRABAJADORES/ /POLÍTICA DE FORMACIÓN/ /LEGISLACIÓN/ /IGUALDAD DE OPORTUNIDADES/ /RELACIONES LABORALES/ /LEGISLACIÓN DEL TRABAJO/ /OPORTUNIDADES DE FORMACIÓN/ /SEGURIDAD EN EL TRABAJO/ /URUGUAY/ /PUB CINTERFOR/

Las publicaciones de la OIT pueden obtenerse en las principales librerías o en oficinas locales de la OIT en muchos países o pidiéndolas a: Publicaciones de la OIT, Oficina Internacional del Trabajo, CH-1211 Ginebra 22, Suiza. También pueden solicitarse catálogos o listas de nuevas publicaciones a la dirección antes mencionada o por correo electrónico a: pubvente@ilo.org   Sitio en la red: www.ilo.org/publns

El Centro Interamericano de Investigación y Documentación sobre Formación Profesional (Cinterfor/OIT) es un servicio técnico de la OIT, establecido en 1964 con el fin de impulsar y coordinar los esfuerzos de las instituciones y organismos dedicados a la formación profesional en la región.

Las publicaciones del Centro pueden obtenerse en las oficinas locales de la OIT en muchos países o solicitándolas a Cinterfor/OIT, Casilla de correo 1761, E-mail: dirmvd@cinterfor.org.uy, Fax: 902 1305, Montevideo, Uruguay.

Sitio en la red: www.cinterfor.org.uy

Impreso en la República Oriental del Uruguay

SUMARIO

PRESENTACIÓN

Desde hace ya cierto tiempo, Cinterfor/OIT ha venido profundizando en las vinculaciones de la formación profesional con el Derecho del trabajo y las relaciones laborales, así como, más específicamente, con el diálogo social, y todo ello, tanto en el ámbito nacional como en el de los procesos de integración regional.

En el curso de tales estudios, debates y publicaciones, se comenzó a percibir que había un aspecto de la cuestión que no había sido suficientemente abordada, salvo en el plano de las recopilaciones de normas: nos referimos al conjunto de la legislación vigente sobre formación profesional en general. Tanto a través del monumental *Digesto* sistematizado por Héctor-Hugo Barbagelata,[1] como de la posterior elaboración de una *Base de datos sobre legislación de formación profesional,* seguidas del estudio de Garmendia sobre *la legislación comparada en materia de formación profesional,*[2] se había llegado a recopilar el conjunto de normas que reglamentan la formación profesional e incluso se había ensayado un primer estudio comparativo. Pero no se habían realizado estudios nacionales sistemáticos sobre la totalidad del régimen jurídico de la formación en un determinado país. En efecto, faltaba analizar sistemáticamente el *Derecho de la formación profesional* (es decir, el conjunto de la reglamentación jurídica de toda la formación profesional) de un determinado país. El presente volumen recoge el primer estudio nacional que intenta dar cuenta del conjunto de normas vigentes sobre formación profesional, incluyendo tanto las normas constitucionales e internacionales vigentes en el país (que consagran el derecho a la formación en el marco de los derechos humanos), como la legislación administrativa que regula las instituciones competentes en la materia, sus atribuciones, integración, presupuesto, etc. y la presencia de la formación en la dinámica de la relación de trabajo regida por el Derecho laboral. Así, se integran en el *Derecho de la formación profesional,* normas pertenecientes al Derecho internacional, al Derecho constitucional, al Derecho administrativo y al Derecho del trabajo y de la Seguridad social.

---

1 Barbagelata, Héctor-Hugo, *Digesto legislativo de la formación profesional en América Latina y el Caribe,* Cinterfor/OIT, Montevideo, 1981 (6 volúmenes).
2 Garmendia Arigón, Mario, *Legislación comparada sobre formación profesional,* Cinterfor/OIT, Montevideo, 2000.

No se trata aquí de suponer la existencia ni de proponer la construcción de un Derecho autónomo de la formación profesional, sino simplemente, de poner en evidencia que ella está presente, en una especie de corte transversal, en diversas ramas del Derecho. Y puesta en evidencia esa presencia transversal, se intenta mostrar cuál es el tratamiento que de la formación profesional se hace en esas ramas del derecho, luego de lo cual, se arma una especie de puzzle (al decir de Antonio Baylos Grau), que da como resultado el estado actual de este Derecho de la formación profesional, compuesto de normas internacionales, constitucionales, administrativas, laborales y de seguridad social.

La primera parte de este volumen, en la que se intenta fijar *el concepto de formación profesional y sus modalidades,* para inmediatamente abordar *el derecho a la formación profesional, en tanto derecho fundamental consagrado en la Constitución y en las normas internacionales,* ha sido confiado al profesor HUGO BARRETTO GHIONE.

El profesor OCTAVIO CARLOS RACCIATTI tuvo a su cargo la segunda parte, que trata del *Derecho administrativo de la formación profesional,* es decir el análisis de los órganos competentes en la materia, su régimen jurídico, funcional, financiero y de control.

La tercera y última parte, que enfoca *la presencia de la formación profesional en el Derecho del trabajo y de la seguridad social,* estuvo a cargo del profesor MARIO GARMENDIA ARIGÓN.

Al final de cada una de esas partes, se incluyen, en sendos *anexos normativos,* los textos de las normas jurídicas vigentes que el respectivo autor consideró relevantes para los asuntos que le correspondió tratar.

Cinterfor/OIT abriga la esperanza de que este volumen constituya un aporte al estudio de los aspectos jurídicos de la formación profesional uruguaya y que, asimismo, aliente la realización de estudios nacionales análogos en otros países.

PEDRO DANIEL WEINBERG
Director de Cinterfor/OIT

Introducción

RESEÑA DEL CONCEPTO Y MODALIDADES DE FORMACIÓN PROFESIONAL

Hugo Barretto Ghione

SUMARIO

I.   ¿DE QUÉ HABLAMOS CUANDO HABLAMOS DE FORMACIÓN PROFESIONAL?

1. La educación y la formación están en el centro de las miradas de quienes se interesan por el futuro de las sociedades nacionales en un mundo progresivamente globalizado.

Los cambios en la forma de trabajar, la innovación tecnológica y el advenimiento de la "sociedad de la información" están modificando profundamente los requerimientos y competencias exigidas a las personas, produciendo, además, altos y –hasta ahora desconocidos– grados de exclusión social.

Para la OIT, "las calificaciones son cada vez más decisivas para determinar la empleabilidad de un individuo y, en un macronivel (...) la competitividad de un país".[1]

En la Unión Europea, luego de referirse a la incertidumbre y la exclusión que este proceso provoca, el *Libro Blanco* sobre la educación y formación *Enseñar y aprender: hacia la sociedad del conocimiento*, dice que "a partir de ahora está claro que las potenciales nuevas ofertas de trabajo demandan a los individuos un esfuerzo de adaptación, en particular para construir por sí mismos su propia calificación en sustitución de saberes elementales adquiridos en el pasado. La sociedad del futuro será pues una sociedad cognoscitiva (...) La educación y la formación han resultado los principales vectores de identificación, de pertenencia, de promoción social y de plenitud personal (...) invertir en lo inmaterial y valorizar el recurso humano aumentarán la competitividad global, desarrollará el empleo, y permitirá preservar las conquistas sociales. Serán las capacidades de aprender y la matriz de saberes fundamentales que situarán de ahora en adelante a los individuos en las relaciones sociales (...) la facultad de renovación y de innovación dependerá de los lazos entre la producción del saber y su transmisión por la educación y la formación".

A más de un lustro de su publicación, el énfasis en la educación y formación que propulsa el *Libro Blanco* sigue siendo vigente, a pesar de cierta visión (excesivamente) optimista sobre la incidencia decisoria de la formación en los procesos económicos.

---

[1]   *Informe sobre el empleo en el mundo*, 1998-1999, "Empleabilidad y mundialización: papel fundamental de la formación"

2. La urgente necesidad de adaptabilidad de los trabajadores a las nuevas condiciones y exigencias tecnológicas no debe soslayar otras dimensiones que la formación presenta con relación al conjunto de la sociedad.

Si bien las políticas y programas de formación profesional deben tener por objetivo "mejorar la aptitud del individuo de comprender su medio de trabajo y el medio social y de influir, individual o colectivamente, sobre estos" (artículo 1º num.4 del Convenio Internacional del Trabajo Nº 142), igualmente se deberán tener "presentes al mismo tiempo las necesidades de la sociedad" (artículo. 1º num.5 del mismo CIT Nº 142).

La Resolución de la Conferencia General de la OIT sobre el desarrollo de recursos humanos (88ª reunión, año 2000) es todavía más explícita en el sentido de la *utilidad* social de la formación, cuando dice: "La economía y la sociedad en general, de la misma manera que las personas y las empresas, se benefician de la formación y desarrollo de recursos humanos. La economía es más productiva, innovadora y competitiva gracias a la existencia de un potencial humano más calificado. La formación y desarrollo de recursos humanos ponen de relieve los valores fundamentales de una sociedad de equidad, justicia, igualdad de trato entre hombres y mujeres, no discriminación, responsabilidad social y participación".

3. En síntesis, la formación comporta hoy un proceso en el que está interesado el conjunto de la sociedad, comprometida quizá más que nunca con la evolución de los saberes y el conocimiento. La formación, la renovación e innovación serán caracteres inherentes a las relaciones sociales en el futuro.

1. Formación, un término polisémico

4. La pregunta del título de este capítulo, una especie de paráfrasis del escritor Raymond Carver, sirve para alertar sobre una cuestión que atravesará linealmente el presente trabajo: en diferentes contextos geográficos y temporales, *formación profesional* aparece con significados no siempre coincidentes, comprendiendo tipos y modalidades educativas diversas y formando parte de institucionalidades también diversas. Ello ha hecho que el concepto sea "ambiguo y difuso", al decir de Ducci.[2]

Esta constatación comporta una dificultad indiscutible para elaborar el concepto de formación profesional.

Así, el conjunto de actores y agentes sociales con vocación de implementar acciones formativas, hacen patente y postulan su propia elaboración conceptual,

---

| 2   Ducci, María Angélica, *Formación profesional: vía de apertura*, Cinterfor/OIT, 1983, p. 15.

que resulta funcional a sus intereses, cultura y cosmovisión general, así como a su proyección futura. Por tanto, cuando los órganos públicos (federales, estaduales, municipales), instituciones de capacitación (públicas, estatales, privadas, etc.), empresas, universidades, organizaciones religiosas y confesionales, organizaciones no gubernamentales, organizaciones internacionales, sindicatos (de rama o de empresa, asociados con otras instituciones o por sí), realizan acciones de capacitación, trasponen sus propias expectativas, su concepción, valores y visión que sobre la formación tienen, presentando una gran variedad de tipos organizativos, modalidades de acción y de servicios ofertados.

5. Esta situación, presente a nivel microsocial, tiene su paralelo en el debate público.

Temas tales como la *"integralidad"* de la formación o la *"pertinencia"* de la misma a las exigencias del mundo productivo, denotan énfasis, enfoques, acentos y aperturas diversificadas, que comportan ejes de un debate que lleva ya décadas y del que no siempre surgen con suficiente claridad ciertos telones de fondo vinculados, ora con las políticas de reforma educativa (en forma preponderante), ora con las políticas de reforma laboral (más modernamente).

Esta complejidad, cruces y mixturas con temas que distan de resultar zanjados por el conjunto social, hace que difícilmente concepciones y expectativas tan diversas puedan nuclearse tras una fuerza centrípeta que permita una conceptuación única.

6. A esto debe agregarse el ingrediente semántico, puesto que no siempre los mismos fenómenos se designan con el mismo nombre, o la literalidad misma de las palabras denotan fenómenos disímiles, lo que determina que para crear una *acción comunicativa* eficaz deba recurrirse a insoslayables precisiones del lenguaje.

7. No obstante, si de buscar puntos comunes se trata, debe también decirse que el terreno no es totalmente baldío, ya que pueden advertirse ciertas permanencias en torno a la formación profesional.

El término *formación* significa "acción o efecto de formar o formarse", aludiendo así tanto al proceso como al producto; "formar", a su vez, equivale a "educar, adiestrar" y *profesional* designa la práctica de una profesión, entendida como "empleo, facultad u oficio que una persona tiene y ejerce con derecho a retribución".[3]

En definitiva, formación profesional refiere al proceso de educación o adiestramiento en la práctica de un empleo, facultad u oficio inherente al trabajo remunerado.

---

3 Real Academia de la Lengua Española, *Diccionario de la Lengua Española*, 21a edición.

A cuenta de mayores desarrollos, las notas caracterizadoras de la formación profesional tienen relación con:

-   acciones tendientes a la adquisición de conocimientos y habilidades a emplear *en el mundo del trabajo;*
-   llevadas a cabo por una pluralidad de agentes educativos y sociales;
-   *realizadas preponderantemente* (pero de ningún modo *únicamente*) por fuera del circuito formal de enseñanza.

Mas allá de estas notas necesariamente generales, y todavía en medio de derivaciones y dificultades emergentes de las distintas modalidades que presentan cada una de ellas, se extiende un amplio campo donde coexisten concepciones divergentes.

8. La formación profesional aparece en el horizonte inmediato de la educación técnica, o técnico profesional, como una natural vía de complementación y articulación, con una continuidad e identidad conceptual bien marcada, aunque casi nunca reconocida.

En América Latina ambas acciones han estado operativamente separadas, "funcionando como esquemas paralelos e independientes, y asumiendo modalidades organizativas y curriculares distintas".[4] El límite trazado en el marco institucional ha determinado que la educación técnica y técnico profesional permanezcan incluidas en el sistema de educación regular, y la formación profesional ha quedado en el entorno. Esta circunstancia se explica por razones históricas, dado que la organización de la formación profesional nació en forma independiente y al margen de la educación regular, "por la incapacidad atribuida a esta para la formación de recursos humanos calificados en momentos de acelerada industrialización".[5]

Con el devenir, se ha solidificado cierta resistencia mutua de los sistemas a su unificación. Los elementos diferenciales han primado sobre los uniformadores, dice Ducci.

Enumera la autora una serie de factores que han contribuido al distanciamiento entre educación técnica y formación profesional: "su vinculación institucional: ministerios de Educación por un lado y ministerios de Trabajo, en la mayoría de los casos, por el otro; su forma de financiamiento: presupuestos fijos del Estado y cotizaciones de las empresas; su engranaje en sistemas más amplios: una insertada en un sistema global y la otra como autosuficiente; la orientación temporal de sus acciones: la una de largo plazo, la otra como respuesta rápida de corto plazo".

Esta diferenciación institucional no siempre subrayada, con consecuencias en el plano de los contenidos, objetivos y resultados, hace que en muchos casos se

4   Ducci, María Angélica, *op.cit.,* p. 16.
5   Ducci, María Angélica, *op.cit.,* p. 17.

hable –con impropiedad– de formación profesional en ambos sentidos, como educación técnico profesional y como formación prestada independientemente del sistema formal.

9. Más adelante se encarará el progresivo desdibujarse de las fronteras de educación y formación, refiriendo a algunos intentos de articular estas acciones en un solo sistema, como respuesta a la necesidad común e imperiosa de formar *recursos humanos*.

No resulta ajeno a estos planteos, la importancia reconocida a la formación permanente y sus diversas y plurales vías de adquisición, que rompe de hecho las fronteras entre educación técnica, formación profesional y aprendizaje en el lugar de trabajo.

La necesidad de diálogo y reconocimiento mutuo de las distintas acciones educativo/formativas se denota también en la creciente preocupación por identificar, validar y acreditar los aprendizajes y competencias obtenidos por medios no formales.[6]

Existe, además, una doble vía de acercamiento entre educación técnica y formación profesional.

En efecto, por un lado en los procesos de reforma de la educación técnica se constata un acento mayor en los requerimientos que demanda el mundo del trabajo con vistas a la pertinencia de los contenidos educativos (del cual el enfoque por competencias laborales es solo una modalidad); y por otro lado, el avance tecnológico ha preceptuado que para una adecuada formación no basta con un adiestramiento en el oficio, sino que será necesario un mayor contenido cognoscitivo en los programas y una educación básica bien asentada.

10. Sobre ese terreno trataremos de avanzar en la búsqueda de los factores que inciden en la conceptuación; en los procesos que van marcando cierta (acelerada) evolución del instituto, en contrapunto con nociones arraigadas en relación con las formas de trabajar; en la mirada que desde lo axiológico comporta el *trabajo decente* y las transformaciones que ello supone; en las modalidades que adquiere la formación, última y definitiva manifestación de este fenómeno multiforme.

---

6 Jens Björnavold destaca las ventajas que tiene la identificación y evaluación de los aprendizajes no formales: "para las personas, la acreditación o el reconocimiento de un aprendizaje informal puede facilitar su entrada a un sistema formativo regular y mejorar sus oportunidades en el mercado laboral; para las empresas, la acreditación o el reconocimiento de los aprendizajes y competencias informales pueden tener importancia para aumentar su potencial de gestión de recursos humanos; para las sociedades en su conjunto, la acreditación o el reconocimiento de los aprendizajes no formales puede tener importancia para simplificar la transferencia de competencias entre diversos ámbitos (educación, trabajo, domicilio) y para mejorar la asignación de recursos", en "La evaluación del aprendizaje no formal: calidad y limitaciones de las metodologías", revista *Formación Profesional*, Cedefop, N° 12, p. 58.

2. Factores que inciden en la conceptuación

11. Advertimos supra que existían una serie de factores que incidían decisivamente para delinear el concepto de formación profesional.

En concreto, la formación no está al margen de las peculiaridades nacionales (geográficas) ni temporales, en tanto se trata de un fenómeno *relacional*, que evoluciona de acuerdo a un contexto signado por lo económico, social y cultural.

En concreto, se entiende que los obstáculos para delinear un concepto uniforme de formación tienen que ver con aspectos del lenguaje, con las peculiaridades (culturales) nacionales y con cuestiones más generales de naturaleza educativa, aunque se asiste a un proceso de aproximación paulatina.

2.1 Una cuestión semántica

12. En el literal anterior de esta parte se indicó que una de las razones que dificulta alcanzar grados de acuerdo en torno al concepto de formación lo constituye el aspecto semántico, en tanto los términos *formación, capacitación, enseñanza profesional, etc.*, se emplean con cierta prodigalidad y sin estricto criterio técnico.

Algo de ello se concluyó en las reuniones del Subgrupo de Relaciones Laborales, Empleo y Seguridad Social del Mercosur, cuando se optó por abordar un glosario de temas y definiciones en materia de formación profesional, a efectos de despejar equívocos semánticos y centrarse en el debate de los aspectos sustanciales del problema.

Si bien la tarea no ha sido finalizada, el análisis de algunos de los documentos presentados permite apreciar los matices en las definiciones.

Así, uno de ellos entiende por formación profesional el "conjunto de modalidades de aprendizajes sistematizados que tienen como objetivo la preparación sociolaboral para y en el trabajo desde el nivel de introducción al mundo del trabajo hasta el de alta especialización (...) Esta definición se relaciona estrechamente con la concepción de la formación continua ya que las sociedades del conocimiento exigen de sus miembros el desarrollo de una profesionalidad a lo largo de la vida".

En otro caso se concibe la formación como "aquellas actividades formativas que tienen como objetivo la adquisición de nuevas capacidades profesionales o el desarrollo o mejora de las que ya se tienen, siempre que estén relacionadas con la actual ocupación de la persona o con expectativas de futuras ocupaciones".

Como se puede ver, la primera de las definiciones resulta más comprensiva de diversas expresiones formativas que la segunda, aunque la referencia a la sistematización delata su procedencia puramente ideal, dado lo arduo que supone toda organización sistémica de la formación.

Un tercer ejemplo, tomado de un documento presentado por la delegación gubernamental brasileña en el Subgrupo, identifica las expresiones educación, enseñanza y formación profesional. Las define de la siguiente manera: "La formación profesional, en su acepción más amplia, designa todos los procesos educativos que permiten, al individuo, adquirir y desarrollar conocimientos teóricos y operacionales relacionados con la producción de bienes y servicios, sean esos procesos desarrollados en las escuelas o en las empresas".

Nótese la referencia, por primera vez explícita, de la multiplicidad de organismos que pueden intervenir prestando servicios formativos, dato de profunda raigambre en ese país.

Sigue diciendo el documento de Brasil: "Relacionadas a esta formación, están las instituciones que buscan cualificar a los trabajadores para un puesto o un conjunto de puestos de trabajo, los cuales reciben el nombre de ocupación. Vinculados a un saber profesional, se encuentran conocimientos, habilidades y actitudes (...) Actualmente, en Brasil, el concepto de formación profesional viene siendo sustituido por el de educación profesional".

Con tal cambio se pretende "realzar la necesidad de sustituir el énfasis del *saber hacer* y la concepción subyacente de modelar individuos dándoles una forma determinada por el objetivo fundamental de educar, de desarrollo integral".

La definición se transmuta casi en un programa.

2.2 Las particularidades nacionales e institucionales

13. Los modelos nacionales resultan determinantes de algunos aspectos de la formación profesional.

Así, la formación profesional en nuestro país nunca conoció un modelo como el *sistema S* de Brasil, que imprimió una participación muy fuerte del sector empleador, y las experiencias de acercamiento al sector privado mediante la acción del Consejo de Capacitación Profesional (COCAP) tuvieron escaso alcance.

14. Haciendo una imprescindible abstracción, puede decirse que los primeros organismos de formación profesional en América Latina mantuvieron un compromiso principal con el trabajo, y a menudo previeron la participación de las representaciones de trabajadores y empleadores en su dirección.

En términos generales, estas instituciones que surgieron fundamentalmente en la segunda postguerra,[7] al albur de políticas de sustitución de importaciones

---

7   En diez años se construyó la institucionalidad de formación profesional: el Servicio Nacional de Aprendizaje (SENA, Colombia) en 1957; el Instituto Nacional de Cooperación Educativa (INCE, Venezuela) y el Consejo Nacional de Educación Técnica (CONET, Argentina) son de 1959; el Servicio Nacional de Adies-

que demandó mano de obra para la naciente industria (aspecto que no pudo contemplar la enseñanza técnica formal), se encuentran hoy en muchos casos en procesos de transformación, por razones que quedan fuera del tema de este trabajo.

Pero seguramente el dato más relevante de la institucionalidad latinoamericana fue la histórica línea demarcatoria entre educación técnica y formación profesional, ya anotada, que hizo que esta última fuera, en muchos casos, una especie de *pariente pobre* de los procesos educativos.

En Uruguay, si bien no ha existido un proceso paralelo al de otros países del área en cuanto a la creación de entidades del tipo del SENA colombiano, que edificaron una institucionalidad al margen del sistema educativo formal, igualmente la distinción entre educación técnica y formación profesional fue nítida.

Esta separación institucional entre "educación técnica" y "formación para el trabajo", no exenta de recelos y desconfianzas mutuas, generó un profundo divorcio entre ambas modalidades, y coadyuvó a configurar las peculiaridades que presenta la conceptuación de formación profesional en el continente.

15. No obstante, en la actualidad asistimos a un proceso de aproximación que se traduce en el encuentro entre educación técnica, formación profesional y desarrollo tecnológico, motivado seguramente por las urgencias de innovación productiva y la necesidad de mejorar la empleabilidad de las personas en un contexto de tasas de desocupación históricamente desconocidas hasta el momento.

La aproximación se concreta, por ejemplo, en experiencias que reportan nuevos modelos de gestión, integrativos de las diversas modalidades formativas, facilitado por políticas de concertación y diálogo social entre los actores y los agentes involucrados en la formación, la educación y el mundo productivo.

16. En términos educativos, dice un documento de Cinterfor/OIT, "la institucionalidad de la formación profesional viene abriéndose progresivamente a una cooperación y articulación con otros sistemas, como los de la educación media técnica y la educación superior, entre otros. La formación en sí misma tiene un componente cada vez relativamente menor de aspectos meramente técnicos, y cada vez mayor de aspectos de base y metodológicos. También es progresivamente dejada de lado la concepción del aprendizaje para la vida activa como una etapa previa al empleo y claramente delimitada espacial y temporalmente, para ser sustituida por otra donde la formación acontece de diversas for-

---

tramiento en Trabajo Industrial (SENATI, Perú) en 1961; el Instituto Nacional de Aprendizaje (INA, Costa Rica) y el Servicio Nacional de Adiestramiento Rápido de Mano de Obra en la Industria (ARMO, México) son de 1965; el Instituto Nacional de Capacitación Profesional (INACAP, Chile) y el Servicio Ecuatoriano de Capacitación Profesional (SECAP, Ecuador) son de 1966; y el Instituto Nacional de Aprendizaje (INA, Nicaragua) es de 1967.

mas y en distintos ámbitos, procurando estructurar una oferta lo suficientemente vasta y flexible como para posibilitar una formación a lo largo de toda la vida".[8]

17. Pueden abstraerse ciertas notas comunes de dichos procesos, que permiten concluir que:

a) "el escenario de la formación profesional regional es hoy más plural y heterogéneo que veinte o treinta años atrás;

b) dentro de ese mismo escenario, ganan protagonismo diversos actores, entre los cuales importa destacar a los Ministerios de Trabajo, las organizaciones de empleadores y las de trabajadores;[9]

c) las formas organizativas que se dan los países de la región, no refieren a un solo modelo, sino que reflejan sus particulares contextos políticos, económicos y sociales;

d) los logros alcanzados en orden a elevar la calidad, pertinencia, integralidad y capacidad para atender sus cometidos, tanto económicos como sociales de la formación, no están directamente relacionados con un arreglo organizativo en particular; cada uno de ellos muestra, en tal sentido, fortalezas y debilidades".[10]

18. La formación profesional en Europa también se encuentra grandemente influenciada por la concepción institucional, reconociéndose tres grandes sistemas, que responden también a configuraciones históricas y nacionales: a) el inglés, con fuerte énfasis en la participación del sector privado con cierta regulación del Departamento de Educación y Empleo; b) el sistema de enseñanza dual en Alemania; y c) el sistema francés, en el que coexisten tres subsistemas de formación profesional y certificación (formación inicial y continua del sistema educativo, formación continua no formal y formación continua en las ramas profesionales) no suficientemente articulados.

Esa diversidad se traslada a los sistemas de validación y certificación profesionales.[11]

---

8 Ver "Recientes reformas de los sistemas y políticas de formación en los países latinoamericanos y caribeños", documento presentado a la Reunión Consultiva Tripartita sobre el Desarrollo de los Recursos Humanos y la Formación para una selección de países de América Latina, Montevideo, 1999.

9 "A diferencia de lo que ocurría dos o tres décadas atrás, las instituciones no son ya únicos protagonistas de la formación profesional americana. Con variantes según los países, los Ministerios de Trabajo han asumido un rol estratégico en este campo, llegando en algunos casos –como Argentina y Chile– a hacerlo prácticamente de forma completa en lo relacionado con las decisiones en materia de políticas y estrategias de formación y capacitación, de forma estrechamente vinculada –conceptual y prácticamente– con las políticas activas de empleo", ver "Formación, trabajo y conocimiento", documento presentado por Cinterfor/OIT a la XXXIV Reunión de la Comisión Técnica, 1999.

10 "Formación, trabajo y conocimiento", cit.

11 Merle, Vincent, "La evolución de los sistemas de validación y certificación. ¿Qué modelos son posibles y qué desafíos afronta el país francés?", revista *Formación Profesional*, Cedefop Nº 12, p. 39.

19. Dentro de las peculiaridades nacionales hay que anotar también que muchos países han tenido una consideración disvalorativa de la formación, en oposición a la enseñaza proporcionada por el aparato educativo,[12] sumadas a una especial desconfianza de la capacitación obtenida, por ejemplo, en el ámbito de la empresa y aun en instituciones privadas.

20. Justamente, la formación en la empresa representa uno de los formatos de capacitación más acudidos y definidores de la formación profesional en la actualidad. Su participación en la formación profesional global, y su valoración por el conjunto social también dependen de las peculiaridades nacionales.

Independientemente de estas consideraciones, la empresa emerge como un ámbito de referencia en la formación profesional, especialmente en los países desarrollados.

Al respecto, pueden diferenciarse las estrategias empresariales en cuatro categorías, de acuerdo a la clasificación de Hillage:[13]

- *no formadoras:* dependen del personal experimentado, que ha adquirido sus capacidades en la práctica laboral o son tomadoras de personal capacitado;
- *formadoras específicas o informales:* ofrecen formación formal para satisfacer necesidades concretas, como la introducción de un nuevo proceso o avance tecnológico, atender a las necesidades de los nuevos contratados o a petición de trabajadores clave;
- *formadoras formales sistemáticas:* ofrecen una combinación de formación en el puesto, según convenga para atender las demandas empresariales observadas;
- *organizaciones autoformativas:* refiere a organizaciones que se transforman constantemente a medida que sus empleados trabajan y aprenden juntos a adaptarse a las nuevas circunstancias.

Esta última categoría encuentra su fundamento en que "la competición ejerce un impacto sobre el ritmo innovador y (sobre) el tiempo preciso para finalizar

---

12 En el caso paradigmático francés, por ejemplo, es bien diversa la valoración del sistema educativo respecto del formativo. Dicen Alain y Philippe D'Iribarne: "si la estructura clásica del sistema educativo lleva a privilegiar la distinción entre diversas vías, se debe a que dichas vías no solamente se diferencian en la preparación de un volumen mayor o menor de capital humano susceptible de pasar al aparato productivo, de conformidad con cuestiones de puras competencias técnicas y rendimientos económicos comparados. Dan también acceso por sus propiedades simbólicas, y según reglas extraídas más de la costumbre que de la competencia y el mercado, a posiciones sociales diversificadas. Además, si la enseñanza propiamente dicha que imparte el "aparato productivo" y la "formación profesional" ofrecida dentro de las empresas son sin duda sustituibles parcialmente entre sí en términos de formación de capital humano, resulta que no lo son en absoluto en cuanto a la consecución de una posición social", en "El sistema educativo francés como expresión de una cultura política", revista *Formación Profesional* N° 17/99 Cedefop, p. 27 y ss.

13 Hillage, Jim, "Estrategias empresariales respecto a la formación en el trabajo en el Reino Unido", revista Cedefop N° 8/9, p. 49.

nuevos productos, nuevos modelos y nuevos procesos productivos. Desencadena procesos que aspiran a implantar una innovación permanente y a aparejar las innovaciones comerciales con las tecnológicas. Esto a su vez implica una eliminación funcional de fronteras, que hace desaparecer las barreras tradicionales entre el desarrollo de productos, el desarrollo de procesos y el desarrollo de recursos humanos (...) debe ofrecer (a los trabajadores) la oportunidad de contribuir, de manera continua, a los cambios y la evolución corporativa. Solo podrá responder adecuadamente a los imperativos de innovación y formación creando fases recurrentes y alternativas de aprendizaje y formación".[14]

Esto determina que "como intento para desarrollar la versatilidad y las competencias de los trabajadores, las organizaciones modernas están diseñando diversos mecanismos que incluyen una mezcla de actividades formativas tanto durante las horas de trabajo como fuera de ellas, y tanto dentro como fuera de la empresa".[15]

Una definición de formación no debería dejar de lado este tipo de experiencias, aunque su participación y énfasis dependerá de los respectivos contextos nacionales, de la conformación productiva y de los grados de innovación que puedan desarrollarse en cada país (y aún en cada sector, rama de actividad o empresa).

3. Formación, un concepto diacrónico

21. La formación ha mutado conceptualmente en los últimos tiempos acompañando la *secuencia de los cambios en la producción y en el mundo todo del trabajo*. Su estudio debe comportar, en consecuencia, una visión evolutiva o histórica, a fin de permitir la comprensión de sus perfiles actuales.

Por ello se indica la necesidad de postular una visión diacrónica,[16] es decir, encarar el estudio del fenómeno desde la perspectiva de las transformaciones

---

14 Delcourt, Jacques, "Nuevas presiones a favor de la formación en la empresa", Revista *Formación Profesional*, Cedefop N° 17/99, p. 5. Dice además el autor que "una empresa que puede calificarse de organización autoformativa presentará los siguientes rasgos característicos: su mano de obra es flexible y versátil; las relaciones horizontales tendrán en ella más importancia que las jerárquicas; estará organizada por redes y habrá suprimido fronteras entre las naves de producción y de administración; la participación y responsabilidad de los trabajadores en la correcta ejecución de su trabajo será mayor; buscará la innovación en lugar de repetirse. Una empresa no es ni será una organización autoformativa a no ser que sea permanentemente innovadora y consiga inculcar a sus trabajadores una capacidad para aceptar el cambio".

15 Delcourt, Jacques, op. cit., p. 13.

16 La antinomia sincronía/diacronía tiene su raigambre en la lingüística, donde designa dos partes de la disciplina: una que estudia la constitución de la lengua, sus reglas, gramática, etc. en un momento dado; la otra, repara justamente en las transformaciones producidas en el devenir del tiempo. La oposición reside en el punto de vista del observador y no en la materia misma: un hecho en sí mismo no es sincrónico ni diacrónico, pero puede ser considerado desde el punto de vista sincrónico o desde el diacrónico, ver: Leroy, Maurice, *Las grandes corrientes de la lingüística*, FCE, México, 1969, pp. 81 y 121.

que ha sufrido a lo largo del tiempo y de los perfiles que se observan en su evolución presente.

3.1 *Formación y competitividad*

22. Desde el punto de vista de los cambios en la forma de producir, un conocido estudio de las relaciones de trabajo comparadas[17] ha denotado la existencia de estrategias empresariales bien diversas, inspiradas por un lado en la reducción de costos y por otro en el aumento del valor añadido.

Se trata, en la segunda opción, de obtener transformaciones radicales en las relaciones de empleo, brindando, a su vez, mejores posibilidades de creación de ventajas mutuas para las empresas y su personal.

Se constata, en la investigación citada, la renovada importancia que han cobrado las calificaciones profesionales en el mercado de trabajo: "tanto las empresas como los gobiernos están dedicando más recursos al desarrollo de las actividades de formación y perfeccionamiento, como resultado de la necesidad de mejorar la productividad y la calidad de los productos y servicios y de cultivar la utilización eficaz de nuevas tecnologías mediante el fomento de aptitudes analíticas y pautas de conducta propicias para esa evolución".

23. Por otra parte, la capacitación de la mano de obra integra, una de las dimensiones de la *posición competitiva* de las empresas.

Autores como Porter definen la posición competitiva de las empresas como la capacidad de la misma de producir bienes y/o servicios validados socialmente a través del mercado, manteniendo o incrementando su productividad.[18] Así definida, la posición competitiva de una firma se mejora desarrollando ventajas competitivas, o sea, diferenciando su producto de los competidores en alguna de las características que hacen a dicho producto: precio, calidad, diseño, etc.

Dicha capacidad se desarrolla en diversas esferas (productiva, comercial, financiera, etc.) y por tanto descomponer la posición competitiva permite identificar los factores que la conforman e influyen. La empresa se ubica, en esta tesis, en una "cadena de interdependencias" en la cual confluyen los distintos factores que comportan la dimensión competitiva.

Así, pueden diferenciarse *cinco dimensiones básicas de la posición competitiva: productiva, tecnológica, financiera, comercial y gerencial;* las determinantes de cada

---

17   Locke, Richard; Kochan, Thomas; Piore, Michael, "Replanteamiento del estudio comparado de las relaciones laborales: enseñanzas de una investigación internacional", revista *Internacional del Trabajo*, N° 2/95, vol. 114, p. 157.
18   Citado por Luis Porto en "Economía industrial e integración" en el vol. *Competitividad y Mercosur*, Trilce, 1992, p. 129.

una de estas dimensiones varían de empresa a empresa, pero en general, los elementos comunes que repercuten en la posición competitiva no presentan una excesiva variabilidad.

La formación profesional de la mano de obra, su costo, y las características de la relación obrero-patronal comportan los elementos más relevantes de la *posición productiva* de una empresa.

29. En otro orden, la empresa flexible reconoce al trabajador como un aliado indispensable para alcanzar mayores índices de productividad con calidad, dice un documento de CEPAL.[19] Y agrega: "Tal reconocimiento ha conducido a repensar en la educación y principalmente, en la formación profesional en los países latinoamericanos (...) esta nueva visión, al señalar al trabajador como uno de los responsables del desarrollo de la empresa, ha ocasionado transformaciones en las estrategias de formación de recursos humanos de corporaciones internacionales".

Otros abordajes del tema, enfatizan en que la competitividad se basa cada vez más en la capacidad innovadora de las firmas, entendiendo por tal a la potencialidad para efectuar desarrollos y mejoras en los productos y procesos, efectuar cambios organizacionales, desarrollar nuevas formas de vinculación con el mercado, y asegurar la calidad. En esta concepción, el desarrollo de procesos de aprendizaje y la generación y difusión de conocimientos ocupan un papel clave para la competitividad de los agentes, un papel de mayor relevancia que en los períodos anteriores.

3.2 *Formación y tecnología*

25. En el ámbito latinoamericano no debe soslayarse el marco de heterogeneidad y desigualdad de las economías, así como la fuente de diversidad interempresarial medida en su distancia respecto de la frontera tecnológica.

Labarca[20] señala como aproximación a los diferentes tipos de empresas activas en la región latinoamericana, la siguiente categorización:

a) las nuevas cadenas productivas;
b) las industrias en régimen de maquila;
c) las grandes industrias de exportación; y
d) el sector de las pequeñas y medianas industrias.

---

19 Markert, Werner, *Las estrategias de formación de recursos humanos de empresas multinacionales en América Latina y el Caribe*, CEPAL/GTZ, 1999.
20 Labarca, Guillermo, "Formación para el trabajo: observaciones en América Latina y el Caribe" en el vol. *Formación y empresa*, Cinterfor/OIT, 1999, p. 19.

26. Teniendo en cuenta estos determinantes, el panorama en materia de estrategias de capacitación no podía ser más que disímil, aunque Novick[21] proyecta, a partir de un estudio que abarca América Latina y el Caribe, algunos rasgos comunes de los procesos.

En concreto, señala que en el sector moderno de la economía se asiste a un crecimiento de las exigencias de selección del personal en términos de mayores niveles educativos demandados por las empresas. La autora explica tal circunstancia por dos órdenes de factores: la extensión de la cobertura educativa y una mayor demanda de competencias de carácter intelectual y comportamental.

Indica además, que se detectan dificultades para encontrar en el mercado de trabajo los nuevos perfiles exigidos, y por otra parte "en las empresas hay problemas también con los trabajadores ya empleados, que requieren habilidades para enfrentar las exigencias de las nuevas tecnologías. En muy pocos casos las habilidades manuales son valorizadas y cuando lo son, constituyen un complemento de las competencias técnicas y saberes específicos requeridos". Agrega que en estos nuevos perfiles hay un rasgo importante para destacar: "la paulatina desaparición de aquellos vinculados a oficios, a puestos de trabajo acotados, para dar lugar a perfiles ocupacionales transversales y a familias de ocupaciones".

Las transformaciones anotadas determinan cambios sustanciales en el enfoque, el concepto y las modalidades de la formación profesional.

La heterogeneidad de las empresas se manifiesta en las estrategias diferenciales existentes con relación a la capacitación.

Así, podemos encontrar planificaciones de acciones de tipo estratégico, con un horizonte de mediano o largo plazo, junto a otras de tipo "reactiva", puntuales o coyunturales.

3.3 La ambivalencia del trabajo

27. La visión diacrónica de la formación que se postula no debe llevar a pensar que el imperativo de la calificación alcanza a la totalidad del mundo del trabajo, embarcado en un círculo virtuoso de constante innovación y formación.

Hay, ciertamente, un sector de trabajadores del conocimiento que presenta estas características, pero dista de ser mayoritario; por el contrario, nunca antes el trabajo fue tan diverso, cualitativa ni cuantitativamente como lo es ahora y nunca fue tan vasta la gama de perspectivas frente al trabajo.[22]

---

21 Novick, Marta, "Experiencias exitosas de capacitación de empresas innovadoras en América Latina y el Caribe", en el vol. *Formación y empresa*, cit., p. 99.
22 Hopenhayn, Martín, *Repensar el trabajo. Historia, profusión y perspectivas de un concepto*, Norma ed., Buenos Aires, 2001, p. 209.

La ambivalencia del trabajo, nacida entre otras de una tensión entre alineación y humanización, está lejos de estar resuelta. Y si como dice Hopenhayn[23] "conviven sedimentos de diversas visiones del trabajo, incorporados en diversos estadios históricos, bajo múltiples cosmovisiones y según diferentes patrones tecnológicos y productivos" y resulta difícil "hablar de un concepto único de trabajo en la actualidad", resulta natural que ocurra algo similar con la formación, en tanto ha significado un concepto histórica y estrechamente vinculado al mundo del trabajo, a sus caracteres, demandas, potencialidades y desarrollos.

28. El actual proceso de transformación productiva no responde tampoco a un modelo único, pero Monteiro Leite[24] identifica algunos rasgos que configurarán las futuras trayectorias organizacionales, que involucran aspectos de la formación, asignándole algunos caracteres novedosos.

Así, en virtud del énfasis en la calidad, productividad y flexibilidad de productos y procesos, las empresas implementarán procesos continuos de aprendizaje y evaluación organizacional, valorando en ellos la calificación del trabajador y su protagonismo, acentuando en la formación permanente como base para la flexibilidad y polivalencia ocupacional.

La necesaria revisión de los referenciales básicos de la calificación que suponen estos cambios se verá en el próximo capítulo.

3.4 *La visión de la Organización Internacional del Trabajo*

29. Antes de ello, conviene anotar la evolución acaecida en la concepción que ha evidenciado la OIT y que se traduce en las diversas recomendaciones que sobre el punto ha efectuado.

Al respecto, cabe recordar la Recomendación sobre la orientación profesional N° 87 (1949) y la Recomendación sobre la formación profesional en la agricultura N° 101 (1956).

Como en una apertura en círculos concéntricos, la evolución se denota en las disposiciones de las Recomendaciones N°s 117, 150 y en la Resolución sobre desarrollo de Recursos Humanos de la 88ª Reunión de la CIT.

En efecto, la Recomendación N° 117 concebía la formación como "aquella destinada a preparar o readaptar a una persona para que ejerza un empleo, sea o no por primera vez, o para que sea promovida en cualquier rama de actividad económica"; y establecía que "Las vías de acceso a las ocupaciones, y en especial a los oficios, deberían responder a las exigencias de todas las ramas de la activi-

23 Hopenhayn, Martín, *Repensar el trabajo*, cit., p. 219.
24 Monteiro leite, Elenice, *El rescate de la calificación*, Cinterfor/OIT, 1996, pp. 50-51.

dad económica, así como a las aptitudes, intereses y circunstancias particulares de cada educando".

La Recomendación Nº 150, de 1975, amplió la noción al desarrollo de aptitudes humanas para una vida activa, productiva y satisfactoria (no vinculadas al puesto de trabajo).

Finalmente, la Resolución de la 88ª Conferencia Internacional del Trabajo (2000) realiza una nueva apertura enfatizando en el diálogo social y la participación de los actores sociales, la negociación colectiva sobre formación, la formación de calidad, el trabajo decente, etc.

II. EVOLUCIÓN RECIENTE

30. Las calificaciones profesionales han tenido un espacio garantizado desde hace muchos años en la investigación sociológica sobre el trabajo, suscitando un amplio debate conceptual y metodológico.

Sintetizando las principales tendencias, puede decirse que las mismas sitúan la cuestión en las técnicas del análisis ocupacional, dominante en los años sesenta; en los estudios del proceso de trabajo, típicos de los años setenta; y en la tesis sobre competencias laborales, a partir de los ochenta.[25]

31. El enfoque y estudio de las calificaciones presentes en el mundo del trabajo remite inmediatamente a la concepción existente de formación profesional, en el entendido que la calificación es (uno de los) producto(s) de la formación.

32. En el enfoque del análisis ocupacional, se define a la calificación como un capital humano movilizado por el trabajador en el proceso de trabajo, que incluye habilidades y conocimientos prácticos y teóricos, adquiridos formal o informalmente; la calificación puede así ser captada y analizada a partir de la descripción del puesto de trabajo en un conjunto de tareas pasibles de medición precisas.

Por el contrario, el enfoque del proceso de trabajo traduce una opinión crítica, en tanto "centra su foco no tanto en la calificación en sí misma, sino sobre todo en el proceso de descalificación; a saber, los cambios degradantes o alienantes del trabajo, como consecuencia inexorable de la propia evolución de la división capitalista del trabajo en la sociedad moderna. La tecnología entra en ese proceso

---

25 En la descripción general de estos estadios, se seguirán los desarrollos de Monteiro Leite en la obra citada *El rescate de la calificación*.

como condicionante de las relaciones de producción, con el objetivo preciso –en la empresa capitalista– de descalificar para controlar".[26]

Sin que suponga una sustitución de los abordajes anteriores, el tercer enfoque, centrado en las competencias laborales, se profundizará en el literal siguiente, conforme al ordenamiento metodológico adoptado en el presente estudio.

33. Pero antes de emprender esa dirección de análisis, corresponde consignar algunos aportes venidos desde documentos de la OIT.

"Los avances tecnológicos, los cambios en los mercados financieros, la creación de mercados mundiales de productos y servicios, la competencia internacional, aumentos espectaculares en las inversiones extranjeras directas, nuevas estrategias comerciales, nuevas prácticas de gestión, nuevas formas de organización de las empresas y de la organización del trabajo son algunos de los aspectos más importantes de la evolución que transforma el mundo del trabajo" dice la Resolución de la CIT sobre el desarrollo de los recursos humanos, y agrega: "El desarrollo de los recursos humanos, la educación y la formación son elementos necesarios y esenciales que se precisan para aprovechar plenamente las oportunidades y enfrentarse con los retos que plantea esta evolución para las empresas, los trabajadores y los países (...) la educación y la formación son componentes de una respuesta económica y social a la mundialización".

En otro documento de OIT[27] se afirma que "para acceder al mercado del trabajo, los trabajadores o futuros trabajadores, necesitan dotarse de una pirámide de destrezas, cuya base está integrada por las 'destrezas básicas' tales como la alfabetización y los rudimentos de las matemáticas que se imparten en la educación primaria. Estas destrezas son necesarias para garantizar que los individuos desempeñen una función productiva como ciudadanos de pleno derecho, conscientes de sus derechos y de sus obligaciones sociales.

Sobre esta amplia base, que deberá ser accesible y obligatoria para todos, se construyen las 'calificaciones generales u ocupacionales' del tipo de las aprendidas en las escuelas técnicas y en los centros de formación profesional secundaria. Más arriba de la pirámide están las 'calificaciones privativas de cada empresa , que con frecuencia se adquieren mediante la experiencia laboral y la formación durante el aprendizaje o el desarrollo de la vida profesional. Y casi tocando el vértice están las 'calificaciones profesionales' adquiridas mediante estudios académicos, el trabajo, la formación y las experiencias vitales. Esta últimas, a diferencia de otros tipos de destrezas (como la formación universitaria o los estudios de postgrado), suelen tener un impulso y una financiación más individuales y deberían poder transferirse a lo largo de la vida laboral del trabajador, sin importar que cambien sus empleadores o su situación en el trabajo".

---

26 Monteiro Leite, Elenice, *El rescate de la calificación*, cit., p. 57.
27 *Informe sobre el empleo en el mundo*, cit.

34. El informe que viene citándose reconoce que si bien la pirámide es la misma, existen muchas maneras de construirla.

Luego de repasar las particularidades de los sistemas de Francia, Alemania, Gran Bretaña, Estados Unidos, y de los países en vías de desarrollo, concluye en esa parte que "no hay un sistema ideal de formación profesional" pero "cualquier sistema destinado a tener éxito debe tener en cuenta tres factores: una base educativa sólida, una adecuada estructura de incentivos en la que las prioridades de formación sean impulsadas por la demanda económica real; y dispositivos institucionales en los que empleadores, trabajadores y gobierno colaboren para mejorar la calidad y la eficiencia de la formación".

1. El tránsito de las calificaciones a la competencia

35. El enfoque centrado en la competencia laboral no tiene tampoco acuerdo pacífico en su definición, composición, alcance y consecuencias que pueda operar en la relación de trabajo, seguramente debido al escaso desarrollo que ha tenido hasta el momento el estudio de sus probables efectos.[28]

Algunos estudios plantean la adopción de la competencia laboral como una alternativa a la desregulación laboral, ingresando así al centro de la polémica actual.

Ducci,[29] en concreto, dice que "buscamos una mayor flexibilidad de las relaciones laborales como propuesta de alternativa viable a la simple desregulación del mercado de trabajo, que tiende a resultar negativa para los sectores más débiles, en este caso el trabajador. Al negociar en torno a la productividad y los salarios sobre la base de la competencia laboral y la valorización de las capacidades de los trabajadores, surge un elemento nuevo en torno a las relaciones laborales que puede dar paso a una flexibilidad real, sin la penalización pura y dura".

36. Las opiniones se polarizan entre quienes ven las competencias:

a) como una oportunidad de adjudicar importancia "al individuo y su capacidad para evolucionar" como "fuente de flexibilidad y motivación individual"; o

b) como una traslación de los ámbitos de negociación colectiva, pasando "de los ámbitos de negociación entre empresarios y trabajadores basados en repertorios, nomenclaturas y clasificaciones aceptadas por todos, a una discusión, que es de naturaleza distinta a la negociación entre

---

28 Barretto Ghione, Hugo, "Competencias laborales y derecho del trabajo: equívocos, regresiones y confluencias", revista *Derecho Laboral*, T. XLII, N° 196, p. 742.

29 Ducci, María Angélica, "El enfoque de competencia laboral en la perspectiva internacional", en el vol. *Formación basada en competencia laboral*, Cinterfor/OIT, 1996, p. 15.

empresario y trabajador, como individuo. Para los trabajadores, se trata, sin duda, de una baza política".[30]

37. El nuevo modelo no solo rompe con el paradigma de la cualificación anterior, que privilegiaba la especialización, sino también con el modelo comportamental requerido al trabajador; "el silencio y la fragmentación de tareas dan lugar a la comunicación y a la interactividad".[31]

38. Los debates sobre competencia laboral están además traspasados e influenciados por el tipo de formación profesional existente en los diversos países.

Nótese que otra vez debemos referirnos a las particularidades nacionales, esta vez desde el lado del grado de sistematización y profundización de la formación profesional.

En opinión de Grootings,[32] "los debates sobre un enfoque formativo por competencias predominan en los países de formación profesional escasa, o en aquellos profundamente insatisfechos con el sistema actual. En el primer caso el debate suele centrarse en el desarrollo de normas de realización de la formación y orientarse hacia el rendimiento de la misma. Este es el caso sobre todo del Reino Unido. En el segundo caso se intenta más bien perfeccionar el proceso formativo, utilizando más las competencias que el enfoque tradicional basado en conocimientos. Esta podría ser la situación en Francia. Los países como España y Portugal, que están desarrollando un sistema totalmente nuevo de formación profesional integrado en el sistema educativo formal, se ven confrontados a la necesidad de elaborar tanto normas como procesos formativos adecuados (...) por contraste, los debates sobre la necesidad de adaptarse a las nuevas competencias que surgen parecen predominar en los países que ya disponen de un sistema de formación profesional bien desarrollado y con buenos recursos".

39. En cuanto al concepto mismo de competencia laboral, se dispone de tantas definiciones como autores han abordado el tema.

Para Gonczi,[33] la competencia se deriva de la posesión de una serie de atributos (conocimientos, valores, habilidades y actitudes) que se utilizan en diversas combinaciones para llevar a cabo tareas ocupacionales.

---

30 "Cualificación contra competencia: ¿debate semántico, evolución de conceptos o baza política?", entrevista con el Sr. Andrew Moore, de la UNICE, y la Sra. Anne-Françoise Theunissen, de la CES, realizada por F. Oliveira Reis en revista *Formación Profesional*, Cedefop, N° 1/94, p. 70 y ss.
31 Calmon Arruda, Maria da Conceição, "Qualificação versus competência", *Boletín Cintefor*, N° 149/2000, p. 25.
32 Grootings, Peter, "De la cualificación a la competencia: ¿de qué se habla?", revista *Formación Profesional*, Cedefop, N° 1/94, p. 5 y ss.
33 Gonczi, Andrew, "Problemas asociados con la implementación de la educación basada en la competencia: de lo atomístico a lo holístico", en el vol. *Formación basada...cit.* p. 162.

Ducci[34] entiende que competencia laboral es elenco multifacético de competencias de que dispone la persona para desempeñar satisfactoriamente funciones de empleo. Incluye conocimientos generales y específicos, y habilidades técnicas como las calificaciones tradicionales, contemplando a su vez la capacidad para enfrentar y resolver con éxito situaciones inciertas, nuevas e irregulares en la vida laboral.

Alerta que "en este último factor adicional, tan intangible, radica el elemento crítico de la competencia que lo diferencia del concepto más tradicional de calificación y es, sin embargo, el elemento más difícil de definir, de verificar y certificar".[35]

Se identifican nuevos niveles de cualificaciones exigidas, vinculadas al saber/hacer de los trabajadores, al ambiente subjetivo del sujeto: abstracción, creatividad, dinamismo, comunicación, privilegiando la actuación individual y la vivencia socioeconómica y cultural de la persona.[36]

Vargas define competencia como una capacidad de hacer, de efectuar las funciones de una ocupación claramente especificada conforme a los resultados deseados, pudiendo visualizarla como "un conjunto formado por la intersección de los conocimientos, la comprensión y las habilidades".[37]

40. La competencia laboral deberá ser identificada y normalizada a través de un procedimiento de reconocimiento y verificación, cuyos perfiles tampoco están exentos de debate.

En el caso mexicano, uno de los más recurridos para ejemplificar estos procesos, una norma de competencia laboral describe lo que un trabajador es capaz de hacer, la forma en que puede juzgarse si lo que hizo está bien hecho y el contexto laboral en el que se espera que lo haga.[38]

41. En todo caso, es también pertinente seguir el trayecto evolutivo del término competencia, a fin de asignarle una lógica propia y una proyección menos incierta.

---

34 Ducci, María Angélica, "El enfoque de competencia laboral...", cit. p. 20.
35 Ducci, María Angélica, *op. cit.* p. 20.
36 Calmon Arruda, Maria da Conceição, "Qualificação..." cit. p. 27.
37 Vargas Zúñiga, Fernando, "La formación por competencias instrumento para incrementar la empleabilidad", Doc. Cinterfor/OIT s/f.
38 El autor incluye otras definiciones de competencia laboral tales como:
    - "capacidad productiva de un individuo que se define y mide en términos de un desempeño, no solamente en términos de conocimientos, habilidades, destrezas y actitudes; las cuales son necesarias pero no suficientes".
    - "Habilidad multifacética para desempeñar una función productiva de acuerdo con una norma reconocida", (notas de formación, Centro de la OIT, Turín).
    - "Conjunto identificable y evaluable de conocimientos, actitudes, valores y habilidades relacionados entre sí que permiten desempeños satisfactorios en situaciones reales de trabajo, según estándares utilizados en el área ocupacional", (Res. N° 55/96, Consejo Federal de Cultura y Educación, Argentina).
    CONOCER, Sistema Normalizado y de Certificación de Competencia Laboral, México, 1997.

Inicialmente, la noción procuraba demostrar la mayor complejidad de los conocimientos técnicos de los obreros, necesarios para adaptarse a las nuevas exigencias de la organización del trabajo y la producción.

La singularidad de la competencia laboral designaría por tanto la emergencia de un conjunto de saberes antes no suficientemente valorados, como la capacidad de comunicarse y de hacer frente a una gestión no lineal ni estandarizada, notas que permiten "relevar el carácter particular de las cualidades mencionadas; es decir, frente a una calificación que podía ser definida en forma homogénea, la noción de competencias remite a atributos y trayectorias individualizadas".[39]

42. Pero más que sustituir una noción por otra, algunos enfoques pretenden obtener una síntesis, entendiendo por calificación, más que un acopio de saberes, la "capacidad de enfrentar lo imprevisto y lo imprevisible, de ir más allá del dominio de las tareas prescritas (lo que puede ser exigido tanto en las organizaciones modernas/flexibles, como en las atrasadas, de baja tecnología)" y el "reconocimiento por los demás de esa capacidad, lo que caracteriza la dimensión social de la calificación".[40]

El reconocimiento de la dimensión social de la calificación ha tenido en Zarifian[41] uno de los analistas más enfáticos.

En concreto, dice el autor que "la aparición del modelo de la competencia no representa un cambio que parta del contenido del trabajo o de las modificaciones en el contenido de las actividades. Por ejemplo: las innovaciones tecnológicas no influyen directamente en la emergencia de este modelo. El modelo de competencia nace de un cambio profundo en las organizaciones del trabajo y en las relaciones sociales en el seno de las empresas".[42]

En este contexto, la polivalencia del trabajador tal cual es entendida resulta un obstáculo al desarrollo de la competencia.

En el modelo de competencia, dice Zarifian, "la polivalencia solo tiene sentido si designa una ampliación de la superficie de la competencia de la persona, ampliación que se realiza:

- hacia otros procesos, complementarios del que ya se domina;
- hacia otras disciplinas (mecánica, electricidad, electrónica en mantenimiento, por ejemplo);
- hacia otras funciones (fabricación, mantenimiento, calidad, ordenamiento en la explotación de un taller)".[43]

39 Carrillo, Jorge; Iranzo, Consuelo, "Calificación y competencias laborales en América Latina", en el vol. *Tratado de sociología del trabajo*, México, 2000, p. 179 y ss.
40 Monteiro Leite, Elenice, *El rescate...* cit., p. 59.
41 Zarifian, Philippe, *El modelo de competencia y los sistemas productivos*, Cinterfor/OIT, 1999.
42 Zarifian, Philippe, *op. cit.* p. 45.
43 Zarifian, Philippe, *op. cit.* p. 42.

Concluye el autor diciendo que prefiere hablar de una "ampliación de la profesionalidad más que de polivalencia".[44]

2.   El objetivo del trabajo decente y la formación

2.1   *La construcción del concepto de trabajo decente*

43. A partir de la Memoria del Director General de la OIT en la 87ª Conferencia, se ha comenzado a estudiar la significación y alcance que pueda aportar la adopción del concepto de *trabajo decente,* un término que no tiene antecedentes en el laboralismo, y que constituyó el llamativo mensaje central de esa intervención.

44. Para indagar en el concepto de trabajo decente se debe recurrir por tanto a una labor "integrativa", dada la escasa definición y la novedad que comporta en el discurso jurídico laboral, para luego analizar la participación que le cabe a la formación profesional en esa construcción.

Se trata de hacer una lectura del discurso *oitiano,* en el entendido que –sin desatender el mensaje en lo que tenga de original–, el lector debe participar desde su lugar en la recreación del sentido del texto.[45]

45. Dada la ausencia de antecedentes al respecto, Ermida Uriarte ha señalado que la novedad puede ser vista como un "slogan" carente de contenido definido; o como un concepto integratorio que involucra diversos objetivos, valores y políticas; o como un concepto dinámico.[46]

46. Conviene repasar los caracteres delineados a partir de la Memoria a la 87ª Conferencia.

Se dice en ese documento que la finalidad primordial de la OIT es promover oportunidades para que hombres y mujeres puedan conseguir un trabajo decente y productivo en condiciones de *libertad, equidad, seguridad y dignidad humana.*

El trabajo decente es a su vez el punto de convergencia de los cuatro objetivos estratégicos de la OIT: la promoción de los derechos fundamentales en el trabajo, el empleo, la protección social y el diálogo social.

Más adelante, se señala en la Memoria que "el mundo del trabajo no se agota en el asalariado"; por el contrario, muchos de los puestos de trabajo generados

---

44   Zarifian, Philippe, *op. cit.* p. 43.
45   Culler, Jonathan, "Sobre la deconstrucción", Cátedra 3ª ed., Madrid, 1998, p. 33 y ss.
46   Ermida Uriarte, Oscar, Concepto y medición del trabajo decente, Documento preparado para el Secretariado *pro tempore* del Grupo Bologna/Castilla-La Mancha, Montevideo, 2000.

en los últimos años han sido creados en el sector no estructurado o informal. Pero "todos tienen derechos en el trabajo" y por tanto "no se trata simplemente de crear puestos de trabajo, sino que han de ser de una calidad aceptable".

En una oportunidad posterior, en un discurso ante los trabajadores el 1º de mayo del 2000 y en presencia del Papa Juan Pablo II, el Director de la OIT hace un llamado a "una coalición global por el trabajo decente",[47] donde pone el énfasis en aspectos éticos y valorativos. Dice, en concreto:

- "hago un llamado a que ejercitemos nuestra responsabilidad personal y colectiva a fin de lograr que los mercados funcionen en provecho de todos. Hacer del trabajo decente una vía para salir de la pobreza que afiance la dignidad personal hacia un gozo pleno de la riqueza de la vida";
- realiza otras menciones a la ética y la responsabilidad cuando reclama políticas de inclusión social y de conferir un fundamento ético a la economía del que hoy carece, apelando al fortalecimiento de la "convicción moral necesaria para sustentar nuestro compromiso de acción en la práctica".

47. Puede concluirse primariamente, en cuanto al alcance subjetivo del concepto, que *trabajo decente* implica en lo sustancial que *todos los que trabajan tienen derechos*, subrayándose así el carácter fuertemente ético valorativo del concepto.

48. Yendo al sentido puramente gramatical, el adjetivo "decente" designa alguna cosa de "buena calidad o en cantidad suficiente",[48] y esta acepción resulta particularmente apropiada ya que tiene un sugerente poder explicativo en su propio recinto del lenguaje común.

El trabajo decente/de buena calidad o en cantidad suficiente/emigra del lenguaje común al lenguaje ético jurídico.

49. ¿Qué comporta el *acto lingüístico total* "trabajo decente"?[49]

En primer lugar, una construcción conceptual a partir de los elementos presentes y las líneas generales trazadas por el discurso a la 87ª Conferencia, más los desarrollos que consecuencialmente se impongan. Puede desde ya destacarse la potencialidad conceptual a partir de elementos lingüísticos, jurídicos y transformadores presentes en el discurso:

---

47 Todavía, en su intervención en la 89ª Conferencia, el arzobispo Diarmuid Martín, expresó que "una sociedad en que el derecho al trabajo es sistemáticamente negado, en la que las políticas económicas no permiten a los trabajadores acceder a niveles satisfactorios de empleo, no puede justificarse desde el punto de vista ético, y no puede alcanzar la paz social".

48 Real Academia Española, *Diccionario de la lengua española*, 21ª ed., Madrid, 1992. Oscar Ermida Uriarte ha destacado la similitud de significados del término en el idioma inglés, *Trabajo decente y formación profesional*, Cinterfor/OIT, 2001.

49 Barretto Ghione, Hugo, "Concepto y dimensiones del trabajo decente: entre la protección social básica y la participación de los trabajadores en la empresa", revista *Derecho Laboral*, T. XLIV, Nº 204, p. 695.

a) el amplio ámbito subjetivo, que comprende a todos los trabajadores, asalariados o no, dada la expresión "trabajo" que comprende extramuros del empleo subordinado;

b) la atribución de un calificativo proveniente del lenguaje corriente, centrando la cuestión en el término "decente", que constituye la parte de novedad de esta cuestión, denotando una falta de ataduras con soluciones positivas concretas y la mira puesta en objetivos profundamente marcados por lo ético valorativo;

c) en cuanto al contenido, la definición primigenia menciona la "libertad, equidad, seguridad, dignidad" así como su vínculo con los objetivos más generales de protección social, promoción del empleo, etc., sin desestimar la contribución de índole filosófica aportada por Amartya Sen que centra su discurso en el "pensamiento basado en derechos".

No debe quedar al margen de estas notas, la relativa a la potenciación que el término trabajo decente tiene en orden al desarrollo de las capacidades de la gente para realizar sus aspiraciones.

En la memoria del Director General de la OIT a la 89ª reunión de la Conferencia, se dice que "El logro de los derechos fundamentales no es solo una meta en sí, es también un factor determinante y crucial de la capacidad que la gente tiene para realizar sus aspiraciones (...) no se trata solo de que el trabajo decente promueva el desarrollo, o que el desarrollo facilite la realización del trabajo decente (...) el trabajo decente forma parte del desarrollo, que es a la vez una aspiración y una condición previa, un objetivo y una medida de progreso".

d) la convocatoria a la responsabilidad y el compromiso, concretado en el llamamiento a una "coalición global por el trabajo decente" y la "vía para salir de la pobreza" (discurso del Sr. Somavía el 1° de mayo de 2000).

50. Ermida Uriarte[50] reconoce que se trata de un concepto en construcción, de profundo contenido ético y que tiende a resaltar la importancia de los derechos del trabajador y de la calidad de las condiciones de trabajo. "El trabajo decente no puede ser sino el trabajo en cantidad y calidad suficientes, apropiadas, dignas y justas, lo que incluye el respeto de los derechos, ingresos y condiciones de trabajo satisfactorias, protección social y un contexto de libertad sindical y diálogo social" concluye el autor citado.

---

50 Ermida Uriarte, Oscar, *Trabajo decente y formación...* cit. p. 13.

2.2 *La formación componente esencial del trabajo decente*

51. Entre los condicionamientos del trabajo decente se encuentra el impacto tecnológico y el cambio de paradigmas en la organización del trabajo. La formación y las calificaciones (o más modernamente, las competencias) del trabajador resultan un insumo indispensable y un tema insoslayable en los actuales desafíos del mundo productivo.

52. Al respecto, se han señalado los aportes de la formación profesional en el concepto de trabajo decente.

Para Ermida Uriarte,[51] "no hay trabajo decente posible sin formación adecuada. Y del mismo modo que ésta es condición y componente de aquel, un trabajo decente es también, un ámbito en el cual se desarrolla la formación continua, la actualización y la recalificación".

Por otra parte, "la formación profesional es un derecho humano fundamental que en tanto tal se impone por sí mismo entre aquellos derechos que deben ser respetados en todo trabajo decente; pero al mismo tiempo es un instrumento que facilita y a veces condiciona la realización de otros derechos que también constituyen el trabajo decente";[52] pudiéndose decir que "la formación es requisito y componente del trabajo decente".[53]

53. Pero la formación profesional resulta a la vez:

a) un requisito "en" o "para" el empleo del trabajador, en reconocimiento de la relevancia que ha adquirido en la etapa actual del desarrollo tecnológico (en equipos y en organización del trabajo). Calificación aquí es sinónimo de aptitud, de patrimonio cultural de la persona que le permite la adaptación a los nuevos sistemas de trabajo o bien posibilita la recolocación del desocupado ("empleabilidad");

b) pero es también un elemento calificante de la calidad del trabajo, entendiendo aquí "calificación" como un juicio valorativo.

Sobre este aspecto conviene detenerse. La formación *califica* (en técnicas, conocimientos y actitudes hacia el trabajo) al trabajador y concomitantemente *califica* al tipo de trabajo que se desarrolla. Un más alto grado de formación conduce progresivamente al trabajo decente (trabajo calificado).

Esa doble función que cumple la formación resulta tan íntimamente relacionadas, que puede emplearse un único término para referirla. Atendiendo al sig-

---

51 Ermida Uriarte, Oscar, *Trabajo decente y formación...* cit. p. 13.
52 Ermida Uriarte, Oscar, *Formación para el trabajo decente*, Cinterfor/OIT, 2001, pp. 21-22.
53 Ermida Uriarte, Oscar, *Formación...* cit. p. 25.

nificado de "calificación" se deduce que puede ser empleado tanto en su acepción de "apreciar o determinar las calidades o circunstancias de una persona o cosa" como para "ennoblecer, ilustrar, acreditar una persona o cosa".

A mayor nivel de formación que cuente el trabajador, mayor responsabilidad y tecnificación de la tarea; a mayor competencia relacional y comunicativa, mayores niveles de interacción, trabajo en equipo, y eventualmente participación.

La formación, por tanto además de connotar un atributo de la persona, que le permite seguramente obtener grados cada vez superiores de satisfacción material y vocacional en el trabajo (subordinado o autónomo), contribuye también a medir el grado de calidad del empleo.

3. Connotaciones actuales de la formación profesional

54. Cabe preguntarse cuáles son los principales impactos que en el concepto de formación profesional tienen estos cambios a que se ha hecho ya larga referencia.

En principio, el concepto de competencia laboral pretende un ajuste estrecho con el mundo productivo, procurando la pertinencia de la formación y la adaptabilidad de los trabajadores. El trabajo decente, a su vez, comporta un plexo valorativo, que recoge e intenta concretar la dimensión creadora y humanista del trabajo referida al cumplimiento de ciertos objetivos básicos.

Weinberg,[54] en otra dirección, identifica cuatro dimensiones que redefinen el concepto de formación:

- *en relación con el sistema de relaciones laborales*: tanto empresarios como trabajadores, a través de sus organizaciones representativas, se interesan crecientemente por el tema de la formación, formulando iniciativas hacia el Estado y las instituciones de formación, creando sus propias estructuras de formación, comprometiéndose en el diseño y ejecución de políticas en la materia;
- *la formación como parte del proceso de transferencia tecnológica*: es una nota novedosa que expresa nuevas concepciones que algunas instancias vienen asumiendo, determinando que la formación debe ser entendida en el marco de un proceso por el cual las unidades productivas y los trabajadores reciben un cúmulo de conocimientos científicos y tecnológicos vinculados con los procesos productivos;
- *la formación como proceso educativo, articulado con los procesos productivos*:

---

54 Weinberg, Pedro Daniel, "Innovaciones recientes en el mundo de la formación", revista *Herramientas*, Nº 46, año VIII, vol. V, p. 28 y ss.

refiere a que muchas instituciones encaran servicios externos a empresas, de asesoría técnica, en la cual alumnos y profesores se retroalimentan permitiendo así la reformulación de programas, metodología y modalidades educativas;

- *una formación para las competencias*: en definitiva, no solo se trasmiten saberes y conocimientos, sino que se buscan contemplar aspectos culturales y actitudinales que tienen que ver con el mundo productivo.

56. Sin que suponga necesariamente una transformación conceptual radical, los cambios anotados inciden al menos en los énfasis, acentos y orientación de la formación profesional.

Quizá el cambio más trascendente, y también el más reciente, sea el desempeño de la formación en escenarios nuevos, como el de las relaciones laborales, en el que:

a) imprime su propia lógica, marcada por ejemplo, en modalidades contractuales como el aprendizaje, o en exigencias que tienen su reflejo a nivel contractual, como la multihabilidad;

b) a la vez, es la formación profesional impactada por la dialéctica de los actores sociales protagonistas de esas relaciones (formando parte, por ejemplo, de las discusiones en torno a las reestructuras empresariales o siendo el contenido de la negociación colectiva).

Con todo, fijaremos algunas notas que en nuestro concepto conforman una serie de dimensiones de incuestionable importancia, sin pretensiones de originalidad.

3.1 El vínculo con el empleo

57. La definición misma de formación profesional remite al mundo del trabajo, según se vio supra.

¿Podría decirse por tanto que reseñar esta nota es redundante?

De ningún modo. La formación no es una preparación "para" el trabajo, como un aprendizaje del joven o un adiestramiento del desempleado en orden a su reinserción en la vida laboral activa, según pudo entenderse en el pasado; por el contrario, las actuales demandas del mundo productivo y la emergencia social del desempleo y la precariedad (una nueva cuestión social, diría Castel)[55] hacen que la formación deba asumir un nuevo papel más activo y diversificado.

En efecto, cualquier política de empleo implementada desde el Estado o la sociedad civil debe tener en cuenta los requerimientos de núcleos objetivos de

---

| 55 Castel, Robert, *Las metamorfosis de la cuestión social. Una crónica del salariado*, Piados, Buenos Aires, 1997.

personas que presentan problemáticas específicas en relación con la capacitación. Tal es el caso de los jóvenes que buscan trabajo por primera vez, los desempleados de distintas categorías (de larga duración, mayores, con responsabilidades familiares, etc.), minusválidos, activos que deben adaptarse a nuevas tecnologías, mujeres jefas de hogar, migrantes, informales, etc.

Estos colectivos requerirán modalidades de formación profesional acordes con su situación personal, su capital cultural previo, y las expectativas del empleo existente.

3.2 *La participación de los actores y el diálogo social*

58. El ingreso de la formación profesional como tema estratégico de la posición competitiva de la empresa, como tema de relevancia en el empleo y su afirmación definitiva como derecho subjetivo fundamental de las personas,[56] hace que sea un objeto de regulación y presencia cotidiana en la relación de trabajo, en tanto forma parte del conjunto de derechos/deberes del trabajador.[57]

A nivel macro, pasa a ser un elemento pasible de negociación colectiva.[58]

Todavía a nivel más amplio, la formación profesional, por su vínculo estrecho con las políticas de orientación laboral y empleo, ha sido partícipe del conjunto de temas incluidos en los pactos o acuerdos surgidos del diálogo social y que han sido suscritos entre las representaciones de entidades empresariales, sindicales y autoridades gubernativas.[59]

Estas circunstancias la hacen, además, especialmente apta para ingresar en la agenda de temas a tratar en los procesos de integración regional, dando lugar a que luego sea reconocido y recogido como derecho de las personas en los instrumentos normativos que desarrollan la dimensión social de dichos procesos.[60]

La Resolución de la 88ª reunión de la Conferencia Internacional del Trabajo a que ya se ha hecho referencia, efectúa consideraciones sobre el establecimiento por parte de los gobiernos de un marco que conduzca "a una política nacional coordinada de educación y formación y estrategias a largo plazo formuladas en consulta con los interlocutores sociales e integradas en políticas económicas y de empleo", señalando asimismo las materias que podrían tenerse en cuenta en la negociación colectiva.

---

56 Barbagelata, Héctor-Hugo (ed); Barretto Ghione, Hugo; Henderson, Humberto, *El derecho a la formación profesional en las normas internacionales*, Cinterfor/OIT, 2000.
57 Barretto Ghione, Hugo, *La obligación de formar...* cit., p. 111 y ss.
58 Ermida Uriarte, Oscar; Rosenbaum Rímolo, Jorge, *Formación profesional en la negociación colectiva*, Cinterfor/ OIT, 1998.
59 Al respecto, puede verse la serie de trabajos publicados en Cinterfor/OIT, "Aportes para el diálogo social y la formación", (2000- 2001).
60 Ermida Uriarte, Oscar; Barretto Ghione, Hugo (coord.), *Formación profesional en la integración regional*, Cinterfor/OIT, 2000.

Entre ellas, menciona:

- las calificaciones que precisan la empresa y la economía;
- la formación que precisan los trabajadores;
- la evaluación de las calificaciones básicas y otras adquiridas en el lugar de trabajo o en el desempeño de actividades asociativas o individuales;
- el establecimiento de pautas de carrera para los trabajadores;
- el establecimiento de planes de desarrollo y de formación personal para los trabajadores;
- la estructura necesaria para conseguir beneficios óptimos de la formación;
- los regímenes de reconocimiento y gratificación, incluida una estructura de remuneraciones.

3.3 El enriquecimiento de la profesionalidad

59. En otro lugar[61] hemos definido la profesionalidad como el *"conjunto de saberes, habilidades y competencias de índole profesional, adquiridas y/o que debe proporcionar el empleador, que permiten al trabajador el cumplimiento y la adaptación a las diversas secuencias de la prestación de trabajo"*

Esta noción de profesionalidad es el corolario de la recepción de la formación en el mundo del trabajo.

Del *encuentro no casual* entre la formación y la racionalidad de la relación de trabajo, surge este concepto de profesionalidad, que presenta una *doble entrada* (desde la perspectiva de la formación y desde el haz obligacional) que lo hace especialmente dinámico y abierto a las múltiples variables y variantes que puede adquirir la relación de trabajo, comportando además una *salida* en orden a asegurar la empleabilidad y/o estabilidad laboral.

El concepto y la práctica que adquiera la formación profesional, modifica, moldea y enriquece la profesionalidad del trabajador, elemento de significativa importancia en la relación de trabajo, puesto que resulta inmanente al carácter personalísimo de esa relación.

3.4 La necesidad de una visión sistémica

60. La demanda de un enfoque de sistemas en la formación profesional ha sido una constante, por lo cual no comporta en sí mismo una novedad absoluta.

---

61 Barretto Ghione, Hugo, *La obligación de formar...* cit. p. 71.

Lo peculiar reside en que puede anotarse ciertá evolución en el tratamiento del tema, confirmando así la necesidad de la visión diacrónica de la formación.

61. Tradicionalmente,[62] el término *sistema de formación profesional* fue empleado en América Latina para significar un conjunto de actividades llevadas a cabo para dar capacitación ocupacional a los trabajadores, en oposición al sistema educativo formal; más tarde se incluyó la acepción de "coordinación de esfuerzos y recursos destinados al adiestramiento" y por último se aplicó en el ámbito organizacional y de toma de decisiones.

La visión sistémica estaba referida en el pasado a la coordinación entre los diversos entes que imparten formación profesional (Instituciones, Ministerios y dependencias públicas, empresas, academias o institutos de capacitación, otras iniciativas públicas o privadas, etc.) o a la coordinación "intersistema", o sea, con el sistema de educación regular.[63]

62. Hoy la formación profesional es deudora de una visión sistémica más comprensiva que la heredada del pasado.

Concretamente, debe integrarse en el conjunto de políticas que se vinculan con el empleo: una visión sistémica de la formación profesional determina que deba concebírsela como formando parte de un conglomerado mayor, como lo es el de las políticas en materia de capacitación para el trabajo y empleo, en un contexto de acelerados cambios en lo tecnológico y de desocupación creciente.

Las múltiples conexiones (hipertextualidad) que presenta la formación, en tanto no solo comporta un derecho humano fundamental sino que además se constituye en un instrumento de políticas de empleo y en una dimensión de la competitividad de las empresas, hacen que demande una visión sistémica más amplia que la tradicionalmente requerida.

La formación hoy debe vincularse al empleo y la colocación, a la orientación profesional y a las relaciones de trabajo, a la calidad de la formación y a la pertinencia con el mundo de la producción.

La visión sistémica debe integrar por tanto, aspectos como la información sobre el empleo, las necesidades de capacitación, bases de datos sobre desocupados y otras personas con dificultad de inserción o adaptación, orientación laboral, etc.

La salida del sistema debe atender la pertinencia de la formación, la evaluación y certificación, los mecanismos públicos y privados de colocación e intermediación laboral, por todo lo cual resulta menester coordinar y articular

---

62 Martínez Espinosa, Jorge, "El enfoque de sistema en la formación profesional de América Latina", *Boletín Cinterfor* N° 58, 1978, p. 3.
63 Ducci, María Angélica, *Proceso de la formación profesional en el desarrollo de América Latina. Un esquema interpretativo*, Cinterfor/OIT, 1979, pp. 102-103.

institucionalmente servicios de diversa procedencia, algunos ya existentes y otros a crearse.

La Resolución de la 88ª Conferencia Internacional del Trabajo alude a alguna de estas cuestiones cuando dice que "la formación y el desarrollo de los recursos humanos son fundamentales pero no son suficientes por sí solos para conseguir un desarrollo económico y social sostenible o resolver globalmente el problema del empleo".

III. MODALIDADES DE FORMACIÓN UN ENSAYO DE CLASIFICACIÓN

63. La formación, como fenómeno multifacético, admite diversas modalidades para su ejecución, dependiendo de la procedencia institucional, de los niveles de formalidad que presenten, de la participación de los actores públicos y privados en su formulación, gestión y ejecución.

1. El marco de la formación permanente

64. El marco de las modalidades de formación profesional está dado por la necesidad de la formación continua o permanente, orientación política fundamental que debería figurar en el vértice de cualquier sistema.

La formación continua puede ser definida como aquella que se realiza a lo largo de la vida del individuo y engloba todos los procesos formativos organizados e institucionalizados, siguientes a la formación inicial con miras a permitir una adaptación a las transformaciones tecnológicas y técnicas y favorecer la promoción social de los individuos.

Un documento reciente de la Unión Europea[64] la define como "toda actividad de aprendizaje útil realizada de manera continua con objeto de mejorar las cualificaciones, los conocimientos y las aptitudes", entendiéndola no ya solo como un aspecto de la educación y la formación, sino como un principio rector para la oferta de servicios y la participación a través del conjunto indivisible de contextos didácticos".

El proyecto de declaración de principios en materia de formación profesional en el Mercosur hace referencia al *derecho a la formación continua* "que incluya las

---

64 Se trata del "Memorándum sobre el aprendizaje permanente" documento de trabajo de los servicios de la Comisión de las Comunidades Europeas (Bruselas, 30 de octubre de 2000).

especializaciones y recalificaciones necesarias para la conservación del empleo y facilite la movilidad laboral dentro de una estructura productiva cambiante así como la comprensión y utilización adecuadas de las nuevas tecnologías".

A su vez, el artículo 4 del Convenio Internacional del Trabajo N° 142 prescribe que los sistemas de formación profesional deberán ampliarse, adaptarse y armonizarse en forma que cubran las necesidades de formación profesional permanente de los jóvenes y de los adultos en todos los sectores de la economía y ramas de actividad económica y a todos los niveles de calificación y responsabilidad.

65. Pero la formación permanente no refiere solo al necesario entrelazamiento de la formación, la educación y demás actividades sociales o económicas durante toda la vida, sino que atendiendo al carácter hipertextual de la formación, se traduce en una serie de derivaciones o características que la explicitan y desarrollan conceptualmente.

En el contexto europeo,[65] la peculiaridad de la formación continua es dada:
- por el acento en la responsabilidad, motivación e iniciativa de todos los individuos para la adquisición de saberes y competencias;
- por consistir en una respuesta a los cambios del empleo o su contrapartida (una flexibilidad mayor del mercado de trabajo y del empleo dentro de las empresas exigiría unos cambios más frecuentes y una adaptación constante del individuo en cuanto a las competencias y saberes que posea);
- por representar una especie de ideal, asequible por variadas vías de acceso a la información y el conocimiento (formación multimedia).

66. La 283ª Reunión del Consejo de Administración de la OIT (marzo, 2002) en el documento "Del papel a la práctica: la aplicación del programa global del empleo", establece como una de las tareas "promover el aprendizaje permanente de los sistemas de educación y de formación profesional, así como reconocer las calificaciones, independientemente de la forma de adquisición".

67. La formación continua resulta además un componente del concepto de trabajo decente.

Entre las características e indicadores de medición de los puestos de trabajo de calidad, se incluyen las cualificaciones, formación continua y desarrollo de la trayectoria profesional. En un documento de la Unión Europea[66] se fija como

---

65 Germe, Jean-François ; Pottier, François, "La formación continua por iniciativa individual en Francia: ¿declive o renovación?", revista *Formación Profesional*, Cedefop N°s 8/9, p. 52.
66 Comunicación de la Comisión al Consejo, al Parlamento Europeo, al Comité Económico y Social, y al Comité de las Regiones: "Políticas sociales y de empleo. Un marco para invertir en la calidad", Bruselas, 20 de junio de 2001.

objetivos y estándares políticos "ayudar a las personas a desarrollar de pleno sus capacidades potenciales por medio de un adecuado apoyo a la formación continua".

Para cumplir con ese mandato de la formación continua los sistemas deben adoptar modalidades que se ajusten a las realidades y exigencias del medio.

2. Principios y objetivos de la formación permanente y sus modalidades

68. Antes de pasar a las modalidades que pueden presentarse, hay que indicar que la formación continua tiene ciertos presupuestos, principios y objetivos que no deben soslayarse.

Se desarrollarán brevemente aquellos considerados indispensables.

2.1 Igualdad y no discriminación

Se trata de un principio más general del derecho del trabajo.[67]

La norma insignia en este aspecto es el Convenio Internacional del Trabajo Nº 111, cuyo artículo 2 establece que "todo miembro para el cual este convenio se halle en vigor, se obliga a formular y llevar a cabo una política nacional que promueva, por métodos adecuados a las condiciones y a la práctica nacionales, la igualdad de oportunidades y de trato en materia de empleo y ocupación, con el objeto de eliminar cualquier discriminación a este respecto".

El artículo 3e) a su vez dispone la obligación de los Estados de asegurar la no discriminación en las actividades de orientación profesional, de formación profesional y de colocación.

Este principio de igualdad y no discriminación se verifica y asienta mediante el indispensable acceso universal a la educación básica para todas las personas (artículo 4.4 y 5.2.a del convenio Internacional del trabajo Nº 142).

70. En Francia, la igualdad de oportunidades se alcanza estableciendo un derecho individual a la formación que permite a los trabajadores seguir un plan de formación durante el tiempo de trabajo y por iniciativa propia. Es el denominado *congé individuel de formation* que ofrece a los trabajadores la posibilidad de no asistir al trabajo durante la realización del plan de formación de que se trate,

---

67 Plá Rodríguez en la última edición de su clásico *Los principios del derecho del trabajo*, agrega el de no discriminación, definido como aquel que "lleva a excluir todas aquellas diferenciaciones que colocan a un trabajador en una situación inferior o más desfavorable que el conjunto. Y sin una razón válida o legítima". Ed. Depalma, 3ª ed., Buenos Aires, 1998, pp. 414-415.

sin que se disuelva por ello la relación laboral y percibiendo el salario base y una indemnización por los costos de la formación.[68]

71. La Resolución de la CIT sobre el desarrollo de recursos humanos reconoce que "hay un consenso tripartito internacional sobre la garantía de un acceso universal a la educación básica para todos, la formación inicial y la formación continua (...) la discriminación, que restringe el acceso a la formación, debería combatirse a la vez por medio de disposiciones reglamentarias y una acción común de los interlocutores sociales".

2.2. Promoción en el empleo

72. La promoción o ascenso desempeña un papel fundamental en el desarrollo de las carreras y trayectos laborales, contribuyendo eficazmente a la mejora en la calidad de los empleos, a la transición entre educación y trabajo y a promover la formación continua.

En Alemania, la formación continua, fuertemente reglada a través del sistema dual, constituyó un "círculo virtuoso" en los últimos decenios, en el cual las actividades de formación continua de los trabajadores y las políticas de personal de las empresas se reforzaron mutuamente.[69]

73. El Pacto internacional de derechos económicos, sociales y culturales de la ONU de 1966 en su artículo 7 reconoce "el derecho de toda persona al goce de condiciones de trabajo equitativas y satisfactorias que le aseguren en especial (...) igual oportunidad para todos de ser promovidos, dentro de su trabajo, a la categoría superior que les corresponde, sin más consideraciones que los factores de tiempo de servicio y capacidad".

2.3 Participación de los interlocutores sociales

74. La confluencia de intereses que desata la formación continua implica la participación de los interlocutores sociales en los diversos niveles o modalidades en que la misma se desarrolle.

La Resolución de la 88ª CIT dice al respecto que el marco de las políticas en la materia "debería comprender disposiciones tripartitas sobre la formación en el

---

68 Germe, Jean-François ; Pottier, François, "La formación continua..." cit. p. 53.
69 Drexel, Ingrid, "La relación entre formación continua y ascenso profesional: el modelo alemán, sus virtudes y sus riesgos desde la perspectiva de la formación permanente", revista *Formación Profesional*, Cedefop 8/9, p. 63.

ámbito nacional y sectorial, y ofrecer un sistema transparente y global de información sobre formación y el mercado de trabajo. Las empresas son las primeras responsables de la capacitación de sus empleados y aprendices pero también comparten responsabilidades respecto de la formación inicial de los jóvenes para atender sus necesidades futuras".

2.4 *Reconocimiento y acreditación de las cualificaciones profesionales*

75. La implementación de una política de formación continua demanda en forma indispensable el reconocimiento del derecho de cada trabajador a la evaluación, acreditación y certificación de la experiencia y competencias adquiridas en el trabajo y en las diversas modalidades de formación profesional, de modo de evitar la excesiva fragmentación y la frustración en que puede mutarse la experiencia formativa adquirida en el lugar de trabajo o en el sistema no formal.

3. Modalidades de formación profesional

3.1 *Algunos ejemplos de la experiencia comparada*

76. En cuanto a las modalidades, asistimos a una extraordinaria diversidad de opciones, que tienen que ver con las políticas educativas (o la ausencia de ellas), las tradiciones y la participación de los sectores educativos y laborales.

A modo de simple muestrario, presentaremos algunos modelos que resultan de interés para nuestro estudio.

77. En primer lugar, se trata de visualizar las modalidades comprendidas en la segunda fase del programa "Leonardo" de la Unión Europea, definidas de la siguiente forma:

- *Formación profesional inicial:* toda forma de formación profesional inicial, incluidos la enseñanza técnica y profesional, los sistemas de aprendizaje y la enseñanza orientada profesionalmente, que contribuya al logro de una cualificación profesional reconocida por las autoridades competentes del Estado miembro en el que se obtenga.
- *Formación en alternancia:* formación profesional a cualquier nivel, incluida la enseñanza superior. Esta formación profesional, reconocida o certificada por las autoridades competentes del Estado miembro de procedencia con arreglo a su propia legislación, procedimientos o prácticas, incluye períodos estructurados de formación en una empresa y, en su caso, en una institución o centro de formación profesional.

- *Formación profesional continua:* toda formación profesional emprendida por un trabajador en la Comunidad durante su vida activa.
- *Formación profesional abierta y a distancia:* toda forma de formación profesional flexible que implique la utilización de las tecnologías y servicios de información y de comunicación, de forma tradicional o avanzada, y el apoyo de asesoramiento y tutoría individualizados.

Por su parte, la oferta de formación profesional en España se divide en tres grandes espacios, de acuerdo a las siguientes definiciones:

- *Formación profesional reglada:* es un tipo de formación profesional inicial que imparte el sistema educativo para alumnos sin experiencia laboral previa. Tiene como objetivo capacitar para el desempeño de una profesión mediante la adquisición de competencias profesionales, que son: conocimientos, destrezas, habilidades sociales, técnicas, etc.
- *Formación ocupacional:* es definida como el resultado de los esfuerzos de enseñanza/aprendizaje encaminados a mejorar la preparación de las personas para el mundo del trabajo, desarrollando un conjunto de competencias en desempleados o demandantes del primer empleo, para facilitar su incorporación al mercado de trabajo.[70]
- *Formación continua:* se caracteriza por dirigirse a los trabajadores ocupados, pertenezcan a la administración pública o a la empresa privada.

79. El aprendizaje configura una de las modalidades más tradicionalmente empleadas en el mundo del trabajo.

Coincidentemente, dice Barbagelata[71] que "la adquisición de una calificación por un joven a través de un proceso que se cumple fundamentalmente dentro de una relación contractual, por el desempeño progresivo de tareas en una situación real de trabajo, bajo las instrucciones del propio empleador o de un trabajador experimentado, ha sido la modalidad de formación más antigua y por mucho tiempo la única".

Las legislaciones más modernas en la materia han incluido la alternancia como modalidad de formación implementada a través del contrato de aprendizaje.

---

70 Alonso García, Miguel Aurelio, "Tipos de formación profesional: percepción de la utilidad", revista *Formación Profesional*, Cedefop N° 19, p. 54.
71 Barbagelata, Héctor-Hugo, *Formación y legislación del trabajo*, Cinterfor/OIT, 1996, p. 37.

3.2 *Una posible clasificación de las modalidades de formación implementadas en nuestro país*

80. Atendiendo a las distintas modalidades de formación existentes en nuestro país, es posible intentar una clasificación de las mismas de acuerdo al esquema conceptual trascripto en III.c.2.

3.2.1 *Formación profesional inicial*

Así, la *formación inicial en materia de formación profesional* se desarrolla en el marco del sistema formal de educación, a través de la enseñanza pública técnico profesional regida por el ente autónomo Administración Nacional de Educación Pública (ANEP) de acuerdo a lo preceptuado en el artículo 202 de la Constitución y la ley Nº 15.739 de 28 de marzo de 1985.

El Consejo de Educación Técnico Profesional (UTU) es el órgano desconcentrado del Consejo Directivo Central (CODICEN), sobre el cual recae la competencia en materia de educación técnico profesional.

Dice Rivas[72] que desde 1942 compete a la Universidad del Trabajo del Uruguay (UTU) la enseñanza cultural destinada a la elevación intelectual de los trabajadores y a su formación técnica (A), la enseñanza completa de los conocimientos técnicos manuales e industriales, atendiéndose en forma especial los relacionados con las industrias extractivas y de transformación de las materias primas nacionales (B), la enseñanza complementaria para obreros (C), la enseñanza de las artes aplicadas (D), la contribución al perfeccionamiento de las industrias existentes, fomento y colaboración de las que puedan organizarse (E), información respecto a la estructura y funcionamiento de las industrias nacionales (F), y el examen de las aptitudes técnicas.

3.2.2 *Formación ocupacional*

Fuera del sistema formal de educación, operan una serie de organismos e institutos que atienden fundamentalmente lo que podría llamarse la *formación ocupacional,* empleando diversas modalidades.

Dentro de este esquema debería diferenciarse una formación ocupacional inicial y una formación ocupacional continua.

---

72 Rivas, Daniel, "Perspectivas de ratificación del convenio internacional del trabajo 142 por Uruguay", en el vol. *El convenio 142 en Argentina, Paraguay y Uruguay,* Cinterfor/OIT, 2000 p. 103.

3.2.2.1 Formación ocupacional inicial

Referidas a jóvenes desertores del sistema educativo formal, desempleados o con dificultades de inserción laboral.

Se cuenta al respecto con las siguientes opciones:

- el Centro de Capacitación y Producción (CECAP) creado por Resolución del Ministerio de Educación y Cultura N° 316/81, que tiene por objetivo la capacitación de jóvenes en situación de riesgo, con problemas de conducta y aprendizaje;
- Programas específicos de la Junta Nacional de Empleo, en acuerdo con el Instituto de la Juventud del Ministerio de Deporte y Juventud;
- diversas entidades de carácter social (religiosas, confesionales, organizaciones no gubernamentales, etc.) brindan formación a jóvenes que presentan situaciones de riesgo social;
- modalidades contractuales de empleo en alternancia con acciones formativas, como las dispuestas en el aprendizaje de la ley N° 16.873 y las pasantías laborales previstas en la ley N° 17.230.

3.2.2.2 Formación ocupacional continua

Refiere a trabajadores en actividad, desocupados o con dificultades de inserción laboral formal (precarios, informales, etc.).

Al respecto, operan en nuestro sistema los siguientes organismos:

- el Consejo de Capacitación Profesional (COCAP), creado por decreto ley 14.869 de 23 de febrero de 1979 como persona de derecho público no estatal, resulta complementario de la enseñanza curricular. Atiende personas mayores de 18 años, en modalidades presenciales o a distancia, preferentemente en acuerdo con las necesidades específicas del sector productivo exportador, por lo cual su población básica son trabajadores en actividad;
- la Junta Nacional de Empleo (JUNAE), creada por ley N° 16.320 de 1 de diciembre de 1992 y su modificativa N° 16.736, de naturaleza tripartita, atiende colectivos de desempleados o con dificultades de inserción laboral (personas en seguro de desempleo, minusválidos, mujeres jefas de hogar e ingresos menores, trabajadores rurales, etc.);
- formación en la empresa, a través de acciones dispuestas unilateralmente por el empleador, o mediante convenio colectivo. En algún caso se ha previsto la creación de una fundación bipartita, como en el sector de la construcción.

IV. CONCLUSIONES

81. Si bien la formación profesional es considerada como un derecho fundamental de las personas, un instrumento privilegiado de las políticas de empleo y una dimensión interesante de la competitividad de las empresas y aun de los países, no es sencillo adoptar una formulación conceptual que resulte comprensiva de los distintos contextos nacionales y de los diversos desarrollos y transformaciones a que está sujeta.

82. No obstante, se constata un proceso de cierta aproximación entre educación técnico profesional y formación profesional, a partir de procesos convergentes en la institucionalidad y en la práctica latinoamericanas.

83. El concepto de formación profesional es, en todo caso, diacrónico: debe tomarse en el tránsito de una situación signada por las nuevas exigencias que se plantean al trabajador, el papel que juega la formación en la posición competitiva y la innovación tecnológica de las empresas.

Dada su íntima relación con el trabajo, comparte también su suerte, pudiendo denotarse que el devenir de las diversas formas de organizar el trabajo y la producción han provocado cambios y configuraciones diversas del concepto de formación profesional.

La propia OIT ha ido acompasando esta evolución mediante los diversos encares que pautan las transformaciones recogidas en las Recomendaciones 117 y 150 y la Resolución de la 88ª Conferencia Internacional del Trabajo (2000).

84. En cuanto a su evolución reciente, el enfoque de *competencias laborales* se sitúa en la búsqueda de un ajuste estrecho entre la formación, las demandas del sector productivo y los desempeños esperados del trabajador; el *trabajo decente,* por su parte, comporta un plexo de valores a consagrar en los cuales la formación profesional asume un papel de componente esencial del concepto.

Ambos extremos deben tenerse en cuenta a efectos de una construcción y *puesta al día* del concepto de formación profesional.

85. La formación profesional tiene diversas connotaciones en el mundo del trabajo, ya que resulta tanto un instrumento de empleabilidad, como un tema pasible de integrar la negociación colectiva y el diálogo social.

En el ámbito individual, el encuentro entre formación profesional y relación de trabajo ha dado lugar al concepto de *profesionalidad,* definido como "conjunto de saberes, habilidades y competencias de índole profesional, adquiridas y/o que debe proporcionar el empleador, que permiten al trabajador el cumplimiento y la adaptación a las diversas secuencias de la prestación de trabajo".

La profesionalidad se presenta como el resultado de receptar la formación en el mundo del trabajo.

Su concepción es sumamente dinámica, ofreciendo una *doble entrada* (desde la perspectiva de la formación y desde el haz obligacional) que la hace especialmente abierta a las múltiples variables y variantes que pueda adquirir la relación de trabajo, comportando además una *salida* en orden a asegurar la empleabilidad y/o estabilidad laboral.

86. La formación demanda una visión sistémica diversa a la existente en el pasado. En concreto, se requiere una integración de la formación profesional no solo al interior del sistema educativo, sino su articulación con la orientación laboral, las demandas del sector productivo, los caracteres de los desocupados o las personas con dificultades de inserción laboral, por un lado, y los programas de colocación e intermediación de mano de obra, por otro.

87. Las modalidades de formación profesional deben estar presididas por una orientación política fundamental como lo es la formación permanente o continua.

Consagrar este principio despliega una serie de objetivos como el de la igualdad y no discriminación, promoción y ascenso en el lugar de trabajo, participación de los interlocutores sociales y reconocimiento y acreditación de las cualificaciones profesionales con independencia de las modalidades de adquisición.

En nuestro país puede intentarse una clasificación de las modalidades de formación profesional en *formación inicial*, prestada por el sistema formal técnico-profesional y *formación ocupacional*, no formal, prestada por diversos organismos públicos, públicos no estatales, privados, entidades sociales, religiosas, organizaciones no gubernamentales, empresas, etc.

La *formación ocupacional*, a su vez, comprende la *inicial* (para jóvenes desertores del sistema educativo formal y con dificultades de empleo) y *continua* (para trabajadores desocupados, en actividad, o colectivos específicos).

Primera parte

RECEPCIÓN DEL DERECHO A LA FORMACIÓN PROFESIONAL EN EL ORDENAMIENTO JURÍDICO URUGUAYO

Hugo Barretto Ghione

SUMARIO

2. Efectos jurídicos de las declaraciones internacionales
3. Recepción constitucional de los instrumentos internacionales sobre el derecho a la formación profesional

VI. Conclusiones

I. LOS DERECHOS HUMANOS COMO EXIGENCIA ÉTICA DE PRIMER ORDEN

1. Los derechos humanos son hoy un tema de debate recurrente, insoslayable y de una importancia decisiva, a tal punto que puede decirse que el sistema democrático mismo se define y asienta en el reconocimiento, respeto, tutela y promoción de los derechos de la persona, mas allá de la mera vigencia escrita de las normas.

Esta relevancia, adquirida fundamentalmente en el transcurso del siglo XX, tiene su explicación en una serie de factores de tipo científico e histórico cuya consideración excede el sentido de este trabajo.

El protagonismo de los derechos humanos se enmarca en un proceso más general (del cual es su tesis emblemática) de rescate de la dignidad humana como referencia de todo principio de estimativa jurídica o valoración del derecho. No se trata, debe reconocerse, de una estricta novedad en el pensamiento jurídico ni de un cambio de rumbo, pero sí de la entronización de un postulado básico cultural de carácter universal, de una construcción social[1] persistente a lo largo del siglo pasado, de un talante a partir del cual mirar las realidades sociales y las respuestas jurídicas.

2. Esta creciente valoración de los derechos y la dignidad de la persona se presenta concomitantemente en medio de otro debate, no menos trascendente, de contornos filosóficos e ideológicos, como el de la posmodernidad, y más precisamente, el de la pérdida de sentido de los *grandes relatos* que informaron la modernidad o la persistencia de un gran vacío moral a partir de la emancipación del sujeto de todo imperativo teológicamente fundado.

McIntyre,[2] por ejemplo, aduce que fue la ilustración la que destruyó el orden teológico tradicional, reprochándole no haber propuesto un fundamento alternativo de las exigencias morales de la persona que alcanzara el mismo grado de

---

1 Ian Hacking ha cuestionado la expresión "construcción social", en especial referencia a las disciplinas humanas. "La mayoría de los ítems de los que se dice que son socialmente construidos solo podrían ser construidos socialmente, si es que son construidos. De aquí que el calificativo de "social" sea habitualmente innecesario y se debería utilizar con moderación y sólo para dar énfasis o indicar contraste". El derecho, con su vocación para regular las conductas y las relaciones intersubjetivas, es por esencia edificado (construido, acordado, negociado, transado) socialmente y por ende, le cabe la observación del autor inglés. Ver su libro *¿La construcción social de qué?*, Piadós, Barcelona, 2001, p. 75-77.
2 McIntyre, Alasdair, *Tras la virtud*, Crítica, Barcelona, 1987.

aceptación, estabilidad y permanencia que habían sido las características de la antigua moralidad. Dice este autor que si bien la persona se ve liberada de todo orden moral impuesto, celebra su propia libertad y conquista (¿definitivamente?) su autonomía, el *lado oscuro* de su emancipación lo constituye la circunstancia de encontrarse sumergida en un gran vacío moral y sin referentes. Así, la apelación en la discusión pública a un lenguaje moral objetivista presenta obstáculos insalvables para obtener acuerdos, ya que no se sustenta en criterios comunes para definir lo que es admisible o justo; el debate adquiere una "fingida racionalidad", en tanto los sujetos acuden a conceptos que evocan un pasado compartido, en medio de un presente que centrifuga y vacía de sentido a las palabras.

3. Ante tal fragmentación e inexistencia de criterios éticos absolutos, Küng[3] plantea el requerimiento de un "nuevo consenso fundamental sobre convicciones humanas integradoras, a las que necesariamente deberá orientarse la sociedad pluralista democrática, si realmente quiere sobrevivir (...) necesitamos una reflexión sobre el talante ético, sobre el comportamiento moral del hombre; necesitamos la ética, la doctrina filosófica o teológica sobre los valores y las normas que han de regir nuestros proyectos y acciones". Küng avizora una amplia coincidencia, un consenso básico mínimo sobre determinados valores, normas y actitudes, en el cual la ética pase a ser un asunto público de primer orden, luego del ostracismo al ámbito privado a que fue sometida por la ilustración. En esa visión refundante de Küng, el principio ético fundamental resulta de entender que el hombre nunca podrá convertirse en simple medio, sino objetivo último, finalidad y criterio decisivo;[4] los derechos humanos constituirán una exigencia de primer orden en el proyecto ético mundial.[5]

Otros autores, desde procedencias filosóficas diversas a Küng, han referido a la necesidad de una ética basada en derechos, como el caso de Amartya Sen;[6] Rawls[7] a su vez, ubica los derechos fundamentales como uno de los medios universales que todo individuo desea independientemente de su programa de vida (bienes sociales primarios).

Los derechos humanos emergen así del debate contemporáneo como componentes de cualquier intento de proyecto ético que subvierta el actual estado de

---

3   Küng, Hans, *Proyecto de una ética mundial*, Trotta, Madrid, 1998, pp. 39 y 43 y ss.
4   Küng, Hans, *op. cit.*, pp. 50-51.
5   Küng, Hans, *op. cit.*, p. 89.
6   Sen, Amartya, *Sobre ética y economía*, Alianza, Madrid, 1999, p. 65.
7   Rawls, John, *Teoría de la justicia*, FCE, México, 1997, p. 94 y ss. Dice el autor que "aun cuando los planes racionales de la gente sí tienen diferentes fines, sin embargo todos ellos requieren, para su ejecución, ciertos bienes primarios, naturales y sociales. Los planes difieren, ya que también difieren las capacidades individuales, las circunstancias y las carencias; los planes racionales se ajustan a estas contingencias. Pero cualquiera que sea el sistema de fines de uno, los bienes primarios son medios necesarios" p. 96. En el elenco de bienes primarios, el autor incluye en primer orden a los derechos y libertades fundamentales que protegen al individuo.

anomia valorativa; un componente seguramente insuficiente, pero en todo caso imprescindible.

La idea de un nuevo proyecto ético basado en los derechos, además de significar una persuasiva, promisoria y humanista corriente del pensamiento filosófico político, contribuye a situar a los derechos humanos en una función dinámica, en una acción no meramente defensiva abroquelada intramuros.

4. Esta visión sobre la función, el papel y la responsabilidad que se asigna a los derechos humanos en el actual contexto se traslada como en cascada a todo el universo de derechos reconocidos a la persona en los máximos instrumentos internacionales (a saber, y fundamentalmente, la Declaración Universal de Derechos del Hombre, de 1948; el Pacto Internacional de Derechos Civiles y Políticos, y el Pacto Internacional de Derechos Económicos, Sociales y Culturales, ambos de 1966).

5. El derecho a la formación profesional, luego de un proceso de profundización y maduración que se extiende a lo largo del siglo XX, que lo vio primero inmerso en el derecho a la educación y luego como parte de las medidas que garantizan el derecho del trabajo, tiene esa misma vocación y papel a que está llamado el conjunto de derechos humanos del cual forma parte.

Su ductilidad, que le permite vincularse al derecho a la educación y por esa vía al acceso a los bienes culturales y la promoción humana por un lado, y al ejercicio mas pleno de los derechos laborales y la participación en los frutos del trabajo, lo hacen especialmente apto para contribuir en el sentido de proyectar un contenido ético más completo y acorde a la condición humana.

II. EL ACUERDO PRÁCTICO Y LA JUSTIFICACIÓN RACIONAL

6. Referir al fundamento del derecho a la formación profesional como derecho humano fundamental comporta ingresar al repaso de las posiciones postuladas por diversas doctrinas filosófico jurídicas.

El acuerdo sobre el fundamento de los derechos humanos nunca ha sido posible. Fernández-Galiano[8] enumera cuatro líneas en torno a las cuales se puede agrupar a los autores en esta materia: la doctrina legalista, que funda los derechos humanos en la ley positiva que los proclama y garantiza; la doctrina relativista, que atiende a las circunstancias de cada momento histórico y cultural para fundamentar los derechos; la doctrina axiológica que considera que el fun-

---

[8] Citado por Valle Labrada Rubio en *Introducción a la teoría de los derechos humanos*, Civitas, Madrid, 1998, p. 51 y ss.

damento está en la existencia de unos valores propios de la persona humana; y la doctrina jusnaturalista que atiende a un orden superior, objetivo, universal al que puede apelarse en todo tiempo y lugar.

Nino[9] luego de repasar las principales corrientes doctrinarias propone tres principios de cuya combinación derivan los derechos humanos fundamentales: a) el de inviolabilidad de la persona, que prohíbe imponer sacrificios a un individuo solo en razón de que ello beneficia a otros individuos; b) el de autonomía de la persona, que asigna un valor intrínseco a la persecución de planes de vida e ideales de excelencia (y, en virtud de un principio complementario, al placer y a la ausencia de dolor); y por último, c) el principio de dignidad de la persona, que determina tratar a los hombres de acuerdo a sus voliciones y no con relación a otras propiedades sobre las cuales no tienen control.

A nivel de las Naciones Unidas, en oportunidad de la declaración de 1948, no fue posible acordar sobre el fundamento de los derechos humanos, por la diversidad filosófica, cultural, religiosa, etc. de los pueblos que conformaron el organismo.

No obstante, Maritain[10] decía sobre ese episodio que "no es sin duda fácil, pero es posible, establecer una formulación común de tales conclusiones prácticas o, en otros términos de los diversos derechos que el hombre posee en su existencia individual y social. Pero sería muy fútil intentar una común justificación racional de esas conclusiones prácticas y de esos derechos. Si lo hiciéramos, correríamos el riesgo de imponer un dogmatismo arbitrario o ser parados en seco por irreconciliables diferencias. La cuestión aquí planteada es la del acuerdo práctico entre hombres que se encuentran opuestos entre sí en el plano teórico. Nos encontramos en presencia de la siguiente paradoja: las justificaciones racionales son indispensables y, al mismo tiempo, son incapaces de crear un acuerdo entre los hombres. Son indispensables porque cada uno de nosotros cree instintivamente en la verdad y no quiera dar su consentimiento más que a lo reconocido como verdadero y como racionalmente válido. Pero son incapaces de crear un acuerdo entre los hombres porque son fundamentalmente diferentes o, incluso, contrarios. ¿Hay que sorprenderse de ello? Los problemas planteados por las justificaciones racionales son arduos y las tradiciones filosóficas que esas justificaciones derivan se encuentran desde hace tiempo en conflicto".

La adopción de un "programa" (así puede ser visto el texto de la Declaración) dejando en segundo plano su fundamento, fue lo que permitió dar viabilidad al instrumento.

9 Nino, Carlos Santiago, *Ética y derechos humanos. Un ensayo de fundamentación*, Astrea, 2a ed., Buenos Aires, 1991, p. 46.
10 Maritain, Jaques, *El hombre y el Estado*, Coedición de la Fundación Humanismo y Democracia con Encuentro Ediciones, Madrid, 1983, pp. 93 y 94; citado por Augusto Durán Martínez en "La proyección del derecho internacional de los derechos humanos en el derecho administrativo uruguayo" en el volumen *Derechos humanos. A 90 años de la Declaración americana de los derechos y deberes del hombre y de la Declaración universal de derechos humanos*, Universidad Católica, AMF, 1999, p. 74.

III. PRINCIPALES NORMAS QUE RECONOCEN EL DERECHO A LA FORMACIÓN PROFESIONAL VIGENTES EN NUESTRO DERECHO

8. En todo caso, y cualquiera sea la posición filosófica que se adopte, es objetivo el hecho de que la formación profesional ha sido reconocida como derecho humano fundamental en los principales instrumentos internacionales y en las constituciones de un conjunto importante de países de América Latina y Europa.

El derecho a la formación profesional, integrando el derecho a la educación o como parte del elenco de derechos laborales ha sido recogido en diversos instrumentos internacionales vigentes en Uruguay, tales como:

- Preámbulo de la Constitución de la OIT (1919);
- Declaración de Filadelfia (OIT, 1944);
- Declaración Americana de los Derechos y Deberes del Hombre (OEA, 1948);
- Declaración Universal de los Derechos Humanos (Naciones Unidas, 1948);
- Carta de la Organización de los Estados Americanos (OEA, 1948, actualizada por diversos protocolos);
- Carta Internacional Americana de Garantías Sociales (OEA, 1948);
- Pacto Internacional de Derechos Económicos, Sociales y Culturales (ONU, 1966), ratificado por Uruguay por ley N° 13.751 de 11 de julio de 1969;
- Convención Americana de Derechos Humanos o Pacto de San José de Costa Rica (1969) y Protocolo de San Salvador (1988) ratificado por Uruguay por ley N° 16.519 de 22 de julio de 1994;
- Declaración Sociolaboral del Mercosur (1998).

9. Por su parte, la Constitución uruguaya reconoce el derecho a la educación y a la formación profesional en sus artículos 68 y 70 (con las cortapisas que veremos), aunque puede también entenderse comprendido en los artículos 7 y 53 en tanto integrante del derecho del trabajo de acuerdo a los contenidos y el estado de la doctrina al momento de la sanción de la norma.

10. El conjunto de disposiciones contenidas en las Declaraciones, Pactos y en la propia Constitución nacional dista de presentar conceptuaciones y criterios únicos.

La diversa procedencia institucional y temporal de las normas objeto de análisis hace que coexistan y se yuxtapongan en nuestro ordenamiento visiones del derecho a la formación profesional que comportan diverso alcance y profundidad, comprendiendo un rango que va de la simple enunciación del derecho al desarrollo pormenorizado de los caracteres del instituto; de entenderlo como un simple contenido del derecho a la educación incluirlo como parte del elenco de derechos laborales.

Corresponde por tanto, para una mejor comprensión, sistematizar ciertas soluciones que presenta nuestro derecho positivo en el cuadro de instrumentos detallados en orden al reconocimiento del derecho a la formación profesional.

11. En concreto, desde nuestro punto de vista, y siguiendo una tendencia internacional, el derecho a la formación profesional puede encontrarse:

1. Normas que conciben la formación profesional como formando parte del derecho a la educación

1.1 *Dificultades interpretativas del artículo 70 de la Constitución*

12. La formación profesional es una expresión del derecho a la educación de acuerdo a cierta dogmática. Es la solución que se entiende consagrada en nuestra Constitución, aunque lo hace de forma un tanto equívoca y en consecuencia no exenta de dificultades interpretativas, según se desarrolla a continuación.

Dice en concreto el artículo 70:

"Son obligatorias la enseñanza primaria y la enseñanza media, agraria o industrial. El Estado propenderá al desarrollo de la investigación científica y la enseñanza técnica. La ley proveerá lo necesario para la efectividad de estas disposiciones".

Puede entenderse que la disposición encara la formación profesional bajo este enfoque de entenderla comprendida en el derecho a la educación, en boga en la época de aprobación de la Carta.

Incluye a la vez, en la misma norma, tanto la obligatoriedad de la "enseñanza media, agraria o industrial" (inciso primero), como la obligación del Estado de propender "al desarrollo de la investigación científica y de la enseñanza técnica" (inciso segundo).

La primera dificultad surge en virtud de que, bien leída, la solución dista de ser ajustada técnicamente a los modernos desarrollos de la materia de la formación profesional. En este sentido, la norma puede juzgarse como insuficiente, según veremos de inmediato.

En efecto, la fórmula empleada refiere exclusivamente a "enseñanza media, agraria o industrial", y si bien se trata en estos últimos casos de una educación para el trabajo, el giro lingüístico parece optar únicamente por la "formación reglada" o "formal", cuando en realidad la formación profesional comprende en la actualidad una serie de expresiones que abarcan el campo de lo público y privado, formal o no formal, en niveles que deben necesariamente articularse y reconocerse en forma mutua.

La formación reconocida en la Constitución sería la comprendida en la enseñanza técnico profesional brindada a través del sistema educativo general.

Desde este punto de vista, el derecho a la formación profesional estaría solo parcialmente reconocido, y todavía formulado desde el lado de la obligación de concurrir, lo cual no es totalmente reconducible a todas las modalidades de formación.

Así por ejemplo, no estaría comprendida en el artículo 70 la formación profesional brindada fuera del sistema formal de enseñanza, como la prestada por el Consejo de Capacitación Profesional (DL 14.869) o la Junta Nacional de Empleo (leyes N° 16.320 y 16.736), y menos aún la practicada en la empresa, en forma unilateral o acordada mediante convenio colectivo.

13. El inciso segundo tampoco está exento de dificultades interpretativas.

En concreto, yendo al significado de la voz "propender", alude a "inclinarse alguien, por naturaleza, por afición o por otro motivo, hacia una determinada cosa".[11]

Se trata de una expresión perteneciente al lenguaje corriente, de dudoso alcance técnico jurídico, al parecer con escaso contenido obligacional.

Como si advirtiera esa debilidad, el constituyente en el último inciso del propio artículo 70 remata (y despeja) esta debilidad semántica, cuando dice "*la ley proveerá lo necesario para la efectividad de estas disposiciones*".

Nos encontramos en el típico caso de una disposición de jerarquía constitucional, que reconoce derechos sociales y culturales y que demanda un desarrollo futuro por parte del legislador, a fin de asegurar el cumplimiento del mandato previsto.

Se trata de uno de los problemas más arduos de la dogmática constitucional, como lo es asegurar la vigencia sociológica o eficacia de la norma jurídica mediante su desarrollo por la vía legal. Así, independientemente de su vigencia normológica (o sea, la simple formulación por escrito de la norma, que es "puesta" en el ordenamiento jurídico), la vigencia sociológica persigue su concreción en la realidad social, en la conducta humana compartida o en interferencia intersubjetiva como diría Cossio.[12] Se procura la correspondencia entre las conductas humanas y las normas que las mencionan o que se refieren a ellas.[13]

14. La referencia en el segundo inciso a la "enseñanza técnica" en forma independiente a la "enseñanza media, agraria o industrial" del primer inciso, da lugar a entender que en este caso se comprende a todas las instancias formales o no, en que se presta la formación para el trabajo.

11   Real Academia Española, *Diccionario de la Lengua Española*, 21a edición, p. 1678.
12   Cossio, Carlos, *Radiografía de la teoría egológica del derecho*, Depalma, Buenos Aires, 1987.
13   La distinción entre vigencia normológica y sociológica se toma de Bidart Campos y Herrendorf, *op. cit.*, pp. 75-76.

En este sentido, la formación profesional tendría *una segunda oportunidad* en este segundo inciso del artículo 70, en virtud de la mayor amplitud que ofrece respecto del primero; resultando por tanto alcanzadas el resto de las modalidades enunciadas en el numeral anterior, en aquellos casos en que sea el Estado quien imparta la formación.

Pero la interpretación puede todavía avanzar más allá.

Las iniciativas y emprendimientos formativos no gestionados directamente por el Estado también estarían alcanzados, dado que la norma no prescribe que necesariamente deba desarrollarse únicamente la enseñanza técnica pública; de hecho, existen algunas facilidades (tributarias, por ejemplo, en el artículo 69 de la Constitución y ley 12.802) a las instituciones privadas de enseñanza, que pueden actuar al amparo de la libertad prevista en el artículo 36 de la misma Constitución.

15. Siendo el Estado el sujeto pasivo de la obligación de desarrollar la enseñanza técnica, el sujeto activo será la persona humana, quien tiene el derecho de exigir que se cumpla con el mandato constitucional. La falta de cumplimiento, desarrollo o reglamentación por parte del poder público de este tipo de normas programáticas hace que se configure uno de los "mayores descréditos de la parte dogmática de las constituciones y específicamente de sus cláusulas económico sociales".[14]

Abramovich y Courtis[15] sistematizan las obligaciones genéricas de los Estados con relación a los derechos económicos, sociales y culturales en: a) obligación de adoptar medidas inmediatas; b) obligación de garantizar niveles esenciales de los derechos; y c) obligación de progresividad y prohibición de regresividad.

16. En caso de incumplimiento del legislador (no solo por omisión del "desarrollo de la enseñanza técnica" sino también, por ejemplo, en caso de atribuir una partida insuficiente en el presupuesto nacional) no hará crisis el derecho subjetivo del titular, sino que se tratará a lo sumo de una obligación "imperfecta", en tanto no se encontrara suficientemente garantizada.

Al respecto, Ferrajoli al deconstruir la noción kelseniana de derecho subjetivo, deslinda las nociones de derecho/garantía, afirmando la existencia de aquel aun en caso de inexistencia de esta[16], y reconociendo que "la ciencia del derecho

---

14 Fernández Segado, Francisco, "Los nuevos retos de la protección de los derechos", rev. *Contribuciones*, N° 4/98, Buenos Aires, p. 27.

15 Abramovich, Víctor; Courtis, Christian, "Hacia la exigibilidad de los derechos económicos, sociales y culturales", rev. *Contextos*, N° 1/97, Buenos Aires, p. 43 y ss.

16 Para Ferrajoli, Kelsen lleva a cabo dos identificaciones del derecho subjetivo a los imperativos que le corresponden: la primera es la del derecho subjetivo al deber jurídico de otra persona para con el titular; la segunda identificación es la del derecho subjetivo con el deber que, en caso de violación, incumbe a un juez aplicar la sanción (protección jurídica). Sin embargo, dice Ferrajoli, es "muy posible que de hecho no exista

no ha elaborado aún –frente a violaciones que derivan de la omisión de prestaciones– formas de garantía comparables en eficacia y sencillez a las previstas para los demás derechos fundamentales, tanto de libertad como de autonomía".[17]

No obstante, en su concepción del modelo constitucional/garantista como nuevo paradigma, es posible aducir inconstitucionalidad de las leyes que incumplan con los principios o derechos fundamentales reconocidos en la Constitución: "en un ordenamiento dotado de Constitución rígida, para que una norma sea válida además de vigente no basta que haya sido emanada con las formas predispuestas para su producción, sino que es también necesario que sus contenidos sustanciales respeten los principios y los derechos fundamentales establecidos en la Constitución".[18]

17. Un enfoque más comprensivo de la formación profesional en el encuadre de las normas que vienen comentándose puede adoptarse si atendemos a la posición de Cassinelli Muñoz.[19]

Para este autor la obligatoriedad que consagra el artículo 70 "no significa la obligación de concurrir a una institución de enseñanza en general y menos especialmente a una pública. Puede perfectamente cumplirse con la obligación de aprender en esos dos niveles, simplemente aprendiendo en su casa; por ejemplo, yo nunca fui a la escuela primaria, di el examen de ingreso y entré a secundaria, durante ese período no estaba violando la Constitución; estaba aprendiendo los conocimientos primarios sin concurrir a ninguna escuela, con maestros particulares".

Por eso, sigue diciendo, "el párrafo final del art. 68, resolviendo el problema de quién ejercita la libertad de enseñanza del lado del que aprende cuando este es un menor, dice que 'todo padre o tutor tiene derecho a elegir, para la enseñanza de sus hijos o pupilos, los maestros o instituciones que desee'. No dice solamente 'instituciones', dice 'maestros o instituciones'; pueden ser maestros que enseñen fuera de una institución de enseñanza".

La amplitud que ofrece la interpretación del texto hace pertinente que la totalidad de las modalidades de la formación profesional resulten comprendidas en los términos "instituciones o maestros" del artículo 68.

---

la obligación o la prohibición correlativa a un derecho subjetivo y, más todavía, que no exista la obligación de aplicar sanción en caso de violación de los unos y del otro". Se trata de lagunas que deberán ser colmadas por el legislador, en *Derechos y garantías. La ley del más débil*, Trotta, Madrid, 2001, pp. 59 a 65.

17 Ferrajoli, Luigi, *Derechos...*,cit., p. 109.

18 Ferrajoli, Luigi, *Derechos...*,cit., p. 66. También puede consultarse su artículo "La democracia constitucional" en el volumen *Desde la otra mirada. Textos de Teoría Crítica del Derecho*, Ch. Courtis (comp.), Eudeba, Buenos Aires, 2001, p. 255.

19 Cassinelli Muñoz, Horacio, *Derecho Público*, FCU, 1999, pp. 105-106.

18. En síntesis, la formación profesional se encuentra reconocida en el ámbito de las disposiciones que sobre educación prevé la Constitución nacional, con las dificultades ya expresadas.

a) Todo padre o tutor podrá optar para sus hijos o pupilos (es obvio que también para sí mismo) por las instituciones o maestros que desee, dice el artículo 68, y aquí el término "enseñanza" debe juzgarse comprensivo de la modalidad formación profesional, ya que la referencia a las entidades de capacitación es suficientemente amplia como para exceder el marco curricular/formal. Por otro lado, no existe en el artículo referencia alguna que lo acote a la enseñanza media o primaria como en el artículo 70, por lo cual debe interpretarse en forma amplia.

Para el caso de la "enseñanza primaria y la enseñanza media, agraria o industrial", el padre o tutor tendrá la *limitación* de la obligatoriedad impuesta por el artículo 70.

b) Le asiste a la persona un derecho a exigir frente al Estado a fin que desarrolle la enseñanza técnica, de la cual la formación es una manifestación (artículo 70 inciso segundo).

c) La referencia a la obligatoriedad de la enseñanza en el primer inciso del artículo 70 hace que no deba entenderse comprendida la formación profesional en la totalidad de sus modalidades, sino solo en las encuadradas dentro de la normativa de rango legal que establece la composición del sistema educativo general.

1.2 Las normas internacionales

19. La mayoría de las normas internacionales ratificadas por nuestro país en la materia comparten esta visión de la formación profesional como parte del derecho a la educación.

Así, el artículo 26 de la Declaración universal de los derechos humanos dice que "toda persona tiene derecho a la educación. La educación debe ser gratuita, al menos en lo concerniente a la instrucción elemental y fundamental. La instrucción elemental será obligatoria. La instrucción técnica y profesional habrá de ser generalizada".

Más claro resulta del giro empleado en el artículo XII de la Declaración americana de los derechos y deberes del hombre: "toda persona tiene derecho a la educación (...) asimismo tiene el derecho de que, mediante esa educación, se le capacite para lograr una digna subsistencia, en mejoramiento del nivel de vida y para ser útil a la sociedad".

La lectura de estas disposiciones no presenta las dificultades que deben salvarse para el caso de la Constitución nacional.

2. Normas que conciben la formación profesional como formando parte del derecho del trabajo

20. Otros instrumentos internacionales vinculan estrechamente el derecho a la formación profesional al derecho del trabajo, a tal punto de entenderlo comprendido dentro del elenco de regulaciones emergentes de la relación de trabajo, como el derecho a la remuneración, a las pausas de descanso, etc.

El caso paradigmático es el artículo 6 del Pacto Internacional de derechos económicos, sociales y culturales. Comienza diciendo que los Estados Partes "reconocen el derecho a trabajar" y cuando particulariza las medidas a adoptar en orden a lograr la plena efectividad de este derecho menciona "la orientación y formación técnico profesional".

La Declaración de Filadelfia reconoce la obligación de la OIT de fomentar entre todas las naciones del mundo, programas que concedan "oportunidades de formación profesional"; el Protocolo de San Salvador, por su parte, en redacción similar al Pacto Internacional de derechos económicos, sociales y culturales, prescribe que "Los Estados Partes se comprometen a adoptar las medidas que garanticen plena efectividad al derecho al trabajo, en especial las referidas al logro del pleno empleo, a la orientación vocacional y al desarrollo de proyectos de capacitación técnico profesional".

3. Singularidad del derecho a la formación profesional

21. A nivel general puede anotarse una sugestiva evolución del derecho a la formación profesional, en tanto diversos instrumentos internacionales (básicamente emergentes de los procesos de integración regional) lo singularizan autonomizándolo del derecho a la educación y del derecho del trabajo.

En concreto, la Carta de derechos fundamentales de los trabajadores de la Unión Europea en su título I num. 15 refiere al derecho a la formación profesional en forma independiente de todo otro derecho; la Carta social europea hace lo propio en el num. 10 de la parte I ("toda persona tiene derecho a medios adecuados de formación profesional"), fijando además una serie de acciones a que las partes se comprometen, en orden a afianzar su ejercicio efectivo.

En nuestro derecho, ya la Carta internacional americana de garantías sociales de 1948 en su artículo 4 establecía que "todo trabajador tiene derecho a recibir educación profesional y técnica para perfeccionar sus aptitudes y conocimientos, obtener en su trabajo mayores ingresos y contribuir de modo eficiente al desarrollo de la producción".

22. El artículo 16 de la Declaración sociolaboral del Mercosur, por su lado, dice que "todos los trabajadores tienen derecho a la orientación, la formación y la capacitación profesional".

Cabe señalar los matices existentes entre los diversos instrumentos, en razón que los vigentes en nuestro derecho postulan como titular a "los trabajadores", en tanto que la Carta social europea refiere a "toda persona". Resulta más coherente y abarcador de la totalidad de las modalidades de formación aquella fórmula que menciona a las *personas*, en tanto no siempre los programas de formación profesional tienen como beneficiarios a los *trabajadores*.

Por lo común, ciertos colectivos sociales como los desempleados, los jóvenes que buscan trabajo por primera vez y son desertores del sistema de enseñanza, las mujeres jefas de hogares de escasos recursos económicos, son contingentes atendidos con grados importantes de prioridad por estar en una situación de riesgo social y no representan la categoría de "trabajadores" sino en sentido muy lato (tanto que la noción pierde perfiles propios).

IV. NOTAS SOBRE LA SIGNIFICACIÓN DE LA CONSTITUCIONALIZACIÓN E INTERNACIONALIZACIÓN DEL DERECHO A LA FORMACIÓN PROFESIONAL

23. Este múltiple reconocimiento normativo del derecho a la formación profesional no es totalmente novedoso ni único si se lo enmarca en el proceso más general de los derechos económicos, sociales y culturales.

La constitucionalización de los derechos laborales lleva ya varios lustros en América Latina.[20] El dato no es menor: como dicen Bidart Campos y Herrendorf,[21] "cuando la declaración de derechos se inserta en la constitución escrita y esta constitución se reviste del carácter de suprema dentro de la escala jurídica normativa, se refuerza el valor de la declaración y de los derechos que en ella constan, porque de ese modo gozan de la misma supremacía o superlegalidad de la constitución que integran, y comparten con ella el vértice del orden jurídico".

24. En cuanto a su reconocimiento internacional, el derecho internacional de los derechos humanos presenta algunos perfiles dignos de destaque, en tanto su

---

20 Ermida Uriarte, Oscar, "La Constitución y el derecho laboral", en el vol. *Treinta y seis estudios sobre las fuentes del derecho del trabajo*, FCU, 1995, p. 111. El proceso de constitucionalización creciente ya había sido advertido por Héctor-Hugo Barbagelata en "Tendencias del derecho del trabajo americano", un temprano artículo en *Derecho Laboral*, Año I, núm. 2, 1948, p. 87.

21 Bidart Campos, Germán J.; Herrendorf, Daniel, *Principios de Derechos Humanos y Garantías*, Ediar. Buenos Aires, 1991, p. 201.

fuerza y vigor resulta de integrarse con normas que son *jus cogens* (inderogable, imperativa, indisponible); se sostiene asimismo que los derechos humanos hacen parte de los principios generales del derecho internacional público, con el efecto que en todo ordenamiento jurídico surten sus principios generales.[22] Sobre estos aspectos se profundizará en adelante.

25. Concomitantemente, y con absoluta independencia de estos desarrollos, la formación parece comenzar a ocupar un rol central en las reflexiones sobre el mundo del trabajo, sometido como está a profundas transformaciones.

En orden a ese reconocimiento, una mirada al derecho comparado permite concluir que los ordenamientos jurídicos nacionales han receptado el derecho a la formación profesional a través de la ratificación de los diversos instrumentos internacionales, los cuales tienen en muchos casos un efecto supralegal manifiesto y explícito.

En otros casos, las propias constituciones han reconocido el derecho, o de lo contrario contienen dispositivos que permiten su inclusión mediante la ampliación genérica del elenco de derechos reconocidos, revelando así su raigambre jusnaturalista.

De todos modos, el conjunto de Declaraciones, Tratados, Protocolos y demás instrumentos internacionales tienen, como dijera Barbagelata, una "primera y esencial función" de constituir el soporte del sistema de protección jurídica de la dignidad humana. Sobre la base de la sistematización de los diversos instrumentos, muchos autores establecen el "cuadro de principios que rige el derecho laboral", entre los cuales se incluye la formación profesional.[23]

26. Los instrumentos jurídicos de máximo rango que incluyen a la formación profesional en el elenco de derechos humanos fundamentales lo conciben, según se vio, como formando parte del derecho a la educación o del derecho del trabajo.

En otro lugar[24] se ha señalado que si la formación profesional no es otra cosa que una manifestación del derecho a la educación, existe un deber correlativo de parte del Estado que estará obligado a cumplimentar sus compromisos asumidos mediante la instrumentación de las "medidas adecuadas", que muchas veces naufragan en medio de la orfandad de políticas sociales o de los impulsos de la ideología neoliberal.

---

22 Bidart Campos; Herrendorf, Principios... cit., p. 247.
23 Entre los autores que incluyen el derecho a la formación profesional entre los esenciales en la relación de trabajo, pueden citarse: Barbagelata, Héctor-Hugo, *Derecho del trabajo*, Tomo I, Vol. 1, FCU, 1995; Capon Filas, Rodolfo, Derecho del trabajo, Platense, 1998; Carrillo Calle, Martín, "Los derechos laborales fundamentales: normas mínimas internacionales", en *Constitución, trabajo y seguridad social*, Adec. Atc., Lima, 1993.
24 Barbagelata, Héctor-Hugo; Barretto Ghione, Hugo; Henderson, Humberto, *El derecho a la formación profesional y las normas internacionales*, Cinterfor/OIT, 2000, p.44.

En cambio, encarando la formación profesional como parte integrante del derecho del trabajo, su campo de aplicación deja de ser baldío y pasa a afincarse con mayor nivel de realismo y exigibilidad.

Ello por la naturaleza misma de las normas laborales, que implican desarrollos significativos con relación a la protección de la persona del trabajador subordinado, sumado al papel relevante que desempeñan los trabajadores colectivamente organizados.

Situándola plenamente en el terreno laboral, la formación aparece, además de un deber del Estado, como una obligación del empleador que se despliega junto al resto del haz emergente de la relación individual de trabajo,[25] y por ende se apoya en el basamento de los artículos 7 y 53 de la Constitución.

Esto la configura especialmente como un derecho "autoejecutable", en la medida que su cumplimiento (y las modalidades que pueda adquirir) queda al albur de las relaciones laborales y como contenido potencial de la autonomía colectiva.

27. El ingreso de la formación profesional como elemento integrante del conjunto de derechos y obligaciones emergentes de la relación de trabajo, a través de la puerta principal de su reconocimiento como derecho humano fundamental (amén de otras razones sobre las cuales no es del caso profundizar), la hace especialmente dinámica para delinear una serie de proyecciones interesantes. Entre ellas se destaca la promoción y el ascenso en el lugar de trabajo como una consecuencia lógica y necesaria de la capacitación brindada en ocasiones por el propio empresario, junto con la exigencia de condiciones justas y equitativas de empleo. La estabilidad no queda al margen de estos desarrollos por constituir un corolario también lógico de esta nueva racionalidad que impone la formación vista como obligación del empresario.

28. Se advierte además sobre una evolución que determina que el derecho a la formación profesional viene perfilando notas de mayor singularidad en los instrumentos internacionales emergentes de los procesos de integración regional. Así, la Declaración sociolaboral del Mercosur reconoce a la formación profesional como un derecho de los trabajadores en el artículo 16, con absoluta independencia del derecho a la educación y del derecho del trabajo.

---

25   Barretto Ghione, Hugo, *La obligación de formar a cargo del empleador. Una relectura del derecho del trabajo en clave de formación*, FCU, 2001.

V. VIGENCIA Y EFECTIVIDAD DE LAS NORMAS INTERNACIONALES SOBRE FORMACIÓN PROFESIONAL EN NUESTRO DERECHO

1. Consecuencias jurídicas de la recepción de la formación profesional como derecho fundamental

29. Los Estados en sus relaciones internacionales no sintieron la necesidad, durante mucho tiempo, de ocuparse del tema de los derechos humanos, que estaban confinados al derecho interno de cada país.

Los hechos históricos del siglo XX, derivados de las guerras mundiales, modifican esta realidad, y el derecho acompaña los cambios. "Los dos cambios más importantes en las relaciones internacionales están vinculados a la prohibición del uso de la fuerza, con la consecuente aparición de un sistema de seguridad colectiva en las relaciones entre Estados y la proyección de la protección internacional de los derechos fundamentales del ser humano", dice Arbuet-Vignali.[26] En este contexto, los derechos humanos comienzan a afectar las relaciones internacionales y ya no alcanza con dejar su protección bajo la exclusiva responsabilidad interna de los Estados, "porque ahora los hechos que afectan la conciencia ética y jurídica de la humanidad, aunque solo ocurran dentro de fronteras, se conocen y repercuten en todas partes, pueden tensar las relaciones y poner en peligro la paz y la seguridad".[27]

Junto a la tradicional regulación del derecho interno de cada Estado, se advierte ahora la coexistencia de dichas regulaciones con diversos instrumentos internacionales, e incluso con el reconocimiento de competencias y atribuciones a órganos internacionales o supra/nacionales en esta temática.[28]

30. Los derechos laborales son derechos humanos. Siendo la dignidad y la igualdad entre las personas el fundamento último de los derechos humanos, su proyección en el ámbito del trabajo determina que la regulación básica del trabajo humano deba formar parte del elenco de protección máxima de estos bienes jurídicos. Ello por la importancia misma del hecho de trabajar en la vida de las personas, independientemente de las ambivalencias presentes en el itinerario mismo del concepto de trabajo,[29] fuente simultánea de creatividad y embotamiento, oportunidades y frustraciones, riqueza y pobreza, etc.

---

26 Arbuet-Vignali, Heber, "Evolución de la protección internacional de los derechos humanos", en el vol. cit *Derechos Humanos...* pp. 116-117.
27 Arbuet-Vignali, *op. cit.* pp. 118-119.
28 Gros Espiell, Héctor, *Estudios sobre Derechos Humanos. Instituto Interamericano de Derechos Humanos*, Editorial Jurídica Venezolana, 1985, p. 18 y ss.
29 Hopenhayn, Martín, *Repensar el trabajo. Historia, profusión y perspectivas de un concepto*, Norma, Buenos Aires, 2001, p. 243 y ss.

Concebir al derecho del trabajo dentro de esta ambivalencia conceptual esencial comporta atender los dos extremos, en cuanto resulta tanto un reconocimiento a una actividad esencial de las personas como una protección indispensable para la parte más débil de la relación, hiposuficiente respecto del empleador.

Plá Rodríguez[30] ha subrayado este nexo entre derechos laborales y derechos humanos como "esencial y entrañable por la propia razón de ser de nuestra disciplina que es la protección del ser humano que trabaja". Implica que "a través del derecho del trabajo se busca la protección del trabajador como ser humano, que es titular de una serie de derechos fundamentales, en ocasión del desarrollo de la actividad laboral".[31]

31. Justamente, uno de esos derechos fundamentales validados a través del desarrollo de la actividad laboral es el derecho a la formación profesional.

Si bien las normas jurídico laborales (y del derecho a la formación, debido a su consagración en los instrumentos ya señalados) forman parte de los derechos económicos y sociales, no puede soslayarse el dato de su indivisibilidad e interdependencia con el resto de los derechos llamados de primera generación, aunque la división se haya revelado inconsistente.[32]

Valticós[33] ha señalado que las normas internacionales del trabajo y los textos sobre derechos humanos comparten no solo su inspiración y su objetivo esencial, sino incluso las condiciones en que fueron establecidas en el plano internacional, esto es, a raíz de un gran conflicto mundial y con el afán de edificar un mundo mejor.

32. Por esta característica esencial de la materia objeto de regulación, los derechos laborales en sus aspectos fundamentales quedan fuera de la jurisdicción de los Estados.

Racciatti[34] resume el efecto en el sistema de fuentes de derecho indicando que las normas internacionales ostentan "un grado de jerarquía superior respecto de las normas que integran el orden interno de cada Estado (primacía del derecho internacional sobre el derecho interno)". Extrae dos consecuencias de esta

---

30 Plá Rodríguez, Américo, "Los derechos humanos y el derecho del trabajo", revista *Debate Laboral*, N° 6/90, Costa Rica, p. 11.

31 Morgado Valenzuela, Emilio, "Los derechos humanos y el derecho del trabajo", revista *Debate Laboral*, N° 6/90, p. 5.

32 En la Proclamación de Teherán, de 1968, en oportunidad de la Conferencia Internacional de Derechos Humanos, se dice que "como los Derechos Humanos y las libertades fundamentales son indivisibles, la realización de los derechos civiles y políticos sin el goce de los derechos económicos, sociales y culturales resulta imposible. La consecución de un progreso duradero en la aplicación de los derechos humanos depende de las buenas y eficaces políticas nacionales e internacionales de desarrollo económico y social".

33 Valticós, Nicolás, "Normas internacionales del trabajo y derechos humanos. ¿Cómo estamos en vísperas del año 2000?", revista *Internacional del Trabajo*, N° 2/98, vol. 117, p. 154.

34 Racciatti, Octavio, "El tratado internacional como fuente del derecho del trabajo", en el vol. *Treinta y seis estudios sobre las fuentes del derecho del trabajo*, FCU, 1995, p. 183.

aseveración: "el derecho laboral queda vinculado a los sistemas internacionales de protección de los derechos humanos" y "la materia laboral se encuentra excluida de la jurisdicción doméstica o interna de los Estados, por lo menos en sus aspectos fundamentales".

Queda a los Estados la tarea de completar, desarrollar, reglamentar estos derechos en función de que a menudo los contenidos de los instrumentos internacionales son excesivamente programáticos, lo que presenta grados importantes de controversia por la omisión en que muchas veces incurren, o aun la actividad legislativa directa o indirectamente contraria a las expresiones de los tratados y declaraciones.

2. Efectos jurídicos de las declaraciones internacionales

33. Las declaraciones constituyen uno de los instrumentos jurídicos que más han desarrollado la formación profesional como derecho humano fundamental.

Ello plantea el problema de enfrentar la pretendida falta de efectos vinculantes de estos documentos.

34. El Estatuto de la Corte Internacional de Justicia enumera las fuentes del derecho internacional:

"La Corte, cuya función es decidir conforme al Derecho Internacional las controversias que le sean sometidas, deberá aplicar:

a) las convenciones internacionales, sean generales o particulares, que establecen reglas expresamente reconocidas por los estados litigantes;

b) la costumbre internacional como prueba de una práctica generalmente aceptada como derecho;

c) los principios generales de derecho reconocidos por las naciones civilizadas;

d) las decisiones judiciales y las doctrinas de los publicistas de mayor competencia de las distintas naciones, como medio auxiliar para la determinación de las reglas de derecho".

Conviene preguntarse si el estatuto comprende la totalidad de instrumentos internacionales sobre derechos humanos. La problemática de la obligatoriedad de las Declaraciones de derechos surge de inmediato, por la falta de previsión aparente en el elenco de fuentes que establece la norma transcripta.

Bueno es reconocer que en 1948 la Declaración universal de los derechos del hombre se concibió sin fuerza obligatoria.[35]

---

35   Gros Espiell, Héctor, "Naturaleza jurídica y carácter de fuentes de derecho internacional de la Declaración Americana de Derechos y Deberes del Hombre y de la Declaración Universal de los Derechos Humanos", en el vol. cit. Derechos Humanos, p. 39.

35. Pero después de los Pactos de las Naciones Unidas de 1966 y de la Proclamación de Teherán, los derechos humanos se consideran no ya como una mera protección del hombre frente al atropello político, sino como un complejo integral en el cual los distintos tipos de derechos se reconocen como interdependientes, se apoyan mutuamente y se convierten en un concepto complejo e indivisible.[36]

En el caso americano, el instrumento sobre derechos y deberes del hombre, que precedió temporalmente a la propia Declaración universal,[37] es también declarativo, pero hay que tener en cuenta que en 1959 al crearse la Comisión Interamericana de Derechos Humanos se indica que su materia será la aplicación de la Declaración Americana de Derechos y Deberes del Hombre,[38] y todavía en 1969 se agregó la Convención Americana sobre Derechos Humanos.

36. Señala Gros Espiell[39] que la doctrina jurídica había llegado a la misma conclusión de la aplicabilidad de los instrumentos sobre derechos humanos por dos caminos:

a) mediante la idea de la "costumbre instantánea" o "*soft law*", que altera el sentido tradicional de la costumbre como fuente de derecho, demandante de un elemento material (repetición de un hecho) y un elemento subjetivo (admisión del carácter obligatorio). En este caso, se postula que una resolución de la Asamblea General de la ONU, o incluso de la Conferencia General de un organismo especializado, adoptada por unanimidad o una gran mayoría, y aceptada por la Comunidad Internacional, cristaliza instantáneamente una costumbre;

b) la segunda vía plantea que la Declaración Universal (y por extensión, otras de similar rango y contenido), constituye una declaración de principios generales de derecho internacional, que son justamente una de las fuentes previstas en el Estatuto de la Corte Internacional de Justicia.

Esta última concepción se relaciona con aquella que concibe al núcleo de los derechos humanos como un caso de *jus cogens*, es decir, de una norma imperativa de Derecho internacional, definida por el artículo 53 de la Convención de Viena sobre Derecho de los Tratados y aceptada por la comunidad internacional en su conjunto.

Al respecto, conviene recordar la posición de Uruguay en esa conferencia,[40] cuando dice que "la comunidad internacional reconoce ciertos principios que

---

36 Gros Espiell, Héctor, *Estudios sobre derechos humanos. Instituto Interamericano de Derechos Humanos*, 1985.
37 Gros Espiell, Héctor, "La declaración americana de los derechos y deberes del hombre. Raíces conceptuales en la historia y el derecho americanos", *revista de la Facultad de Derecho y Ciencias Sociales*, Nº 3-4, año XXX, 1989, p. 61 y ss.
38 Izquierdo, Silvia, "Cumplimiento de los Estados de las decisiones de la Comisión y sentencias de la Corte Interamericana de Derechos Humanos", revista de *Derecho Público*, Nº 19/2001, FCU, p. 55 y ss.
39 Gros Espiell, Héctor, "Naturaleza..." cit. p. 41 y ss.
40 Citada en el trabajo de Antonio Gómez Robledo, *El Jus Cogens internacional (estudio histórico crítico)*, Universidad Nacional Autónoma de México, 1982, p. 66.

corresponden a intereses esenciales y a sus concepciones morales básicas, como la prohibición del uso de la fuerza y la agresión, del genocidio, de la discriminación racial o la violación sistemática de los Derechos Humanos".

En sentido de mayor profundidad en la idea, el representante del Vaticano en la conferencia de Viena, René-Jean Dupuy, propuso que se adoptara como denominador común del *Jus Cogens* el principio de la primacía de los derechos humanos y agregó: "¿por qué no interpretar el art. 53 como si se refiriese esencialmente a los derechos humanos?".[41]

En concordancia, es doctrina internacional que los Estados no pueden derogar estas normas de *jus cogens* no solamente en sus acuerdos recíprocos, sino igualmente en sus actos u omisiones unilaterales.[42]

37. En el ámbito laboral, Ermida Uriarte,[43] expresa que "estos instrumentos internacionales, aún no ratificados ni ratificables (como, por ejemplo, la Declaración Universal de Derechos Humanos de 1948 y la Declaración Sociolaboral del Mercosur de 1998, entre otros), contengan normas universales e imperativas calificadas como *jus cogens*, habilitan –cabría decir impone–, su aplicación judicial directa. Más aún, estas normas declarativas de derechos humanos gozan de una presunción de autoaplicabilidad de conformidad con la doctrina y jurisprudencia, aplicación inmediata y directa por lo tribunales y demás órganos del Poder Público".

38. Estos textos referidos a derechos humanos básicos inciden por diversos medios en los ordenamientos nacionales aun sin que hayan sido ratificados.[44]

En Uruguay, Barbagelata[45] ha entendido que los grandes instrumentos internacionales sobre derechos humanos (declaraciones y pactos) constituyen fuente de conocimiento de tales derechos inherentes a la persona humana, en referencia al mecanismo implementado por el artículo 72 de la Constitución uruguaya que veremos en adelante.

La Declaración de la OIT sobre Principios y Derechos Fundamentales en el trabajo de 1998, proclama solemnemente que "todos los miembros, aun cuando no hayan ratificado los convenios aludidos, tienen un compromiso que se deriva

---

41 Gómez Robledo, Antonio, *op. cit.*, p. 203.
42 Gómez Robledo, Antonio, op. cit., p. 212.
43 Ermida Uriarte, Oscar, "Derechos laborales y comercio internacional". Ponencia presentada en el V congreso Regional Americano de Derecho del Trabajo y de la Seguridad Social, Lima, 2001.
44 En el caso brasileño, señala Süssekind que "no solamente los convenios ratificados han tenido influencia en la legislación brasileña. Estos, en virtud del monismo jurídico adoptado por el sistema, son fuente formal de derecho, sin embargo, los convenios no ratificados son fuentes materiales y, como tales, cumplen su finalidad de influenciar también el derecho interno de los Estados Miembros de la OIT". En revista *Internacional del Trabajo*, N° 3/84, Vol. 103, pp. 343-344.
45 Barbagelata, Héctor-Hugo, "Fuentes del derecho del trabajo", revista *del Colegio de Abogados del Uruguay*, T. XI, 1988, pp. 12 y 21.

de su mera pertenencia a la Organización de respetar, promover y hacer realidad, de buena fe y de conformidad con la Constitución, los principios relativos a los derechos fundamentales que son objeto de estos convenios".

El caso más cercano es la Declaración Sociolaboral del Mercosur, negociada y acordada en un organismo tripartito, asesor del Grupo Mercado Común, y que fuera adoptada por los Presidentes de los países miembros del bloque. La doctrina y jurisprudencia que se ha pronunciado sobre el punto admite la autoaplicabilidad de sus disposiciones.[46]

3. Recepción constitucional de los instrumentos internacionales sobre el derecho a la formación profesional

39. La Constitución uruguaya no contiene una solución expresa en la materia, que reconozca jerarquía constitucional a los derechos contenidos en las Declaraciones o Tratados internacionales.

Para asimilar los Tratados y demás instrumentos internacionales relativos a derechos humanos, habrá de recurrirse al artículo 72, receptor del jusnaturalismo personalista clásico,[47] que permite asignar rango constitucional a los derechos, deberes y garantías no enumerados a texto expreso, siempre y cuando sean inherentes a la personalidad humana o derivados de la forma republicana de gobierno.

El problema se desplaza a acordar en la enumeración de cuáles deben ser los derechos humanos fundamentales que trasponen la puerta de entrada que comporta el artículo 72.

Dworkin[48] dice que "tiene sentido decir que un hombre tiene un derecho fundamental (...) si ese derecho es necesario para proteger su dignidad (...) de modo que, si los derechos tienen sentido, la invasión de un derecho relativamente importante debe ser un asunto muy grave, que significa tratar a un hombre como algo menos que un hombre, o como menos digno de consideración que otros hombres".

Por su parte Bidart Campos y Herrendorf[49] señalan que el mínimo de cuáles son los derechos humanos pudo atisbarse cuando en 1948 las Naciones Unidas

---

46 Ver ponencias presentadas a la Reunión técnica sobre aplicabilidad jurídica de la Declaración Sociolaboral del Mercosur, organizada por la Asociación Argentina de Derecho del Trabajo y de la Seguridad Social y la OIT en Buenos Aires, el 10 y 11 de diciembre de 2001 y jurisprudencia citada de la Cámara Nacional de Apelaciones del Trabajo, Sala VI, de Argentina.

47 Real, Alberto Ramón, "Los principios generales de derecho en la Constitución uruguaya. Vigencia de la estimativa jusnaturalista", en el vol. *Los principios generales de derecho en el derecho uruguayo y comparado*, FCU, 2001, p. 46 y ss.

48 Dworkin, Ronald, *Los derechos en serio*, Ariel, Barcelona, 1999, p. 295.

49 *Op. cit.*, p. 121.

emitieron la declaración universal de los derechos, declaración que al menos desde Teherán en 1968 tiene fuerza obligatoria para la comunidad internacional. Pero por añadidura y para más seguridad, agregan que hay dos tratados internacionales universales –también de las Naciones Unidas, de 1966– que contienen declaraciones de derechos; uno es el Pacto de Derechos Civiles y Políticos, y el otro el de Derechos Económicos, Sociales y Culturales. Para el caso argentino, agregan el Pacto de San José de Costa Rica, ratificado en ese país en 1984.

40. En nuestro derecho no pueden presentarse dudas sobre la pertinencia de incluir los derechos humanos fundamentales en la racionalidad del artículo 72 de la Constitución, en tanto son inherentes a la personalidad humana, o forman parte de los principios generales del derecho.[50]

Cajarville[51] dice que los principios generales que consagren derechos, deberes y garantías que son inherentes a la personalidad humana o se derivan de la forma republicana de gobierno tienen jerarquía constitucional por constituir el contenido implícito del artículo 72. Y agrega, en referencia a los instrumentos sobre derechos humanos: "el perfeccionamiento internacional del tratado o convención y su aprobación y ratificación por el país comprueban la convicción socialmente dominante en el ámbito nacional e incluso en el internacional comprendido por el tratado, sobre la existencia de los derechos en él reconocidos, o si se prefiere, su consagración por el Derecho Natural; y en cuanto esos derechos puedan predicarse de todo individuo por igual y en la misma medida, con prescindencia de todas las características fácticas y jurídicas que los distingan de todos los demás del género humano, en cuanto no dependan de lo que haya hecho o dejado de hacer ni de la situación jurídica en que se encuentre, sino de su propia naturaleza, de lo que tiene en común con todos los hombres, deberá considerarse un derecho 'inherente a la personalidad', contenido en un principio general de jerarquía constitucional en virtud del artículo 72 de la Carta".

La inclusión de un derecho en un tratado o declaración internacional constituye un dato irresistible para el intérprete en cuanto al rango constitucional de dicho derecho.[52]

Una de las consecuencias más importantes de este enfoque radica en que "cuando un derecho no establecido a texto expreso en la Carta sea objeto de regulación en uno, dos o más instrumentos internacionales, ya no será necesario argumentar en cuanto a su carácter de inherente a la personalidad humana, ya

---

50 Cajarville Peluffo, Juan Pablo, "Reflexiones sobre los principios generales de derecho en la Constitución uruguaya", en el vol. cit. *Los principios...*, p. 137 y ss.

51 Cajarville Peluffo, Juan Pablo, *op. cit.*, pp. 151-152.

52 Risso Ferrand, Martín, "La Declaración universal de derechos humanos y la Declaración americana de los derechos y deberes del hombre y la Constitución uruguaya", en el vol. cit. *Derechos Humanos*, p.61 y ss.

que esto está ya demostrado, sino que, por el contrario, la carga de la argumentación recaerá en quien pretenda que el derecho no presenta dicho carácter".[53]

Existe una especie de inversión de la carga de la prueba.

Todavía, para su aplicación efectiva, estos derechos no necesitan que se dicte una ley que reglamente concretamente cómo se harán valer, de acuerdo a la solución que permite el artículo 332 de la propia Constitución.[54]

41. Con esta apertura, es posible concluir sin vacilaciones sobre la recepción constitucional del derecho a la formación profesional, junto con otros derechos inherentes a la personalidad humana de también indiscutible prosapia.

Su ingreso se hace sin contradecir normas del ordenamiento (legal) inferior, circunstancia que en otros casos ha ocasionado no pocos problemas de inconstitucionalidad superviniente.

42. La recepción constitucional del derecho a la formación profesional en estas condiciones despeja en plenitud la dificultosa arquitectura montada para interpretar el artículo 70 en el capítulo III (a.1) de este trabajo.

Como se recordará, los artículos 68 y 70 de la Carta permitían articular una interpretación que demostraba cierta fragmentación de la formación profesional en su reconocimiento intraconstitucional.

Los instrumentos internacionales a estudio, por el contrario, mantienen una concepción unívoca de la formación profesional, comprensiva del universo de sus modalidades.

Ante estas divergencias que pueden advertirse en la regulación constitucional, dada la diversa redacción del artículo 6 del Pacto Internacional de Derechos Económicos, Sociales y Culturales, o el artículo 16 de la Declaración Sociolaboral respecto del artículo 70 de la Constitución, debe recurrirse a los criterios interpretativos habituales en la materia.

En efecto, tratándose de derechos diferentemente regulados en disposiciones de igual jerarquía, deberá optarse por aquella interpretación que preste al derecho mayor amplitud o protección.

---

53 Risso Ferrand, Martín, op. cit., p. 67.
54 Cassinelli Muñoz, Horacio, op. cit., p. 85.

V. CONCLUSIONES

43. La formación profesional es reconocida como un derecho fundamental por diversas Declaraciones, Pactos y Tratados Internacionales de la máxima jerarquía.

Nuestro país ha suscrito los más importantes en la materia. La Constitución recepta el derecho a la formación profesional en su parte dogmática, mediante los artículos 68 y 70, y más claramente a través del ingreso a través del mecanismo de los artículos 72 y 332 de las disposiciones contenidas en la Declaración universal de derechos humanos, el Pacto internacional de derechos económicos, sociales y culturales, la Declaración americana de derechos y deberes del hombre, la Convención americana de derechos humanos y su protocolo adicional, la Declaración sociolaboral del Mercosur y demás normas citadas en el cap. II de este trabajo.

Dichas normas ubican la formación profesional en el entorno del derecho a la educación o del derecho del trabajo. En los documentos emanados de los procesos de integración regional (como la Declaración sociolaboral del Mercosur) se advierte cierta singularidad (¿autonomización?) del derecho a la formación profesional.

44. El derecho a la formación profesional es oponible frente al Estado y frente a los particulares.

Esta última aseveración se ve facilitada si centramos la formación profesional en el ámbito del mundo del trabajo, en tanto constituye parte del haz obligacional patronal que surge de la relación de trabajo.

Una consideración en detalle de este costado de la cuestión queda claramente fuera de los límites de este trabajo.

Sin embargo, manteniéndonos en el nivel de análisis constitucional, si consideramos a los derechos "en serio" según la expresión de Dworkin ya citada, debemos acordar en la *naturaleza bifronte*[55] de los derechos humanos.

Para ello hay que detenerse en la relación de alteridad que supone toda relación jurídica. Los derechos humanos concibieron en principio como sujeto pasivo exclusivamente al Estado, pero actualmente también ha de considerarse a los demás hombres como sujetos pasivos, dependiendo del caso. Los derechos humanos pueden así hacerse valer tanto frente al Estado como a los particulares, y ello en dos frentes, al decir de Bidart Campos y Herrendorf: "el de la relación con el estado y de la relación con los particulares".

La relación estrecha, intersubjetiva, que supone el trabajo subordinado en el ámbito de la empresa, la hace especialmente idónea para acoger (y oponer) el

---

| 55 Bidart Campos, Germán; Herrendorf, Daniel, *op. cit.*, p. 89-90.

derecho a la formación profesional al empleador, sujeto pasivo en el caso concreto de las obligaciones emergentes de la relación de trabajo y del cuadro de derechos fundamentales de raigambre constitucional.

ANEXO NORMATIVO

A. DISPOSICIONES DE DERECHO INTERNACIONAL

1. Preámbulo de la Constitución de la OIT

Considerando que la paz universal y permanente solo puede basarse en la justicia social;

Considerando que existen condiciones de trabajo que entrañan tal grado de injusticia miseria y privaciones para gran número de seres humanos, que el descontento causado constituye una amenaza para la paz y la armonía universales; y considerando que es urgente mejorar dichas condiciones, por ejemplo, en lo concerniente a reglamentación de las horas de trabajo, fijación de la jornada y de la semana de trabajo, contratación de la mano de obra, lucha contra el desempleo, garantía de un salario adecuado, protección del trabajador contra las enfermedades, sean o no profesionales, y contra los accidentes del trabajo, protección de los niños, de los adolescentes y de las mujeres, pensiones de vejez y de invalidez, protección de los intereses de los trabajadores ocupados en el extranjero, reconocimiento del principio de libertad sindical, organización de la enseñanza profesional y técnica y otras medidas análogas.

2. Declaración de Filadelfia

III

La Conferencia reconoce la obligación solemne de la Organización Internacional del Trabajo de fomentar, entre todas las naciones del mundo, programas que permitan:

(...)

c) conceder, como medio para lograr este fin y con garantías adecuada para todos los interesados, oportunidades de formación profesional y medios para el traslado de trabajadores, incluidas las migraciones de mano de obra y de colonos.

3. Declaración Universal de los Derechos Humanos

Artículo 26. 1. Toda persona tiene derecho a la educación. La educación debe ser gratuita, al menos en lo concerniente a la instrucción elemental y fundamental. La instrucción elemental será obligatoria. La instrucción técnica y profesional habrá de ser generalizada; el acceso a los estudios superiores será igual para todos, en función de los méritos respectivos.

2. La educación tendrá por objeto el pleno desarrollo de la personalidad humana y el fortalecimiento del respeto a los derechos humanos y a las libertades fundamentales; favorecerá la comprensión, la tolerancia y la amistad entre todas las naciones y todos los grupos étnicos o religiosos; y promoverá el desarrollo de las actividades de las Naciones Unidas para el mantenimiento de la paz.

3. Los padres tendrán derecho preferente a escoger el tipo de educación que habrá de darse a sus hijos.

4. Declaración Americana de los Derechos y Deberes del Hombre

CAPÍTULO PRIMERO

Artículo XII . Toda persona tiene derecho a la educación, la que debe estar inspirada en los principios de libertad, moralidad y solidaridad humanas.

Asimismo tiene el derecho de que, mediante esa educación, se le capacite para lograr una digna subsistencia, el mejoramiento del nivel de vida y para ser útil a la sociedad.

El derecho de educación comprende el de igualdad de oportunidades en todos los casos, de acuerdo con las dotes naturales, los méritos y el deseo de aprovechar los recursos que puedan proporcionar la comunidad y el Estado.

Toda persona tiene derecho a recibir gratuitamente la educación primaria, por lo menos.

5. Carta de la Organización de los Estados Americanos (actualizada)

Artículo 34. Los Estados miembros convienen en que la igualdad de oportunidades, la eliminación de la pobreza crítica y la distribución equitativa de la riqueza y del ingreso, así como la plena participación de sus pueblos en las decisiones relativas a su propio desarrollo, son, entre otros, objetivos básicos del desarrollo integral. Para lograrlos, convienen asimismo en dedicar sus máximos esfuerzos a la consecución de las siguientes metas básicas:

(...)

h) Erradicación rápida del analfabetismo y ampliación, para todos, de las oportunidades en el campo de la educación;

Artículo 47. Los Estados miembros darán importancia primordial, dentro de sus planes de desarrollo, al estímulo de la educación, la ciencia, la tecnología y la cultura orientadas hacia el mejoramiento integral de la persona humana y como fundamento de la democracia, la justicia social y el progreso.

Artículo 50. Los Estados miembros prestarán especial atención a la erradicación del analfabetismo; fortalecerán los sistemas de educación de adultos y habilitación para el trabajo; asegurarán el goce de los bienes de la cultura a la totalidad de la población, y promoverán el empleo de todos los medios de difusión para el cumplimiento de estos propósitos.

6. Carta Internacional Americana de Garantías Sociales

Artículo 4. Todo trabajador tiene derecho a recibir educación profesional y técnica para perfeccionar sus aptitudes y conocimientos, obtener de su trabajo mayores ingresos y contribuir de modo eficiente al desarrollo de la producción. A tal efecto, el Estado organizará la enseñanza de adultos y el aprendizaje de los jóvenes, de tal modo que permita asegurar la enseñanza efectiva de un oficio o trabajo determinado, a la par que provea su formación cultural, moral y cívica.

7. Pacto Internacional de Derechos Económicos, Sociales y Culturales

Parte II

Artículo 6.

1. Los Estados Partes en el presente Pacto reconocen el derecho a trabajar, que comprende el derecho de toda persona a tener la oportunidad de ganarse la vida mediante un trabajo libremente escogido o aceptado, y tomarán medidas adecuadas para garantizar este derecho.

2. Entre las medidas que habrá de adoptar cada uno de los Estados Partes en el presente Pacto para lograr la plena efectividad de este derecho deberá figurar la orientación y formación técnico profesional, la preparación de programas, normas y técnicas encaminadas a conseguir un desarrollo económico, social y cultural constante y la ocupación plena y productiva, en condiciones que garanticen las libertades políticas y económicas fundamentales de la persona humana.

Artículo 7. Los Estados Partes en el presente Pacto reconocen el derecho de toda persona al goce de condiciones de trabajo equitativas y satisfactorias que le aseguren en especial:

(…)

c) Igual oportunidad para todos de ser promovidos, dentro de su trabajo, a la categoría superior que les corresponda, sin más consideraciones que los factores de tiempo de servicio y capacidad.

Artículo 13.

1. Los Estados Partes en el presente Pacto reconocen el derecho de toda persona a la educación. Convienen en que la educación debe orientarse hacia el pleno desarrollo de la personalidad humana y del sentido de su dignidad, y debe fortalecer el respeto por los derechos humanos y las libertades fundamentales. Convienen asimismo en que la educación debe capacitar a todas las personas para participar efectivamente en una sociedad libre, favorecer la comprensión, la tolerancia y la amistad entre todas las naciones y entre todos los grupos raciales, étnicos o religiosos, y promover las actividades de las Naciones Unidas en pro del mantenimiento de la paz.

2. Los Estados Partes en el presente Pacto reconocen que, con objeto de lograr el pleno ejercicio de este derecho:

a) La enseñanza primaria debe ser obligatoria y asequible a todos gratuitamente;

b) La enseñanza secundaria, en sus diferentes formas, incluso la enseñanza secundaria técnica y profesional, debe ser generalizada y hacerse accesible a todos, por cuantos medios sean apropiados, y en particular por la implantación progresiva de la enseñanza gratuita;

c) La enseñanza superior debe hacerse igualmente accesible a todos, sobre la base de la capacidad de cada uno, por cuantos medios sean apropiados, y en particular por la implantación progresiva de la enseñanza gratuita;

d) Debe fomentarse o intensificarse, en la medida de lo posible, la educación fundamental para aquellas personas que no hayan recibido o terminado el ciclo completo de instrucción primaria;

e) Se debe proseguir activamente el desarrollo del sistema escolar en todos los ciclos de la enseñanza, implantar un sistema adecuado de becas, y mejorar continuamente las condiciones materiales del cuerpo docente.

8. Convención Americana de Derechos Humanos (Pacto de San José de Costa Rica)

PREÁMBULO

Los Estados americanos signatarios de la presente Convención,

Reafirmando su propósito de consolidar en este Continente, dentro del cuadro de las instituciones democráticas, un régimen de libertad personal y de justicia social, fundado en el respeto de los derechos esenciales del hombre;

Reconociendo que los derechos esenciales del hombre no nacen del hecho de ser nacional de determinado Estado, sino que tienen como fundamento los atributos de la persona humana, razón por la cual justifican una protección internacional, de naturaleza convencional coadyuvante o complementaria de la que ofrece el derecho interno de los Estados americanos;

(…)

CAPÍTULO III

DERECHOS ECONÓMICOS, SOCIALES Y CULTURALES

Artículo 26. Desarrollo Progresivo

Los Estados Partes se comprometen a adoptar providencias, tanto en el ámbito interno como mediante la cooperación internacional, especialmente económica y técnica, para lograr progresivamente la plena efectividad de los derechos que se derivan de las normas económicas, sociales y sobre educación, ciencia y cultura, contenidas en la Carta de la Organización de los Estados Americanos, reformada por el Protocolo de Buenos Aires, en la medida de los recursos disponibles, por vía legislativa u otros medios apropiados.

9. Protocolo de San Salvador, adicional a la Convención Americana sobre Derechos Humanos en materia de Derechos Económicos, Sociales y Culturales

Artículo 6. Derecho al Trabajo

1. Toda persona tiene derecho al trabajo, el cual incluye la oportunidad de obtener los medios para llevar una vida digna y decorosa a través del desempeño de una actividad lícita libremente escogida o aceptada.

2. Los Estados Partes se comprometen a adoptar las medidas que garanticen plena efectividad al derecho al trabajo, en especial las referidas al logro del pleno empleo, a la orientación vocacional y al desarrollo de proyectos de capacitación técnico profesional, particularmente aquellos destinados a los minusválidos. Los Estados Partes se comprometen también a ejecutar y a fortalecer programas que coadyuven a una adecuada atención familiar, encaminados a que la mujer pueda contar con una efectiva posibilidad de ejercer el derecho al trabajo.

Artículo 7. Condiciones Justas, Equitativas y Satisfactorias de Trabajo

Los Estados Partes en el presente Protocolo reconocen que el derecho al trabajo al que se refiere el artículo anterior supone que toda persona goce del mismo en condiciones justas, equitativas y satisfactorias, para lo cual dichos Estados garantizarán en sus legislaciones nacionales, de manera particular:

a. una remuneración que asegure como mínimo a todos los trabajadores condiciones de subsistencia digna y decorosa para ellos y sus familias y un salario equitativo e igual por trabajo igual, sin ninguna distinción;

b. el derecho de todo trabajador a seguir su vocación y a dedicarse a la actividad que mejor responda a sus expectativas y a cambiar de empleo, de acuerdo con la reglamentación nacional respectiva;

c. el derecho del trabajador a la promoción o ascenso dentro de su trabajo, para lo cual se tendrán en cuenta sus calificaciones, competencia, probidad y tiempo de servicio;

d. la estabilidad de los trabajadores en sus empleos, de acuerdo con las características de las industrias y profesiones y con las causas de justa separación. En casos de despido injustificado, el trabajador tendrá derecho a una indemnización o a la readmisión en el empleo o a cualesquiera otra prestación prevista por la legislación nacional;

e. la seguridad e higiene en el trabajo;

f. la prohibición de trabajo nocturno o en labores insalubres o peligrosas a los menores de 18 años y, en general, de todo trabajo que pueda poner en peligro su salud, seguridad o moral. Cuando se trate de menores de 16 años, la jornada de trabajo deberá subordinarse a las disposiciones sobre educación obligatoria y en ningún caso podrá constituir un impedimento para la asistencia escolar o ser una limitación para beneficiarse de la instrucción recibida;

g. la limitación razonable de las horas de trabajo, tanto diarias como semanales. Las jornadas serán de menor duración cuando se trate de trabajos peligrosos, insalubres o nocturnos;

h. el descanso, el disfrute del tiempo libre, las vacaciones pagadas, así como la remuneración de los días feriados nacionales.

Artículo 13. Derecho a la Educación

1. Toda persona tiene derecho a la educación.

2. Los Estados Partes en el presente Protocolo convienen en que la educación deberá orientarse hacia el pleno desarrollo de la personalidad humana y del sentido de su dignidad y deberá fortalecer el respeto por los derechos humanos, el pluralismo ideológico, las libertades fundamentales, la justicia y la paz. Convienen, asimismo, en que la educación debe capacitar a todas las personas para participar efectivamente en una sociedad democrática y pluralista, lograr una subsistencia digna, favorecer la comprensión, la tolerancia y la amistad entre todas las naciones y todos los grupos raciales, étnicos o religiosos y promover las actividades en favor del mantenimiento de la paz.

3. Los Estados Partes en el presente Protocolo reconocen que, con objeto de lograr el pleno ejercicio del derecho a la educación:

a. la enseñanza primaria debe ser obligatoria y asequible a todos gratuitamente;

b. la enseñanza secundaria en sus diferentes formas, incluso la enseñanza secundaria técnica y profesional, debe ser generalizada y hacerse accesible a todos, por cuantos medios sean apropiados, y en particular por la implantación progresiva de la enseñanza gratuita;

c. la enseñanza superior debe hacerse igualmente accesible a todos, sobre la base de la capacidad de cada uno, por cuantos medios sean apropiados y, en particular, por la implantación progresiva de la enseñanza gratuita;

d. se deberá fomentar o intensificar, en la medida de lo posible, la educación básica para aquellas personas que no hayan recibido o terminado el ciclo completo de instrucción primaria;

e. se deberán establecer programas de enseñanza diferenciada para los minusválidos a fin de proporcionar una especial instrucción y formación a personas con impedimentos físicos o deficiencias mentales.

4. Conforme con la legislación interna de los Estados Partes, los padres tendrán derecho a escoger el tipo de educación que habrá de darse a sus hijos, siempre que ella se adecue a los principios enunciados precedentemente.

5. Nada de lo dispuesto en este Protocolo se interpretará como una restricción de la libertad de los particulares y entidades para establecer y dirigir instituciones de enseñanza, de acuerdo con la legislación interna de los Estados Partes.

10. Declaración Sociolaboral del Mercosur

Los Jefes de Estado de los Estados Partes del mercado Común del Sur, reunidos en la ciudad de Río de Janeiro

(...)

Considerando que los Estados Partes están comprometidos con las declaraciones, pactos, protocolos y otros tratados que integran el patrimonio jurídico de la Humanidad, entre ellos la Declaración Universal de los Derechos Humanos (1948), el Pacto Internacional de los Derechos Civiles y Políticos (1966), el Pacto Internacional de los Derechos Económicos, Sociales y Culturales (1966), la Declaración Americana de Derechos y Debe-

res del Hombre (1948), la Carta Interamericana de Garantías Sociales (1948), la Carta de la Organización de los Estados Americanos (1948), la Convención Americana de Derechos Humanos sobre Derechos Económicos, Sociales y Culturales (1988);
(...)

DERECHOS INDIVIDUALES
Promoción de la igualdad

Artículo 2. Las personas portadoras de necesidades especiales serán tratadas de forma digna y no discriminatoria, favoreciéndose su inserción social y en el mercado de trabajo.

Los Estados Partes se comprometen a adoptar medidas efectivas, especialmente en lo que se refiere a la educación, formación readaptación y reorientación profesional, la adecuación de los ambientes de trabajo y al acceso de los bienes y servicios colectivos, con el fin de asegurar que las personas portadoras de necesidades especiales tengan las posibilidad de desempeñar una actividad productiva.
(...)

Protección de los desempleados

Artículo 15. Los Estados Partes se comprometen a instituir, mantener y mejorar mecanismos de protección contra el desempleo, compatibles con las legislaciones y las condiciones internas de cada país, a fin de garantizar la subsistencia de los trabajadores afectados por la desocupación involuntaria y al mismo tiempo facilitar el acceso a servicios de reubicación y a programas de recalificación profesional que faciliten su retorno a una actividad productiva.

Formación profesional y desarrollo de recursos humanos

Artículo 16. Todos los trabajadores tiene derecho a orientación, la formación y la capacitación profesional.

Los Estados se comprometen a instituir, con las entidades involucradas que voluntariamente así lo deseen, servicios y programas de formación u orientación profesional continua y permanente, de manera de permitir a los trabajadores obtener las calificaciones exigidas para el desempeño de una actividad productiva, perfeccionar y reciclar los conocimientos y habilidades, considerando fundamentalmente las modificaciones resultantes del progreso técnico.

Los Estados Partes se obligan además a adoptar medidas destinadas a promover la articulación entre los programas y servicios de orientación y formación profesional, por un lado, y los servicios públicos de empleo y de protección de los desempleados, por otro, con el objetivo de mejorar las condiciones de inserción laboral de los trabajadores.

Los Estados Partes se comprometen a garantizar la efectiva información sobre los mercados de trabajo y su difusión tanto a nivel nacional como regional.

B. DISPOSICIONES CONSTITUCIONALES

Artículo 7. Los habitantes de la República tienen derecho a ser protegidos en el goce de su vida, honor, libertad, seguridad, trabajo y propiedad. Nadie puede ser privado de estos derechos sino conforme a las leyes que se establecieren por razones de interés general.

Artículo 53. El trabajo está bajo protección especial de la ley.

Todo habitante de la República, sin perjuicio de su libertad, tiene el deber de aplicar sus energías intelectuales o corporales en forma que redunde en beneficio de la colectividad, la que procurará ofrecer, con preferencia a los ciudadanos la posibilidad de ganar su sustento mediante el desarrollo de una actividad económica.

Artículo 68. Queda garantida la libertad de enseñanza

La ley reglamentará la intervención del Estado al solo objeto de mantener la higiene, la moralidad, la seguridad y el orden públicos.

Todo padre o tutor tiene derecho a elegir, para la enseñanza de sus hijos o pupilos, los maestros o instituciones que desee.

Artículo 69. Las instituciones de enseñanza privada y las culturales de la misma naturaleza estarán exoneradas de impuestos nacionales y municipales, como subvención por sus servicios.

Artículo 70. Son obligatorias la enseñanza primaria y la enseñanza media, agraria o industrial.

El Estado propenderá al desarrollo de la investigación científica y de la enseñanza técnica.

La ley proveerá lo necesario para la efectividad de estas disposiciones.

Artículo 71. Declárase de utilidad social la gratuidad de la enseñanza oficial primaria, media, superior, industrial y artística y de la educación física; la creación de becas de perfeccionamiento y especialización cultural, científica y obrera, y el establecimiento de bibliotecas populares.

En todas las instituciones docentes se atenderá especialmente la formación del carácter moral y cívico de los alumnos.

Artículo 72. La enumeración de derechos, deberes y garantías hecha por la Constitución, no excluye los otros que son inherentes a la personalidad humana o se derivan de la forma republicana de gobierno.

Artículo 332. Los preceptos de la presente Constitución que reconocen derechos a los individuos, así como los que atribuyen facultades e imponen deberes a las autoridades públicas, no dejarán de aplicarse por falta de reglamentación respectiva, sino que esta será suplida, recurriendo a los fundamentos de las leyes análogas, a los principios generales del derecho y a las doctrinas generalmente admitidas.

Segunda parte
DERECHO ADMINISTRATIVO
DE LA FORMACIÓN PROFESIONAL

Octavio Carlos Racciatti

SUMARIO

II. **La formación profesional como parte de la política laboral**

El Ministerio de Trabajo y Seguridad Social

A. La Dirección Nacional de Empleo

B. La Junta Nacional de Empleo

    a. Integración tripartita de la Junta Nacional de Empleo

    b. Cometidos

    c. Administración y financiación del Fondo de Reconversión Laboral

C. El Ministerio de Trabajo y Seguridad Social como órgano de registro de contratos relacionados con la formación profesional

III. **Trabajadores públicos: aspectos funcionales y laborales**

Anexo normativo

INTRODUCCIÓN

1. El *Derecho administrativo de la formación profesional* tiene por objeto el conjunto de normas jurídicas que regulan la actividad administrativa del estado relativa a la formación profesional. En el Uruguay, se trata de la actividad pública (estatal y "paraestatal") que tiene como objeto la formación profesional como hecho laboral, tecnológico y educativo. En ese sentido, el estado interviene de diferentes formas: formulando políticas, prestando directamente algunos servicios, contratando con terceros la prestación de otros, y controlando la actividad privada en la materia.

Así, el Derecho de la formación profesional no se relaciona únicamente con el Derecho laboral (pues su objeto no es solamente el hombre que trabaja y el que pretende trabajar o prepararse para el trabajo); también se vincula con el derecho que rige: (a) la actividad de los organismos públicos estatales y no estatales que se dedican a la formación profesional, en su dimensión educativa y en su perfil laboral; (b) el contralor de la actividad privada en los mismos aspectos.

2. Desde un punto de vista sistemático, el Derecho administrativo de la formación profesional mantiene intensos lazos con el Derecho administrativo del trabajo, y con el Derecho que regula la enseñanza como servicio social (art. 2 del convenio internacional núm. 142). Y contribuye a complementar una visión integral de las cuestiones atinentes al mundo del trabajo y del empleo.

En efecto, en la *dimensión laboral* del Derecho administrativo de la formación profesional, nos remitimos al concepto amplio de las expresiones definidas en el convenio internacional núm. 150, art. 1: *"administración del trabajo"* ("las actividades de la administración pública en materia de política nacional del trabajo"), y *"sistema de administración del trabajo"* ("todos los órganos de la administración pública –ya sean departamentos de los ministerios u organismos públicos, con inclusión de los organismos paraestatales y regionales o locales, o cualquier otra forma de administración descentralizada– responsables o encargados de la administración del trabajo, así como toda estructura institucional para la coordinación de las actividades de dichos órganos y para la consulta y participación de los empleadores y de los trabajadores y de sus organizaciones"). En el Derecho uruguayo, la formación profesional se ubica en forma explícita en el programa "Estudio, Investigación, Fomento y Coordinación de Políticas Activas de Empleo y Formación Profesional" del Ministerio de Trabajo y Seguridad Social (arts. 317 y 318 de la ley 16.320 de 1º de noviembre de 1992), y en ese ámbito se desarrollan actividades de orientación y de recapacitación laboral.

En cuanto al *Derecho de la enseñanza como servicio social*, cabe recordar que el art. 2 del convenio internacional núm. 142 establece que, para alcanzar los objetivos de las políticas y programas en el campo de la orientación y formación profesionales, "todo Miembro deberá establecer y desarrollar sistemas abiertos, flexibles y complementarios de enseñanza general técnica y profesional, así como de orientación escolar y profesional y de formación profesional, tanto dentro del sistema oficial de enseñanza como fuera de este". Iguales términos se encuentran en el num. 5 de la recomendación 150.

La orientación y la formación profesionales actúan "en unión con las diferentes formas de educación" (num. 2.1 de la recomendación 150).

3. Prácticamente, las bases generales de una estructura administrativa de los servicios de orientación y formación profesionales se encuentran expuestas en el *convenio internacional núm. 142 (Convenio sobre desarrollo de los recursos humanos, 1975)*.[1]

Estas bases pueden ser resumidas en las siguientes:

a)   El compromiso de "llevar a la práctica *políticas y programas* completos y coordinados en el campo de la orientación y formación profesionales, estableciendo una estrecha relación entre este campo y el empleo, en particular mediante los servicios públicos del empleo". Estas políticas y estos programas tendrán por mira mejorar la aptitud del individuo de comprender su medio de trabajo y el medio social y de influir, individual o colectivamente, sobre estos (art. 1).

b)   *Amplitud y diversidad*. El hecho de que cada uno de estos términos ("políticas y programas") figuren en plural obedece a la amplitud y a la diversidad de las esferas que abarcan en la formación profesional. Abundan no solo los tipos de textos y de medidas adoptados, sino también los órganos o instituciones competentes.[2]

c)   *Elementos* que deberán ser tenidos en cuenta en estas políticas y estos programas:
a. las necesidades, posibilidades y problemas en materia de empleo, en el nivel regional y en el nacional;
b. la fase y el nivel de desarrollo económico, social y cultural;
c. las relaciones entre el desarrollo de los recursos humanos y otros objetivos económicos, sociales y culturales. En suma, estas políticas y estos

---

1   Conferencia Internacional del Trabajo, 78ª sesión, Informe III Parte 4B, Desarrollo de los recursos humanos, OIT, 1991.
2   Conferencia Internacional del Trabajo, 78ª sesión, Informe III Parte 4B, Desarrollo de los recursos humanos, cit., primera parte, cap. I.

programas deberán aplicarse mediante métodos adaptados a las condiciones nacionales.

d) *Igualdad y no discriminación.* Estas políticas y estos programas deberán alentar y ayudar a todas las personas, en un pie de igualdad y sin discriminación alguna, a desarrollar y utilizar sus aptitudes para el trabajo en su propio interés y de acuerdo con sus aspiraciones, teniendo presentes al mismo tiempo las necesidades de la sociedad.

e) *Flexibilidad y apertura en los sistemas de enseñanza técnica y profesional.* Para alcanzar los objetivos arriba mencionados, todo Miembro deberá establecer y desarrollar sistemas abiertos, flexibles y complementarios de enseñanza general técnica y profesional, así como de orientación escolar y profesional y de formación profesional, tanto dentro del sistema oficial de enseñanza como fuera de este (art. 2).

f) Ampliación gradual de los sistemas de orientación profesional, incluida la información permanente sobre el empleo (art. 3). Asimismo, existe el deber de ampliar, adaptar y armonizar gradualmente los *sistemas de formación profesional* en forma que cubran las necesidades de formación profesional permanente de los jóvenes y de los adultos en todos los sectores de la economía y ramas de actividad económica y a todos los niveles de calificación y de responsabilidad.

g) *Tripartismo y participación.* Las políticas y programas de orientación profesional y formación profesional deberán establecerse e implantarse en colaboración con las organizaciones de empleadores y de trabajadores y, según los casos y de conformidad con la ley y la práctica nacionales, con otros organismos interesados (art. 5).

4. Las *características del sistema uruguayo*, que hemos de exponer, pueden ser resumidas en las siguientes:

a) *Coexistencia de un sistema radicado en el Ministerio de Trabajo y de otro en el ámbito de la educación*

Históricamente, la capacitación o formación para el trabajo se ha ubicado dentro del concepto de educación técnico profesional y en instituciones de la educación regular o formal. La culminación de esta concepción es la creación de la Universidad del Trabajo del Uruguay con carácter de ente autónomo (1942-1943). No obstante, debe recordarse que, en 1908, la Escuela Nacional de Artes y Oficios pasó a depender del Ministerio de Industrias, Trabajo e Instrucción Pública; esta ubicación institucional significaba al menos una confluencia entre las áreas del trabajo y de la instrucción (ley 3.425 de 31 de diciembre de 1908).

Además, debe notarse que mencionamos la existencia de organismos radicados en el ámbito de la educación (y no exclusivamente en el Ministerio de Educación y Cultura). Ello es así, porque en el derecho uruguayo, la "Enseñanza Pública Industrial" ha de ser necesariamente cumplida por un ente autónomo ("consejo directivo autónomo") o dentro de un ente autónomo, según lo determine la ley (art. 202 de la Constitución de la República).[3] Pero esto no obsta a la existencia de otros órganos de orientación, capacitación o formación laboral en otros organismos estatales.

b) Protagonismo del Ministerio de Trabajo y Seguridad Social

Desde la ley 16.320 de 1º de noviembre de 1992 (con el antecedente, de escasa trascendencia práctica, del decreto ley 14.312 de 10 de diciembre de 1974), y especialmente a partir de la ley 16.736 de 5 de enero de 1996, el Ministerio de Trabajo tiene un papel importante a través de la Dirección Nacional de Empleo y la Junta Nacional de Empleo.

c) Participación de los actores sociales

En algunos de los organismos competentes en esta materia, se ha instrumentado la participación de los trabajadores o de los empleadores.

El primer (y temprano) ejemplo lo constituye la reforma que la ley del 9 de julio de 1919 introduce en el art. 29 de la ley de 12 de julio de 1916 (que había creado el Consejo Superior de la Enseñanza Industrial). La ley de 1919 introduce un miembro designado por la Cámara de Industrias, y en el art. 2 agrega: "Cuando las agrupaciones obreras e industriales se organicen en Sociedad legalmente constituida, podrán designar uno de los miembros del Consejo". Posteriormente, en el Consejo Directivo de la Universidad del Trabajo del Uruguay (UTU), se estableció la integración de un miembro designado por la Cámara de Industrias; uno, designado por la Federación Rural y la Asociación Rural del Uruguay, conjuntamente; uno, designado por la Comisión Nacional de Fomento Rural; y dos, designados por el Profesorado (art. 3 del decreto ley 10.225 de 9 de setiembre de 1942). La participación ha sido suprimida en las leyes de 1973 y de 1985 (donde la integración de los consejos tiene carácter político, en la práctica).

El principio del tripartismo es aplicado en la Junta Nacional de Empleo (art. 323 de la ley 16.320), presidida por el Director Nacional de Empleo, e integrada por un miembro designado por el Poder Ejecutivo a propuesta de la organización sindical más representativa, y un miembro designado por el Poder Ejecutivo a propuesta del sector patronal (industria, comercio y agro).[4]

---

3   Como veremos en su oportunidad, las dos soluciones han sido aplicadas en nuestro orden jurídico. Ha existido la Universidad del Trabajo del Uruguay (UTU) como ente autónomo (1942-1943 hasta 1973), y existe un Consejo de Educación Técnico Profesional, consejo desconcentrado dentro del ente autónomo Administración Nacional de Educación Pública (ANEP) que incluye otras ramas de la enseñanza (Primaria y Secundaria).

4   Sobre la trascendencia del tripartismo y la participación en la Junta Nacional de Empleo: Babace, Héctor y Barreto Ghione, Hugo: "Las disposiciones relativas al tema del empleo", en rev. *Derecho Laboral*, Nº 168, t. XXXV, p. 803; y "Participación y conflicto en las relaciones laborales: la modificación a la ley 16.320 sobre empleo y formación profesional", en rev. *Derecho Laboral* Nº 181, t. XXXIX, p. 96.

El Consejo de Capacitación Profesional tiene dos miembros propuestos por la Cámara de Industrias, un miembro propuesto por la Asociación Rural, y un miembro propuesto por la Federación Rural (art. 3 del decreto ley 14.869).

d) Pluralismo

El sistema se basa en la existencia de organismos públicos (estatales y no estatales) y una numerosa oferta privada de servicios. Dichos ámbitos (público-privado) no son unidades separadas, pues existe una interacción permanente entre ellas. La ley establece, en forma expresa, que los servicios de capacitación pueden ser ejecutados directamente por el Estado o mediante la contratación de entidades privadas. Incluso, la actividad no se concentra en un solo organismo público, pues la ley abre la posibilidad de contratación de otras entidades públicas (art. 327, literal "A", de la ley 16.320, en la redacción dada por el art. 419 de la ley 16.736). Esta solución es desarrollada en los decretos 211/993 de 12 de mayo de 1993, 564/993 de 16 de diciembre de 1993, y 238/000 de 16 de agosto de 2000.

e) Multiplicidad y diversidad

La última es una característica con aspectos contradictorios, y consiste en otra dimensión del pluralismo: la *multiplicidad* (¿o multiplicación?) de las diversas propuestas organizativas públicas. En el ámbito del Ministerio de Trabajo y Seguridad Social, la estructura se centraliza en la Dirección Nacional de Empleo y en la Junta Nacional de Empleo. En el plano de la educación, encontramos el Consejo de Educación Técnico Profesional (desconcentrado dentro de un ente autónomo, la Administración Nacional de Educación Pública), el Centro de Capacitación y Producción (centralizado en el Ministerio de Educación y Cultura) y el Consejo de Capacitación Profesional (persona pública no estatal, que se vincula con el Poder Ejecutivo a través del Ministerio de Educación y Cultura).

5. El plan que seguiremos tiene dos partes.

Una primera parte incluye el estudio de las entidades públicas (estatales y no estatales) vinculadas a la formación profesional en el marco del sistema educativo.

En la segunda parte, analizamos los órganos laborales competentes en materia de formación profesional. Finalizamos exponiendo los principales aspectos de la capacitación de los funcionarios públicos.

I. LA FORMACIÓN PROFESIONAL COMO PARTE DE LA EDUCACIÓN

1. La Enseñanza técnico profesional

A. *Antecedentes*

6. La enseñanza técnico profesional en Uruguay tiene su origen a fines del siglo XIX. Desde el punto de vista del método, hay una línea divisoria: la reforma de Pedro Figari, durante el gobierno de Feliciano Viera (1915). Antes de Figari, la Escuela de Artes y Oficios era casi un reformatorio de pupilos varones infractores o incorregibles, en el que se aplicaba un régimen disciplinario severo. La propuesta de Figari se dirigió a transformar esa escuela, y a crear un organismo moderno, vinculado al desarrollo industrial y agrario, y respetuoso de la personalidad y de la creatividad del participante.

Desde el punto de vista orgánico institucional (según el grado de centralización- descentralización), se ha pasado de la centralización (en su origen, en el Ministerio de Guerra y Marina) a la descentralización autonómica (en forma dudosa en 1934; sin dudas en 1942: Universidad del Trabajo), y finalmente a la desconcentración dentro de un ente autónomo (1973: Consejo de Educación Técnico Profesional dentro del Consejo Nacional de Educación, CONAE; 1985, en la Administración Nacional de Enseñanza Pública, ANEP).

1878: La Escuela de Artes y Oficios en el Ministerio de Guerra y Marina

7. Modernización y autoritarismo caracterizan el período del militarismo (que, en un sentido amplio, se extiende entre 1875 y 1890). Durante el gobierno del Cnel. Lorenzo Latorre (1876 - 1880), tiene lugar la reforma de la enseñanza escolar. En 1876, José Pedro Varela publicó *La legislación escolar*,[5] y formuló un proyecto de ley que, con modificaciones, fue finalmente sancionado por ley de 1877. Varela fue designado Inspector Nacional y desde ese puesto impulsó una reforma radical de la enseñanza primaria.[6]

8. En una dimensión diferente, mucho más modesta y menos difundida, se establece una *Escuela de Artes y Oficios* en los talleres de la maestranza del Parque Nacional (o "Parque Viejo", entre las actuales calle E.V. Haedo y Av. 18 de julio,

---

5   Varela, José Pedro, *Obras pedagógicas. La legislación escolar*, Ministerio de Instrucción Pública y Previsión Social, Biblioteca Artigas, Colección de Clásicos Uruguayos, vols. 51 y 52, Montevideo.

6   Acevedo, Eduardo, *Manual de historia uruguaya*, 2ª ed., Imprenta Nacional, 1936, pp. 185-188.

Montevideo) en 1878, sin que existiera una disposición legal o administrativa expresa que dispusiese su creación. En las instalaciones de un antiguo cuartel, funcionaban oficinas administrativas y talleres de maestranza, donde se instaló un taller de fundición de bronce, un taller de carpintería y la Escuela de Artes y Oficios. Su creación parece vincularse tanto con las tendencias transformadoras como con el espíritu represivo de la época. Así, en un informe dirigido al Jefe del Estado Mayor del Ejército, se expresa que "se ha establecido, durante el corriente año, una 'Escuela de Artes y Oficios', para menores que recoge la policía por las calles por delitos de robo, vagos y otros que no pudiéndolos sujetar las madres entregan a la policía a fin de que sean corregidos, y que han sido enviados a esta 'Maestranza'. A dichos menores, se les enseña lectura, escritura, aritmética y música a todos los que tienen vocación para ello y además, los Oficios de herrero, carpintero, talabartero y zapatero".[7]

El decreto ley 1438 del 31 de mayo de 1879 autorizó "al Poder Ejecutivo para confeccionar un plan y reglamento de Escuelas Talleres de Artes y Oficios, basado en los sistemas más adelantados que se siguen teórica y prácticamente en Europa y Estados Unidos de América, adaptado a las necesidades del país y a los medios de que puede disponer" (art. 1). El objeto de ese reglamento sería "dar perfeccionamiento y ensanche a la Escuela Taller de Artes y Oficios" y promover "el establecimiento de otras en las capitales departamentales" (art. 2). El reglamento debía ser presentado al Cuerpo Legislativo, con el presupuesto "que demande el perfeccionamiento y ensanche de la mencionada Escuela" (art. 3).

Bajo la dirección del Capitán Juan Tomás Bélinzon, y contando con el apoyo del Gral. Máximo Santos (ministro de guerra y luego presidente de la República), la Escuela de Artes y Oficios tuvo un fuerte crecimiento. En 1885, la escuela tenía 460 alumnos.

En 1886, la renuncia de Santos y el cese de Bélinzon cierran esta etapa inicial.

1887 - 1916: Escuela Nacional de Artes y Oficios

9. En 1887, la institución cambia su denominación (Escuela Nacional de Artes y Oficios), y es separada del Ministerio de Guerra. Sucesivamente, pasa a depender de otros organismos:

a. 1887: Ministerio de Justicia, Culto e Instrucción Pública.

b. 1889: Comisión Nacional de Caridad y Beneficencia Pública. En este pe-

---

7   Informe del Sargento Mayor José Sosa dirigido al Jefe del Estado Mayor del Ejército, Coronel Ventura Torrens, 10 de diciembre de 1878, citado en Marfetán Benítez, Raúl, "El origen de la Escuela de Artes y Oficios", en rev. *Cambio* año 1, núm. 1, pp. 28-29, y en *Síntesis histórica de la UTU* en http://www.anep.com.uy/utu. Posiblemente, ya desde 1877 se realizaban experiencias en los talleres del Parque Viejo.

ríodo, en 1890, se traslada a un local más amplio, actual sede central del Consejo de Educación Técnico Profesional.

c. 1908: Ministerio de Industrias, Trabajo e Instrucción Pública.

La ley de reorganización universitaria de 1908 dispuso: "La Escuela Nacional de Artes y Oficios dependerá del Ministerio de Industrias, Trabajo e Instrucción Pública, y estará a cargo de un Director Técnico, contratado al efecto por el Poder Ejecutivo, y un Consejo de Administración compuesto de diez miembros, que será presidido por el Director". Para su financiación, la ley preveía una partida de $36.000 de rentas generales (art. 24 de la ley 3.425 de 31 de diciembre de 1908).

La visión crítica de la Escuela de Artes y Oficios y los proyectos de su reforma

10. La vieja Escuela de Artes y Oficios estaba impregnada de una concepción correccional, dirigida a menores infractores o indisciplinados. En la sede central de la Escuela (local inaugurado en 1890), había celdas utilizadas entre 1890 y 1915 donde los alumnos cumplían arrestos.

11. La objeción fundamental al funcionamiento de la Escuela consistía en que "se desvirtuó su objeto, convirtiéndolo en escuela correccional de simple aprendizaje, bajo dirección militar, que, por cierto, es la menos adecuada al fin de la institución, que es formar obreros capaces en las artes industriales, capataces, jefes de talleres, etc.". Se anotaba que, así, no ofrecía ningún aliciente a la juventud estudiosa o trabajadora.[8]

Por su parte, Serrato proponía un proyecto de ley de creación de una Escuela Politécnica, dependiente de la Universidad.[9]

12. En opinión de Pedro Figari, "la ex Escuela Nacional de Artes y Oficios [...] tenía, sin embargo, más carácter de prisión o de reformatorio, que de escuela. Era la 'pesadilla' de la Administración Pública. [...] En los talleres había una gran profusión de carteles, con estas leyendas: *Silencio; Silencio y respeto; Máquinas sucias convienen a gentes sucias; Un lugar para cada cosa y cada cosa en su lugar; El que rompa la sierra quedará arrestado; El que eche a perder la madera por tercera vez al hacer los ejercicios, será arrestado;* etc. El régimen disciplinario era de un rigor tan

---

8   Monteverde, Juan, *La actual Escuela de Artes y Oficios y la Escuela Politécnica proyectada*, El Siglo Ilustrado, Montevideo, 1899, pp. 7-8. También en *La actual Escuela de Artes y Oficios y la Escuela Politécnica proyectada: Colección de artículos publicados en "El Siglo"*, Imprenta El Siglo, Montevideo, 1899. Juan Monteverde distinguía (a) la forma de aprendizaje que puede realizarse en talleres particulares para oficios que no requieren esencialmente bases de conocimiento científico, y (b) otras profesiones en que no basta la enseñanza manual del taller para formar un buen obrero capaz de trabajar con independencia y de dirigir un taller o una de sus secciones; a estas profesiones, debió dedicarse la Escuela de Artes y Oficios.

9   Monteverde, Juan, *La actual Escuela de Artes y Oficios...* cit., p. 9.

inconsulto, que rayaba en lo arbitrario. Se usaba despóticamente de la autoridad, altanera y aun brutal, y se abusaba de los castigos para inducir al orden a una raza como la nuestra, cuya característica es la altivez. [...] El aprendizaje se hacía por 'ejercicios', que comenzaban por dar una falsa y pobrísima idea de la materia prima. [...] Dichos ejercicios se enunciaban por su número, no por su nombre siquiera, y la finalidad de los mismos, en algunos talleres por lo menos, no se mencionaba jamás. Las iniciativas del alumno quedaban así por completo ahogadas. Sus facultades superiores, por inútiles, quedaban entumecidas a poco andar, y su propio aspecto tomaba el aire macilento de un reflejo de las paredes grises, enmohecidas, del taller. Los alumnos *no pensaban*, según me decía un antiguo empleado de la Escuela".[10]

Figari estimaba que "la Escuela Nacional de Artes y Oficios era un modelo de aparatosidad estéril. Se buscaba la educación productora por medio de ejercicios ordinales y por copias, también ordinales, sin comprender que en vez de fomentar así la actividad superior de la mentalidad escolar, solo se ejercitaban las facultades inferiores del alumno, demoliendo y anulando su individualidad, y disolviendo por completo su espíritu de iniciativa, congénito y estimable como es. Se mecanizaba al escolar en un país como el nuestro, donde no hay grandes manufacturas ni usinas, y que por lo propio no se ha podido llegar a una extrema división del trabajo, tanto requiere, por eso mismo, la preparación integral y ágil del espíritu para intentar las infinitas formas de aprovechamiento de nuestras riquezas abandonadas. Se rendía así al automatismo profesional, doblemente condenable en un medio como el nuestro, donde todo está por hacerse. No obstante, este régimen, tan infructuoso, se mantuvo por muchos lustros y hubo de combatirse tenazmente para desarraigarlo. Se comprende que jamás podrá florecer el ingenio allí donde se le esgrima en el estrecho circuito de la repetición mecanizada de ejercicios, por más robusto que el ingenio sea. Es al contrario en el campo abierto de la libertad para idear, para proyectar, para arbitrar, donde éste puede manifestarse en todo su vigor, y esto último presupone gimnasias 'conscientes' que son justamente las que van modelando el ingenio superior. Es este, pues, el camino mejor a seguirse".[11]

13. En 1910, el Dr. Pedro Figari integra el Consejo Directivo de la Escuela, pero renuncia en noviembre de ese año, por discrepancias con el director James

10 Figari, Pedro, "Lo que era y lo que es la escuela de artes", Apéndice Nº 1 del *Plan general de organización de la Enseñanza Industrial, encomendado por el Gobierno de la República Oriental del Uruguay al Dr. Pedro Figari, Montevideo, 8 de marzo de 1917*, Imprenta Nacional, 1917, reeditado en Figari, Pedro: *Educación y arte*, Ministerio de Instrucción Pública y Previsión Social, Biblioteca Artigas, Colección de Clásicos Uruguayos, vol. 81, Montevideo, 1965, pp. 71-73.

11 *Plan general de organización de la Enseñanza Industrial, encomendado por el Gobierno de la República Oriental del Uruguay al Dr. Pedro Figari, Montevideo, 8 de marzo de 1917*, Imprenta Nacional, 1917, reeditado en Figari, Pedro: *Educación y arte*, cit., p. 104.

Thomas Cadilhat. De este año, es el proyecto de Figari sobre *Reorganización de la Escuela Nacional de Artes y Oficios*.[12]

Según Pedro Figari, el fin de una "Escuela Pública de Arte Industrial" es la enseñanza de las ciencias y del arte, en sus aplicaciones industriales. En el cumplimiento de su misión, la Escuela debía ajustar sus actos a las reglas siguientes:

a) Dar instrucción práctica más bien que teórica adoptando, en cuanto fuere posible, procedimientos experimentales, de modo que el alumno consiga por sí mismo la verdad o el resultado que busca.

b) Instruir al mayor número de personas, sin distinciones de ninguna clase, dándose además cursos especiales para obreros, en las horas y días que a estos más les convengan.

c) Formar el criterio del alumno dentro de las peculiaridades de su individualidad, estimulando y respetando sus energías como una fuerza muy estimable.

d) Despertar y desarrollar en el alumno el espíritu de iniciativa, de organización y de empresa, alentando las facultades ejecutivas del alumno.

e) Despertar y desarrollar en el alumno el espíritu de observación y el sentido estético, preparándolo para razonar, adecuar, adaptar, ordenar, proporcionar, equilibrar, armonizar, etc.

f) Despertar y desarrollar las facultades de inventiva del alumno mediante clases de composición racional y decorativa, así como por los demás medios que se consideren conducentes.

g) Enaltecer las ventajas de la perseverancia como medio de realización, que es la finalidad de todo esfuerzo.

h) Dar la instrucción más adecuada para que el alumno pueda producir de la mejor manera posible, teniendo presente que cada cual puede obtener un máximum de capacidad productiva, y que la misión de la Escuela es hacerlo alcanzar.

i) Modelar el criterio y el ingenio del alumno más aún que su manualidad, optando a la vez por su preparación general, más bien que por especializaciones debiendo tenerse presente, sin embargo, la conveniencia de preparar el fomento y desarrollo de las industrias relacionadas con nuestras riquezas naturales, y con las materias primas de producción nacional.

j) Fomentar el espíritu de asociación y todos los demás factores de sociabilidad y de cultura.

12 Figari, Pedro, 1910. *Reorganización de la Escuela Nacional de Artes y Oficios. Proyecto de Programa y Reglamento Superior general para la transformación de la Escuela Nacional de Artes y Oficios, en Escuela Pública de Arte Industrial, presentado al Consejo en la sesión del 23 de julio por el doctor Pedro Figari, miembro del mismo*, Tip. Escuela Nacional de Artes y Oficios, Montevideo, 1910. Este folleto es reeditado en Figari, Pedro: *Educación y arte*, cit., pp. 16-57.

k)   Reglamentar y reformar los reglamentos de modo que siempre respondan, lo más posible, a los fines de la enseñanza.[13]

14. Comentando el proyecto del reformador, Ardao hace notar las vinculaciones que, en el pensamiento de Pedro Figari, existían entre *arte* e *industria*: así como al proyectar la Escuela de Bellas Artes, no dejaba de subrayar las necesidades positivas del desarrollo industrial, al proyectar la Escuela de Arte Industrial no deja de destacar las exigencias estéticas del sentimiento de lo bello. Arte e industria son, para Figari, en el terreno educacional, conceptos inseparables. Cuando organiza la Escuela Industrial, quiere una enseñanza industrial que sea artística. No es que se tratara de dos enseñanzas; se trataba de una sola y misma enseñanza. Por eso, la concebía práctica y utilitaria en el mismo grado que humanista y creadora. Por eso también quiso que la enseñanza industrial fuera la base de la totalidad de la instrucción pública. "Enseñanza industrial" llegó a ser, para Figari, sinónima de educación integral.[14]

El pensamiento de Figari en materia de enseñanza industrial puede ser resumido en las siguientes proposiciones:

a)   Superación (en realidad: desaparición) de la vieja Escuela de Artes y Oficios, y su sustitución por una Escuela Pública de Arte Industrial.

b)   El fin de la nueva institución no podía ser el de formar simples operarios, más o menos hábiles, oficiales mecánicos, artesanos en la estrecha acepción de esta palabra. "Más racional y más digno del estado sería formar artesanos en la verdadera acepción que debe tener esa palabra, dada su etimología, es decir, obreros-artistas, en todas las gradaciones posibles, si acaso hay un punto de separación entre el artista escultor estatuario, por ejemplo, y un artista decorador, vale decir, obreros competentes, con criterio propio, capaces de razonar, capaces de intervenir eficazmente en la producción industrial, de mejorarla con formas nuevas y más convenientes o adecuadas, así como de promover nuevas empresas industriales, de mayor o menor entidad".

c)   El trabajo manual no es un trabajo mecánico de las manos, es un trabajo guiado por el ingenio, en forma discreta y variada, que puede determinar poco a poco, un criterio productor artístico, vale decir, estético y práctico, cada vez más consciente, y, por lo propio, más hábil y más apto para evolucionar.

d)   La enseñanza industrial debe ser la base de la instrucción pública. Según el concepto corriente, se da al vocablo *industrial* una acepción técni-

---

13   Figari, Pedro, 1910. *Reorganización de la Escuela Nacional de Artes y Oficios...*, reeditado en Figari, Pedro: *Educación y arte*, cit. La cita corresponde a las pp. 16-18 de esta última edición.
14   Ardao, Arturo, "Prólogo", en Figari, Pedro, *Educación y arte*, cit., p. VIII, XI-XII.

ca, puramente, mientras que significa productividad, aptitudes para esgrimir el ingenio práctico, iniciador, creador, ejecutivo, fecundo y ordenador, lo que presupone una instrucción educativa integral.

e) En una época de cambios profundos, se trataba, dice Ardao, de transformar al país por la transformación de su elemento humano: "A la *industrialización* de aquel por la *industriosidad* de este". En una perspectiva mayor, el gran objetivo pedagógico era formar el criterio y el ingenio antes que la mera habilidad profesional, la capacidad de iniciativa y de creación, antes que la de repetición e imitación.[15]

15. En marzo de 1915, Figari presenta al Poder Ejecutivo un "memorándum provisional": *Cultura práctica industrial*[16]. El 15 de julio, el Presidente Feliciano Viera lo designa Director de la Escuela Nacional de Artes y Oficios, cargo desde el cual impulsa una transformación radical de la enseñanza industrial.[17]

1916: La reforma de la enseñanza industrial. El Consejo Superior de la Enseñanza Industrial (1916-1934)

16. La Ley de Enseñanza Industrial (N° 5.463 de 12 de julio de 1916) estableció un Consejo Superior de la Enseñanza Industrial, integrado con once miembros honorarios designados por el Poder Ejecutivo, con el cometido principal de la enseñanza profesional para fines industriales, cuyo objeto son los estudios teóricos y prácticos de las ciencias, artes y oficios en sus aplicaciones a la industria y al comercio.

Se establecía la gratuidad de dicha enseñanza en los establecimientos del Estado, "dándose preferencia a las personas de nacionalidad uruguaya" (art. 1°).

La enseñanza industrial tendría lugar en escuelas industriales primarias, escuelas industriales secundarias, cursos normales de preparación al profesorado industrial, cursos de perfeccionamiento para obreros, cursos libres, diurnos o nocturnos, permanentes o periódicos.

Se establecían requisitos para el funcionamiento de las "escuelas profesionales particulares", con autorización del Poder Ejecutivo.[18]

El Inspector Nacional de Enseñanza Industrial sería designado por el Poder Ejecutivo con venia del Senado (art. 30), y tendría a su cargo la dirección técnica y administrativa de la enseñanza industrial.

---

15   Ardao, Arturo, "Prólogo", cit., p. XVI.
16   Publicado en 1917 como apéndice del *Plan general de organización de la Enseñanza Industrial*. (Figari, Pedro, *Educación y arte*, cit., p. 58).
17   Ardao, Arturo, "Prólogo", cit., pp. XIII-XIV.
18   Es interesante observar que, entre los requisitos de autorización, estaban el cumplimiento de un horario de funcionamiento que no excedería de ocho horas diarias, y el descanso hebdomadario (art. 4).

El art. 33 de la ley dispuso que "el establecimiento de la Escuela de Artes y Oficios queda suprimido y de sus instalaciones se hará cargo el Consejo Superior de la Enseñanza Industrial".

17. El primer Director del Consejo Superior de la Enseñanza Industrial es Pedro Figari, que ocupó el cargo hasta el 14 de abril de 1917, cuando renunció por desinteligencias con el gobierno.

18. La ley de 9 de julio de 1919 integró en el Consejo Superior de la Enseñanza Industrial un miembro designado por la Cámara de Industrias; y, según el art. 2, "cuando las agrupaciones obreras e industriales se organicen en Sociedad legalmente constituida, podrán designar uno de los miembros del Consejo".

19. El Consejo no era un organismo autónomo. El art. 100 de la Constitución de 1918 (que dio respaldo constitucional a los nuevos entes autónomos) no lo incluyó expresamente, pues se refiere a "la instrucción superior, secundaria y primaria".[19]

Como advierte Pérez Pérez, se consideró que había dos entes autónomos de enseñanza (la Universidad –que comprendía la enseñanza secundaria y la superior– y el Consejo Nacional de Enseñanza Primaria y Normal); la enseñanza industrial continuó organizada, en la práctica, como servicio no autónomo, aunque podía entenderse que estaba comprendida en la norma sobre autonomía preceptiva, pues es una enseñanza que tiene carácter especializado, pero que de todas maneras es, por su nivel o grado, o secundaria o, eventualmente, superior.[20]

20. La aplicación de la reforma es una etapa de avances importantes. Desde 1916 se suprime el sistema de internados; en 1917 comienzan a dictarse cursos para la mujer. Se abren escuelas industriales en los barrios de Montevideo y en el interior. En 1920 se inician las primeras escuelas del interior en San José, Canelones, Paysandú y Salto;[21] se instalan escuelas agrario industriales. Se organizan cursos nocturnos para obreros y aprendices.

---

19 Art. 100 de la Constitución de 1918: "Los diversos servicios que constituyen el dominio industrial del Estado, la asistencia y la higiene públicas serán administrados por Consejos autónomos [...]".

20 Pérez Pérez, Alberto, *Los entes autónomos de enseñanza en la Constitución Nacional*, Universidad de la República, Departamento de Publicaciones, Montevideo, 1990, pp. 154, 156 y 301.

21 Arias, José F., *Organizando una nueva enseñanza*, Sección Artes Gráficas de la Dirección General de la Enseñanza Industrial, Montevideo, 1941, pp. 11, 14 y 20.

1934: *Dirección General de la Enseñanza Industrial*

21. En el decreto ley 9.341 de 5 de abril de 1934, la enseñanza industrial era dirigida por un Director General y un Consejo de ocho miembros, con las mismas facultades y duración que la ley establecía para el Director y el Consejo de Enseñanza Primaria. Basándose en esta última referencia, Sayagués Laso enseñaba que se trataba de un ente autónomo.[22]

1942: *Universidad del Trabajo del Uruguay*

22. Según se afirma en el mensaje del Poder Ejecutivo de 2 de julio de 1940, que acompaña el proyecto de ley de creación de UTU, el grado de desarrollo de la enseñanza industrial "hace necesario una nueva organización que exprese en mejor forma su alcance y trascendencia". La idea central fue perfeccionar y prestigiar la institución,[23] incluyendo su propia denominación.

El decreto ley 10.225 de 9 de setiembre de 1942 crea la Universidad del Trabajo del Uruguay, "con la base de los organismos que actualmente integran la Dirección General de la Enseñanza Industrial y los que de análogas funciones puedan establecerse en el futuro".

En materia de enseñanza, al nuevo organismo le compete:

a) La enseñanza cultural destinada a la elevación intelectual de los trabajadores y a su formación técnica.

b) La enseñanza completa de los conocimientos técnicos manuales e industriales, atendiéndose en forma especial los relacionados con las industrias extractivas y de transformación de las materias primas nacionales.

c) La enseñanza complementaria para obreros.

d) La enseñanza de las artes aplicadas.

Tenía a su cargo también el examen de aptitudes técnicas.

El decreto ley agregaba una necesaria vinculación con la industria nacional, pues la actividad de la UTU debía contribuir "al perfeccionamiento de las industrias existentes, fomento y colaboración de las que puedan organizarse"; y generar "información respecto a la estructura y funcionamiento de las industrias nacionales" (art. 2 del decreto ley 10.225).

---

22 Sayagués Laso, Enrique, *Derecho administrativo*, t. II, Centro de Estudiantes de Derecho, Montevideo, 1965, p. 394.

23 Arias, José F., *Organizando una nueva enseñanza*, Sección Artes Gráficas de la Dirección General de la Enseñanza Industrial, Montevideo, 1941, p. 4, en pp. 54-59, se encuentra el proyecto de ley de creación de la UTU y su exposición de motivos, elevados por el Poder Ejecutivo en 1940. Arias ya había presentado otros proyectos de ley de creación de la "Universidad del Trabajo", en 1925 y en 1931 (Arias, José F.: *Universidad del Trabajo. Consideraciones generales sobre la labor del Ministerio de Industrias en el año 1924*, Tipografía Augusta, Montevideo, 1925, pp. 25-27).

23. Invocando el art. 8 del decreto ley 10.225, que encomendaba su reglamentación al Poder Ejecutivo, se dictó el decreto ley 10.304-2 (*sic*) de 23 de diciembre de 1942, que mantiene la vigencia de algunas de las disposiciones del decreto ley 9.341 de 5 de abril de 1934.

24. Como hemos visto, Sayagués Laso[24] consideraba que la enseñanza industrial ya era ente autónomo en el decreto ley 9.341 de 5 de abril de 1934, puesto que éste se remitía a las leyes de enseñanza primaria; pero agregaba que se trataba de una situación poco clara. El decreto ley 10.225 tampoco define la naturaleza jurídica de UTU en forma expresa, por lo cual el decreto ley 10.335 agrega la expresión "como Ente Autónomo" en el art. 1 del decreto ley 10.225. Señala Pérez Pérez que esta enmienda es la primera consagración de la autonomía de la enseñanza técnica, aunque solo por vía legislativa, derogando tácitamente algunos artículos del decreto ley anterior en la medida en que daban al Poder Ejecutivo competencias de administración que corresponden al jerarca del ente autónomo.[25]

La autonomía quedó reforzada cuando el art. 36 de la ley 12.376 de 31 de enero de 1957[26] estableció un régimen presupuestal de partidas globales para los entes autónomos de enseñanza. Ello aseguró un mayor grado de autonomía técnica, permitiendo que los recursos financieros asignados en la ley del presupuesto nacional sean distribuidos en función de las exigencias técnicas de los servicios.[27] En el mismo sentido, los arts. 110 y 111 de la ley 12.803 de 30 de noviembre de 1960 (presupuesto general de sueldos y gastos del período 1960-1962) reafirman esa técnica, al establecer que "los Consejos Central Universitario, de Enseñanza Primaria y Normal, de Enseñanza Secundaria y de la Universidad del Trabajo ordenarán sus presupuestos, determinarán los grados y asignaciones de sus escalafones y el régimen de compensaciones y progresivos y fijarán los montos de sus rubros de gastos, dentro de las cantidades establecidas en las respectivas Partidas, de acuerdo con las normas de Ordenamiento Financiero y las Ordenan-

---

24 Sayagués Laso, Enrique, *Derecho administrativo*, t. II, Centro de Estudiantes de Derecho, Montevideo, 1965, p. 394.

25 Pérez Pérez, Alberto, *Los entes autónomos de enseñanza en la Constitución Nacional*, Universidad de la República, Departamento de Publicaciones, Montevideo, 1990, p. 219.

26 Ley 12.367, artículo 36: "Los Consejos Directivos de la Universidad de la República, Universidad del Trabajo, Enseñanza Primaria y Normal y Enseñanza Secundaria, estructurarán sus Presupuestos de acuerdo a las partidas globales y normas de ejecución que esta ley establece. Los Consejos Directivos comunicarán sus Presupuestos a la Asamblea General, antes del 30 de junio de cada ejercicio, por intermedio del Poder Ejecutivo y en ocasión de dar este cumplimiento a lo dispuesto por el artículo 215 de la Constitución, especificando las afectaciones que hayan previsto de los créditos autorizados para el ejercicio en ejecución, con determinación de servicios, personal y naturaleza de sus funciones, y monto de los distintos rubros de gastos de acuerdo a la nomenclatura que establezca el Tribunal de Cuentas". Artículo 37: "En la ejecución de sus Presupuestos los Entes de Enseñanza se ajustarán a las ordenanzas de Contabilidad que dicte el Tribunal de Cuentas".

27 Cristiani Gómez, Sonia E., "Régimen constitucional aplicable a los entes autónomos de enseñanza", en VVAA: *La enseñanza pública y privada en el Uruguay. Su régimen jurídico*, AMF, Montevideo, 1973, p. 64.

zas de Contabilidad que dicte el Tribunal de Cuentas" (art. 110), efectuando la correspondiente rendición de cuentas poniendo "en conocimiento del Poder Ejecutivo, antes del 31 de mayo de cada ejercicio, la forma en que han dado cumplimiento a lo dispuesto precedentemente, especificando: a) grados y categorías de los escalafones; b) número de cargos y dotaciones de los mismos; c) distribución en rubros de las Partidas de Gastos" (art. 111).

1973: Ley de educación 14.101 de 4 de enero de 1973

25. El régimen establecido por la ley 14.101 derogó el decreto ley 10.225, suprimió la UTU como ente autónomo, y, manteniendo su nombre,[28] la instituyó como consejo desconcentrado dentro del nuevo Consejo Nacional de Educación. La Enseñanza Pública Primaria, Normal, Secundaria e Industrial pasan a ser regidas, coordinadas y administradas por un Consejo Directivo Autónomo que se denomina Consejo Nacional de Educación (art. 7), que sucede de pleno derecho a los Consejos Nacionales de Enseñanza Primaria y Normal, Secundaria y Universidad del Trabajo del Uruguay (art. 70 de la ley).

En la exposición de motivos del proyecto de ley, se desarrollan sus lineamientos (y algunas críticas al régimen que se proponía sustituir):[29]

a. Se afirma que "la política educativa está inscripta en los deberes esenciales del Estado [...], sin perjuicio de respetar aquel ámbito de la educación reservado al fuero privado por las normas constitucionales";
b. Un segundo aspecto radica en la reforma de la estructura administrativa que tenga en cuenta "la unidad armónica del sistema educativo" ("El país no puede proseguir con cuatro organismos autónomos funcionando como repúblicas independientes");
c. Finalmente, se acentúa el papel del Poder Ejecutivo, mediante la designación de las autoridades de los entes de enseñanza, con venia del Senado, (con excepción de las autoridades de la Universidad de la República).

26. La "Educación Técnico Profesional Superior, Universidad del Trabajo", es una de las modalidades del tercer nivel.

Según el art. 4 de la ley 14.101:

"La educación general se hará en tres niveles:

El primer nivel comprende la Educación Preescolar y la Escolar o Primaria.

---

28 En el art. 9, es identificado como Consejo "de la Universidad del Trabajo".
29 Mensaje del Poder Ejecutivo de 5 de octubre de 1972, citado por Martins, Daniel Hugo; "Prólogo sobre la Ley de Educación General", en VVAA: *La enseñanza pública y privada en el Uruguay. Su régimen jurídico*, cit., pp. 11-13.

El segundo nivel comprende la Educación Secundaria Básica.

El tercer nivel comprende tres modalidades optativas: la Educación Secundaria Superior (primera modalidad); la Educación Técnico- Profesional Superior, Universidad del Trabajo, (segunda modalidad) y la Educación Magisterial (tercera modalidad). Cada una de ellas habilitará para los estudios superiores y será articulada de manera horizontal y vertical."

De acuerdo con el art. 14 (y en una redacción que difiere de la del decreto ley de 1942), serán "cometidos de la Educación-Técnico Profesional Superior":

1) Profundizar la educación adquirida en los anteriores niveles.

2) Capacitar para el trabajo tecnológico o artesanal y habilitar para los estudios superiores.

3) Atender las necesidades de la economía y de la producción con la formación de personal capacitado y el cuidado de los jóvenes con problemas de desarrollo sicofísicos.

4) Facilitar el logro de una calificación profesional que mejore la eficiencia y productividad, incluso para las funciones de dirección y gestión.

5) Investigar y divulgar la aplicación, a la economía nacional, de los logros de la ciencia y de la técnica.

6) Evaluar y certificar los conocimientos y las aptitudes con títulos y diplomas.

7) Establecer un sistema de certificaciones progresivas de capacitación que habilite a los educandos para trabajar, antes de haber cumplido el nivel respectivo.

1985: Ley 15.739 de 28 de marzo de l985

27. A los pocos días de restablecidas las instituciones democráticas, la ley 15.739 (aún vigente) derogó la ley 14.101 de 4 de enero de 1973, creó la *Administración Nacional de Educación Pública* (ANEP), ente autónomo con personería jurídica; y estableció un *Consejo de Educación Técnico Profesional*, que es uno de los órganos desconcentrados de la ANEP.

En 1997, la ley 16.837 designó el edificio central del Consejo de Educación Técnico Profesional con el nombre de Brigadier General Manuel Oribe.

B. La formación profesional en el sistema educativo

28. El marco normativo vigente se encuentra en la Constitución de la República y en la ley 15.739 de 28 de marzo de l985 (que, finalizado el período *de facto*, reorganiza la enseñanza pública de acuerdo con la Constitución).

a. La enseñanza en la Constitución de la República

29. La Constitución reconoce la libertad de enseñanza (art. 68). Ello comprende la libertad de impartir enseñanza y de aprender,[30] libertades cuyos titulares son los docentes y los alumnos (o quienes los representan).[31]

Las consecuencias son:

a. La libertad de elegir los métodos, las materias, los programas y la orientación de la enseñanza que se desea dar o recibir.

b. La libertad de elegir los maestros o instituciones que se prefiera. "Todo padre o tutor tiene derecho a elegir, para la enseñanza de sus hijos o pupilos, los maestros e instituciones que desee" (art. 68 inciso tercero).

c. La libertad de expedir títulos y certificados de estudios. Lo cual no debe ser confundido con la potestad de expedir títulos habilitantes para el ejercicio de determinadas actividades o profesiones, ya que la ley puede establecer requisitos o condiciones de admisibilidad al respecto.

También se reconoce la libertad de establecer y organizar instituciones privadas (civiles o comerciales) de enseñanza, que, como señala Cassinelli Muñoz, es cuestión diferente de la libertad de enseñanza propiamente dicha.[32]

30. Las limitaciones constitucionales a la libertad de enseñanza son:

a. La obligatoriedad hasta un grado determinado. El art. 70 (inciso primero) dispone que "Son obligatorias la enseñanza primaria y la enseñanza media, agraria o industrial".

b. El deber de atender "especialmente la formación del carácter moral y cívico de los alumnos" en todas las instituciones docentes (art. 71, inciso segundo).

c. La admisión de "la intervención del Estado al solo objeto de mantener la higiene, la moralidad, la seguridad y el orden públicos", lo que ha de ser reglamentado por ley (art. 68, inciso segundo).

---

30 Sayagués Laso, Enrique: *Derecho administrativo*, t. II, Centro de Estudiantes de Derecho, Montevideo, 1965, p. 313-315.

31 Cassinelli Muñoz, Horacio: *Derecho público*, FCU, Montevideo, 1999, p. 105-106.

32 En una posición diferente, Martins incluye entre las consecuencias de la libertad de enseñanza, la libertad de establecer instituciones privadas de enseñanza, aun con carácter comercial (Martins, Daniel Hugo: "Principios constitucionales sobre la enseñanza", en VVAA: *La enseñanza pública y privada en el Uruguay. Su régimen jurídico*, cit., p. 40).

31. En cuanto a la *obligatoriedad*, el mínimo está constituido por la primaria (nivel obligatorio común a todos) más un segundo nivel donde hay libertad de escoger entre la enseñanza media, o la agraria o la industrial.

La obligatoriedad del segundo nivel (en el cual se incluye la enseñanza agraria o industrial) es una innovación introducida en la reforma constitucional de 1967.

Su antecedente inmediato se encuentra en los arts. 302 y 304 de la ley 13.318 de 28 de diciembre de 1964.

Esta ley declaró obligatoria, a partir del año 1966 y en la forma que determinara el Consejo Directivo de la Universidad del Trabajo del Uruguay (UTU), la concurrencia a las escuelas de dicha Universidad, de los egresados con pase escolar del último año del ciclo de enseñanza primaria, y cuya edad no supere los dieciocho años, con las excepciones que se establecen en la misma ley. Las escuelas referidas serían aquellas donde se desarrolle el aprendizaje, definido y planificado por la UTU como un medio de educación básico, con enseñanza destinada a las industrias manufacturera y agropecuaria, el comercio y las artes aplicadas del país, u otras que dispusiera el Consejo Directivo. La obligación establecida queda limitada a la etapa de dicho aprendizaje. El art. 304 de la ley exoneraba de dicha obligación a los egresados del ciclo completo de enseñanza primaria que:

a) Asistan o hayan asistido a otras escuelas o cursos de la UTU y siempre que hayan obtenido el certificado expedido por la escuela o curso.

b) Asistan o hayan asistido al ciclo de enseñanza secundaria y hayan aprobado, por lo menos, tres años de dicho ciclo.

c) Asistan o hayan asistido a la Escuela Nacional de Bellas Artes o al Conservatorio Nacional de Música, obteniendo el certificado de aptitud correspondiente.

b) No posean las condiciones físicas o intelectuales mínimas requeridas por la enseñanza del aprendizaje.

También estaban exonerados los egresados de primaria que asistieran a centros privados de enseñanza técnica, artística, comercial o agraria donde rijan los respectivos programas vigentes en la UTU y que expidan los certificados de aptitud o títulos que esta incluye en sus planes de estudio. Los certificados o títulos expedidos por los organismos privados de enseñanza deberán ser previamente revalidados por la UTU. (En realidad, no se trata de una excepción: simplemente, en forma indirecta, establece que la obligación también se cumple asistiendo a centros privados de enseñanza que cumplan determinados requisitos).

Como indica Pérez Pérez,[33] la obligatoriedad de la enseñanza en la Constitución de 1967 tiene diferencias significativas con las citadas disposiciones legales.

---

33 Pérez Pérez, Alberto, *Los entes autónomos de enseñanza en la Constitución Nacional*, Universidad de la República, Departamento de Publicaciones, Montevideo, 1990, p. 307.

En efecto, ya no bastan tres años de enseñanza secundaria (como establecía el literal "b" del art. 304 de la ley 13.318), sino que toda la enseñanza media es obligatoria; y la asistencia a la Escuela Nacional de Bellas Artes o al Conservatorio Nacional de Música (literal "c") ya no son formas de cumplir la obligación.

32. La Constitución declara "de utilidad social" la *gratuidad de la enseñanza oficial* primaria, media, superior, *industrial* y artística y de la educación física; la creación de becas de perfeccionamiento y especialización cultural, científica y obrera, y el establecimiento de bibliotecas populares (art. 71).

33. En cuanto al *grado*, la Constitución distingue la enseñanza primaria, la secundaria, la media y la superior. "Secundaria" puede interpretarse como comprendiendo también a la enseñanza especial que exige como requisito previo el cumplimiento de la enseñanza primaria, con lo que se tendría una enseñanza secundaria general y una o más enseñanzas secundarias especiales, como la industrial, agraria o técnica.[34]

Dentro de las *ramas* u *órdenes* especiales (arts. 70 y 71 de la Constitución), se encuentra la enseñanza industrial. Ni la Constitución ni la ley mantienen criterios homogéneos en la denominación de esta rama. Para referirse a lo que la ley denomina educación técnico profesional, la Constitución no se sirve de un vocabulario uniforme.[35] Así, menciona:

- Enseñanza "agraria o industrial" (arts. 70 inciso primero);
- Enseñanza "industrial" (arts. 71 y 202);
- Enseñanza "técnica" (arts. 70 inciso segundo).

Parecería que en los arts. 71 y 202, "industrial" es la denominación genérica de toda la enseñanza de nivel secundario tendiente a la formación profesional, a la habilitación para el cumplimiento de tareas o el desempeño de técnicas o de oficios. Ese sentido corresponde al tradicional en Uruguay. Pérez Pérez concluye que, en una interpretación racional, la expresión "industrial" debe comprender también otras formas tradicionalmente a cargo de la UTU.[36]

34. La Constitución establece que "las instituciones de enseñanza privada y las culturales de la misma naturaleza estarán exoneradas de impuestos nacionales y municipales, como subvención por sus servicios" (art. 69).

El art. 395 de la ley 16.226, de 29 de octubre de 1991, (sustituido por el art. 578 de la ley 16.736) declara "que la Administración Nacional de Educación Pública está exonerada de todo tributo en aplicación de lo establecido por los artí-

---

34 Pérez Pérez, Alberto, *Los entes autónomos de enseñanza en la Constitución Nacional*, cit., pp. 304-305.
35 Martins, Daniel Hugo, "Principios constitucionales sobre la enseñanza", en VVAA: *La enseñanza pública y privada en el Uruguay. Su régimen jurídico*, AMF, Montevideo, 1973, p. 54.
36 Pérez Pérez, Alberto, *Los entes autónomos de enseñanza en la Constitución Nacional*, cit., p. 305-306.

culos 69 de la Constitución, 134 de la Ley N° 12.802, de 30 de noviembre de 1960, 113 de la Ley N° 12.803, de 30 de noviembre de 1960 y 16 de la Ley N° 15.739, de 28 de marzo de 1985, con excepción de los aportes patronales con cargo al Rubro 1 'Cargas Legales sobre Servicios Personales'". La referencia al art. 69 de la Constitución es notoriamente incorrecta, pues la disposición constitucional se refiere a "las instituciones de enseñanza privada y las culturales de la misma naturaleza". En realidad, la cuestión legislada en el art. 578 de la ley 16.736 es la inmunidad tributaria de las entidades estatales. En consecuencia, es jurídicamente admisible que la ley exonere de tributos nacionales. En cuanto a los tributos municipales, la competencia para disponer la exoneración radica en el gobierno departamental respectivo.

b. La enseñanza como cometido del Estado

35. En un régimen que consagra la libertad de enseñanza y la libertad de crear u organizar entidades privadas de enseñanza, el Estado actúa de diversas maneras: (a) impartiendo directamente la enseñanza a través de entidades públicas, y (b) ejerciendo la policía de la enseñanza privada en la materia indicada en el art. 68 de la Constitución (el Estado interviene "al solo objeto de mantener la higiene, la moralidad, la seguridad y el orden públicos").

36. Los servicios de enseñanza pública han sido caracterizados como *servicios sociales*, distinguiéndolos, de esa forma, de los servicios públicos.

En efecto, en la construcción doctrinal de Sayagués Laso, cabe distinguir:

a. En sentido estricto, el *servicio público* es prestado por una entidad estatal o por su expreso mandato, para la satisfacción de necesidades colectivas impostergables mediante prestaciones suministradas directa e inmediatamente a los individuos, bajo un régimen de derecho público. Los ejemplos clásicos son el suministro de energía eléctrica, del agua potable, la recolección de residuos, el transporte colectivo de pasajeros. En este sentido, en el derecho uruguayo, ninguna de las ramas de la enseñanza es un servicio público, sino un servicio social.

b. Los *servicios sociales* (dentro de los cuales se ubica la enseñanza) pueden ser prestados por el estado (enseñanza "pública" u "oficial")[37] o por particulares, y cuando lo hacen estos últimos, no actúan como concesionarios sino en ejercicio de un derecho individual.[38]

---

37 "Enseñanza pública" es la expresión empleada en el art. 202 de la Constitución. En el art. 71, se menciona la "enseñanza oficial".
38 Sayagués Laso, Enrique, *Derecho administrativo*, t. II, Centro de Estudiantes de Derecho, Montevideo, 1965, p. 311.

c. Régimen constitucional de los entes autónomos de enseñanza

37. En la sección XI ("De los entes autónomos y de los servicios descentralizados"), la Constitución de la República contiene un capítulo II con disposiciones especiales relativas a los entes autónomos de enseñanza, que consagran una amplia autonomía. Trátase de un conjunto de preceptos introducidos en la reforma de 1952 (a propuesta de la Universidad de la República),[39] que aseguran una amplia autonomía. Estas disposiciones permanecen en la Constitución vigente.

38. Como principio general de organización, la Enseñanza Pública Superior, Secundaria, Primaria, Normal, *Industrial* y Artística, serán regidas por uno o más Consejos Directivos Autónomos (art. 202). En consecuencia, la Constitución admite varias posibilidades: a) que cada una de las distintas ramas de la enseñanza pública estén a cargo de un ente autónomo; b) que dos o más de ellas estén confiadas a un mismo ente; c) que todas constituyan un ente único. Comentando igual texto de la Constitución de 1952, Sayagués Laso señalaba que, al referirse a uno o más consejos autónomos, se quiso dar una forma flexible, que permite al legislador mantener cada rama de la enseñanza pública, o agrupar algunas bajo un consejo directivo.[40] Dicha flexibilidad legislativa tiene algunos límites. Así, la ley debe reconocer la autonomía preceptiva para algunos entes ("Consejos Directivos Autónomos"), y mantener, en cualquier caso, a la Universidad de la República como ente autónomo de existencia necesaria (art. 203).

De ese modo, la enseñanza industrial (mencionada en la Constitución uruguaya por primera vez en 1967) puede ser organizada como un ente autónomo (como sucedió en la etapa de la Universidad del Trabajo, hasta la ley 14.101 de 4 de enero de 1973), o puede estar incluida en un ente que también tenga competencia en otras ramas de la enseñanza pública (como sucede en la ley vigente, núm.15.739 de 28 de marzo de 1985, en la que el Consejo de Educación Técnico Profesional es un órgano de la Administración Nacional de Educación Pública). Se debe tener presente que, para crear nuevos Entes Autónomos y para suprimir los existentes, se requerirán los dos tercios de votos del total de componentes de cada Cámara (art. 189).

La coordinación y la mayor flexibilidad de organización continúan la tendencia que ya manifestaba el informe de la Comisión de Inversiones y Desarrollo Económico (CIDE), en el cual se proponía la coordinación de los entes de enseñanza y la reducción del número de entes a tres: Enseñanza primaria y normal, Enseñanza media (secundaria e industrial), y Universidad de la República. Así,

---

39 Jiménez de Aréchaga, Justino, *La Constitución de 1952*, Medina, Montevideo, s.f., t. III, p. 90; Sayagués Laso, Enrique: *Derecho administrativo*, t. II, Centro de Estudiantes de Derecho, Montevideo, 1965, pp. 318-319.
40 Sayagués Laso, Enrique, *Derecho administrativo*, t. II, Centro de Estudiantes de Derecho, Montevideo, 1965, p. 321.

en el nivel de la enseñanza industrial, se proponía una educación terminal con carácter profesional para la población egresada del ciclo básico común que no continuara estudios superiores.[41]

39. La Constitución incluye también disposiciones sobre el presupuesto y sobre el estatuto del funcionario de los entes autónomos de enseñanza.

Como veremos oportunamente, la Constitución determina que los entes autónomos de la enseñanza (a) forman parte del presupuesto nacional, que, en definitiva, es resuelto por ley; y (b) gozan de la máxima autonomía en cuanto al régimen estatutario de sus funcionarios, pues el estatuto es competencia del consejo directivo de cada ente autónomo (actualmente: de la Administración Nacional de Educación Pública, y de la Universidad de la República). Obviamente, la cuestión salarial forma parte del presupuesto.

40. La técnica constitucional se despliega en cuatro categorías de normas para regular la situación de estos entes:[42]

a) Las normas relativas a categorías más generales, dentro de las que están comprendidos estos servicios o sus órganos, como está cualquier entidad estatal.

b) Las normas relativas a los entes autónomos o a la enseñanza contenidas en la Constitución, pero fuera de la sección XI. Se trata, por ejemplo, de las normas sobre derechos fundamentales, que comprende los derechos humanos en la enseñanza, en el trabajo, etc.

c) Las disposiciones que directamente se aplican a los entes de enseñanza (arts. 202-204, capítulo II de la sección XI de la Constitución).

d) Las disposiciones que se aplican en virtud de la remisión realizada por el art. 205 que dispone: "Serán aplicables, en lo pertinente, a los distintos servicios de enseñanza, los artículos 189,[43] 190,[44] 191,[45] 192,[46] 193,[47] 194,[48] 198 (incisos 1º y

41 *Plan nacional de desarrollo económico social 1965-1974 elaborado por la CIDE. Compendio*, Centro de Estudiantes de Ciencias Económicas y Administración (CECEA), 1966, t. II, p. 163.

42 Pérez Pérez, Alberto, *Los entes autónomos de enseñanza en la Constitución Nacional*, cit., p. 283.

43 **Art. 189.** Para crear nuevos Entes Autónomos y para suprimir los existentes, se requerirán los dos tercios de votos del total de componentes de cada Cámara.
    La ley por tres quintos de votos del total de componentes de cada Cámara, podrá declarar electiva la designación de los miembros de los Directorios, determinando en cada caso las personas o los Cuerpos interesados en el servicio, que han de efectuar esa elección.

44 **Art. 190.** Los Entes Autónomos y los Servicios Descentralizados no podrán realizar negocios extraños al giro que preceptivamente les asignen las leyes, ni disponer de sus recursos para fines ajenos a sus actividades normales.

45 **Art. 191.** Los Entes Autónomos, los Servicios Descentralizados y, en general, todas las administraciones autónomas con patrimonio propio, cualquiera sea su naturaleza jurídica, publicarán periódicamente estados que reflejen claramente su vida financiera. La ley fijará la norma y número anual de los mismos y todos deberán llevar la visación del Tribunal de Cuentas.

46 **Art. 192.** Los miembros de los Directorios o Directores Generales cesarán en sus funciones cuando estén designados o electos, conforme a las normas respectivas, quienes hayan de sucederlos.

2º),[49] 200[50] y 201".[51] Se trata de artículos incluidos en el capítulo I de la misma sección de la Constitución. La expresión "en lo pertinente" implica que, en un cuidadoso análisis, habrá que ver si corresponde su aplicación, y en caso afirmativo, al ser aplicadas, deben adaptarse a las peculiaridades de esos entes.[52]

d. La enseñanza técnico profesional. La Administración Nacional de Educación Pública y el Consejo de Educación Técnico Profesional

i. Naturaleza jurídica y denominación

41. La Administración Nacional de Educación Pública es un ente autónomo creado por el art. 5 de la ley 15.739 de 28 de marzo de 1985.

Las vacancias definitivas se llenarán por el procedimiento establecido para la provisión inicial de los cargos respectivos, pero la ley podrá establecer que, conjuntamente con los titulares de los cargos electivos, se elijan suplentes que los reemplazarán en caso de vacancia temporal o definitiva.
La ley, dictada por el voto de la mayoría absoluta del total de componentes de cada Cámara, regulará lo correspondiente a las vacancias temporales, sin perjuicio de lo establecido en el inciso anterior.
Podrán ser reelectos o designados para otro Directorio o Dirección General siempre que su gestión no haya merecido observación del Tribunal de Cuentas, emitida por lo menos por cuatro votos conformes de sus miembros.

47 Art. 193. Los Directorios o Directores Generales cesantes, deberán rendir cuentas de su gestión al Poder Ejecutivo, previo dictamen del Tribunal de Cuentas, sin perjuicio de las responsabilidades a que hubiere lugar, de acuerdo con lo dispuesto en la Sección XIII.
48 Art. 194. Las decisiones definitivas de los Entes Autónomos, sólo darán lugar a recursos o acciones ante el Tribunal de lo Contencioso Administrativo o el Poder Judicial, según lo disponga esta Constitución o las leyes, sin perjuicio de lo dispuesto en los artículos 197 y 198.
49 Art. 198. Lo dispuesto en el artículo precedente es sin perjuicio de la facultad del Poder Ejecutivo de destituir a los miembros de los Directorios o a los Directores Generales con venia de la Cámara de Senadores, en caso de ineptitud, omisión o delito en el ejercicio del cargo o de la comisión de actos que afecten su buen nombre o el prestigio de la institución a que pertenecen.
Si la Cámara de Senadores no se expidiera en el término de sesenta días, el Poder Ejecutivo podrá hacer efectiva la destitución.
50 Art. 200. Los miembros de los Directorios o Directores Generales de los Entes Autónomos o de los Servicios Descentralizados no podrán ser nombrados para cargos ni aun honorarios, que directa o indirectamente dependan del Instituto de que forman parte. Esta disposición no comprende a los Consejeros o Directores de los servicios de enseñanza, los que podrán ser reelectos como catedráticos o profesores y designados para desempeñar el cargo de Decano o funciones docentes honorarias.
La inhibición durará hasta un año después de haber terminado las funciones que la causen, cualquiera sea el motivo del cese, y se extiende a todo otro cometido, profesional o no, aunque no tenga carácter permanente ni remuneración fija.
Tampoco podrán los miembros de los Directorios o Directores Generales de los Entes Autónomos o de los Servicios Descentralizados, ejercer simultáneamente profesiones o actividades que, directa o indirectamente, se relacionen con la Institución a que pertenezcan.
Las disposiciones de los dos incisos anteriores no alcanzan a las funciones docentes.
51 Art. 201. Los miembros de los Directorios o Directores Generales de los Entes Autónomos y de los Servicios Descentralizados, para poder ser candidatos a Legisladores, deberán cesar en sus cargos por lo menos doce meses antes de la fecha de la elección.
En estos casos, la sola presentación de la renuncia fundada en esta causal, determinará el cese inmediato del renunciante en sus funciones.
Los Organismos Electorales no registrarán listas en que figuren candidatos que no hayan cumplido con aquel requisito.
52 Pérez Pérez, Alberto, *Los entes autónomos de enseñanza en la Constitución Nacional*, cit., pp. 284, 290, 297-298.

42. La ley designa al consejo desconcentrado encargado de esta rama de la enseñanza como *"Consejo de Educación Técnico Profesional"*. Se abandona, pues, el nombre tradicional de Universidad del Trabajo (que todavía era utilizado en la ley 14.101 en los arts. 4, 8, 9, y 17). En suma, la etapa de la UTU se extiende desde 1942 hasta 1985, aunque con distinta naturaleza jurídica (como ente autónomo, 1943-1973; y como consejo desconcentrado de un ente autónomo en la ley 14.101 de 4 de enero de 1973, intervenido en el período del gobierno *de facto*). Sin embargo, el nombre histórico sobrevive en algunos documentos oficiales de ANEP y del Consejo.[53]

43. La educación técnica es integrada en el sistema educativo como subsistema. Como se expresa en un informe de octubre de 1986 sobre la reestructura de la enseñanza técnico profesional, al poco tiempo de entrada en vigencia la ley 15.739, a este subsistema le corresponde el proceso de formación de alumnos en el nivel medio que ya han transitado total o parcialmente por la educación básica, proyectándolos hacia el mundo del trabajo. La educación técnica y la formación profesional no constituyen un campo exclusivo de la UTU sino que son competencia de todo el sistema educativo, desde el momento que constituye un derecho del individuo su preparación para el mundo del trabajo; es más: trasciende el ámbito del sistema educativo formal.[54]

ii. Organización

44. Según el art. 203 de la Constitución, los Consejos Directivos de los servicios docentes serán designados o electos en la forma que establezca la ley sancionada por la mayoría absoluta de votos del total de componentes de cada Cámara.

45. En la ley 15.739, los órganos de la Administración Nacional de Educación Pública son: el Consejo Directivo Central; la Dirección Nacional de Educación Pública, los Consejos de Educación Primaria, de Educación Secundaria y de Educación Técnico Profesional y sus respectivas Direcciones Generales.

El Consejo Directivo Central se compone de cinco miembros: tres de ellos, por lo menos, deberán haber ejercido la docencia en la enseñanza pública por un lapso no menor a los diez años. Al designar a dichos miembros debe atenderse

---

53 ANEP-Consejo de Educación Técnico Profesiona, *Memoria: gestión 1990-1994*, Montevideo, ANEP-UTU, 1995. Uno de los temas de esta memoria es la "descripción sucinta de la UTU", y el Consejo es presentado como "Consejo de Educación Técnico Profesional (Universidad del Trabajo del Uruguay)", p. 12.

54 ANEP-Consejo de Educación Técnico Profesional (Universidad del Trabajo del Uruguay)-Comisión de estudio de la reorganización del sistema de educación técnico profesional, *Proyecto de reestructura de la enseñanza técnico profesional. Informe de la Comisión de estudio de la reorganización del sistema de educación técnico profesional*, Montevideo, octubre 1986, pp. 10-12.

que por lo menos uno de sus integrantes haya ejercido la docencia en la educación primaria, otro en la educación secundaria y otro en la educación técnico profesional, o en los respectivos institutos de formación docente.

Son designados por el Presidente de la República en acuerdo con el Consejo de Ministros, previa venia de la Cámara de Senadores, otorgada sobre propuestas motivadas en sus condiciones personales y reconocida solvencia y acreditados méritos en los asuntos de educación general, por un número de votos equivalente a los tres quintos de sus componentes elegidos conforme al inciso primero del art. 94 de la Constitución (es decir, tres quintos de treinta).

Por el mismo procedimiento, son designados de entre los miembros del Consejo Directivo Central, el Director Nacional de Educación Pública y el Subdirector Nacional de Educación Pública, quien subrogará al primero en todo caso de impedimento temporal para el desempeño de su cargo. [55]

46. El *Consejo de Educación Técnico Profesional* (al igual que los otros consejos desconcentrados: el de Educación Primaria y el de Educación Secundaria) se compone de tres miembros.

Los miembros de los Consejos de Educación Primaria, de Educación Secundaria y de Educación Técnico Profesional y sus Directores Generales, son designados por el Consejo Directivo Central por cuatro votos conformes y fundados.

47. Los miembros de los Consejos no son funcionarios de carrera; se trata de una designación a término. Tampoco son funcionarios políticos o de particular confianza, ya que su separación está revestida de ciertos requisitos (numeral 9 del art. 13 de la ley 15.739).[56] El Consejo Directivo Central tiene la atribución de destituir a los miembros de los Consejos desconcentrados por cuatro votos conformes y fundados.

iii. Cometidos

48. La Constitución dispone que "los Consejos Directivos tendrán los cometidos y atribuciones que determinará la ley sancionada por mayoría absoluta de votos del total de componentes de cada Cámara".

En una enumeración general, los cometidos básicos de los entes de enseñanza consisten en impartir la enseñanza pública, y ejercer la policía de la enseñanza privada a los fines señalados por el art. 68 de la Constitución.

De acuerdo con la ley 15.739, la Administración Nacional de Educación Pública tendrá los siguientes cometidos:

---

55   Arts. 8 a 11 de la ley 15.739 en la numeración dada por la ley 16.115 de 3 de julio de 1990.
56   Sacchi, Carlos Néstor; *op. cit.*, pp. 207-210.

a. Extender la *educación* a todos los habitantes del país, mediante la escolaridad total y el desarrollo de la educación permanente.

La ley enuncia los principios que deben guiar dicha actividad:

i.   Afirmar en forma integral los principios de *laicidad, gratuidad y obligatoriedad* de la enseñanza.

ii. Asegurar una efectiva *igualdad de oportunidades* para todos los educandos, iniciando desde la escuela una acción pedagógica y social que posibilite su acceso por igual a todas las fuentes de educación.

iii. Atender especialmente a la *formación del carácter moral y cívico* de los educandos; defender los valores morales y los principios de libertad, justicia, bienestar social, los derechos de la persona humana y la forma democrática republicana de gobierno.

iv. Promover el *respeto a las convicciones y creencias* de los demás; fomentar en el educando una capacidad y aptitud adecuadas a su responsabilidad cívica y social y erradicar toda forma de intolerancia.

v.   Tutelar y difundir los *derechos de los menores*, proteger y desarrollar la *personalidad del educando* en todos sus aspectos.

vi. Estimular la autoeducación, valorizar las expresiones propias del educando y su aptitud para analizar y evaluar situaciones y datos, así como su *espíritu creativo y vocación de trabajo*.

b. Impulsar una *política asistencial* al educando que procure su inserción en la vida del país, en función de programas y planes conectados con el desarrollo nacional.

c. Estimular la *investigación científica* y atender la creación de becas de perfeccionamiento y especialización cultural.

49. En algunas leyes laborales especiales, existen referencias a la ANEP y al Subsistema de Educación Técnico Profesional.

En la ley 16.873, que establece modalidades contractuales de empleo de jóvenes, se reglamenta las *becas de trabajo* para jóvenes de quince a veinticuatro años pertenecientes a sectores sociales de bajos ingresos, con el objeto de que se vinculen a un medio laboral y realicen una adecuada primera experiencia laboral. El Instituto Nacional del Menor, el Instituto Nacional de la Juventud y la Administración Nacional de Educación Pública podrán acordar becas de trabajo con organismos públicos estatales o no estatales, así como con empresas privadas. Las organizaciones no gubernamentales autorizadas por algunas de esas instituciones también pueden acordar becas de trabajo. La duración de las becas no podrá exceder de nueve meses, y el joven beneficiario sólo podrá acceder a ella por única vez.

50. La ley 17.230 de 7 de enero de 2000 estableció un *sistema de pasantías laborales* "como mecanismo regular de la formación curricular de los alumnos reglamentados del Subsistema de Educación Técnico Profesional de la Administra-

ción Nacional de Educación Pública". (El sistema también es aplicable a los alumnos reglamentados de los institutos privados de educación técnico profesional habilitados).

El Consejo Directivo Central de la Administración Nacional de Educación Pública, a propuesta del Consejo de Educación Técnico Profesional, seleccionará entre las empresas interesadas, a aquellas en las que, por la tecnificación que hayan incorporado, se pueda prever un efectivo aprovechamiento teórico-práctico por parte del alumno, en su área específica de estudio. El Consejo Directivo Central formalizará con las empresas referidas los convenios correspondientes, los que deberán contener cláusulas expresas sobre los objetivos a lograr, la limitación del horario de trabajo, que no podrá exceder el máximo legal, y la cobertura de los accidentes y enfermedades profesionales, así como también, la posibilidad de rescindir el contrato por parte de la empresa, cuando exista violación de la disciplina interna del establecimiento por parte del pasante.

En cuanto a la ampliación del régimen, el art. 11 de la ley dispone que el Consejo Directivo Central de la ANEP determinará, por cuatro votos conformes, en cuales otros de sus servicios desconcentrados podrán ser aplicables los mecanismos de pasantías laborales a que refieren los artículos anteriores, así como también, las modalidades de pasantías no remuneradas que considere conveniente establecer.

iv. Atribuciones del Consejo de Educación Técnico Profesional

51. El art. 14 de la ley enumera las atribuciones de los Consejos desconcentrados (entre los cuales se encuentra el Consejo de Educación Técnico Profesional). Según la materia, podemos clasificarlos de la siguiente forma:

– *Atribuciones referentes al cumplimiento de cometidos docentes*

a. *Impartir la enseñanza* correspondiente a su respectivo nivel, exigiendo al educando, en el caso de Educación Secundaria y de Educación Técnico Profesional, la preparación correspondiente al nivel anterior.

b. *Habilitar* para cursar estudios superiores.

c. Proyectar los planes de estudio y aprobar los programas de las asignaturas que ellos incluyan, una vez que los primeros sean aprobados por el Consejo Directivo Central. En este aspecto, cabe distinguir:

i. Los *planes de estudio* son de competencia del órgano jerarca de ANEP, el Consejo Directivo Central, que establece "la orientación general a que deberán ajustarse los planes y programas de estudios primarios, secundarios y de la educación técnico profesional" (num. 1° del art. 13);

ii. Los *programas de las asignaturas* correspondientes son aprobados por el Consejo de Educación Técnico Profesional (y por los otros consejos desconcentrados en los respectivos ámbitos de competencia). Cada docente ejercerá sus funciones dentro de la orientación general fijada en los planes de estudio y cumpliendo con el programa respectivo, sin perjuicio de la libertad de cátedra en los niveles correspondientes (art. 1 de la ley 15.739).

d. *Supervisar el desarrollo de los cursos.* La ley garantiza la libertad de cátedra, no obstante lo cual "cada docente ejercerá sus funciones dentro de la orientación general fijada en los planes de estudio y cumpliendo con el programa respectivo" (art. 1°). La función docente obliga a la exposición integral, imparcial y crítica de las diversas posiciones o tendencias que presente el estudio y la enseñanza de la asignatura respectiva (art. 2).

e. Conferir y revalidar *certificados de estudio* nacionales y revalidar certificados de estudio extranjeros en los niveles y modalidades de educación a su cargo.

– *Atribuciones referentes a la policía de la enseñanza privada*

f. En materia de policía de la enseñanza, la habilitación de los institutos privados de educación técnico profesional no es competencia del consejo desconcentrado, sino del Consejo Directivo Central de la ANEP (num. 13 del art. 13). El consejo desconcentrado ejerce la *supervisión y fiscalización de los institutos habilitados* de la rama respectiva (num. 11 del art. 14).

– *Atribuciones referentes a la organización y funcionamiento del ente*

g. *Administrar* los servicios y dependencias a su cargo.

h. *Reglamentar la organización y el funcionamiento* de los servicios a su cargo y adoptar las medidas que los mismos requieran. El Consejo de Educación Técnico Profesional puede adoptar las resoluciones atinentes al ámbito de su competencia, salvo aquellas que por la Constitución, la ley y las ordenanzas del Consejo Directivo Central correspondan a los demás órganos; y ejerce las demás atribuciones que le delegare especialmente el Consejo Directivo Central.

i. *Proponer toda clase de nombramientos, reelecciones, ascensos, sanciones y destituciones,* así como otorgar licencias y *designar el personal docente* conforme al Estatuto del Funcionario y a las ordenanzas que dicte el Consejo Directivo Central. Podrán también dictar normas en esta materia con arreglo al Estatuto y a las ordenanzas.

j. *Designar al Secretario General* de cada Consejo desconcentrado, con carácter de cargo de particular confianza.

k. *Proyectar las normas estatutarias* que crea necesarias para sus funcionarios y elevarlas al Consejo Directivo Central a los efectos de su aprobación e incorporación al Estatuto de los Funcionarios del Ente.

l. *Proyectar,* ajustándose a las normas establecidas por el Consejo Directivo Central, *los presupuestos* de sueldos, gastos e inversiones correspondientes a los servicios a su cargo y sus modificaciones; así como elevar al Consejo Directivo Central las *rendiciones de cuentas y balances de ejecución* correspondientes a los servicios a su cargo.

m. *Administrar los bienes* que estén destinados al servicio del Consejo, o los que se destinaren en el futuro, por resolución del Consejo Directivo Central.

52. Las atribuciones del consejo tienen carácter taxativo. Se trata de un caso de desconcentración privativa, mediante la atribución de poderes propios y exclusivos a un órgano jerarquizado. Esa atribución es parcial, es decir, no se refiere a la totalidad de la actividad del órgano. Salvo los poderes atribuidos, en todo lo demás mantiene su situación jurídica dentro del sistema jerarquizado.[56]

53. Como puede advertirse, la ley vigente no establece cometidos específicos del Consejo de Educación Técnico Profesional, a diferencia de la técnica legislativa de sus antecedentes.[57] Parecería que el legislador de 1985 tuvo presente las críticas formuladas a la ley 14.101, algunas de cuyas disposiciones fueron consideradas como simples manuales de buena docencia, en vez de articularse como normas jurídicas.[58]

Correspondería remitirse, pues, a lo que históricamente ha sido considerado como contenido de esta rama de la educación. Es una forma de aplicar lo que constituye el sentido técnico de la expresión "Educación Técnico Profesional".

En la concepción de Pedro Figari, el fin de una "Escuela Pública de Arte Industrial" es la enseñanza de las ciencias y del arte, en sus aplicaciones industriales. Y proponía una "instrucción práctica más bien que teórica adoptando, en cuanto fuere posible, procedimientos experimentales, de modo que el alumno consiga por sí mismo la verdad o el resultado que busca".[59]

En ese sentido, el art. 1° de la histórica ley de 12 de julio de 1916 establecía:

"La enseñanza profesional para fines industriales tendrá por objeto los estudios teóricos y prácticos de las ciencias, artes y oficios en sus aplicaciones a la industria y al comercio".

En 1942, el decreto ley 10.225 (art. 2) referíase a:

"A) La enseñanza cultural destinada a la elevación intelectual de los trabajadores y a su formación técnica.

---

57 Esta era la caracterización que Aguirre Ramírez realizaba respecto de los consejos desconcentrados de la ley 14.101 (Aguirre Ramírez, Gonzalo, "El CONAE", en VVAA: *La enseñanza pública y privada en el Uruguay. Su régimen jurídico*, AMF, Montevideo, 1973, pp. 154-155), y que puede ser trasladada a los mismos órganos de la ley 15.739.

58 La ley 5.463 de 12 de julio de 1916 (art. 1°), el decreto ley 10.225 de 9 de setiembre de 1942 (art. 2), e incluso la ley 14.101 de 4 de enero de 1973 (art. 14) enumeraban o describían los cometidos de la "enseñanza industrial" o "profesional", o de la "educación técnico profesional".

59 Aguirre Ramírez, Gonzalo, "El CONAE", en VVAA: *La enseñanza pública y privada en el Uruguay. Su régimen jurídico*, AMF, Montevideo, 1973, p. 109.

B)   La enseñanza completa de los conocimientos técnicos manuales e industriales, atendiéndose en forma especial los relacionados con las industrias extractivas y de transformación de las materias primas nacionales.
C)   La enseñanza complementaria para obreros.
D)   La enseñanza de las artes aplicadas".

Los elementos reseñados contribuyen a conformar un concepto de enseñanza industrial o profesional en el derecho uruguayo.

54. En una memoria elaborada por el Consejo de Educación Técnico Profesional, se informa que este atiende carreras y cursos de educación técnica de nivel
terciario y medio, bachillerato técnico, educación profesional, formación profesional y de capacitación, así como el "ciclo básico modalidad UTU"; a su vez, desarrolla programas especiales para capacitación para directivos y trabajadores de
empresas públicas y privadas.[61] Se ha señalado que han convivido en la educación técnico profesional dos niveles cualitativamente distintos: la formación profesional (cuyo eje es el aprendizaje intensivo de un oficio o de una actividad) y los
cursos técnicos.[62] En 1994, el Consejo puso en marcha experiencias de formación
profesional modularizada en tres áreas: madera, metal-mecánica y vestimenta.

Se ha introducido dos nuevos componentes en la educación técnico profesional:

a.   el *"ciclo básico modalidad UTU"*, con las mismas materias principales de
educación secundaria, más asignaturas tecnológicas, lo que le confiere un perfil
propio. Por disposición del Consejo Directivo Central, a partir del período lectivo 1991, la UTU rescata la administración del ciclo básico, de manera que también se puede concretar el pasaje obligatorio por el primer ciclo de educación
media en cualquiera de los institutos dependientes del subsistema.[63]

b.   los *bachilleratos tecnológicos diversificados* (cuyos objetivos son la formación científica, la formación tecnológica y el conocimiento de la empresa, de la
sociedad e idiomas).[64] La creación de los bachilleratos tecnológicos ha sido considerada como parte central de la reformulación de la política educativa del Consejo de Educación Técnico Profesional en el nivel medio técnico.[65]

---

60   Figari, Pedro: *1910. Reorganización de la Escuela Nacional de Artes y Oficios...*,cit., Ministerio de Instrucción Pública y Previsión Social, Biblioteca Artigas, Colección de Clásicos Uruguayos, vol. 81, Montevideo, 1965, p. 16.
61   NEP-Consejo de Educación Técnico Profesional: *Memoria: gestión 1990-1994*, Montevideo, ANEP-UTU, 1995, p. 12.
62   Exposición de Germán Rama en la Comisión de Educación y Cultura del Senado, acta 408 de 13 de setiembre de 1995, en ANEP, *La reforma de la educación: exposiciones del Codicen de la ANEP ante la Comisión de
Educación y Cultura del Senado de la República*, Documento I, Codicen, Montevideo, 1996, pp. 101-103.
63   ANEP-Consejo de Educación Técnico Profesional, *Memoria: gestión 1990-1994*, Montevideo, ANEP-UTU,
1995, p. 48.
64   "Presente y futuro de la educación técnica", entrevista a Germán Rama, en rev. *Cambio*, núm. 1, p. 15. El
entrevistado manifiesta que la finalidad de los bachilleratos tecnológicos es que el alumno adquiera una
sólida base científica para adaptarse rápidamente a los cambios tecnológicos y sea capaz de aprender a
aprender permanentemente.
65   "Lineamientos de una política nacional de Educación Técnico Profesional" (documento expuesto por la
Dirección General del Consejo de Educación Técnico Profesional a la Asamblea Nacional Técnico Docente,
ATD-UTU, agosto 1996), cit. por Pasturino, Martín: "Desafíos de la educación tecnológica media en el
Uruguay", en rev. *Cambio*, núm. 1, p. 26.

v. Presupuesto

55. En cuanto se trata de un ente autónomo de enseñanza, el presupuesto de ANEP integra el presupuesto nacional (art. 220 de la Constitución). El ente proyecta su presupuesto y lo presenta al Poder Ejecutivo, incorporándolo éste al proyecto de presupuesto. El Poder Ejecutivo podrá modificar el proyecto originario y someterá éste y las modificaciones al Poder Legislativo. El proyecto del Poder Ejecutivo debe contar con el asesoramiento necesario de la Oficina de Planeamiento y Presupuesto (art. 214 de la Constitución).[66]

56. En consecuencia, son aplicables las reglas generales:[67]
a. es un presupuesto quinquenal, con eventuales modificaciones anuales;
b. es aprobado por ley;
c. la Constitución establece un procedimiento especial, con iniciativa del Poder Ejecutivo, y plazos para su presentación y para su sanción; se establece asimismo la posibilidad de introducir modificaciones al presupuesto en la oportunidad de la rendición de cuentas y del balance de ejecución presupuestal;
d. el contenido incluye los gastos corrientes e inversiones y los escalafones y sueldos funcionales distribuidos en cada inciso por programa (art. 214 inciso segundo de la Constitución);
e. se aplica la técnica de presupuesto por programa.

Se considera que el sistema de partidas globales (que había sido introducido por la ley 12.367, y que constituye una reivindicación tradicional de los entes docentes) es compatible con la técnica presupuestal de la Constitución de 1967.[68] En efecto, el art. 215 de la Constitución establece que "el Poder Legislativo se pronunciará exclusivamente sobre montos globales por inciso, programas, objetivos de los mismos, escalafones y número de funcionarios y recursos; no pudiendo efectuar modificaciones que signifiquen mayores gastos que los propuestos". Ello denota una estructura presupuestal por partidas globales correspondientes a programas,[69] aunque con algunas exigencias nuevas derivadas del concepto de "presupuesto por programas" y de las especificaciones que exigen esas normas.[70]

---

66 Cassinelli Muñoz, Horacio, *Derecho público*, FCU, Montevideo, 1999, p. 288.
67 Sacchi, Carlos Néstor, "El CONAE", en VVAA: *La enseñanza pública y privada en el Uruguay. Su régimen jurídico*, AMF, Montevideo, 1973, p. 164.
68 Cristiani Gómez, Sonia E., "Régimen constitucional aplicable a los entes autónomos de enseñanza", en VVAA, *La enseñanza pública y privada en el Uruguay. Su régimen jurídico*, cit., p. 64.
69 Barbé Pérez, Héctor, "La enseñanza en la nueva Constitución", en *Estudios sobre la reforma constitucional*, Cuadernos de la Facultad de Derecho y Ciencias Sociales, N° 19, Montevideo, 1967, citado por Sacchi, Carlos Néstor: "El CONAE", en VVAA, *La enseñanza pública y privada en el Uruguay. Su régimen jurídico*, cit., p. 168.
70 Pérez Pérez, Alberto, *Los entes autónomos de enseñanza en la Constitución Nacional*, cit., p. 382.

vi. Régimen de los funcionarios

57. El órgano jerarca del ente tiene la competencia para dictar el estatuto de los funcionarios.

La competencia del Consejo Directivo Central está limitada constitucionalmente, ya que debe establecerlo de conformidad con las bases contenidas en los arts. 58 a 61, y las reglas fundamentales que establezca la ley, respetando la especialización del Ente (art. 204 de la Constitución). Se discute si también es aplicable el art. 64 de la Constitución. En opinión de Sayagués Laso, existe una desarmonía entre los arts. 204 y 64 de la Carta, que debería ser resuelta por ley.[71]

vii. Recursos administrativos

58. El Consejo de Educación Técnico Profesional es un órgano desconcentrado del ente autónomo Administración Nacional de Educación Pública. Por tanto, los actos administrativos del consejo desconcentrado pueden ser impugnados mediante los recursos de revocación ante el órgano que lo dictó, y, en subsidio, jerárquico para ante el jerarca máximo, el Consejo Directivo Central (art. 317, inciso segundo, de la Constitución; art. 4 de la ley 15.869 de 22 de junio de 1987).

El art. 25 de la ley 15.739 (siguiendo igual solución de la ley 14.101, arts. 44-47) determinó que el plazo para la interposición del recurso sería de diez días hábiles, a partir del día siguiente al de la notificación personal o por cedulón, si corresponde, o de su publicación en el "Diario Oficial". En cuanto al cómputo del plazo, la ley 15.869 de 22 de junio de 1987 (art. 4) establece que serán días corridos.[72] Respecto a los actos administrativos originarios dictados antes de la entrada en vigencia de esta ley, se declaró que serían válidos el agotamiento de la vía administrativa y el ejercicio de la acción de nulidad que se hubieren ajustado a cualesquiera de los plazos que estuvieron sucesivamente en vigencia en la materia (art. 12).

---

71 Sayagués Laso, Enrique: *Derecho administrativo*, t. II, Centro de Estudiantes de Derecho, Montevideo, 1965, p. 327.
72 Ley 15.869 de 22 junio de 1987 (art. 4): "La acción de nulidad no podrá ejercerse si previamente no ha sido agotada la vía administrativa. A este efecto los actos administrativos, expresos o tácitos, deberán ser impugnados con el recurso de revocación ante el mismo órgano que los haya dictado, dentro de los diez días corridos y siguientes al de su notificación personal o su publicación en el *Diario Oficial*. Si el acto administrativo no ha sido notificado personalmente ni publicado en el *Diario Oficial*, el interesado podrá recurrirlo en cualquier momento".

2. El Ministerio de Educación y Cultura: CECAP

59. El Centro de Capacitación y Producción (CECAP), creado por resolución 316/1981, funciona, en la actualidad, dentro del programa "Desarrollo Humano" del Ministerio de Educación y Cultura.

60. El CECAP participa en el proyecto de talleres de Orientación Social y Laboral del Ministerio de Educación y Cultura-Centro de Capacitación y Producción (CECAP), que es parte del programa de Seguridad Ciudadana del Ministerio del Interior.

Los talleres dependen del Ministerio de Educación y Cultura a través del Centro de Orientación Social y Laboral.

El origen de este programa es el contrato de préstamo 1096/OCUR, celebrado el 14 de marzo de 1998, por el cual el Banco Interamericano de Desarrollo (BID) otorga financiamiento para la ejecución del Programa de Seguridad Ciudadana.

El Programa estableció la posibilidad de celebrar convenios con organizaciones no gubernamentales y gubernamentales para el cumplimiento de actividades dirigidas a la población joven (hasta 25 años de edad), en materia de prevención de conductas infractoras; dichas actividades se financian con recursos provenientes de dicho préstamo. El 6 de noviembre de 1998 fue suscripto un convenio entre el Ministerio del Interior y el Ministerio de Educación y Cultura, para desarrollar el Proyecto de ampliación de talleres de Orientación Social y Laboral.

El objetivo del proyecto es contribuir a la integración social de los jóvenes en situación de riesgo provenientes de familias carenciadas, procurando que elaboren sus propias estrategias de inserción social y laboral. Está dirigido a jóvenes de 14 a 25 años, que se encuentren fuera del sistema de educación formal o en riesgo de deserción en corto plazo, provenientes de hogares con necesidades básicas insatisfechas, en situación de riesgo social.

Una vez terminados los talleres, se deriva a los jóvenes a diferentes instancias, según su perfil individual:

a)   Reinserción en el sistema de educación formal.
b)   Derivación a programas de capacitación.
a)   Inserción directa en el mercado laboral.

61. En 2000, el CECAP atendía a setecientos jóvenes, en gestión compartida con organizaciones no gubernamentales. En 2001, se propuso extender su atención a los adolescentes de 13 años de edad, y ampliar el número de talleres ocupacionales (de siete a veinticinco).[73]

---

73 "Educación no formal. Habrá talleres de oficios para más adolescentes", en diario *El Observador* Montevideo, 16 de junio de 2001, p. 3.

62. El CECAP ha celebrado convenios con empresas privadas y con la Cámara de la Construcción.

La ley de presupuesto nacional, núm. 17.296 de 21 de febrero de 2001, facultó al Centro de Capacitación y Producción (CECAP) a prestar los servicios técnicos, asesoría y diagnósticos, así como a la comercialización de los productos y servicios de sus talleres de capacitación y producción que le fueren requeridos por los particulares o instituciones públicas o privadas. El CECAP, previa conformidad del Poder Ejecutivo, podrá percibir precios o tarifas como contraprestación de los bienes y servicios comercializados. De la totalidad de la recaudación que perciba, deducidos los gastos en que incurriese para la producción de los bienes o en la prestación del servicio, el 50% será destinado a gastos de funcionamiento e inversiones del Centro y el 50% restante será distribuido entre los integrantes de los talleres que hubieran producido bienes o hayan prestado el servicio (art. 324).

Algunas disposiciones legales han otorgado preferencia a los estudiantes y a los becarios del CECAP para ingresar o ser contratados en organismos públicos (art. 330 de la ley 16.170). En el nuevo régimen establecido por la ley 17.296, para la contratación de pasantes y becarios, se dará preferencia a los estudiantes universitarios o del Consejo de Educación Técnico Profesional de la Administración Nacional de Educación Pública (ANEP) o del Centro de Capacitación y Producción (CECAP). La calidad de estudiante se acreditará con la certificación por parte de un instituto oficial, habilitado o autorizado, de haber aprobado por lo menos una materia en el año anterior a la suscripción del contrato de beca o pasantía. La convocatoria se hará por llamado público, teniendo en cuenta para su elección la escolaridad mínima exigible y el grado de avance en la carrera. A igualdad de condiciones de los postulantes, la selección se realizará por sorteo ante escribano público.

3. El Consejo de Capacitación Profesional (COCAP)

Antecedentes y origen

63. El COCAP fue creado por decreto 303/978 de 31 de mayo de 1978, mediante el cual el Poder Ejecutivo implementó las conclusiones y el proyecto que, sobre la capacitación de mano de obra nacional, presentó un grupo de trabajo interministerial creado a ese efecto. El Consejo de Capacitación Profesional estaba presidido por el rector del Consejo Nacional de Educación.

64. La creación de ese organismo es contemporánea del otorgamiento de un préstamo del Banco Internacional de Reconstrucción y Fomento, que fue suscrito en Washington el 23 de junio de 1978, destinado a financiar un programa general que abarcaba (a) el establecimiento de un sistema nacional de formación profesional a fin de proporcionar capacitación de recursos humanos, y (b) el desarrollo de la capacidad nacional interna en los campos de la investigación tecnológica, diseminación de la información y asistencia técnica para empresarios, en apoyo de la estrategia del desarrollo industrial, fundamentalmente orientada al campo de las exportaciones.[74]

El proyecto financiado por ese préstamo se componía de dos partes, descriptas en el anexo 2 del convenio:

Parte A: Formación profesional. Estaba integrada por las siguientes actividades:

a) Construcción de un nuevo centro de formación profesional en Montevideo;

b) Adquisición y utilización de unidades móviles para impartir capacitación a personas ocupadas en tareas agrícolas;

c) Suministro de servicios de especialistas y de becas para el establecimiento de programas de capacitación en la planta, en los servicios y empresas industriales principales del sector público;

d) Suministro de servicios de especialistas y de becas en apoyo del desarrollo institucional general del nuevo sistema de formación profesional y para el establecimiento de un fondo de estudios de preinversión;

e) Levantamiento de encuestas para la identificación de sectores e industrias prioritarios que requieran servicios de capacitación de recursos humanos.

---

74 Préstamo núm. 1594 UR; "Convenio de préstamo (proyecto de formación profesional y desarrollo tecnológico) entre la República Oriental del Uruguay y el Banco Internacional de Reconstrucción y Fomento fechado el 23 de junio de 1978" (*Diario de Sesiones del Consejo de Estado*, t. 23, pp. 616-626).

Parte B: Desarrollo tecnológico.

El convenio establece los organismos del prestatario competentes para ejecutar las acciones del proyecto. La parte A debía ser ejecutada por el recién creado COCAP (decreto 303/978); la parte B, por el Laboratorio Tecnológico del Uruguay (LATU). Este último era el antiguo Laboratorio de Análisis y Ensayos del Ministerio de Industrias y Trabajo (numeral 23 del art. 157 de la ley 12.803 de 30 de noviembre de 1960; arts. 19 y 20 de la ley 13.318 de 28 de diciembre de 1964; arts. 164-166 de la ley 13.640 de 26 de diciembre de 1967) que pasó a ser una persona pública no estatal por los arts. 97 y 98 de la ley 13.737 de 9 de enero de 1969 (art. 99 de la ley 16.134 de 24 de setiembre de 1990).

Mientras el LATU ya tenía un estatuto legal, el COCAP no lo tenía. Según la sección 4.02 del convenio, el gobierno uruguayo debía "adoptar todas las medidas necesarias para asegurar la operación continua del COCAP como organismo público, con personería jurídica y con toda la autonomía técnica administrativa y financiera necesaria, inclusive el control de los recursos independientes del COCAP". Era "condición adicional para la entrada en vigencia de este Convenio, [...] que el Prestatario haya proporcionado al Banco prueba satisfactoria para este del cumplimiento de las obligaciones estipuladas en la Sección 4.02 a) de este Convenio".

65. En consecuencia, el 8 de febrero de 1979, el Poder Ejecutivo remitió al órgano legislativo de la época dos proyectos de ley: uno, creando el Consejo de Capacitación Profesional como persona pública no estatal; y otro, aprobando el contrato de préstamo con el BIRF que financiaba el establecimiento del sistema nacional de formación profesional. Ambos proyectos fueron considerados y aprobados en sesión extraordinaria de 22 de febrero de 1979[75] (decretos leyes núms. 14.869 y 14.870 de 23 de febrero de 1979).

Naturaleza jurídica y denominación

66. El COCAP es una persona pública no estatal (art. 1 del decreto ley 14.869 de 23 de febrero de 1979).

Es persona jurídica, con patrimonio propio (art. 8 del decreto ley), que se vincula con el Poder Ejecutivo a través del Ministerio de Educación y Cultura.

Si bien se pensó en otras figuras (y en el mantenimiento de esas funciones en el ámbito de la UTU), se requería que el proyecto estuviera a cargo de una persona jurídica (la UTU no lo era desde 1973), y que se ubicara fuera del sistema educativo formal, por lo cual, descartando la creación de un nuevo ente autónomo, se optó por una persona pública no estatal.

| 75 *Diario de Sesiones del Consejo de Estado*, t. 23, 129ª sesión extraordinaria, pp. 580 y 615 respectivamente.

67. En la concepción clásica de Sayagués Laso, junto a las personas estatales, existen otras personas públicas que, aunque no integran la estructura del estado, merecen ese calificativo puesto que son reguladas, en forma predominante pero no exclusiva, por el derecho público.[76] Los ejemplos tradicionales (Frigorífico Nacional, Cooperativa Nacional de Productores de Leche, ciertas cajas de jubilaciones) ya permitían llegar a la conclusión de que no se trataba de una categoría homogénea.

Desde la década de los años setenta, y, en especial, a partir de 1985, es frecuente que el legislador recurra a la creación de personas públicas no estatales, seguramente con el designio de evitar el crecimiento de la estructura estatal y de conferir a estos organismos una mayor flexibilidad en su actividad.

Estas personas públicas no se encuentran reguladas por una legislación común, por lo cual habrá que analizar los caracteres de cada entidad establecidos en la ley respectiva. Solo existen algunas normas generales de control para las que manejan fondos públicos o administran bienes del estado, y disposiciones sobre el régimen laboral del personal, según los arts. 199 y 765 de la ley 16.736 de 5 de enero de 1996.

Ante la proliferación de personas públicas no estatales operada en el último cuarto de siglo, Cagnoni advierte que en el futuro no podremos hablar de un régimen uniforme, sino que habrá que detectar en qué tipo de categoría corresponde incluirlas, y luego los elementos propios de cada tipo. Propone una clasificación actual de estas entidades, distinguiendo:[77] (a) las personas públicas no estatales *corporación* (como las Cajas de Jubilaciones paraestatales); (b) las personas públicas no estatales *fundación* (donde lo que predomina es un fondo de recursos, creado generalmente con impuestos, destinado a fines específicos, generalmente de carácter social); y (c) las personas públicas no estatales *ejecutoras de la política del Poder Ejecutivo*.

Resulta difícil incluir el COCAP en una sola de estas categorías. Por un lado, se trata de una persona pública no estatal que ejecuta la política del Poder Ejecutivo (arts. 2 y 6 del decreto ley 14.869); pero en el esquema original del decreto

---

76 Sayagués Laso, Enrique, "Criterios de distinción entre las personas jurídicas públicas y privadas", en *Rev. de Derecho Público y Privado*, año VIII, núm. 83 (1945); *Tratado de derecho administrativo*, t. I, p. 171, y t. II, p. 233; exposiciones de Korzeniak, José y de Pittamiglio, Carlos, relatores en "4ª. mesa redonda. Situación de los funcionarios paraestatales", en VVAA: *Cursillo sobre el derecho del trabajo y los funcionarios públicos*, Biblioteca de derecho laboral núm. 5, Montevideo, 1977, pp. 125 y 136, respectivamente; Silva Cencio, Jorge A.: "Las empresas públicas en Uruguay", en VVAA: *Estudios de derecho administrativo. Publicación en homenaje al centenario de la cátedra de derecho administrativo de la Facultad de Derecho y Ciencias Sociales*, Universidad de la República, Facultad de Derecho y Ciencias Sociales, Dirección General de Extensión Universitaria, Montevideo, 1978, t. I, p. 466; Cajarville, Juan Pablo, "Sobre las personas públicas no estatales. A propósito de la ley N° 16.736", en *Sobre reforma del estado y derecho administrativo. Personas públicas no estatales*, Temas de derecho público N° 12, Nueva Jurídica, Montevideo, s.f [2000], p. 28 y ss.

77 Cagnoni, José Aníbal, "Evolución del régimen jurídico de las personas públicas no estatales", en *Rev. de Derecho Público*, N° 1, 1992, p. 33.

ley, también es un fondo de recursos destinado a un fin específico de carácter social (arts. 4, 5 y 9).

El COCAP reúne la mayoría de las características que la doctrina ha señalado en las personas públicas no estatales:

a. Es una entidad creada por norma de rango legal (ley o decreto ley). Su existencia depende de la voluntad del Estado, y no de la voluntad de los particulares. El Estado, a través de una ley, dispone que exista.

b. Se rige por el derecho público, en aspectos esenciales. Es persona de derecho público; el estado le atribuye cometidos de interés público y le impone el deber de cumplirlos (art. 1°).

c. Cumple cometidos públicos o de interés público: nada menos que proponer y ejecutar "la política de formación técnico profesional para todos los sectores del país" (art. 2).

d. Su dirección tiene composición mixta, con representación de intereses particulares (art. 3).

e. Tiene algunas prerrogativas excepcionales, como la exoneración de tributos (art.13), o la forma en que se integra su patrimonio inicial (decreto ley 14.870).

f. El estado ejerce control sobre su actividad. Existen normas especiales (en el decreto ley 14.869, algunas ya derogadas) y otras normas generales aplicables a las personas públicas no estatales que manejan fondos públicos. El Poder Ejecutivo aprueba su presupuesto (art. 10). Como entidad que maneja fondos públicos, el COCAP debe presentar sus estados contables ante el Poder Ejecutivo y el Tribunal de Cuentas, y está sujeto al control de la Auditoría Interna de la Nación (art. 199 de la ley 16.736 de 5 de enero de 1996).

g. Por otro lado, se rige en parte importante por el derecho del sector privado. No le es aplicable el texto ordenado de contabilidad y administración financiera ("TOCAF", que alcanza a las entidades estatales, art. 451 de la ley 15.903 de 10 de noviembre de 1987), con excepción de las disposiciones especiales que expresamente se aplican a las personas públicas no estatales. Así sucede con las normas sobre contabilidad y la rendición de cuentas (art. 589 de la ley 15.903, de 10 de noviembre de 1987, incluido en el art. 138 del texto ordenado; art. 82 y siguientes del texto ordenado). Las relaciones de trabajo con su personal son reguladas por el "derecho laboral común" (art. 765 de la ley 16.736), interesante expresión que alude a un derecho común del trabajo y no simplemente a un derecho del sector privado.

68. En cuanto al nombre de la nueva persona pública, se plantearon diversas denominaciones ante las dudas planteadas por legisladores que no entendían la

expresión "capacitación profesional" o que temían que ella se confundiera con la formación de profesionales universitarios.[78] Se propuso "capacitación laboral" o "técnico profesional", lo que fue descartado, manteniendo el nombre original del organismo (que era el establecido por el decreto 303/978, y el que figuraba en el convenio ya firmado con el BIRF). Obviamente, la referida denominación ("profesional") ha de interpretarse en el sentido del num. 2 de la recomendación 150: "la calificación *profesional* de los términos *orientación* y *formación* significa que la orientación y la formación tienen por objeto descubrir y desarrollar las aptitudes humanas para una vida activa productiva y satisfactoria y, en unión con las diferentes formas de educación, mejorar las aptitudes individuales para comprender individual o colectivamente cuanto concierne a las condiciones de trabajo y al medio social, e influir sobre ellos".

Estructura administrativa

69. El COCAP es dirigido y administrado por un consejo honorario integrado por representantes de organismos estatales y de algunas organizaciones de empleadores.

Del consejo honorario, depende una unidad ejecutora con personal propio, a cuyo frente se encuentra un director.

El Consejo honorario puede crear Comisiones Técnicas Asesoras.

a.   *El Consejo Honorario de Capacitación Profesional*

70. El Consejo Honorario de Capacitación Profesional es designado por el Poder Ejecutivo actuando en Consejo de Ministros, y estará integrado[79] por:

A)   El Director Nacional de Educación Pública o por quien este proponga, que lo presidirá;

B)   un miembro propuesto por la Universidad de la República;

C)   un miembro propuesto por el Consejo de Educación Técnico Profesional (ex UTU);

D)   un miembro propuesto por la Oficina de Planeamiento y Presupuesto (OPP);

E)   un miembro propuesto por el Ministerio de Trabajo y Seguridad Social;

F)   un miembro propuesto por el Ministerio de Ganadería, Agricultura y Pesca;

---

78   *Diario de Sesiones del Consejo de Estado*, t. 23, pp. 584-587, 590-591,

79   Seguimos la enumeración que consta en el art. 3 del decreto ley 14.869, ajustando la denominación de los respectivos organismos a la Constitución de la República y a las normas vigentes aprobadas con posterioridad al decreto ley.

G) un miembro propuesto por el Ministerio de Industria, Energía y Minería;

H) dos miembros propuestos por la Cámara de Industrias del Uruguay;

I) un miembro propuesto por la Asociación Rural del Uruguay;

J) un miembro propuesto por la Federación Rural del Uruguay.

Como se advierte, no se trata de un órgano tripartito (lo que ciertamente no era posible en la época de su creación, 1978-1979, en que se desconoció la libertad sindical). Se compone de tres miembros provenientes de Ministerios, uno de una dependencia de la Presidencia de la República (la OPP), dos de la Administración Nacional de Educación Pública, uno de la Universidad de la República. Del sector privado, hay cuatro miembros propuestos por organizaciones de empleadores (Cámara de Industrias, Asociación Rural y Federación Rural). Se entendió que estos eran los sectores empresariales directamente interesados en el proyecto, y que era deseable equilibrar las representaciones de la industria y del agro, por lo cual la organización representativa de la industria tiene dos miembros.[80]

b. La unidad ejecutora

71. Una Unidad Ejecutora, directamente subordinada al Consejo Honorario, lleva a cabo los planes y proyectos aprobados por este (art. 6 del decreto ley).

El Director de la Unidad Ejecutora es designado por el Consejo "previa autorización del Poder Ejecutivo".

Son atribuciones del Consejo Honorario designar al personal, previa autorización del Poder Ejecutivo, así como disponer su cese (literal "G" del art. 5), y establecer el régimen del personal dependiente (art. 6).

c. Comisiones Técnicas Asesoras

72. El Consejo Honorario de Capacitación Profesional puede crear Comisiones Técnicas Asesoras en cada uno de los sectores en que se programen actividades de capacitación técnico profesional, a los efectos de lograr una efectiva participación de las empresas en el sistema (art. 7 del decreto ley).

La creación de estas comisiones no es preceptiva. El decreto ley no establece tampoco un determinado mecanismo de integración de estas. Por tanto, estas comisiones eventualmente pueden constituir un espacio de tripartismo, ya que la expresión "efectiva participación de las empresas" no necesariamente tiene que ser interpretada en un sentido restringido a la participación de los emplea-

---

80 *Diario de Sesiones del Consejo de Estado*, t. 23, p. 589.

dores. Incluso, cabe pensar en el papel que la negociación colectiva podría jugar en este ámbito, a fin de articular la participación de los trabajadores en los programas y "actividades de capacitación técnico profesional" mencionados en el art. 7 del decreto ley.[81]

Cometidos y atribuciones

73. El COCAP tiene como *cometidos* centrales: (a) la proposición, al Poder Ejecutivo, de la política de formación técnico profesional para todos los sectores del país, como complemento de la enseñanza curricular, de acuerdo con las necesidades específicas de cada sector productivo; y (b) la ejecución de dicha política, una vez aprobada la misma por el Poder Ejecutivo (art. 1 del decreto ley).

A estos efectos, formula propuestas, ejecuta, evalúa y controla el cumplimiento de planes y propuestas.

A pesar de crear una entidad que no forma parte de la estructura estatal, el decreto ley 14.869 centraliza en el Poder Ejecutivo la definición de "la política de formación técnico profesional para todos los sectores del país", como surge claramente de los arts. 2 y 5 literal "B".[82]

74. La ejecución de la política de formación técnico profesional se manifiesta en los siguientes cometidos (art. 4):

A) Formular programas de formación técnico profesional para todos los sectores del país, como complemento de la enseñanza curricular;

B) Impulsar el sistema de capacitación técnico profesional y coordinar sus acciones con los Ministerios de Trabajo y Seguridad Social, de Ganadería, Agricultura y Pesca, de Industria, Energía y Minería, y con la Administración Nacional de Educación Pública (Consejo de Educación Técnico Profesional);

C) Fijar las normas técnicas mínimas que regirán al sistema de capacitación técnico profesional.

El Consejo Honorario debe evaluar y controlar el cumplimiento de los planes y programas de capacitación técnico profesional ejecutados.

---

81 Como señalan Ermida Uriarte y Rosenbaum Rímolo, la negociación colectiva es un instrumento de aplicación concreta y/o adaptación de las normas generales de formación a las necesidades específicas del sector y/o de la empresa; y es fuente de control y participación sindical en la capacitación y por esa vía, elemento de legitimación de los programas y actividades de formación profesional (Ermida Uriarte, Oscar; Rosenbaum Rímolo, Jorge, *Formación profesional en la negociación colectiva*, Herramientas para la Transformación núm. 9, Oficina Internacional del Trabajo, Cinterfor/OIT, Montevideo, 1998, p. 117).

82 Con motivo de la consideración del proyecto en comisión, el Ministro de Educación y Cultura afirmó: "aquí somos hasta demasiado restrictivos, porque ellos proponen el programa y lo tiene que votar el Poder Ejecutivo [...] Pese a que en ciertos aspectos le damos importancia a este organismo, muchas de las cosas que acá se dicen son un poco ampulosas, pero no queríamos dejarlo fuera de la órbita del Poder Ejecutivo, pese a que la mayoría de sus integrantes son designados por él" (*Diario de Sesiones del Consejo de Estado*, t. 23, p. 607).

Puede notarse que algunos de sus cometidos deben ser armonizados con los preceptos que regulan la Junta Nacional de Empleo, especialmente después de la reforma introducida por la ley 16.736 (art. 317 de la ley 16.320 de 1° de noviembre de 1992, creación del programa 003 "Estudio, Investigación, Fomento y Coordinación de Políticas Activas de Empleo y Formación Profesional"; y art. 419 de la ley 16.736 de 5 de enero de 1996).

75. Para el cumplimiento de sus cometidos, el Consejo tiene las siguientes *atribuciones*:

a. Atribuciones relativas a la organización y administración de sus servicios (art. 5, literales A, D, E, G, H, arts. 6, 8 y 10)

El Consejo Honorario de Capacitación Profesional establece, organiza y administra sus servicios de capacitación técnico profesional.

Para el cumplimiento de sus cometidos, puede celebrar convenios con instituciones públicas o privadas.

En materia financiera, el Consejo administra, distribuye y fiscaliza sus recursos económicos. Puede adquirir bienes muebles e inmuebles a cualquier título. El presupuesto es proyectado por el COCAP y elevado al Poder Ejecutivo para su aprobación. Las tarifas de sus servicios o actividades onerosas están sujetas a la aprobación del Poder Ejecutivo.

En cuanto al personal de sus dependencias, el Consejo Honorario establece el régimen del personal, designa los empleados con la autorización del Poder Ejecutivo, y dispone su cese. También designa al Director de la Unidad Ejecutora, con la autorización previa del Poder Ejecutivo.

b. Programas y planes de estudio (arts. 2 y 5 literal "B")

El COCAP puede fijar programas y planes de estudio, como complemento de la enseñanza curricular, de acuerdo con las necesidades específicas de cada sector productivo. Según se manifiesta en el mensaje del Poder Ejecutivo, se considera la capacitación profesional como "un proceso permanente de habilitación sistemática y continua del trabajador, para el desempeño eficiente de una ocupación y su participación consciente en las actividades productivas, es decir, ella es concebida como un medio para facilitar el empleo y la promoción en el trabajo, estimular la productividad y contribuir al crecimiento de la producción". A esos efectos, se propone "crear una estructura dinámica y flexible, con autonomía suficiente, que le permita atender en forma oportuna las demandas del mercado de trabajo".[83] El Ministro de Educación y Cultura de la época manifestó que "el programa no está en colisión con el sistema educativo nacional, porque en ver-

83 *Diario de Sesiones del Consejo de Estado,* t. 23, p. 580.

dad no apunta a un desarrollo curricular, sino extracurricular, ya que está destinado a la formación laboral que se ha de realizar en cursillos de corta duración con destino a necesidades concretas planteadas por los sectores privados o públicos y compatibles con las diversas tareas de cursos de enseñanza regulares que realiza la UTU".[84]

c. Ejecución de estudios e investigaciones

Dentro de las atribuciones del Consejo Honorario, se encuentra la de aprobar estudios o investigaciones sobre materia de su competencia (art. 5 literal "C").[85]

d. Asistencia técnica

Se establece la potestad de prestar asistencia técnica a empresas públicas y privadas cuando estas lo requieran (art. 5 literal "C").

Estas actividades pueden ser a título oneroso, en virtud de la disposición que habilita al COCAP a establecer tarifas por sus servicios, con la aprobación del Poder Ejecutivo (art. 5 literal "H").

e. Dictar cursos y expedir constancias

En el proyecto del Poder Ejecutivo, en el lit. "F" se aludía a "expedir certificados". La utilización de esa expresión fue objeto de críticas, ante las dudas sobre las características y alcance de los cursos y programas, por lo cual, en definitiva, se sustituyó "certificados" por "constancias".[86]

76. En ciertos aspectos, los cometidos del COCAP se superponen con los de la ex UTU y con los del Ministerio de Trabajo.

Al respecto, en el convenio aprobado por decreto ley 14.870, se establece lo siguiente:

- Sección 3.10 del convenio: "El prestatario hará que la Universidad del Trabajo del Uruguay transfiera al COCAP [...]: a) la responsabilidad por sus servicios de formación profesional de adultos y de capacitación en la planta, y b) unos veinte instructores y programadores de cursos calificados y experimentados".

---

84 Comisión de Educación y Cultura del Consejo de Estado, sesión del 15 de febrero de 1979, en *Diario de Sesiones del Consejo de Estado*, t. 23, p. 607.
85 Algunas publicaciones: COCAP, *Instructor de capacitación en empresas*, Montevideo, 1987; Martínez Espinoza, E., *Manual de detección de necesidades de capacitación en la empresa: principios y métodos*, COCAP, Montevideo, 1986; Castelli, L.A., *Organización y desarrollo de actividades de formación profesional en el agro: informe final*, COCAP, Montevideo, 1986; Delgado, M.C., *Proyecto Electrónica 93*, COCAP, Montevideo, 1993; Steffen, I., *Algunas ponderaciones y sugerencias para la puesta en marcha de un sistema de normalización, formación y certificación de competencias*, Seminario Tripartito sobre políticas de formación y certificación basadas en competencias, Montevideo, 1997, COCAP-Cinterfor/OIT, Montevideo, 1997.
86 *Diario de sesiones del Consejo de Estado*, t. 23, pp. 581, 594, 605-606.

- Sección 3.11 del convenio: "El prestatario hará que el Servicio Nacional de Empleo de su Ministerio de Trabajo y Seguridad Social asuma, a más tardar el 1° de enero de 1980 u otra fecha que fuere aceptable para el Banco, la responsabilidad de ayudar a la colocación y seguimiento de los graduados del COCAP ".

Presupuesto

77. El art. 9 del decreto ley 14.869 se refiere a tres clases de recursos:

A) Un tributo de hasta el 5 ‰ (cinco por mil) como máximo sobre el valor FOB que gravará todas las exportaciones declaradas. El Poder Ejecutivo dentro de ese margen fijará anualmente la tasa y reglamentará el momento y forma de su percepción. Este tributo no se aplica, posibilidad que se encuentra dentro del marco legal, pues la disposición establece una tasa máxima, y no un mínimo. Este fue uno de los temas debatidos en el órgano que cumplía funciones legislativas. Se objetó que se estableciera un tributo a las exportaciones (considerando que, al tratarse de un sector dinámico de la economía nacional, debía ser fomentado y no gravado); se preguntó qué significaba "exportaciones declaradas" (¿las exportaciones no declaradas no generan tributos?); se criticó la creación de un tributo con recursos afectados a una finalidad determinada (cuando unos días antes se había aprobado el decreto ley 14.867 de 24 de enero de 1979, sobre ordenamiento financiero, que propiciaba la unidad presupuestal y de caja); se recordó que, en otros países, los sistemas de formación profesional son financiados con las contribuciones de patronos y trabajadores.[87] Pero, en definitiva, se aprobó el texto tal como venía en el proyecto del Poder Ejecutivo.

B) Los ingresos derivados de los servicios o actividades onerosas que realice. Según el art. 5, literal "H", sus tarifas son aprobadas por el Poder Ejecutivo.

C) Las contribuciones, donaciones y legados que se le destinen.

78. A estos recursos, debe agregarse:

A) Los préstamos destinados al sistema (tal como sucedió con el convenio con el BIRF aprobado por decreto ley 14.870, votado en la misma sesión y también promulgado el 23 de febrero de 1979).

B) Las subvenciones que sean aprobadas en el presupuesto nacional, como sucede en el art. 137 de la ley 15.851 de 24 de diciembre de 1986, y en el art. 435 de la ley 17.296 de 21 de febrero de 2001.

79. Los arts. 10 y 11 del decreto ley 14.869 regulan la elaboración y aprobación del presupuesto del COCAP y la rendición de cuentas correspondiente.

---

87 *Diario de sesiones del Consejo de Estado*, t. 23, pp. 597, 598, 600, 609.

El Consejo de Capacitación Profesional proyectará su presupuesto anualmente y lo elevará al Poder Ejecutivo para su aprobación, conjuntamente con el plan de actividades para el año. El proyecto comprenderá: I) Programas de funcionamiento discriminados en rubros de gastos y retribuciones personales; II) Previsión de los recursos y estimación de su producido; III) Programas de inversiones; y IV) Normas para su ejecución e interpretación.

Asimismo, corresponde tener presente las normas generales relativas a las personas públicas no estatales que manejan fondos públicos o administran bienes del Estado, en cuanto a la presentación del presupuesto y del balance de ejecución (art. 100 de la ley 16.134 de 24 de setiembre de 1990, en la redacción dada por el art. 720 de la ley 16.170 de 28 de diciembre de 1990),[88] y en materia de contabilidad (art. 199 de la ley 16.736, que se remite al art. 138 del texto ordenado).

80. El art. 13 del decreto ley exonera al Consejo de Capacitación Profesional del "pago de todo tipo de tributos nacionales o municipales".

Régimen laboral

81. El decreto ley 14.869 contiene referencias sobre la competencia del Consejo Honorario para establecer, previa autorización del Poder Ejecutivo, "el régimen del personal dependiente, de acuerdo con lo que disponga la reglamentación" (art. 6), y sobre designación y cese del personal (art. 5, literal "G"). Pero no establece expresamente el régimen laboral de los empleados del COCAP.

82. El régimen jurídico de los trabajadores de las personas públicas no estatales en general ha sido objeto de opiniones diversas.[89]

En la discusión del proyecto, se aclaró que los trabajadores de la Unidad Ejecutora del COCAP "serán funcionarios privados sometidos al régimen laboral común, sin tener el status del funcionario público".[90]

---

88 Artículo 100 de la ley 16.134 de 24 de setiembre de 1990 en la redacción dada por el art. 720 de la ley 16.170 de 28 de diciembre de 1990: Las personas de derecho público no estatal presentarán ante el Ministerio que corresponda, antes del 30 de abril de cada ejercicio, un presupuesto de funcionamiento e inversiones para el ejercicio siguiente y un balance de ejecución por el ejercicio anterior, acompañado de los informes técnicos correspondientes.
El Poder Ejecutivo los incluirá, a título informativo, en la Rendición de Cuentas y Balance de Ejecución Presupuestal correspondiente al ejercicio respectivo.
A efectos de la uniformización de la información el Poder Ejecutivo determinará la forma de presentación de los referidos documentos.

89 Exposiciones de Korzeniak, José y de Pittamiglio, Carlos, relatores en "4ª mesa redonda. Situación de los funcionarios paraestatales", en VVAA: *Cursillo sobre el derecho del trabajo y los funcionarios públicos*, Biblioteca de derecho laboral Nº 5, Montevideo, 1977, pp. 133 y 142, respectivamente.

90 Exposición del Ministro de Educación y Cultura, en sesión de la Comisión de Educación y Cultura del 15 de febrero de 1979, *Diario de sesiones del Consejo de Estado*, t. 23, p. 610.

83. La ley 16.736 de 5 de enero de 1996 parece disponer que "los funcionarios de las personas jurídicas públicas no estatales se regularán por el derecho laboral común, sin excepción alguna" (art. 765, último inciso).

No obstante, esta disposición ha generado interrogantes.

En primer lugar, ese inciso tercero forma parte de un artículo que comienza por referirse a "las personas públicas no estatales y los organismos privados que manejan fondos públicos o administran bienes del Estado creados por la presente ley o que se creen en el futuro" (inciso primero) y continúa con "los funcionarios públicos pertenecientes a organismos transformados en personas jurídicas de derecho público no estatal" (inciso segundo). Cajarville[91] se ha planteado la duda si el inciso tercero del art. 765 se refiere a todas las personas públicas no estatales existentes o si solamente se aplica a las que se crean por la ley 16.736. La duda se mantiene cuando otras disposiciones de la ley 16.736 contradicen la tajante afirmación del art. 765.

En segundo lugar, se suscita la cuestión de la aplicación en el tiempo del inciso tercero del art. 765, ante la existencia de normas o estatutos especiales de personas públicas no estatales preexistentes.

Consideramos que la ley 16.736 mantiene el enfoque fragmentario y caótico de la reglamentación de las personas públicas no estatales.

A pesar de ello, la ley reafirma, con carácter general, la posición que sostiene que los trabajadores de estas entidades no son funcionarios públicos. En función de la aplicación de los principios del derecho del trabajo, debe considerarse que la nueva disposición legal no afecta ni menoscaba las normas más beneficiosas surgidas de reglamentaciones especiales anteriores a la ley. Es interesante advertir que la legislación nacional no se refiere a un derecho laboral "privado" sino al "*derecho laboral común*" (ley 16.736, art. 765). Por lo demás, en ciertas oportunidades, la ley atribuye al órgano que rige y administra la entidad, la potestad de establecer el régimen del personal (tal como es el caso del art. 6 del decreto ley 14.869). Así, respetando los mínimos internacionales, constitucionales y legales en materia laboral, y los recursos que dispone en su presupuesto, puede fijar condiciones más beneficiosas.

Contralor

84. La técnica tradicional había sido la de establecer, en cada ley, los procedimientos de control de la persona pública no estatal.

---

91   Cajarville, Juan Pablo, "Sobre las personas públicas no estatales. A propósito de la ley N° 16.736", en *Sobre reforma del Estado y derecho administrativo. Personas públicas no estatales*, Temas de derecho público N° 12, Nueva Jurídica, Montevideo, s.f [2000], p. 38.

En el caso del COCAP, ello se reguló en el art. 12 del decreto ley, estableciendo un control a cargo del Ministerio de Educación y Cultura y de la Inspección General de Hacienda. Esta disposición fue derogada por el art. 198 de la ley 16.736 de 5 de enero de 1996.

La ley 16.736 creó un régimen de control para "las personas públicas no estatales y los organismos privados que manejan fondos públicos o administran bienes del Estado", dentro de las cuales se encuentra el COCAP. Estas entidades presentarán sus estados contables, con dictamen de auditoría externa, ante el Poder Ejecutivo y el Tribunal de Cuentas, de acuerdo a lo dispuesto por el art. 138 del TOCAF y art. 100 de la ley 16.134 de 24 de setiembre de 1990, ya citados.

Presentarán una copia de dichos estados contables, dentro de los noventa días del cierre del ejercicio, ante la Auditoría Interna de la Nación. Esta Auditoría efectuará los controles sobre dichos estados en forma selectiva, de acuerdo a las conclusiones que se obtengan de la información proporcionada.

Anualmente publicarán estados que reflejen su situación financiera, los cuales deberán estar visados por el Tribunal de Cuentas.

II. LA FORMACIÓN PROFESIONAL COMO PARTE DE LA POLÍTICA LABORAL

El Ministerio de Trabajo y Seguridad Social

85. El Ministerio de Trabajo y Seguridad Social es una creación de la Constitución de 1967 (disposición transitoria y especial "E"), lo que manifiesta claramente la intención del constituyente de jerarquizar y de unificar la competencia de esta secretaría de Estado (que antes se encontraba en dos secretarías: el Ministerio de Industrias y Trabajo y el Ministerio de Instrucción Pública y Previsión Social).

Genéricamente, el Ministerio tiene el cometido de proyectar, ejecutar, controlar y evaluar las políticas, planes y programas laborales y de seguridad social.

86. En relación con la formación profesional, el decreto 574/974 de 12 de julio de 1974 dispuso que al Ministerio corresponde lo concerniente a la "capacitación del trabajador" y el "estudio y regulación del mercado de trabajo y de empleo" (art. 9, numerales 10 y 11).

87. El decreto ley 14.312 de 10 de diciembre de 1974 (que estableció el Servicio Nacional de Empleo –SENADEMP–, en el Ministerio de Trabajo y Seguridad Social) incluía un capítulo V sobre "promoción y formación profesional". El SENADEMP debía "colaborar con las entidades públicas y privadas encargadas de la orientación, formación y rehabilitación profesionales, manteniendo con las mismas relaciones permanentes a los fines de la colocación laboral y problemas conexos" (art. 2). Se establecía, además, la realización de cursos especiales de capacitación y de especialización técnica para jóvenes (que el Poder Ejecutivo, por intermedio de los Ministerios de Trabajo y Seguridad Social y Educación y Cultura, podría acordar con el Consejo Nacional de Educación u otros organismos públicos y privados); y programas de promoción y formación profesional para desocupados, que podrían extenderse asimismo a trabajadores en actividad.

Esta norma de rango legal tuvo reducida y parcial aplicación; tampoco fue derogada expresamente. Es más: los decretos leyes 14.869 y 14.870, trasladaron el sistema de formación profesional al COCAP, desplazándolo de la UTU (entonces existente) y del Ministerio de Trabajo y Seguridad Social (ya que se establecía la coordinación de las actividades del COCAP con el SENADEMP). Finalmente, la ley 16.320 asignó cometidos incluidos en el SENADEMP a nuevos órganos (la Dirección Nacional de Empleo y la Junta Nacional de Empleo), lo que en opinión de Babace y Barreto supone la derogación tácita de esas disposiciones del decreto ley 14.312.[92]

88. El Ministerio asume su protagonismo en la materia en 1992 y 1993. En este último año, entra en vigencia la ley 16.320 (de rendición de cuentas y modificación presupuestal).

Los cometidos atinentes a la formación profesional se encuentran radicados en la Dirección Nacional de Empleo (DINAE) del Ministerio de Trabajo y Seguridad Social.

La creación de la Dirección Nacional de Empleo y de la Junta Nacional de Empleo coincide con cambios en la estructura económica y en el empleo (crecimiento del sector terciario; desindustrialización; innovaciones tecnológicas; incremento del sector informal y del trabajo precario), y con la etapa inicial de integración del Uruguay en el Mercosur, junto con Argentina, Brasil y Paraguay (tratado de Asunción de 26 de marzo de 1991). La inserción del país en este esquema tuvo incidencia directa en el empleo, en vista de la desaparición de ciertas actividades y de la necesidad de reconversión de diversos sectores de la economía.

En este sentido, la reforma del Ministerio (que comienza con la ley 16.320 de 1992, y continúa en posteriores leyes de presupuesto que amplían el sistema) se inscribe en el "nuevo panorama institucional de la formación americana",[93] caracterizado por la irrupción o la mayor incumbencia de los ministerios de trabajo en el campo de la formación profesional, sin perjuicio de su coexistencia con otros órganos.[94]

Las reformas referidas en materia de empleo, orientación y recapacitación laboral fueron acordadas en forma tripartita.[95]

A. La Dirección Nacional de Empleo

89. En 1992, en el marco de la reestructura orgánica del Ministerio, se establece el programa "Estudio, Investigación, Fomento y Coordinación de Políticas

92   Babace, Héctor; Barretto Ghione, Hugo, "Las disposiciones relativas al tema del empleo", en rev. *Derecho Laboral* N° 168, t. XXXV, p. 804.

93   Cinterfor/OIT, *Transformaciones recientes en los sistemas y políticas de formación profesional en América Latina y el Caribe. Situación y perspectivas para el movimiento sindical*, (documento preparado por Cinterfor/OIT para la Conferencia Continental de Educación CIOSL/ORIT "Los sindicatos frente a los nuevos desafíos de la educación: una prioridad de nuestros pueblos", San José, Costa Rica, 20-22 de marzo de 2000), Montevideo, 2000 p. 29.

94   Weinberg, Pedro Daniel, "La Formación en América Latina y el Caribe a Finales del Milenio", en *Boletim Técnico do SENAC*, N° 25(2), http://www.senac.br/boletim.

95   Barreto Ghione, Hugo; Babace, Héctor, "Participación y conflicto en las relaciones laborales: la modificación a la ley 16.320 sobre empleo y formación profesional," en rev. *Derecho Laboral* N° 181, t. XXXIX.

Activas de Empleo y Formación Profesional" y la unidad ejecutora *Dirección Nacional de Empleo* (art. 317 de la ley 16.320 de 1º de noviembre de 1992, que aprueba la rendición de cuentas y balance de ejecución presupuestal, rigiendo desde el 1º de enero de 1993).

La Dirección Nacional de Empleo es una unidad ejecutora del Ministerio, que desarrolla actividades de investigación, orientación y capacitación tendentes a facilitar la inserción laboral de los trabajadores con problemas de empleo y a promover la formación profesional. En un mismo programa, se ha incluido las políticas activas de empleo y la formación profesional.[96]

90. La DINAE tiene a su cargo los siguientes *cometidos* (art. 322 de la ley 16.320, con las modificaciones en los literales "a" y "e" introducidas por el art. 438 de la ley 16.736):

a) Estudiar, investigar, fomentar, coordinar, diseñar, evaluar y gestionar, en su caso, *políticas activas de empleo y de formación profesional;*

b) asesorar en la programación y ejecución de planes migratorios del sector laboral;

c) programar, ejecutar o coordinar planes de colocación para grupos especiales de trabajadores;

d) ejercer la supervisión de las empresas privadas de colocación;

e) proponer y ejecutar programas y proyectos de *orientación laboral y formación profesional,* pudiendo para ello celebrar convenios con organismos públicos y entidades privadas nacionales, extranjeras e internacionales;

f) desarrollar programas de información acerca de la mano de obra y su evolución;

g) llevar una nómina del personal recapacitado o beneficiario del sistema de reconversión laboral;

h) desarrollar programas de orientación y asistencia técnica a trabajadores que deseen transformarse en pequeños empresarios;

i) implementar, ejecutar y coordinar estudios y proyectos referentes a planes nacionales, regionales, departamentales y locales de desarrollo social y económico en lo relativo a la utilización de recursos humanos;

j) actualizar la Clasificación Nacional de Ocupaciones y coordinar con otros organismos la certificación ocupacional.

---

96 Acerca del papel que verdaderamente puede atribuirse a la formación profesional frente al empleo, cabe recordar que, por sí sola, no genera empleo y no es responsable del desempleo; pero puede contribuir a la mejora de la calidad de ciertos empleos o a la conservación de un empleo; y puede constituir una ventaja comparativa para la empresa (Ermida Uriarte, Oscar; Rosenbaum Rímolo, Jorge: *Formación profesional en la negociación colectiva,* Cinterfor/OIT (Herramientas para la Transformación Nº 9), Montevideo, 1998, pp. 14-15. Ese carácter funcional de la formación profesional respecto de la política de empleo se advierte en los convenios internacionales Nᵒˢ 122, art. 1.2, literal "c", y 142, art. 1.1.

91. El *Director Nacional de Empleo* ("función" que ha sido creada por el art. 317 de la ley 16.320) es designado por el Poder Ejecutivo, quien también tiene la potestad de disponer su cese sin expresión de causa. La particularidad de la designación consiste en que solo puede recaer en un funcionario de los escalafones "A" (personal técnico profesional)[97] o "D" (especializado)[98] del Ministerio de Trabajo y Seguridad Social. El funcionario designado conservará su cargo presupuestal y todos los derechos inherentes al mismo. Su retribución es el equivalente al 70% de la correspondiente a los subsecretarios de Estado, en virtud de la referencia que la ley efectúa a uno de los niveles de remuneración de cargos de particular confianza, el establecido por el art. 9, literal "E", de la ley 15.809 de 8 de abril de 1986.

92. La DINAE se compone de tres *divisiones*:[99]

a) La *División Formación Profesional* está integrada por los Departamentos de Orientación Laboral y el Registro Único de Entidades de Capacitación. (En la estructura del presupuesto nacional de 1985, la División Formación Profesional formaba parte de la Dirección Nacional de Recursos Humanos, art. 476 de la ley 15.809 de 8 de abril de 1986).

b) La *División Investigación*. Esta División (en la que existen un área técnica y otra de procesamiento de datos) se encarga de analizar la evolución, situación y perspectivas del mercado de trabajo; caracterizar y cuantificar los usuarios y grupos objetivo de los programas de la DINAE; detectar las necesidades de capacitación existentes en el mercado laboral a nivel sectorial, regional o local; realizar estudios que permitan conocer las características cuantitativas y cualitativas de la demanda de mano de obra; identificar a los grupos con problemas de empleabilidad, con la finalidad de proponer medidas tendientes a mejorar su situación de empleo; estudiar los fenómenos migratorios, analizando el impacto de los mismos en el mercado de trabajo; analizar la información proveniente de las agencias privadas de colocación; proporcionar insumos para la evaluación de los procesos de gestión de la DINAE y el funcionamiento de sus programas; con-

---

97 El escalafón "A" Personal Técnico Profesional, comprende los cargos y contratos de función pública a los que sólo pueden acceder los profesionales, liberales o no, que posean título universitario expedido, registrado o revalidado por las autoridades competentes y que correspondan a planes de estudios de duración no inferior a cuatro años (art. 34 de la ley 16.170 de 28 de diciembre de 1990).

98 El escalafón "D" Especializado, comprende los cargos y contratos de función pública que tienen asignadas tareas en las que predomina la labor de carácter intelectual, para cuyo desempeño fuere menester conocer técnicas impartidas normalmente por centros de formación de nivel medio o en los primeros años de los cursos universitarios de nivel superior (art. 32 de la ley 15.809 de 8 de abril de 1986). Una descripción del régimen escalafonario se encuentra en los arts. 56 a 79 del decreto 200/997 de 18 de junio de 1997, "texto ordenado de las normas legales y reglamentarias vigentes en materia de funcionarios públicos" (TOFUP).

99 Fuente: Ministerio de Trabajo y Seguridad Social http://www.mtss.gub.uy/dinae. También puede encontrarse información sobre la estructura y actividades del Ministerio en "Rendición de cuentas 2000. Formulario/Resultados de la gestión. Inciso 13: Ministerio de Trabajo y Seguridad Social. Unidad ejecutora 3: Dirección Nacional de Empleo".

solidar el observatorio del mercado de trabajo[100] a fin de conocer la situación y tendencia del empleo, proporcionando información sobre la realidad socioeconómica, laboral y formativa actual.

c) La *División Programas Especiales de Empleo* tiene a su cargo la formulación, coordinación y eventualmente participación en la ejecución de programas destinados a sectores con especiales dificultades para insertarse en el mercado de trabajo.

93. En materia de formación profesional, la *División Formación Profesional* es la encargada de pautar, coordinar y asistir en el desarrollo y ejecución de la formación profesional a los diversos programas de capacitación que se ejecuten a través de la DINAE-JUNAE, tendiendo a establecer un sistema de formación profesional.

Entre sus funciones, encontramos las siguientes:

a. Administrar el Registro Único de Entidades de Capacitación;
b. establecer los criterios básicos para la elaboración de los perfiles de egreso, mediante la coordinación con las unidades de gestión de los programas DINAE-JUNAE;
c. coordinar acciones de capacitación con los programas de DINAE-JUNAE;
d. elaborar e implementar sistemas de evaluación que permitan verificar o

---

100 El Observatorio del mercado de trabajo es funcional con respecto a los cometidos de la Dirección Nacional de Empleo y específicamente en materia de política de empleo y de formación profesional, pues proporciona a la DINAE y a los actores involucrados la información básica necesaria para la toma de decisiones políticas y para el diseño de acciones concretas. Tiene por finalidades: a) conocer la situación estructural y coyuntural del mercado de trabajo y los cambios que va experimentando, desglosando la información por sectores de actividad, ocupaciones y también por ámbitos geográficos; b) detectar las *necesidades de formación* de la población activa ocupada y desocupada; c) perfilar los *requisitos formativos* que el mercado de trabajo exige para el desempeño adecuado de cada ocupación, teniendo en cuenta las variaciones que se van produciendo por causas como innovaciones tecnológicas, nuevas formas de organización del trabajo, cambios en la cultura y gestión empresarial, etc. El Observatorio se estructura a partir de cinco áreas de información fundamentales:
a) Área de Información. Su cometido sustancial implica el seguimiento de la evolución y situación del mercado de trabajo. Se trata de un área de trabajo que tiene como función el manejo y actualización de indicadores, creación y manejo de bases de datos, mantener relación con informantes calificados y producir información para toma de decisiones y para otros trabajos de investigación.
b) Área de análisis de Oferta de Empleo. Su función principal es la de identificar, caracterizar y cuantificar los grupos objetivo de la Dirección Nacional de Empleo-Junta Nacional de Empleo. Proporciona conocimiento sobre los problemas de inserción de los grupos definidos en el mercado de trabajo, sugerencias de líneas de intervención institucional, y propuestas de formulación de programas cuando corresponda.
c) Área de análisis de la Demanda de Empleo.
d) Área de análisis Territorial. Se trata de un área que sistematiza la información disponible sobre el Mercado de Trabajo por región o por departamento.
e) Área de Seguimiento y Evaluación. En esta área se ordenan y analizan datos destinados a proporcionar insumos para la evaluación y el seguimiento de los procesos de gestión de la Dirección Nacional de Empleo-Junta Nacional de Empleo y el funcionamiento de sus programas. Se realizan seguimientos de los egresados de los distintos cursos de capacitación de los programas centralizados y descentralizados, y se confecciona el perfil de los usuarios de los mismos.

mejorar el cumplimiento de los objetivos propuestos tanto en el nivel de las entidades de capacitación como de los usuarios del sistema;

e. colaborar con la formulación de programas de capacitación para los distintos sectores.

Los programas llevados a cabo o implementados en el ámbito de la DINAE, se agrupan en dos tipos: los centralizados (gestionados directamente) y los descentralizados (gestionados por equipos técnicos externos, por convenios celebrados con otras entidades). En estos últimos, generalmente se crea un sistema de coordinación con la participación de la DINAE y de los actores sociales.

Los siguientes son programas centralizados:

a. PROCOL (programa de colocación);
b. PROCAL (Programa de capacitación laboral para trabajadores en seguro de paro);
c. Programas especiales de empleo: proyectos de inversión presupuestal;
d. Programas de capacitación:
   i. Programa de formación para trabajadores en actividad;
   ii. Programa de capacitación productiva
   iii. Programas especiales de capacitación

Los programas descentralizados son:

a. PROJOVEN: programa descentralizado de capacitación e inserción laboral para jóvenes
b. Programa de capacitación laboral para los trabajadores rurales
c. PROCLADIS: proyecto de capacitación laboral de personas con discapacidad
d. INTEGRA: programa de inserción laboral de la población ciega
e. PROIMUJER: programa de promoción de la igualdad de oportunidades para las mujeres en el empleo y la formación profesional
f. Programa de formación en hidroponía.

94. El *Registro Único de Entidades de Capacitación* (decreto 238/000 de 16 de agosto de 2000), que depende de la DINAE, incluye a las entidades interesadas en ofrecer servicios de capacitación para el cumplimiento de actividades de formación profesional. El nuevo decreto tiene como fundamento la necesidad de establecer un proceso de calificación previo a la inscripción de las entidades interesadas, de actualizar en forma permanente la información registrada, y de evaluar el desempeño de las entidades de capacitación como prestatarias de servicios en los programas que operan dentro de la órbita del Fondo de Reconversión Laboral (considerando III). La inscripción en el registro y la calificación son condiciones previas para la contratación de los servicios de las entidades de capaci-

tación. La calificación de la entidad será tomada en cuenta en los procedimientos de contratación que se realicen (arts. 6 y 9 del decreto).

El registro es de carácter nacional, pero puede organizar secciones descentralizadas por localidad o región y subregistros especiales por programas o proyectos. La DINAE queda facultada para determinar los requisitos necesarios para la inscripción, las bases de calificación, y los criterios y procedimientos de evaluación. Una vez al año por lo menos, se realizará una convocatoria pública a las entidades de capacitación interesadas en inscribirse. Pueden inscribirse en el registro las personas de derecho público o privado, nacionales o extranjeras. Las entidades registradas deben mantener actualizada su información por lo menos una vez al año, bajo apercibimiento de ser excluidas del registro.

Según los arts. 2 y 7 del decreto, a la DINAE le incumbe organizar un sistema de calificación de las entidades inscriptas; y reglamentar los procedimientos especiales de contratación de servicios de capacitación.[101]

Se ha entendido que el registro único constituye, además, un instrumento de apoyo a la propuesta de Sistema Nacional de Competencias Laborales.[102]

B. La Junta Nacional de Empleo

95. En el Ministerio de Trabajo y Seguridad Social, la *Junta Nacional de Empleo* fue creada por el art. 323 de la ley 16.320, de 1º de noviembre de 1992. La misma ley (art. 325) creó el Fondo de Reconversión Laboral.

a. Integración tripartita de la Junta Nacional de Empleo

96. La Junta Nacional de Empleo es un órgano de composición plural y tripartita. Se integra con tres miembros:

a. El Director Nacional de Empleo, que la preside.

b. Un miembro designado por el Poder Ejecutivo a propuesta de la organización sindical más representativa. Si bien el régimen sindical urugua-

---

101 Art. 522 de la ley 16.736 de 5 de enero de 1996: Sustitúyese el *artículo 483 de la Ley Nº 15.903,* de 10 de noviembre de 1987, en la redacción dada por el *artículo 653 de la Ley Nº 16.170,* de 28 de diciembre de 1990 *(artículo 34 del TOCAF),* por el siguiente:
    "Artículo 483.- El Poder Ejecutivo, previo dictamen favorable del Tribunal de Cuentas, podrá autorizar regímenes y procedimientos de contratación especiales basados en los principios de publicidad e igualdad de los oferentes, cuando las características del mercado o de los bienes o servicios lo hagan conveniente para la Administración. Las autorizaciones respectivas serán comunicadas a la Asamblea General y publicadas en el *Diario Oficial* y en otro de circulación nacional".
102 *Proyecto Sistema de Competencias Laborales.* La Dirección Nacional de Empleo constituyó un Consejo Consultivo integrado con delegados de la ANEP, del Consejo de Educación Técnico Profesional (UTU), de las gremiales empresariales y de trabajadores, de las entidades de capacitación y de Cinterfor/OIT, como ámbito para acordar la propuesta de Sistema Nacional de Competencias.

yo no motiva problemas de aplicación en este sentido, debe entenderse que la ley se refiere a la central de carácter nacional, en virtud de los cometidos que se asignan a la Junta, que no están restringidos a un sector en especial.

c. Un miembro designado por el Poder Ejecutivo a propuesta del sector patronal (industria, comercio y agro). La propuesta supone el acuerdo de las organizaciones de cúpula de los tres sectores de los empleadores, y en la práctica emana del Consejo Superior Empresarial. Esta forma de representación presenta diferencias con la del COCAP. En este, el decreto ley 14.869 (literales "H", "I" y "J" del art. 3) no estableció representación de los trabajadores; y la representación de los empleadores está a cargo de las cámaras y organizaciones expresamente indicadas, excluyendo al comercio.

El principio del tripartismo (que se manifiesta en la participación y no necesariamente en las formas de decisión) se extiende hasta su máximo alcance, cuando la ley requiere, en ciertos casos, decisiones por unanimidad de los miembros de la Junta (arts. 326, 327 y 332, modificados respectivamente por los arts. 418, 419 y 422 de la ley 16.736). Así, las resoluciones de la Junta Nacional de Empleo que impliquen la afectación de los recursos que administra, deben ser adoptadas por unanimidad (último inciso del art. 327). Los importes recaudados por concepto de adicional del IRP con destino al Fondo de Reconversión Laboral son depositados en cuenta especial en el Banco de la República Oriental del Uruguay o en el Banco Hipotecario del Uruguay, según lo determine la Junta Nacional de Empleo, quedando facultada esta para determinar por unanimidad de sus integrantes y por razones fundadas, el traspaso de los fondos existentes de una institución a otra. El retiro y traspaso de fondos solo se hará efectivo si el recaudo correspondiente se suscribiere en forma conjunta por los tres miembros de la Junta Nacional de Empleo (art.332). El Poder Ejecutivo está facultado a disminuir la tasa del adicional al impuesto a las retribuciones personales destinado al Fondo de Reconversión Laboral, "exclusivamente si mediare una recomendación fundada y unánime de la Junta Nacional de Empleo" (art. 326 de la ley 16.320, en la redacción dada por el art. 418 de la ley 16.736).

Si bien de los antecedentes legislativos surge que se optó por integrar el nuevo órgano en la estructura del Ministerio de Trabajo y Seguridad Social, descartando la creación de un organismo independiente del ministerio o de una persona pública no estatal,[103] en dictámenes de la Asesoría Jurídica y en resoluciones de la propia Junta se ha sostenido que la JUNAE es "un órgano no sometido a jerarquía", que no integra la estructura presupuestal MTSS y que no es una dependencia que integre la estructura administrativa del ministerio.

---

103 Babace, Héctor; Barretto Ghione, Hugo, "Las disposiciones relativas al tema del empleo", en rev. *Derecho Laboral* Nº 168, pp. 802-803.

b. Cometidos

97. La JUNAE es un órgano asesor de la DINAE en los cometidos que la ley le asigna, ejecutor en el diseño de programas de recapacitación de mano de obra, y administrador del Fondo de Reconversión Laboral (considerando IV del decreto 211/993 de 12 de mayo de 1993).

Los cometidos de la Junta Nacional de Empleo son:

a. asesorar a la Dirección Nacional de Empleo;
b. diseñar programas de recapacitación de la mano de obra, ya sea directamente o por acuerdo con entidades públicas o privadas, nacionales o extranjeras;
c. estudiar y medir el impacto de la incorporación de nuevas tecnologías y de las políticas de integración en el mercado laboral, proponiendo las medidas correspondientes;
d. asesorar a requerimiento de otros organismos públicos o entidades privadas, en materias de su competencia;
e. colaborar y coordinar con la Dirección Nacional de Empleo en la elaboración de políticas de desarrollo local, en lo referente a los recursos humanos, coordinando su ejecución con los Gobiernos Municipales y entidades no gubernamentales;
f. colaborar en el desarrollo de programas de información acerca de la mano de obra y su evolución;
g. colaborar y coordinar con la Dirección Nacional de Empleo en la elaboración de programas de orientación laboral y profesional;
h. estudiar las necesidades de los trabajadores amparados por el Seguro por Desempleo, definiendo la recapacitación del trabajador de acuerdo a sus aptitudes personales y a la demanda del mercado ocupacional. A tales efectos afectará, por resolución fundada y unánime, los recursos que administra, pudiendo destinar hasta un 5% de los mismos para pago de estudios e investigaciones.

98. Los programas de capacitación que se diseñen atenderán preferentemente a los trabajadores desocupados como consecuencia de la incorporación de nuevas tecnologías u otros procesos de reconversión.

Los programas pueden ser ejecutados directamente o por acuerdo con entidades públicas o privadas, nacionales o extranjeras. Las entidades de capacitación interesadas en participar deben inscribirse en el Registro Único de Entidades de Capacitación (decreto 238/000 de 16 de agosto de 2000), que depende de la DINAE. Se establece un sistema de calificación de las entidades inscriptas, que será tomado en cuenta en los procedimientos de contratación que se realicen. Las entidades de capacitación que incumplan las disposiciones reglamentarias o las obligaciones contractuales pueden ser objeto de las siguientes sanciones, según la entidad del incumplimiento: a) observación; b) suspensión hasta por seis meses; c) multa entre 10 y 1.000 Unidades Reajustables; d) eliminación del registro. Las tres primeras pueden ser impuestas por la DINAE; la última, por el Ministerio. En todos los casos, se requiere dictamen previo de la JUNAE.

Las actividades de formación profesional y programas de colocación están dirigidas a los siguientes sectores:

- Trabajadores amparados por el seguro de desempleo.
- Trabajadores rurales desocupados.
- Trabajadores en actividad de empresas o sectores que la Junta Nacional de Empleo determine, y en especial aquellos que hayan concertado con sus respectivas empresas convenios colectivos que prevean la capacitación.
- Trabajadores de empresas que hayan generado créditos a esos efectos. (Para la cobertura de sus vacantes, las empresas pueden acudir a la nómina de trabajadores llevada por la Dirección Nacional de Empleo de acuerdo a las características, perfil y categoría profesional que necesite, estableciéndose un período de prueba que no exceda de noventa días. Los empleadores que tomen personal de la nómina referida generarán un crédito determinado por la Junta Nacional de Empleo a ser utilizado para la capacitación de otro trabajador de esa empresa).
- Otros grupos con dificultades de inserción laboral o con empleo con limitaciones, incluidos en programas o proyectos aprobados por la Junta Nacional de Empleo.

En este aspecto, cabe destacar que la ley de 5 de enero de 1996 amplió el conjunto de beneficiarios (que antes se limitaba a los trabajadores amparados por el seguro de desempleo). Como señala Barreto Ghione, la ausencia de formación ha sido vista como un riesgo social: es una contingencia que expone a tener menores posibilidades de acceder a un trabajo conveniente. La Junta Nacional de Empleo se sitúa como un mecanismo cercano a la seguridad social, por la participación social en el organismo, por la financiación tripartita a partir de la ley 17.296, y por la universalidad de los potenciales beneficiarios. Su ubicación institucional es en la órbita del Ministerio de Trabajo y Seguridad Social, pero con conexiones evidentes con el Banco de Previsión Social en tanto cerca del 90% de sus usuarios son trabajadores amparados al seguro por desempleo. Originariamente, financiaba cursos de recapacitación laboral para desempleados formales, amparados al seguro por desempleo, pero a partir de la ley 16.736 el ámbito subjetivo de beneficiarios se extendió hasta comprender a trabajadores rurales, jóvenes y otros núcleos de personas con dificultades de inserción laboral.[104]

---

104 Barretto Ghione, Hugo, *La obligación de formar a cargo del empleador. Una relectura del derecho del trabajo en clave de formación,* Facultad de Derecho, FCU, Montevideo, 2001, p. 37.

Asimismo, Rosenbaum destaca la participación e iniciativa de los interesados en la materia. A efectos de obtener el apoyo financiero de la Junta Nacional de Empleo para actividades de capacitación, los interesados (empresas u organizaciones de empleadores o de trabajadores) pueden presentar el correspondiente proyecto. Si la Junta lo aprueba, el aporte financiero puede ascender al 70 u 80% del costo del proyecto.[105]

c. *Administración y financiación del Fondo de Reconversión Laboral*

99. La Junta Nacional de Empleo administra el *Fondo de Reconversión Laboral*. El Fondo se integra con los siguientes recursos:

a) un tributo adicional de las retribuciones gravadas por el impuesto a las retribuciones personales, con excepción de los funcionarios públicos, jubilados y pensionistas. Inicialmente, este aporte estaba a cargo de los trabajadores. Desde la ley 16.736 de 5 de enero de 1996, se integra con los aportes de trabajadores y empleadores por partes iguales. La ley fija el adicional en el 0,25% de las retribuciones gravadas, y faculta al Poder Ejecutivo a partir del 1º de enero de 1996 a modificar esa tasa, no pudiéndose en ningún caso elevar dicho porcentaje máximo. Dicha potestad podrá ser ejercida por el Poder Ejecutivo, exclusivamente si mediare una recomendación fundada y unánime de la Junta Nacional de Empleo (art. 326 de la ley 16.320, en la redacción dada por el art. 418 de la ley 16.736).

b) lo recaudado por la prestación de servicios contratados por terceros relacionados con temas de su competencia;

c) los préstamos de organizaciones nacionales e internacionales, suscritos por el Poder Ejecutivo, con destino al Fondo de Reconversión Laboral;

d) lo recaudado por conceptos de multas, impuestas por el Poder Ejecutivo por infracciones a la ley.

e) La ley 17.296 de 21 de febrero de 2001, asignó una partida anual de $13:944.000, con financiamiento de rentas generales, para complementar los recursos que integran el Fondo de Reconversión Laboral. Dicha partida será destinada a la ejecución de los programas de capacitación y reconversión y será administrada por la Junta Nacional de Empleo.

100. Con cargo al Fondo de Reconversión Laboral, se atienden las siguientes erogaciones:

a) Las actividades de formación profesional a través de organismos públicos y entidades privadas nacionales, extranjeras e internacionales, o programas de colocación, reseñados en:

---

105 Rosenbaum Rímolo, Jorge, *Negociación colectiva sobre formación en el Mercosur*, (Aportes para el diálogo social y la formación, Nº 1), Cinterfor/OIT, Montevideo, 2000.

b) Partidas para gastos para el trabajador que se recapacite, cuyo monto y condiciones lo fijará la Junta Nacional de Empleo, no sujetas a tributos de naturaleza alguna.

c) Actividades dirigidas a la difusión de los programas o proyectos que decida implementar la Junta Nacional de Empleo.

d) Contratación de técnicos e implementación de estudios e investigaciones destinados a evaluar, programas o proyectos gestionados por la Dirección Nacional de Empleo, pudiendo afectar a tales efectos hasta un 5% (cinco por ciento) de los recursos del mismo.

e) Actividades de formación profesional que incluyan el aporte de herramientas y pequeña maquinaria para proyectos productivos económicamente viables, y que atiendan a la inserción o reconversión laboral de personas o grupos de bajos ingresos, pudiendo afectar a tales efectos hasta un 5% de los recursos del Fondo.

f) Creación o apoyo de entidades de formación profesional, tanto en el sector público como privado, en los casos que exista demanda insatisfecha u oferta insuficiente de las existentes.

g) Actividades tendientes a mejorar la salud ocupacional y las condiciones ambientales de trabajo.

C. *El Ministerio de Trabajo y Seguridad Social como órgano de registro de contratos relacionados con la formación profesional*

101. En el Ministerio, se registran diversos contratos vinculados con la formación y el aprendizaje.

a. La ley 16.873 de 3 de octubre de 1997 establece cuatro modalidades contractuales:

    i.Contratos de práctica laboral para egresados
    ii.   Becas de trabajo
    iii.   Contrato de aprendizaje
    iv.   Contrato de aprendizaje simple

Las contrataciones deben ser inscriptas en la Inspección General del Trabajo y la Seguridad Social.

b. Según el artículo 9 de la ley 17.230 de 7 de enero de 2000 (que crea un sistema de pasantías como mecanismo regular de la formación curricular de los alumnos del subsistema público de Educación Técnico Profesional y de los institutos privados habilitados), "los pasantes y los docentes acompañantes deberán ser debidamente registrados como tales por la autoridad educacional, ante las oficinas de la Inspección General del Trabajo y la Seguridad Social, con expresión del lapso autorizado en cada caso".

III. TRABAJADORES PÚBLICOS: ASPECTOS FUNCIONALES Y LABORALES

102. En la reforma constitucional de 1967, se incorporó un inciso en el art. 60, disponiendo: "La ley creará el Servicio Civil de la Administración Central, Entes Autónomos y Servicios Descentralizados, que tendrá los cometidos que esta establezca para asegurar una administración eficiente".

En cumplimiento de dicha norma, el art. 35 de la ley 13.640 de 26 de diciembre de 1967 creó la Oficina Nacional del Servicio Civil (ONSC). El organismo fue suprimido por el gobierno *de facto* (art. 39 del decreto ley 14.754 de 5 de enero de 1978. Los planes y programas de capacitación fueron transferidos a la Universidad de la República y al Consejo Nacional de Educación.

103. La Oficina Nacional del Servicio Civil fue reinstalada por la ley 15.757 de 15 de julio de 1985.

Es un órgano administrativo asesor y de contralor de la Administración Central, Entes Autónomos y Servicios Descentralizados, cuyo Director es designado por el Poder Ejecutivo en calidad de cargo de particular confianza.

Entre otras funciones, la ONSC establece "los planes y programas de capacitación de los funcionarios públicos, en función de las necesidades de los diferentes organismos y conforme a los principios de la carrera administrativa" (art. 4 literal "c" de la ley 15.757).

En la ONSC, existe una Escuela de Capacitación de Funcionarios Públicos, que por la ley 17.397 de 12 de setiembre de 2001, ha sido designada con el nombre de "Dr. Aquiles Lanza".

Numerosos organismos públicos han creado sus propios centros, departamentos o escuelas de capacitación para sus funcionarios.

104. En normas presupuestales que disponen medidas de reestructura del sector público, se ha establecido mecanismos de reconversión laboral y de capacitación para los funcionarios excedentarios o aquellos a ser redistribuidos en otros organismos públicos.

Los antecedentes inmediatos son:

a) El decreto 442/994 de 23 de setiembre de 1994 creó el Consejo del *Sistema de Reconversión Laboral de los funcionarios públicos del Poder Ejecutivo*, ubicado en la Oficina de Planeamiento y Presupuesto, con el cometido de proponer estrategias y recomendaciones al Poder Ejecutivo, y de definir los criterios de ejecución del Programa de Reconversión Laboral. Se preveía además comités de reconversión laboral en cada inciso de la administración central, con el cometido de identificar funcionarios públicos voluntarios para el programa, sus necesidades de capacitación, y reconvertir laboralmente a los funcionarios que participen en el programa, facilitando el pasaje al sector privado a aquellos que así lo soliciten. El proyecto de reconversión laboral tuvo un principio de aplicación, mediante un plan piloto en el segundo semestre de 1994, en los ministerios de Transporte y Obras Públicas, Trabajo y Seguridad Social, Salud Pública y Ganadería y Agricultura. En total, se desarrollaron 54 proyectos, varios de ellos en el interior. Los cursos de formación y capacitación empresarial estuvieron a cargo de CLAEH (Centro Latinoamericano de Economía Humana) y de FUNDASOL (Fundación Uruguaya de Cooperación y Ahorro Solidario).

b) El tema es considerado nuevamente con motivo de la elaboración del proyecto de presupuesto 1995-1999, a cuyos efectos se cometió a la Oficina Nacional del Servicio Civil la "implementación de un Programa de Reconversión Laboral para el Sector Público" (art. 10 del decreto 255/995).

c) La ley de presupuesto 16.736 de 5 de enero de 1996 desarrolló estos procedimientos, estableció un *"Régimen de reinserción laboral y empresarial de Funcionarios Públicos de la Administración Central"*, y transfirió a la Oficina Nacional del Servicio Civil los cometidos, facultades, atribuciones y recursos financieros asignados a dicho sistema. Los funcionarios públicos que accedían a los regímenes de reinserción recibían apoyo para su colocación laboral en la actividad privada, ayuda técnico financiera, y capacitación para el caso que desearan desarrollar una pequeña o mediana empresa. Los servicios estaban a cargo de instituciones públicas o privadas contratadas a esos efectos. El beneficiario podía proponer un plan de desarrollo empresarial u optar por la reinserción laboral en la actividad privada.

105. La ley de presupuesto vigente (17.556 de 18 de setiembre de 2002) no reitera el régimen referido. Sólo prevé cursos de capacitación para los funcionarios excedentarios con el objeto de su redistribución en otros organismos (arts. 61 y 62).

Esta ley faculta a la Oficina Nacional del Servicio Civil a realizar convenios con instituciones públicas o privadas para realizar los cursos de capacitación necesarios a efectos de la reconversión, recalificación o especialización de los funcionarios declarados excedentes con el objeto de su reubicación en la función pública. La Oficina Nacional del Servicio Civil apreciará en cada caso, las necesidades de capacitación de los funcionarios declarados excedentes, determinando los cursos de capacitación que deberán realizar obligatoriamente en forma previa a su redistribución.

El funcionario debidamente notificado, que se niegue a recibir la capacitación dispuesta o que incurra en un ausentismo no justificado superior al 20% (veinte por ciento) de las horas de clase dictadas, se considerará incurso en omisión, pasible de destitución.

ANEXO NORMATIVO

I. CONSTITUCIÓN DE LA REPÚBLICA

[…]

Artículo 53. El trabajo está bajo la protección especial de la ley.

Todo habitante de la República, sin perjuicio de su libertad, tiene el deber de aplicar sus energías intelectuales o corporales en forma que redunde en beneficio de la colectividad, la que procurará ofrecer, con preferencia a los ciudadanos, la posibilidad de ganar su sustento mediante el desarrollo de una actividad económica.

[…]

Artículo 68. Queda garantida la libertad de enseñanza.

La ley reglamentará la intervención del Estado al solo objeto de mantener la higiene, la moralidad, la seguridad y el orden públicos.

Todo padre o tutor tiene derecho a elegir, para la enseñanza de sus hijos o pupilos, los maestros e instituciones que desee.

Artículo 69. Las instituciones de enseñanza privada y las culturales de la misma naturaleza estarán exoneradas de impuestos nacionales y municipales, como subvención por sus servicios.

Artículo 70. Son obligatorias la enseñanza primaria y la enseñanza media, agraria o industrial.

El Estado propenderá al desarrollo de la investigación científica y de la enseñanza técnica.

La ley proveerá lo necesario para la efectividad de estas disposiciones

Artículo 71. Declárase de utilidad social la gratuidad de la enseñanza oficial primaria, media, superior, industrial y artística y de la educación física; la creación de becas de perfeccionamiento y especialización cultural, científica y obrera, y el establecimiento de bibliotecas populares.

En todas las instituciones docentes se atenderá especialmente la formación del carácter moral y cívico de los alumnos.

[...]

Artículo 202. La Enseñanza Pública Superior, Secundaria, Primaria, Normal, Industrial y Artística, serán regidas por uno o más Consejos Directivos Autónomos.

Los demás servicios docentes del Estado, también estarán a cargo de Consejos Directivos Autónomos, cuando la ley lo determine por dos tercios de votos del total de componentes de cada Cámara.

Los Entes de Enseñanza Pública serán oídos, con fines de asesoramiento, en la elaboración de las leyes relativas a sus servicios, por las Comisiones Parlamentarias. Cada Cámara podrá fijar plazos para que aquellos se expidan.

La ley dispondrá la coordinación de la enseñanza.

Artículo 203. Los Consejos Directivos de los servicios docentes serán designados o electos en la forma que establezca la ley sancionada por la mayoría absoluta de votos del total de componentes de cada Cámara.

El Consejo Directivo de la Universidad de la República será designado por los órganos que la integran, y los Consejos de sus órganos serán electos por docentes, estudiantes y egresados, conforme a lo que establezca la ley sancionada por la mayoría determinada en el inciso anterior.

Artículo 204. Los Consejos Directivos tendrán los cometidos y atribuciones que determinará la ley sancionada por mayoría absoluta de votos del total de componentes de cada Cámara.

Dichos Consejos establecerán el Estatuto de sus funcionarios de conformidad con las bases contenidas en los *artículos 58 a 61* y las reglas fundamentales que establezca la ley, respetando la especialización del Ente.

Artículo 205. Serán aplicables, en lo pertinente, a los distintos servicios de enseñanza, los *artículos 189, 190, 191, 192, 193, 194, 198 (incisos 1° y 2°), 200 y 201.*

II. LA ENSEÑANZA TÉCNICO PROFESIONAL

1. Ley 15.739 de 28 de marzo de 1985
Ley de Emergencia para la Enseñanza

CAPÍTULO I
Principios Fundamentales

Artículo 1°. La enseñanza/aprendizaje se realizará sin imposiciones ni restricciones que atenten contra la libertad de acceso a todas las fuentes de la cultura. Cada docente ejercerá sus funciones dentro de la orientación general fijada en los planes de estudio y cumpliendo con el programa respectivo, sin perjuicio de la libertad de cátedra en los niveles correspondientes.

Artículo 2°. Se garantizará plenamente la independencia de la conciencia moral y cívica del educando. La función docente obliga a la exposición integral, imparcial y crítica de las diversas posiciones o tendencias que presente el estudio y la enseñanza de la asignatura respectiva.

Artículo 3°. Ningún funcionario podrá hacer proselitismo de cualquier especie en el ejercicio de su función o en ocasión de la misma, ni permitir que el nombre o los bienes del Ente sean utilizados con tal fin.

Artículo 4°. Ningún funcionario será afectado en sus derechos en función de sus ideas. Los pronunciamientos oficiales de los órganos directivos o consultivos no obstan al derecho de petición ni al ejercicio de la libertad de pensamiento de funcionarios y educandos.

CAPÍTULO II
Régimen General

Artículo 5°. Créase la Administración Nacional de Educación Pública, Ente Autónomo con personería jurídica que funcionará de acuerdo con las normas pertinentes de la Constitución y de esta ley.

Artículo 6°. La Administración Nacional de Educación Pública tendrá los siguientes cometidos:

1°) Extender la educación a todos los habitantes del país, mediante la escolaridad total y el desarrollo de la educación permanente.

2°) Afirmar en forma integral los principios de laicidad, gratuidad y obligatoriedad de la enseñanza.

3°) Asegurar una efectiva igualdad de oportunidades para todos los educandos, iniciando desde la escuela una acción pedagógica y social que posibilite su acceso por igual a todas las fuentes de educación.

4°) Atender especialmente a la formación del carácter moral y cívico de los educandos; defender los valores morales y los principios de libertad, justicia, bienestar social, los derechos de la persona humana y la forma democrática republicana de gobierno.

5°) Promover el respeto a las convicciones y creencias de los demás; fomentar en el educando una capacidad y aptitud adecuadas a su responsabilidad cívica y social y erradicar toda forma de intolerancia.

6°) Tutelar y difundir los derechos de los menores, proteger y desarrollar la personalidad del educando en todos sus aspectos.

7°) Estimular la autoeducación, valorizar las expresiones propias del educando y su aptitud para analizar y evaluar situaciones y datos, así como su espíritu creativo y vocación de trabajo.

8°) Impulsar una política asistencial al educando que procure su inserción en la vida del país, en función de programas y planes conectados con el desarrollo nacional.

9°) Estimular la investigación científica y atender la creación de becas de perfeccionamiento y especialización cultural.

CAPÍTULO III
Organización [106]

Artículo 7°. Los órganos de la Administración Nacional de Educación Pública son: el Consejo Directivo Central; la Dirección Nacional de Educación Pública, los Consejos de Educación Primaria, de Educación Secundaria y de Educación Técnico Profesional y sus respectivas Direcciones Generales.

Artículo 8°. El Consejo Directivo Central se compondrá de cinco miembros. Tres de ellos, por lo menos, deberán haber ejercido la docencia en la enseñanza pública por un lapso no menor a los diez años.

Al designar a dichos miembros deberá atenderse que por lo menos uno de sus integrantes haya ejercido la docencia en la educación primaria, otro en la educación secundaria y otro en la educación técnico profesional, o en los respectivos institutos de formación docente.

---

106 Texto de los arts. 8, 9, 10 y 11, según redacción dada por el art. 1° de la ley 16.115 de 3 de julio de 1990.

Artículo 9°. Los miembros del Consejo Directivo Central serán designados por el Poder Ejecutivo actuando en Consejo de Ministros, previa venia de la Cámara de Senadores, otorgada sobre propuestas motivadas en sus condiciones personales y reconocida solvencia y acreditados méritos en los asuntos de educación general, por un número de votos equivalentes a los tres quintos de sus componentes elegidos conforme al inciso primero del artículo 94 de la Constitución de la República. Si la venia no fuere otorgada dentro del término de sesenta días de recibida su solicitud, el Poder Ejecutivo podrá formular propuesta nueva, o reiterar su propuesta anterior, y en este último caso deberá obtener el voto conforme de la mayoría absoluta de integrantes del Senado.

Por el mismo procedimiento serán designados de entre los miembros del Consejo Directivo Central, el Director Nacional de Educación Pública quien subrogará al primero en todo caso de impedimento temporal para el desempeño de su cargo.

Las designaciones deberán efectuarse al comienzo de cada período de gobierno y los miembros designados permanecerán en sus cargos hasta tanto hayan designado quienes vayan a sucederlos.

En caso de vacancia definitiva el cargo correspondiente será provisto en la forma indicada en los incisos anteriores.

Artículo 10. Los Consejos de Educación Primaria, de Educación Secundaria y de Educación Técnico Profesional se compondrán de tres miembros cada uno, los que deberán reunir los requisitos exigidos por el artículo 187 de la Constitución de la República.

Asimismo, dos de ellos, por lo menos, deberán haber ejercido la docencia en la enseñanza pública por un lapso no menor a los diez años en la respectiva rama.

Artículo 11. Los miembros de los consejos de Educación Primaria de Educación Secundaria y de Educación Técnico Profesional y sus Directores Generales serán designados por el Consejo Directivo Central mediante cuatro votos conformes y fundados.

Artículo 12. El Consejo Directivo Central por cuatro votos conformes y resolución fundada podrá crear una o más Direcciones Generales de especial jerarquía para administrar ramas de la Educación que por su importancia y singularidad así lo requieran y que no sean por texto legal de la competencia expresa y específica de otros órganos estatales.

CAPÍTULO IV
Atribuciones de los Consejos

Artículo 13. Compete al Consejo Directivo Central:

1°) Establecer la orientación general a que deberán ajustarse los planes y programas de estudios primarios, secundarios y de la educación técnico profesional.

2°) Aprobar los planes de estudio proyectados por los Consejos desconcentrados.

3°) Fijar las directivas generales para la preparación de los proyectos de presupuesto que deberán enviar los Consejos desconcentrados y elaborar, en su momento, los proyectos definitivos de presupuesto y de rendición de cuentas.

4°) Representar al Ente en las ocasiones previstas por el artículo 202, inciso tercero de la Constitución, oyendo previamente a los Consejos desconcentrados.

5°) Dictar los reglamentos necesarios para el cumplimiento de sus funciones y particularmente el Estatuto de todos los funcionarios del servicio, con las garantías establecidas en la Constitución y en esta ley.

6º) Designar a todo el personal del Ente, salvo las designaciones de personal docente dependiente directamente de los Consejos desconcentrados.

7º) Designar al Secretario General y al Secretario Administrativo del Consejo Directivo Central con carácter de cargos de particular confianza.

8º) Destituir por ineptitud, omisión o delito, a propuesta de los Consejos desconcentrados cuando dependieren de estos y con las garantías que fija la ley y el Estatuto, al personal docente, técnico, administrativo, de servicio u otro de todo el Ente.

9º) Destituir a los miembros de los Consejos desconcentrados por cuatro votos conformes y fundados.

10) Organizar y realizar, a nivel nacional, el Servicio de Estadística Educativa.

11) Organizar y realizar, a nivel terciario, en todo el territorio de la República la formación y perfeccionamiento del personal docente. A los efectos, podrá realizar convenios con la Universidad de la República.

12) Conceder las acumulaciones de sueldo que sean de interés de la Educación y se gestionen conforme a las leyes y reglamentos.

13) Habilitar a los institutos privados de Educación Primaria, de Educación Secundaria y de Educación Técnico Profesional.

14) Establecer normas y procedimientos de supervisión y fiscalización para los institutos habilitados, oyendo previamente la opinión del Consejo desconcentrado que corresponda, así como la de dichos institutos.

15) Conferir títulos y diplomas y revalidar títulos y diplomas extranjeros, en dos niveles y modalidades de educación a su cargo.

16) Ejercer la fiscalización de los institutos habilitados de formación docente.

17) Establecer oportunamente mecanismos que posibiliten la consulta a los estudiantes de los institutos de formación docente y su iniciativa en los asuntos relativos a estos.

18) Resolver los recursos de revocación interpuestos contra sus actos, así como los recursos jerárquicos.

19) Delegar en los Consejos desconcentrados y por resolución fundada, las atribuciones que estime conveniente. No son delegables las atribuciones que le comete la Constitución de la República y aquellas para cuyo ejercicio esta ley requiere mayorías especiales.

Artículo 14. Serán atribuciones de los Consejos desconcentrados:

1º) Impartir la enseñanza correspondiente a su respectivo nivel, exigiendo al educando, en el caso de Educación Secundaria y de Educación Técnico Profesional, la preparación correspondiente al nivel anterior.

2º) Habilitar para cursar estudios superiores.

3º) Proyectar los planes de estudio y aprobar los programas de las asignaturas que ellos incluyan, una vez que los primeros sean aprobados por el Consejo Directivo Central.

4º) Administrar los servicios y dependencias a su cargo.

5º) Supervisar el desarrollo de los cursos.

6º) Reglamentar la organización y el funcionamiento de los servicios a su cargo y adoptar las medidas que los mismos requieran.

7º) Proponer toda clase de nombramientos, reelecciones, ascensos, sanciones y destituciones, así como otorgar licencias y designar el personal docente conforme al Estatuto del Funcionario y a las ordenanzas que dicte el Consejo Directivo Central. Podrán también dictar normas en esta materia con arreglo al Estatuto y a las ordenanzas.

8°) Designar al Secretario General de cada Consejo desconcentrado, con carácter de cargo de particular confianza.

9°) Proyectar las normas estatutarias que crea necesarias para sus funcionarios y elevarlas al Consejo Directivo Central a los efectos de su aprobación e incorporación al Estatuto de los Funcionarios del Ente.

10) Proyectar, ajustándose a las normas establecidas por el Consejo Directivo Central, los presupuestos de sueldos, gastos e inversiones correspondientes a los servicios a su cargo y sus modificaciones; así como elevar al Consejo Directivo Central las rendiciones de cuentas y balances de ejecución correspondientes a los servicios a su cargo.

11) Ejercer la supervisión y fiscalización de los institutos habilitados de la rama respectiva.

12) Conferir y revalidar certificados de estudio nacionales y revalidar certificados de estudio extranjeros en los niveles y modalidades de educación a su cargo.

13) Adoptar las resoluciones atinentes al ámbito de su competencia, salvo aquellas que por la Constitución, la presente ley y las ordenanzas del Consejo Directivo Central correspondan a los demás órganos.

14) Ejercer las demás atribuciones que le delegare especialmente el Consejo Directivo Central.

CAPÍTULO V
Atribuciones del Director Nacional de Educación Pública y de los Directores Generales

Artículo 15. Son atribuciones del Director Nacional de Educación Pública y de los Directores Generales:

1°) Presidir los Consejos respectivos, dirigir las sesiones, cumplir y hacer cumplir los reglamentos y resoluciones.

2°) Representar al Consejo, cuando corresponda.

3°) Autorizar los gastos que sean necesario, dentro de los límites que establezcan la ley y las ordenanzas.

4°) Tomar las resoluciones de carácter urgente que estime necesario para el cumplimiento del orden y el respeto de las disposiciones reglamentarias. En ese caso dará cuenta al Consejo, en la primera sesión ordinaria, y este podrá oponerse por mayoría de votos de sus componentes, debiendo fundar su oposición.

5°) Adoptar las medidas de carácter disciplinario que correspondan, dando cuenta al Consejo en la forma señalada en el inciso precedente.

6°) Inspeccionar el funcionamiento de las reparticiones de su competencia y tomar las medidas que correspondan.

7°) Preparar y someter a consideración del Consejo los proyectos que estime conveniente.

CAPÍTULO VI
Del Patrimonio

Artículo 16. El Ente Autónomo que se crea sucede de pleno derecho en todos sus derechos y obligaciones al Consejo Nacional de Educación. Tendrá la administración de sus bienes, salvo la de aquellos que estén destinados al servicio de los Consejos desconcentrados o que se destinaren en el futuro, por resolución del Consejo Directivo Central. La administración de estos últimos bienes estará a cargo del respectivo Consejo desconcentrado.

Artículo 17. La adquisición y enajenación a título oneroso, gravamen o afectación con derechos reales, de bienes inmuebles por parte de la Administración Nacional de Educación Pública, deberán ser resueltas en todos los casos por cuatro votos conformes, previa consulta a los Consejos desconcentrados cuando se tratare de bienes destinados o a destinarse a su servicio. Las enajenaciones a título gratuito requerirán la unanimidad de votos del Consejo Directivo Central.

Artículo 18. Son ingresos del patrimonio de la Administración Nacional de Educación Pública:

1º) Las partidas que se le asignen por las Leyes de Presupuesto, de conformidad con lo dispuesto por la Constitución.

2º) Los frutos naturales, industriales y civiles de sus bienes.

3º) Los recursos o proventos que perciba el Ente por la venta de la producción de los establecimientos de los Consejos desconcentrados o de los servicios que estos vendan o arrienden, de conformidad con los reglamentos que oportunamente se dicten.

4º) Los que perciba por cualquier otro título.

CAPÍTULO VII
Del Estatuto del Funcionario

Artículo 19. El Estatuto del Funcionario será dictado por el Consejo Directivo Central conforme al artículo 204 de la Constitución de la República, a lo expresado en los artículos 58 a 61 de la misma, a lo establecido en los artículos 13 y 15 de esta ley y a las bases siguientes:

1º) Acreditar dieciocho años de edad cumplidos para el ejercicio de cargos docentes, administrativos y de servicio y estar inscriptos en el Registro Cívico Nacional.

2º) Poseer título habilitante para los Maestros de Educación Primaria.

3º) Establecer que el ingreso al Ente de los egresados de los institutos de formación docente se hará por concurso, que podrá ser de méritos, de oposición o mixto.

4º) a) Proveer mediante concurso de méritos y oposición entre docentes provisionales o, en su defecto, mediante concurso de oposición libre, los cargos de profesor de Educación Secundaria y Técnico Profesional, en los casos que existan horas o cargos vacantes luego de realizado el concurso para egresados de los Institutos de Formación Docente.

b) Proveer mediante concurso de méritos o de oposición y méritos, los cargos de profesor de los Institutos de Formación Docente.

Todos los concursos darán derecho a efectividad.

5º) Proveer mediante concurso de méritos y oposición los cargos de profesor adscripto y ayudante preparador. El mismo dará derecho a la efectividad. Por vía de excepción, se establece por una única vez a partir de la promulgación de esta ley, la regularización de los actuales profesores adscriptos y ayudantes preparadores, mediante el siguiente procedimiento:

a) Concurso de méritos entre quienes tengan no menos de quince años de antigüedad en el cargo;

b) Concurso de méritos y oposición para quienes tengan menos de quince años de antigüedad en el cargo.

El Consejo Directivo Central de la Administración Nacional de Educación Pública reglamentará las condiciones que deberán satisfacer los concursantes para clasificarse.

6º) Establecer procedimientos para el registro y el ordenamiento de las personas sin título de profesor que aspiren a dictar clase con carácter provisional en la Educación Secundaria, en la Educación Técnico Profesional y en los institutos de formación docente.

7º) Establecer que el sistema de concurso será de precepto para ocupar en efectividad cualquier cargo de los escalafones docentes del Ente.

8º) El concurso será obligatorio para el ingreso y ascenso del personal administrativo. Dicho requisito no regirá para el ingreso y ascenso del personal de servicio

9º) Establecimiento de las Asambleas de docentes de los Institutos, Liceos y Escuelas de su dependencia así como asambleas nacionales de docentes de cada Consejo desconcentrado. Las mismas tendrán derecho de iniciativa y función consultiva en los problemas técnico pedagógicos de la rama respectiva y en temas de educación general. Corresponderá su reglamentación al Consejo Directivo Central.

10º) Estipular que la destitución de los funcionarios solo podrá ser resuelta por causa de ineptitud, omisión o delito, previo sumario durante el cual el inculpado haya tenido oportunidad de presentar sus descargos, articular su defensa y producir prueba.

CAPÍTULO VIII
De las Remuneraciones, Incompatibilidades y Prohibiciones

Artículo 20. Los miembros del Consejo Directivo Central percibirán idénticas remuneraciones que las de los Subsecretarios de Estado. Terminado el ejercicio del cargo, los integrantes del Consejo Directivo Central y de los Consejos desconcentrados tendrán derecho a ser restablecidos a la situación docente que ocupaban o que tenían derecho a ocupar, en el momento de asumir sus funciones.

Artículo 21.[107] Los miembros de los Consejos tendrán las incompatibilidades establecidas en los artículos 200 y 201 de la Constitución.

Los consejeros no podrán tener vinculaciones laborales o patrimoniales, con instituciones de enseñanza privada.

Artículo 22. Es incompatible el desempeño simultáneo de cualquier cargo docente dependiente de los Consejos o de las Direcciones Generales previstos en las disposiciones precedentes con la actividad de profesor particular de educandos reglamentados o libres, salvo las excepciones que determine la ordenanza que al respecto dicte el Consejo Directivo Central. Entiéndese por profesor particular el que desempeña actividades docentes no fiscalizadas por la Administración Nacional de Educación Pública.

---

107 Derogado por el art. 399 de la ley 16.226. La ley 16.736 dispuso: Artículo 581.- Los miembros de los Consejos de Educación de la Administración Nacional de Educación Pública y de las Direcciones Generales del artículo 12 de la Ley Nº 15.739, de 28 de marzo de 1985, tendrán las incompatibilidades y prohibiciones establecidas en los artículos 77, numeral 4, 200 y 201 de la Constitución de la República.
Los mismos no podrán tener vinculaciones laborales o patrimoniales con instituciones de enseñanza privada.

CAPÍTULO IX
De la Comisión Coordinadora de la Educación

Artículo 23. La Comisión Coordinadora de la Educación, establecida en cumplimiento de lo dispuesto en el artículo 202 de la Constitución se integrará con el Ministro de Educación y Cultura o en su defecto el Subsecretario; el Director Nacional de Educación Pública u otro miembro del Consejo Directivo Central; los Directores Generales de los Consejos desconcentrados de la Administración Nacional de Educación Pública u otros miembros de dichos Consejos que los representen; el Rector o en su defecto, el Vicerrector y dos miembros del Consejo Directivo de la Universidad de la República; el Presidente de la Comisión Nacional de Educación Física u otro miembro de dicha Comisión que lo represente y dos representantes de los Institutos habilitados designados conforme a la reglamentación que dictará el Consejo Directivo Central.

Cualesquiera de los integrantes cesarán en sus funciones cuando pierdan las calidades por las cuales fueron designados. Presidirá el Ministro o el Subsecretario de Educación y Cultura; en caso de ausencia o impedimento de estos, la Comisión designará de su seno un Presidente *ad hoc.* Sesionará con un quórum mínimo de cinco miembros siempre que estén representados por lo menos la Universidad de la República y los Consejos Directivos Central y desconcentrados de la Administración Nacional de Educación Pública.

Asimismo, en todo caso podrá sesionar con un quórum de siete miembros.

Artículo 24. Compete a la Comisión:

1°) Proyectar las directivas generales de la política educacional del país.

2°) Coordinar la enseñanza pública mediante recomendaciones impartidas a los Entes.

3°) Promover la realización de convenios tendientes a la coordinación.

4°) Promover la evaluación del desarrollo y resultado de la aplicación de planes de estudio y programas.

5°) Coordinar, con la cooperación de los Consejos y organismos técnicos competentes, las investigaciones y estudios demográficos, sociológicos, económicos, pedagógicos y de otra índole, que sean necesarios para el cumplimiento integral de la educación.

6°) Integrar comisiones de asesoramiento.

7°) Propiciar conferencias, congresos, foros o mesas redondas sobre temas afines al desarrollo educativo.

8°) Recabar la memoria anual de los Entes de Enseñanza y propiciar su publicación por el Ministerio de Educación y Cultura.

CAPÍTULO X
De los Recursos Administrativos

Artículo 25. Todos los actos administrativos de los órganos que integran la Administración Nacional de Educación Pública son susceptibles del recurso de revocación, que debe interponerse ante el mismo órgano que dictó el acto, dentro del plazo de diez días hábiles,[108] a partir del día siguiente al de la notificación personal o por cedulón, si corresponde, o de su publicación en el "Diario Oficial".

---

108 De conformidad con el art. 317 de la Constitución, el art. 4 de la ley 15.869 de 22 de junio de 1987 dispone que "los actos administrativos, expresos o tácitos, deberán ser impugnados con el recurso de revocación ante el mismo órgano que los haya dictado, dentro de los diez días corridos y siguientes al de su notifica-

Artículo 26. Conjuntamente con el recurso de revocación se podrá interponer en subsidio el recurso jerárquico. Contra los actos administrativos dictados por el Director Nacional, por los Directores Generales o por los Consejos desconcentrados, se recurrirá ante el Consejo Directivo Central cuya decisión será definitiva, sin admitir ulterior recurso.

Contra los actos administrativos dictados por el Consejo Directivo Central sólo será procedente el recurso de revocación.

Artículo 27. Ningún recurso administrativo tendrá efecto suspensivo, salvo que las ordenanzas determinen que será preceptiva la suspensión del acto recurrido o autoricen, expresamente, al órgano que ha de resolver el recurso, a decretar la suspensión de la ejecución en cualquier momento.[109]

Las normas de procedimiento se establecerán en las ordenanzas que al respecto dicte el Consejo Directivo Central.

Artículo 28. Agotada la vía administrativa, se podrá interponer la acción de nulidad ante el Tribunal de lo Contencioso Administrativo, dentro de los sesenta días perentorios, a contar del día siguiente al de la notificación personal, o por cedulón, cuando corresponda, del acto administrativo definitivo, o de su publicación en el *Diario Oficial*.

El plazo para la debida instrucción de los recursos administrativos a que se refiere el artículo 318 de la Constitución será de noventa días.

CAPÍTULO XI
Disposiciones Especiales sobre Elecciones en la Universidad de la República

[...]

CAPÍTULO XII
Disposiciones Transitorias

Artículo 44. La Administración Nacional de Educación Pública declarará la nulidad de todas las destituciones, cesantías o privaciones de trabajos de los funcionarios de su dependencia que fueron dispuestas por motivos ideológicos, políticos, gremiales, violatorias de reglas de derecho o viciadas por desviación de poder. Idéntica declaración de nulidad realizará el Poder Ejecutivo respecto de las destituciones de funcionarios dependientes de la Comisión Nacional de Educación Física.

---

ción personal o su publicación en el *Diario Oficial*. Si el acto administrativo no ha sido notificado personalmente ni publicado en el *Diario Oficial*, el interesado podrá recurrirlo en cualquier momento. Cuando el acto administrativo haya sido dictado por un órgano sometido a jerarquía deberá interponerse además, en forma conjunta y subsidiaria, el recurso jerárquico para ante el jerarca máximo de dicho órgano".

109 Artículo 510 de la ley 15.903 (Texto ordenado de Contabilidad y Administración Financiera del Estado): Los actos administrativos dictados en los procedimientos de contratación podrán ser impugnados mediante la interposición de los recursos correspondientes en las condiciones y términos preceptuados por las normas constitucionales y legales que regulan la materia.
El plazo para recurrir se computará a partir del día siguiente a la notificación o publicación.
Los recursos tendrán efecto suspensivo, salvo que la Administración actuante, por resolución fundada, declare que dicha suspensión afecta inaplazables necesidades del servicio o le causa graves perjuicios.
Resuelto el recurso, se apreciará las responsabilidades de los órganos o funcionarios responsables y del propio recurrente. Si este hubiere actuado con mala fe o con manifiesta falta de fundamento, se le aplicarán sanciones de suspensión o eliminación del Registro de Proveedores y Contratistas del Estado; ello sin perjuicio de las acciones judiciales que pudieran corresponder por reparación del daño causado a la Administración.

Artículo 45. La restitución en la función que opere en mérito a lo dispuesto por el artículo anterior, no lesionará los derechos adquiridos por los demás funcionarios.

Artículo 46. Derógase la ley 14.101, de 4 de enero de 1973.

[...]

Artículo 49. Esta ley entrará en vigencia el día de su promulgación por el Poder Ejecutivo, sin perjuicio de su publicación posterior.

2. Ley 13.318 de 28 de diciembre de 1964

Artículo 302. Declárase obligatoria, a partir del año 1966 y en la forma que determine el Consejo Directivo de la Universidad del Trabajo del Uruguay (UTU), la concurrencia a las escuelas de dicha Universidad, de los egresados con pase escolar del último año del ciclo de enseñanza primaria, y cuya edad no supere los dieciocho años, con las excepciones que se establecen en la presente ley.

Las escuelas a que se refiere este artículo serán aquellas donde se desarrolle el aprendizaje, definido y planificado por la Universidad del Trabajo del Uruguay como un medio de educación básico, con enseñanza destinada expresamente a las industrias manufacturera y agropecuaria, el comercio y las artes aplicadas del país y otras que establezca el Consejo Directivo de la referida Universidad.

La obligación establecida en este artículo queda limitada a la etapa de dicho aprendizaje.

Artículo 303. El ingreso a la Universidad del Trabajo del Uruguay se efectuará cumpliendo las normas expresadas en los planes y reglamentaciones de la Institución y para la admisión es obligatoria, por parte de esta, la observación individual de cada uno de los alumnos que ingresen.

Artículo 304. Quedan exonerados de la obligación que crea el artículo 302 aquellos egresados del ciclo completo de enseñanza primaria que:

a) Asistan o hayan asistido a escuelas o cursos de la Universidad del Trabajo del Uruguay donde se imparta enseñanza distinta a la que esta ley se refiere y siempre que logren o hayan logrado la posesión del certificado expedido por la escuela o curso.

b) Asistan o hayan asistido al ciclo de enseñanza secundaria y logren o hayan logrado aprobación en, por lo menos, tres años de dicho ciclo. [110]

c) Asistan o hayan asistido a la Escuela Nacional de Bellas Artes o al Conservatorio Nacional de Música, obteniendo o habiendo obtenido el certificado de aptitud correspondiente.

d) No posean por así certificarlo el examen de admisión referida en el artículo anterior, las condiciones físicas o intelectuales mínimas requeridas por la enseñanza del aprendizaje.

Estarán incluidos en las excepciones de este artículo aquellos egresados del ciclo completo de enseñanza primaria que asistan o hayan asistido a centros privados de enseñanza técnica, artística, comercial o agraria donde rijan en la etapa de los correspondien-

---

| 110 Modificado por el art. 70 (inciso primero) de la Constitución de 1967.

tes aprendizajes, u otros cursos de formación en esos órdenes, los respectivos programas vigentes en la Universidad del Trabajo y que permitan expedir al centro privado de enseñanza o a la propia Institución Oficial los certificados de aptitud o títulos que esta incluye en sus planes de estudio.

Estos certificados o títulos expedidos por los organismos privados de enseñanza deberán ser, a los efectos de esta ley, previamente revalidados por la Universidad del Trabajo del Uruguay.

Artículo 305. Anualmente, el Consejo Nacional de Enseñanza Primaria y Normal y los establecimientos privados dedicados a dicha enseñanza, enviarán al Ministerio de Instrucción Pública y Previsión Social, Consejo Nacional de Enseñanza Secundaria y Universidad del Trabajo del Uruguay, el número de alumnos egresados, con pase escolar, de sus respectivos centros docentes.

Los Consejos de la Universidad del Trabajo del Uruguay, Enseñanza Secundaria y los institutos privados a que se refiere el inciso final del artículo anterior, deberán proceder al cómputo estricto del número de alumnos ingresados a sus establecimientos a efectos de controlar el cumplimiento de las obligaciones que la presente ley crea. Lo mismo harán a tal fin, los establecimientos privados de enseñanza media y el Poder Ejecutivo podrá también establecer las medidas de contralor que considere necesarias a tal fin.

Artículo 306. El Consejo Directivo de la Universidad del Trabajo del Uruguay reglamentará por intermedio de sus respectivos servicios, los siguientes cometidos:

a) realizar en todo el país una campaña de propaganda relativa a la orientación profesional;

b) organizar una biblioteca y fichero de asuntos relacionados con el aprendizaje, la legislación del mismo, el trabajo de menores y las enfermedades profesionales; y

c) organizar la inspección del aprendizaje.

Artículo 307. Créase el "salario social de aprendizaje" destinado a solventar gastos de alimentación, vestimenta y locomoción de los menores concurrentes a los cursos de la Universidad del Trabajo del Uruguay que esta ley obliga. La Universidad del Trabajo del Uruguay reglamentará por intermedio de sus servicios, las normas que permitan fijar en cada caso la cuantía y duración del "salario social" y las formas de percepción por el beneficiario. Dichos servicios efectuarán en cada caso el relevamiento de los datos requeridos para esta reglamentación.

La Universidad del Trabajo del Uruguay podrá también concurrir con otras ayudas económicas, como becas, gastos de locomoción, etc., en todos aquellos casos donde los menores en condiciones de ingresar al organismo, residan en zonas del país que se encuentran alejadas de aquellas donde funcionan los establecimientos docentes oficiales en condiciones de prestar la enseñanza a que esta ley se refiere.

También la Universidad del Trabajo del Uruguay podrá conceder a sus egresados de los cursos de aprendizaje, becas destinadas a estudios de perfeccionamiento en el país o en el extranjero.

Artículo 308. Mientras las disposiciones del artículo 302 de la presente ley no logren plena ejecución, los patronos o jefes de empresas agrarias, industriales y comerciales, en cuyos establecimientos trabajen menores de dieciocho años, están obligados a otorgar a esos menores y estos a recibir la posibilidad de una enseñanza correspondiente a la etapa del aprendizaje.

Artículo 309. A los efectos del artículo anterior se establece el "contrato colectivo de aprendizaje", el cual será redactado de acuerdo a las siguientes normas:

a) Los menores de hasta dieciocho años que trabajen en establecimientos agrarios, industriales y comerciales, tendrán derecho a recibir la enseñanza de un aprendizaje en las escuelas de la Universidad del Trabajo del Uruguay, debiendo esta Institución docente establecer los horarios, planes, programas y reglamentaciones que rijan esa enseñanza;

b) El empleador está obligado a dejar concurrir a los menores aprendices durante la jornada legal de trabajo a las escuelas y cursos de la Universidad del Trabajo del Uruguay o a aquellos centros privados de enseñanza a que refiere el artículo 304 y a otorgarles todos los beneficios sociales que son comunes al resto del personal asalariado, asegurándole las debidas condiciones de higiene, de seguridad y físicas, en el desempeño de su trabajo;

c) La edad mínima para la iniciación de los cursos de aprendizaje será de catorce años;

d) Los salarios que deban percibir los aprendices estudiantes serán fijados por los Consejos de Salarios de las respectivas agrupaciones industriales o comerciales, en los que el delegado de los obreros representará los intereses de los aprendices;

e) El contrato de aprendizaje que debe llevarse a cabo entre el empleador y el aprendiz, puede ser rescindido sin indemnización alguna dentro del plazo de sesenta días de su celebración, y en el mismo se establecerá que el aprendiz no podrá ser empleado en tareas ajenas a las relacionadas con el aprendizaje, ni en las que puedan perjudicar su salud; y

f) El contrato de aprendizaje será registrado en el Instituto Nacional del Trabajo y Servicios Anexados y el incumplimiento del mismo por las partes (patronos y aprendices) será sancionado en la forma que oportunamente se reglamente.

Artículo 310. Quedan exonerados de las obligaciones estipuladas en los dos artículos anteriores, aquellos patronos y jefes de empresas, en cuyos establecimientos trabajen menores que asistan o hayan asistido a los cursos regulares de la Universidad del Trabajo del Uruguay, a las de los centros de enseñanza mencionados en el *artículo 304* o a los de enseñanza secundaria, y obtengan o hubieran obtenido certificados de aptitud en los dos primeros casos o hubieran aprobado por lo menos tres años en el último caso.

Artículo 311. Créase una Comisión que se denominará "Comisión de Fomento del Aprendizaje", la que estará integrada de la siguiente manera: un representante del Ministerio de Instrucción Pública y Previsión Social; uno del Ministerio de Industrias y Trabajo; uno designado por la Universidad del Trabajo del Uruguay; dos por la industria agraria (uno patronal y otro obrero); dos por la industria manufacturera (uno patronal y otro obrero); y dos por el comercio (uno patronal y otro obrero). La presidencia será ejercida por el representante del Ministerio de Instrucción Pública y Previsión Social.

Dicha Comisión tendrá los siguiente cometidos:

a) redactar la forma del contrato colectivo de aprendizaje, creado por el *artículo 309*, para el grupo industrial o comercial correspondiente;

b) fijar para cada grupo industrial o comercial, el porcentaje de aprendices que le corresponda;

c) estudiar y fijar la tasa anual de renovación de aprendices para cada uno de los grupos industriales y comerciales, debiendo llevar a tal fin los registros de menores que trabajan en las distintas categorías. Las instituciones representadas en la Comisión de aprendizaje y las vinculadas a este problema, podrán a disposición de los integrantes todos los asesoramientos que estos soliciten;

d) normalizar el aprendizaje correspondiente a cada grupo industrial o comercial considerándolo no como un modo de empleo, sino como un modo de instrucción;

e) considerar la situación de aquellos establecimientos cuyas características especiales no permitan dar cumplimiento a lo estipulado en el artículo 308. La resolución definitiva será acordada con la Universidad del Trabajo del Uruguay;

f) organizar y reglamentar un "servicio de empleo" para los aprendices egresados de las Escuelas de la Universidad del Trabajo del Uruguay, donde se desarrollen las enseñanzas referidas en el artículo 302; y

g) proveer de una libreta de trabajo y aprendizaje a los menores comprendidos en las disposiciones de esta ley, en la misma se certificará: identidad, estudios cursados, escolaridad, características de su empleo y todo otro antecedente que se considere pertinente incluir.

Artículo 312. Los patronos y jefes de establecimientos están obligados a emplear en sus empresas, aprendices titulados por la Universidad del Trabajo del Uruguay o cuyos certificados esta Universidad revalide, en número que corresponda al porcentaje fijado por la Comisión de Aprendizaje para el grupo industrial correspondiente, solicitándolos al "servicio de empleo" que crea el artículo anterior. En este número están inclídos aquellos aprendices alumnos que están realizando su formación.

También las reparticiones técnicas de los distintos Ministerios, Entes Autónomos y empresas concesionarias de servicios públicos, solicitarán al "servicio de empleo", los aprendices que necesiten, y darán preferencia, en igualdad de condiciones, para toda designación que requiera el conocimiento de un oficio, a los egresados de las escuelas de la Universidad del Trabajo del Uruguay y de los centros de enseñanza mencionados en el artículo 304.

Artículo 313. El Consejo del Niño deberá adecuar, por la vía de una reglamentación, las disposiciones del Código del Niño en materia de trabajo de menores, con las de la presente ley. Esta reglamentación deberá ser aprobada por el Poder Ejecutivo.

Artículo 314. Créase el "Fondo Universidad del Trabajo del Uruguay" destinado a atender los gastos que insuman:

- la construcción y reparación de edificios destinados a escuelas y cursos que funcionan o funcionen en la Universidad del Trabajo;

- el equipamiento de los talleres, clases, laboratorios, bibliotecas, oficinas, etc., pertenecientes a esas escuelas o cursos;

- el otorgamiento de becas estudiantiles que se creen por expresa reglamentación del Consejo Directivo de dicha institución;

- el pago de salarios sociales que pudieran establecerse como complemento económico de leyes tendientes al estímulo del aprendizaje;

- el pago de premios en concursos convocados por el Consejo Directivo del Instituto para la confección de textos;

- el costo de locomoción para el transporte de alumnos;

- la propaganda en favor de los cursos en las distintas zonas del país y cualquier otro tipo de erogación que demande el funcionamiento del Organismo.

Los recursos del Fondo que se crea en este artículo, no podrán afectarse al pago de sueldos, jornales, honorarios o compensaciones que demande el personal docente, administrativo y de servicio de la Institución.

Artículo 315. Destínase al referido Fondo, la partida de $ 25:000.000.00 (veinticinco millones de pesos), establecida en el Ítem 17.02 del Presupuesto de Sueldos y Gastos.

Artículo 316. El Consejo Directivo de la Universidad del Trabajo del Uruguay establecerá antes del 31 de enero de cada ejercicio, el Plan de gastos a realizarse durante el mismo con cargo a los recursos del Fondo, debiendo tener dicho Plan, para su ejecución, la previa aprobación del Tribunal de Cuentas de la República.

Artículo 317. La inspección y contralor del contrato colectivo de aprendizaje serán reglamentados por el Poder Ejecutivo.

Artículo 318. La Universidad del Trabajo del Uruguay, con el asesoramiento de la Comisión de Aprendizaje, confeccionará dentro de los noventa días de promulgada la presente ley, la reglamentación de la misma y la elevará para su aprobación al Poder Ejecutivo.

3. Ley 16.707 de 12 de julio de 1995

Artículo 32. Se dispondrá lo necesario para que -a través del Ministerio del Interior, Ministerio de Educación y Cultura, Administración Nacional de Educación Pública y demás órganos competentes- la Escuela Nacional de Policía celebre convenios con la Universidad del Trabajo del Uruguay y la Universidad de la República, a efectos de lo dispuesto en los artículos 28 y 33 de la presente ley o de otros que tengan que ver con el mejoramiento de la formación del personal policial.

Artículo 33. El Ministerio del Interior coordinará con el Ministerio do Educación y Cultura, a través del Instituto Nacional de la Juventud (INJU), la Administración Nacional de Educación Pública (ANEP), el Instituto Nacional del Menor (INAME), la Junta Nacional de Empleo u otros organismos competentes, la aplicación de políticas de prevención y educación relacionadas con los problemas de la juventud pudiendo celebrarse los convenios que a tal fin se consideren necesarios.

El Poder Ejecutivo reglamentará esta disposición.

4. Ley 16.736 de 5 de enero de 1996

Artículo 30. (sustituye el art. 33 de la ley 16.104, de 23 de enero de 1990, por el siguiente):

Artículo 33. [111] Los funcionarios que cursen estudios en institutos de enseñanza pú-

---

111 **Ley 17.556 de 18 de setiembre de 2002: artículo 70.** (Licencia por estudio).- La licencia por estudio establecida en el artículo 33 de la Ley N° 16.104, de 23 de enero de 1990, y por el artículo 30 de la Ley N° 16.736, de 5 de enero de 1996, será de hasta 20 días anuales hábiles para rendir exámenes o pruebas finales de la asignatura. No obstante, no se otorgará licencia por estudio a aquel funcionario que no hubiere demostrado, mediante la presentación de la documentación respectiva, el haber aprobado al menos el 33% (treinta y tres por

blica o privada habilitados en los ciclos de Enseñanza Secundaria Básica y Superior, Educación Técnico Profesional Superior, Enseñanza Universitaria, Instituto Normal y otros de análoga naturaleza pública o privada, tendrán derecho a una licencia complementaria de hasta treinta días anuales hábiles para rendir sus pruebas y exámenes. Tal licencia complementaria podrá gozarse en forma fraccionada.

A los funcionarios profesionales que cursen estudios de grado o postgrado, se les podrá conceder dicha licencia cuando los cursos a realizar redunden en beneficio directo de la Administración, a juicio del jerarca.

[...]

Artículo 578. Sustitúyese el artículo 395 de la Ley N° 16.226, de 29 de octubre de 1991, por el siguiente:

Artículo 395. Declárase que la Administración Nacional de Educación Pública está exonerada de todo tributo en aplicación de lo establecido por los artículos 69 de la Constitución, 134 de la Ley N° 12.802, de 30 de noviembre de 1960, 113 de la Ley N° 12.803, de 30 de noviembre de 1960 y 16 de la Ley N° 15.739, de 28 de marzo de 1985, con excepción de los aportes patronales con cargo al Rubro 1 "Cargas Legales sobre Servicios Personales".

[...]

Artículo 581. Los miembros de los Consejos de Educación de la Administración Nacional de Educación Pública y de las Direcciones Generales del artículo 12 de la Ley N° 15.739, de 28 de marzo de 1985, tendrán las incompatibilidades y prohibiciones establecidas en los artículos 77, numeral 4, 200 y 201 de la Constitución de la República.

Los mismos no podrán tener vinculaciones laborales o patrimoniales con instituciones de enseñanza privada.

5. Ley 17.296 de 21 de febrero de 2001
Administración Nacional de Educación Pública

[...]

Artículo 539. La Administración Nacional de Educación Pública y sus Consejos Desconcentrados priorizarán en los programas curriculares de las instituciones públicas y privadas de los ciclos primarios y secundarios las siguientes materias:

Conservación e higiene del medio ambiente; alcoholdependencia, drogadependencia y tabaquismo; familia y violencia familiar; fisiología, salud e higiene sexual y seguridad vial.

---

ciento) de las asignaturas correspondientes al año lectivo inmediato anterior o al último año en que hubiere hecho uso de este tipo de licencia, cuando se tratare de carreras universitarias o de nivel de educación terciaria; o bien al menos el 75% (setenta y cinco por ciento) de aquéllas, cuando se tratare de estudios de nivel secundario. No obstante, tal exigencia no será requerida a quienes hicieren uso de la licencia especial por primera vez desde el ingreso a la función pública en el ejercicio precedente.

6.   Ley 17.451 de 4 de enero de 2002

Artículo 1°. Sustitúyense los artículos 1°, 2° y 3° de la Ley N° 16.524, de 25 de julio de 1994, por los siguientes:

"Artículo 1°. Créase un Fondo de Solidaridad como persona jurídica de derecho público no estatal, que tendrá como cometido financiar un sistema de becas para estudiantes de la Universidad de la República y del nivel terciario del Consejo de Educación Técnico-Profesional (Administración Nacional de Educación Pública).

Artículo 2°. El Fondo será organizado y administrado por una Comisión Honoraria integrada por siete miembros: uno por el Ministerio de Educación y Cultura que la presidirá y cuyo voto decidirá en caso de empate; uno por la Universidad de la República; uno por el Consejo Directivo Central de la Administración Nacional de Educación Pública a propuesta del Consejo de Educación Técnico-Profesional, uno por la Caja de Jubilaciones y Pensiones de Profesionales Universitarios; uno por la Caja Notarial de Jubilaciones y Pensiones; uno por el Banco de la República Oriental del Uruguay y uno por la Agrupación Universitaria del Uruguay.

Dicha Comisión establecerá:

A)   Las directivas generales para asignar las referidas becas, conforme a lo dispuesto por los artículos 6° y 7° de la presente ley, y los requisitos que deben cumplir los postulantes para ser beneficiarios de las mencionadas becas.

B)   Los mecanismos de contralor de los correspondientes aportes.

C)   La forma de acreditar la calidad de sujetos pasivos de la obligación de aportar y la de beneficiarios de las becas.

(...)

III. CONSEJO DE CAPACITACIÓN PROFESIONAL

1.   Decreto Ley N° 14.869 del 23 de febrero de 1979

Artículo 1. Créase el Consejo de Capacitación Profesional como persona de derecho Público no estatal con los fines, atribuciones y organización que por esta ley se determinan. Será persona jurídica, tendrá su domicilio en la capital de la República y se vinculará con el Poder Ejecutivo a través del Ministerio de Educación y Cultura.

Artículo 2. El Consejo de Capacitación Profesional tendrá a su cargo la proposición al Poder Ejecutivo de la política de formación técnico profesional para todos los sectores del país, como complemento de la enseñanza curricular, de acuerdo con las necesidades específicas de cada sector productivo. Una vez aprobada la misma por el Poder Ejecutivo, deberá ejecutarla.

Artículo 3. El Servicio a que se refiere el artículo 1° será dirigido y administrado por un Consejo Honorario designado por el Poder Ejecutivo, actuando en Consejo de Ministros.

El Consejo Honorario estará integrado por:

A) El Rector del Consejo Nacional de Educación o por quien este proponga, que lo presidirá;

B) Un miembro propuesto por la Universidad de la República;

C) Un miembro propuesto por el Consejo de Educación Técnico Profesional Superior (UTU);

D) Un miembro propuesto por la Secretaría de Planeamiento, Coordinación y Difusión (SEPLACODI);

E) Un miembro propuesto por el Ministerio de Trabajo y Seguridad Social;

F) Un miembro propuesto por el Ministerio de Agricultura y Pesca;

G) Un miembro propuesto por el Ministerio de Industria y Energía;

H) Dos miembros propuestos por la Cámara de Industrias del Uruguay;

I) Un miembro propuesto por la Asociación Rural del Uruguay;

J) Un miembro propuesto por la Federación Rural del Uruguay.

Artículo 4. Serán cometidos del Consejo Honorario de Capacitación Profesional:

A) Formular programas de formación técnico profesional para todos los sectores del país, como complemento de la enseñanza curricular;

B) Impulsar el sistema de capacitación técnico profesional y coordinar sus acciones con los Ministerios de Trabajo y Seguridad Social, Agricultura y Pesca, Industria, y con el Consejo Nacional de Educación (Consejo de Educación Técnico Profesional Superior);

C) Fijar las normas técnicas mínimas que regirán al sistema de capacitación técnico profesional;

D) Evaluar y controlar el cumplimiento de los planes y programas de capacitación técnico profesional ejecutados.

Artículo 5. Sin perjuicio de las atribuciones a que se refiere el artículo 6°, para el cumplimiento de sus cometidos tendrá las siguientes atribuciones:

A) Establecer, organizar y administrar sus servicios de capacitación técnico profesional;

B) Fijar los programas y planes de estudio conforme a lo establecido en el artículo 2° de la presente ley;

C) Aprobar la ejecución de estudios e investigaciones sobre materia de su competencia y la prestación de asistencia técnica a empresas públicas y privadas cuando se lo requieran;

D) Administrar, distribuir y fiscalizar sus recursos económicos;

E) Celebrar convenios con instituciones públicas o privadas a fin de lograr un cumplimiento de sus cometidos;

F) Expedir constancias a aquellas personas que hayan aprobado los cursos de capacitación que dicte;

G) Designar al personal previa autorización del Poder Ejecutivo y disponer su cese;

H) Proponer al Poder Ejecutivo para su aprobación las tarifas de los servicios o actividades onerosas que realice.

Artículo 6. Créase una Unidad Ejecutora directamente subordinada al Consejo Honorario de Capacitación Profesional que llevará a cabo los planes y proyectos aprobados por este, el cual, previa autorización del Poder Ejecutivo, designará a su Director y establecerá el régimen del personal dependiente, de acuerdo con lo que disponga la respectiva reglamentación.

Artículo 7. A los efectos de lograr una efectiva participación de las empresas en el sistema, el Consejo Honorario de Capacitación Profesional podrá crear Comisiones Técnicas Asesoras en cada uno de los sectores en que se programen actividades de capacitación técnico profesional.

Artículo 8. El patrimonio del Consejo de Capacitación Profesional estará integrado por los bienes muebles e inmuebles que adquiera a cualquier título y por todo otro recurso fijado por la ley.

Artículo 9. Serán recursos del Consejo de Capacitación Profesional:

A) Un tributo de hasta el 5 ‰ (cinco por mil) como máximo sobre el valor FOB que gravará todas las exportaciones declaradas. El Poder Ejecutivo dentro de ese margen fijará anualmente la tasa y reglamentará el momento y forma de su percepción;

B) Los ingresos derivados de los servicios o actividades onerosas que realice (Artículo 5°, literal H);

C) Las contribuciones, donaciones y legados que se le destinen.

Artículo 10. El Consejo de Capacitación Profesional proyectará su presupuesto anualmente y lo elevará al Poder Ejecutivo para su aprobación, conjuntamente con el plan de actividades para el año. El proyecto comprenderá: I) Programas de funcionamiento discriminados en rubros de gastos y retribuciones personales; II) Previsión de los recursos y estimación de su producido; III) Programas de inversiones y IV) Normas para su ejecución e interpretación.

Artículo 11. Dentro de los noventa días de vencido cada ejercicio anual, el Consejo de Capacitación Profesional presentará al Poder Ejecutivo para su aprobación la rendición de cuentas correspondiente a dicho ejercicio.

Artículo 12. Sin perjuicio del contralor que realizará el Ministerio de Educación y Cultura, la Inspección General de Hacienda tendrá las más amplias facultades de fiscalización de la gestión financiera del Consejo de Capacitación Profesional.[112]

Artículo 13. Exonérase al Consejo de Capacitación Profesional del pago de todo tipo de tributos nacionales o municipales.

Artículo 14. Deróganse todas las disposiciones legales que directa o indirectamente se opongan a esta ley.

Artículo 15. El Poder Ejecutivo reglamentará la presente ley.

Artículo 16. Comuníquese, etc.

2. Decreto Ley 14.870 de 23 de febrero de 1979
Se aprueba un contrato de préstamo destinado a establecer un sistema nacional de formación profesional

Artículo 1°. Apruébase el Contrato de Préstamo 1594 UR celebrado el 23 de junio de 1978, entre la República y el Banco Internacional de Reconstrucción y Fomento, por una cantidad en diversas monedas equivalentes a U$S 9:700.000 (nueve millones setecientos mil dólares de Estados Unidos), destinado a establecer un sistema nacional de formación profesional y a desarrollar la capacidad interna en los campos de investigación tecnológica, diseminación de la información y asistencia técnica para empresarios.

---

112 Derogado por el art. 189 de la ley 16.736 de 5 de enero de 1996.

3. Ley 15.851 de 24 de diciembre de 1986

CAPÍTULO V
SUBSIDIOS Y SUBVENCIONES

[...]

Artículo 137. Asígnase al Consejo de Capacitación Profesional creado por el decreto ley 14.869, de 23 de febrero de 1979, un subsidio para el ejercicio de 1986, de hasta N$ 45.237.000 (nuevos pesos cuarenta y cinco millones doscientos treinta y siete mil), para atender gastos de funcionamiento y de inversiones.

4. Ley 16.736 de 5 de enero de 1996

Artículo 198. Derógase el control establecido por los artículos 15 de la Ley N° 12.997, de 28 de noviembre de 1961, 4° de la Ley N° 13.602, de 28 de julio de 1967, 12 del Decreto-Ley N° 14.869, de 23 de febrero de 1979, 7° del Decreto-Ley N° 15.605, de 27 de julio de 1984, y el inciso segundo del artículo 141 de la Ley N° 15.903, de 10 de noviembre de 1987.

Artículo 199. Las personas públicas no estatales y los organismos privados que manejan fondos públicos o administran bienes del Estado, presentarán sus estados contables, con dictamen de auditoría externa, ante el Poder Ejecutivo y el Tribunal de Cuentas, de acuerdo a lo dispuesto por el artículo 138 del TOCAF y artículo 100 de la Ley N° 16.134, de 24 de setiembre de 1990.

Presentarán una copia de dichos estados contables, dentro de los noventa días del cierre del ejercicio, ante la Auditoría Interna de la Nación. Esta Auditoría efectuará los controles sobre dichos estados en forma selectiva, de acuerdo a las conclusiones que se obtengan de la información proporcionada.

Anualmente publicarán estados que reflejen su situación financiera, los cuales deberán estar visados por el Tribunal de Cuentas.

Con respecto a las Cajas Paraestatales de Seguridad Social, se mantendrá exclusivamente el régimen dispuesto por sus respectivas leyes orgánicas o, en su caso, por el artículo 100 de la Ley N° 16.134, de 24 de setiembre de 1990, en la redacción dada por el artículo 720 de la Ley N° 16.170, de 28 de diciembre de 1990, así como los regímenes de contralor vigentes a la fecha de sanción de la presente ley en lo que refiere a sus estados contables.

[...]

Artículo 765. Las personas públicas no estatales y los organismos privados que manejan fondos públicos o administran bienes del Estado creados por la presente ley o que se creen en el futuro, se financiarán con recursos propios y, en ningún caso percibirán contribuciones de Rentas Generales, salvo las expresamente excepcionadas por la presente ley por la vía del Inciso 21, mediante subsidios o subvenciones expresamente destinadas a fines compatibles con la naturaleza del organismo que se crea.

[...]

Los funcionarios de las personas jurídicas públicas no estatales se regularán por el derecho laboral común, sin excepción alguna.

5. Ley 17.296 de 21 de febrero de 2001

Sección V
Inciso 21
SUBSIDIOS Y SUBVENCIONES

Artículo 435. Fíjanse las siguientes partidas a los organismos e instituciones que se mencionan, por los montos anuales que se determinan:
Consejo de Capacitación Profesional $ 2:499.223
[...]

IV. CECAP - CENTRO DE CAPACITACIÓN Y PRODUCCIÓN

1. Ley 16.170 de 28 de diciembre de 1990

Inciso 11
MINISTERIO DE EDUCACIÓN Y CULTURA

Artículo 330. Los cargos vacantes o que vaquen en el futuro, pertenecientes al último grado de cada escalafón en las distintas unidades ejecutoras donde presten funciones becarios provenientes de la Comisión Nacional de Repatriación y de la unidad ejecutora 004 "Consejo de Educación Técnico Profesional" de la Administración Nacional de Educación Pública (ANEP) serán provistos con dichos becarios.

Igual procedimiento se seguirá en relación a los becarios que prestan funciones en el Centro de capacitación y Producción (CECAP).

Para estas designaciones no regirán los requisitos de ingreso a la función pública dispuestos por el Capítulo I de la Ley Nº 16.127, de 7 de agosto de 1990.

Al realizarse las designaciones, se irán abatiendo simultáneamente los créditos con que se atendían las retribuciones de los becarios.

2. Ley 17.296 de 21 de febrero de 2001

Artículo 324. Facúltase al Centro de Capacitación y Producción (CECAP) a prestar los servicios técnicos, asesoría y diagnósticos, así como a la comercialización de los productos y servicios de sus talleres de capacitación y producción que le fueren requeridos por los particulares o instituciones públicas o privadas.

El Centro de Capacitación y Producción, previa conformidad del Poder Ejecutivo y de acuerdo con la normativa vigente en la materia, podrá percibir precios o tarifas como contraprestación de los bienes y servicios a que se refiere el inciso anterior.

De la totalidad de la recaudación que perciba, deducidos los gastos en que incurriese para la producción de los bienes o en la prestación del servicio, el 50% (cincuenta por ciento) será destinado a gastos de funcionamiento e inversiones del Centro y el 50%

(cincuenta por ciento) restante será distribuido entre los integrantes de los talleres que hubieran producido bienes o hayan prestado el servicio.

[...]

Artículo 620. No podrán contratarse becarios y pasantes sin previa autorización expresa del Poder Ejecutivo.

Los créditos asignados para tales contrataciones serán limitativos no pudiendo aumentarse por medio de transposiciones ni refuerzos.

En el crédito autorizado se consideran comprendidos el sueldo anual complementario y las cargas legales.

Artículo 621. El Poder Ejecutivo reglamentará el régimen de contrato de beca y pasantía, en especial lo relativo a los perfiles apropiados de formación para la función, criterios de selección, de remuneración y ajuste, derechos y obligaciones y plazo.

Artículo 622. Para la contratación de pasantes y becarios, se dará preferencia a los estudiantes universitarios o del Consejo de Educación Técnico Profesional de la Administración Nacional de Educación Pública (ANEP) o del Centro de Capacitación y Producción (CECAP). La calidad de estudiante se acreditará con la certificación por parte de un instituto oficial, habilitado o autorizado, de haber aprobado por lo menos una materia en el año anterior a la suscripción del contrato de beca o pasantía.

La convocatoria se hará por llamado público, teniendo en cuenta para su elección la escolaridad mínima exigible y el grado de avance en la carrera. A igualdad de condiciones de los postulantes, la selección se realizará por sorteo ante escribano público.

V. MINISTERIO DE TRABAJO Y SEGURIDAD SOCIAL DIRECCIÓN NACIONAL DE EMPLEO JUNTA NACIONAL DE EMPLEO

1. Constitución de la República

Disposiciones transitorias y especiales

[...]

E) Créanse los Ministerios de Trabajo y Seguridad Social y de Transporte, Comunicaciones y Turismo, que tendrán competencia sobre las materias indicadas.

Los actuales Ministerios de Instrucción Pública y Previsión Social y de Industrias y Trabajo se transformarán, respectivamente, en Ministerio de Cultura y Ministerio de Industria y Comercio.

2. Ley 16.320 de 1° de noviembre de 1992, con las modificaciones introducidas por la Ley 16.736 de 5 de enero de 1996

Artículo 317. Créanse el programa 003 "Estudio, Investigación, Fomento y Coordinación de Políticas Activas de Empleo y Formación Profesional" y la unidad ejecutora 003 "Dirección Nacional de Empleo".

Artículo 318. Transfiérense al programa 003 "Estudio, Investigación, Fomento y Coordinación de Políticas Activas de Empleo y Formación Profesional", las asignaciones presupuestales, recursos humanos y materiales, proyectos de inversión y recursos extrapresupuestales de los programas y unidades ejecutoras que se suprimen por el artículo 316.

Artículo 319. Crease en el Ministerio de Trabajo y Seguridad Social, programa 003 "Estudio, Investigación, Fomento y Coordinación de Políticas Activas de Empleo y Formación Profesional", la función de Director Nacional de Empleo. La retribución será la correspondiente a la establecida por el literal E) del artículo 9° de la Ley N° 15.809, de 8 de abril de 1986. La designación y cese de quien cumplirá la función se realizará por el Poder Ejecutivo y deberá recaer entre funcionarios de los escalafones A y D del Ministerio de Trabajo y Seguridad Social. El funcionario designado conservará su cargo presupuestal y todos los derechos inherentes al mismo.

Artículo 320. Suprímense al vacar los siguientes cargos: en la unidad ejecutora 003 "Dirección Nacional de Recursos Humanos", el de Director Nacional, serie –Recursos Humanos–, escalafón A, grado 16; en la unidad ejecutora 005 "Dirección Nacional de Desarrollo Social", el de Director, serie –Promoción Social–, escalafón A, grado 14 y el de Director de Promoción y Política Social, serie –Administración–, escalafón C, grado 14; y en la unidad ejecutora 008 "Dirección Nacional de Fomento Laboral", el de Director Nacional de Fomento Laboral, serie –Cooperativismo–, escalafón D, grado 14.

Artículo 321. El Poder Ejecutivo a propuesta del Ministerio de Trabajo y Seguridad Social, adecuará las estructuras de los cargos de este Inciso a la nueva estructura programática que se aprueba por la presente ley, sin perjuicio de las facultades del jerarca referidas en los artículos 92 de la Ley N° 13.640, de 26 de diciembre de 1967, 307 de la Ley N° 13.737, de 9 de enero de 1969, y 17 y siguientes de la Ley N° 16.127, de 7 de agosto de 1990. Si a la fecha de la promulgación de la presente ley aún no estuviera aprobada la estructura de cargos a que refiere el artículo 11 de la Ley N° 16.226, de 29 de octubre de 1991, autorízase al Ministerio de Trabajo y Seguridad Social a adecuar su estructura de cargos de acuerdo a lo dispuesto en los artículos precedentes.

Artículo 322.[113] La Dirección Nacional de Empleo tendrá los siguientes cometidos:

a) elaborar la política nacional de empleo;

b) asesorar en la programación y ejecución de planes migratorios del sector laboral;

c) programar, ejecutar o coordinar planes de colocación para grupos especiales de trabajadores;

d) ejercer la supervisión de las empresas privadas de colocación;

e) proponer y ejecutar programas de orientación laboral y profesional, pudiendo para ello celebrar convenios con organismos públicos y entidades privadas nacionales, extranjeras e internacionales;

---

113 Texto según el art. 438 ley 16.736.

f) desarrollar programas de información acerca de la mano de obra y su evolución;

g) llevar una nómina del personal recapacitado o beneficiario del sistema de reconversión laboral, de acuerdo a lo que determine la reglamentación a dictarse;

h) desarrollar programas de orientación y asistencia técnica a trabajadores que deseen transformarse en pequeños empresarios;

i) implementar, ejecutar y coordinar estudios y proyectos referentes a planes nacionales, regionales, departamentales y locales de desarrollo social y económico en lo relativo a la utilización de recursos humanos;

j) actualizar la Clasificación Nacional de Ocupaciones y coordinar con otros organismos la certificación ocupacional.

Artículo 323. Créase en el Ministerio de Trabajo y Seguridad Social la Junta Nacional de Empleo que se integrará con tres miembros: el Director Nacional de Empleo que la presidirá, uno designado por el Poder Ejecutivo a propuesta de la organización sindical más representativa y uno designado por el Poder Ejecutivo a propuesta del sector patronal (Industria, Comercio y Agro).

La reglamentación a dictarse establecerá su forma de funcionamiento.

Artículo 324. Serán cometidos de la Junta Nacional de Empleo:

a) asesorar a la Dirección Nacional de Empleo en los cometidos que les fija la presente ley;

b) diseñar programas de recapacitación de la mano de obra, ya sea directamente por acuerdo con entidades públicas o privadas, nacionales o extranjeras;

c) estudiar y medir el impacto de la incorporación de nuevas tecnologías y de las políticas de integración en el mercado laboral, proponiendo las medidas correspondientes;

d) asesorar a requerimiento de otros organismos públicos o entidades privadas, en materias de su competencia;

e) colaborar y coordinar con la Dirección Nacional de Empleo en la elaboración de políticas de desarrollo local, en lo referente a los recursos humanos, coordinando su ejecución con los Gobiernos Municipales y entidades no gubernamentales;

f) colaborar en el desarrollo de programas de información acerca de la mano de obra y su evolución;

g) colaborar y coordinar con la Dirección Nacional de Empleo en la elaboración de programas de orientación laboral y profesional;

h) administrar el Fondo de Reconversión Laboral;

i) estudiar las necesidades de los trabajadores amparados por el Seguro por Desempleo, definiendo la recapacitación del trabajador de acuerdo a sus aptitudes personales y a la demanda del mercado ocupacional. A tales efectos afectará, por resolución fundada y unánime, los recursos que administra, pudiendo destinar hasta un 5% (cinco por ciento), de los mismos para pago de estudios e investigaciones.

Artículo 325. Créase el Fondo de Reconversión Laboral que se integrará con los siguientes recursos:

"a) El 0,25% (cero con veinticinco por ciento) adicional de las retribuciones gravadas por el impuesto creado por el artículo 25 del Decreto-Ley N° 15.294, de 23 de junio de 1982, con excepción de los funcionarios públicos, jubilados y pensionistas, el cual se integrará con los aportes de trabajadores y empleadores por partes iguales";[114]

---

114 Texto según el art. 417 de la ley 16.736.

b) lo recaudado por la prestación de servicios contratados por terceros relacionados con temas de su competencia;

c) lo recibido por herencia, donaciones, legados e intereses generados por el depósito de sus fondos;

d) lo recaudado por concepto de aporte patronal, establecido en el artículo 330;[115]

e) lo obtenido por contratos de préstamo con organizaciones nacionales e internacionales, suscritos por el Poder Ejecutivo, con destino al Fondo de Reconversión Laboral;

f) lo recaudado por conceptos de multas, impuestas por el Poder Ejecutivo por infracciones a la presente ley.

"**Artículo 326.** Facúltase al Poder Ejecutivo a partir del 1º de enero de 1996 a modificar la tasa del 0.25% (cero con veinticinco por ciento), establecida en el literal a) del artículo precedente, no pudiéndose en ningún caso elevar dicho porcentaje máximo.

Dicha potestad podrá ser ejercida por el Poder Ejecutivo, exclusivamente si mediare una recomendación fundada y unánime de la Junta Nacional de Empleo."[116]

Artículo 327.[117] Con cargo al Fondo de Reconversión Laboral se atenderán las siguientes erogaciones:

A) Actividades de formación profesional a través de organismos públicos y entidades privadas nacionales, extranjeras e internacionales, o programas de colocación, dirigidas a:

1) Trabajadores amparados por el Decreto-Ley Nº 15.180, de 20 de agosto de 1981 u otros regímenes análogos.

2) Trabajadores rurales desocupados.

3) Trabajadores en actividad de empresas o sectores que la Junta Nacional de Empleo determine y en especial aquellos que hayan concertado con sus respectivas empresas convenios colectivos que prevean la capacitación.

4) Trabajadores de empresas que hayan generado créditos de acuerdo a lo dispuesto en el artículo 330 de la presente ley.

5) Otros grupos con dificultades de inserción laboral o con empleo con limitaciones, incluidos en programas o proyectos, aprobados por la Junta Nacional de Empleo.

B) Partidas para gastos para el trabajador que se recapacite, cuyo monto y condiciones lo fijará la Junta Nacional de Empleo, no sujetas a tributos de naturaleza alguna.

C) Actividades dirigidas a la difusión de los programas o proyectos que decida implementar la Junta Nacional de Empleo.

D) Contratación de técnicos e implementación de estudios e investigaciones destinados a evaluar programas o proyectos gestionados por la Dirección Nacional de Empleo, pudiendo afectar a tales efectos hasta un 5% (cinco por ciento) de los recursos del mismo.

E) Partidas para gastos de funcionamiento para las representaciones del Sector Empresarial y Trabajador, de UR 200 (doscientas unidades reajustables) mensuales por sector, no sujetas a tributos de naturaleza alguna.

F) Actividades de formación profesional que incluyan el aporte de herramientas y pequeña maquinaria para proyectos productivos económicamente viables, y que atien-

---

115 Derogado por art. 423 de la ley 16.736.
116 Texto según el art. 418 de la ley 16.736.
117 Texto según el art. 419 de la ley 16.736

dan a la inserción o reconversión laboral de personas o grupos de bajos ingresos, pudiendo afectar a tales efectos hasta un 5% (cinco por ciento) de los recursos del mismo.

G) Creación o apoyo de entidades de formación profesional, tanto en el sector público como privado, en los casos que exista demanda insatisfecha u oferta insuficiente de las existentes.

H) Actividades tendientes a mejorar la salud ocupacional y las condiciones ambientales de trabajo.

Las resoluciones de la Junta Nacional de Empleo que impliquen la afectación de los recursos que administra, serán adoptadas por unanimidad.

Artículo 328. Son obligaciones del trabajador:

a) acudir a las entrevistas de orientación laboral que se dispongan, bajo apercibimiento de no ser incluido o de ser eliminado de la nómina a que se refiere el artículo siguiente;

b) concurrir a las actividades de formación profesional que se determinen. El no cumplimiento de esta obligación dará lugar a la pérdida de los beneficios otorgados por la presente ley.

Artículo 329.[118] La nómina de trabajadores que llevará la Dirección Nacional de Empleo comprenderá los trabajadores referidos en el literal A) numerales 1), 2) y 5) del artículo 327 de la presente ley, que aspiren a ingresar o hayan ingresado al sistema previsto en la presente ley.

La reglamentación establecerá la forma de inscripción.

Artículo 330.[119] Para la cobertura de sus vacantes, las empresas podrán acudir a la nómina de trabajadores llevada por la Dirección Nacional de Empleo de acuerdo a las características, perfil y categoría profesional que necesite.

Los empleadores que tomen personal de la nómina referida, estarán exonerados durante los primeros noventa días de la relación laboral, de abonar los aportes patronales correspondientes y deberán verter el equivalente al 50% (cincuenta por ciento), del monto exonerado, al Fondo de Reconversión Laboral. La empresa no podrá despedir al trabajador contratado en estas condiciones –salvo notoria mala conducta– por un plazo de seis meses.

Sin perjuicio de lo establecido precedentemente, la Dirección Nacional de Empleo podrá autorizar contratos de trabajo a prueba que no excedan los quince días.

Artículo 331. La reglamentación a dictarse establecerá las sanciones al empleador en caso de infracción a las obligaciones que le impone la presente ley.

Será de aplicación el régimen sancionatorio establecido en el artículo 289 de la Ley Nº 15.903, de 10 de noviembre de 1987.[120]

Artículo 332.[121] Los programas que se diseñen atenderán preferentemente a los trabajadores desocupados como consecuencia de la incorporación de nuevas tecnologías u otros procesos de reconversión.

Los importes recaudados conforme al literal a) del artículo 325 serán acreditados mensualmente por el Banco de Previsión Social al Ministerio de Trabajo y Seguridad

---

118 Texto dado por el art 420 de la ley 16.736.
119 Texto dado por el art 421 de la ley 16.736.
120 El régimen sancionatorio ha sido modificado por el art. 412 de la ley 16.736, que sustituye el art. 289 de la ley 15.903.
121 Texto dado por el 422 de la ley 16.736.

Social con destino al Fondo de Reconversión Laboral y depositados en cuenta especial en el Banco de la República Oriental del Uruguay o en el Banco Hipotecario del Uruguay, según lo determine la Junta Nacional de Empleo, quedando facultada esta para determinar por unanimidad de sus integrantes y por razones fundadas, el traspaso de los fondos existentes de una institución a otra. El retiro y traspaso de fondos solo se hará efectivo si el recaudo correspondiente se suscribiere en forma conjunta por los tres miembros de la Junta Nacional de Empleo.

3. Ley 17.296 de 21 de febrero de 2001

Artículo 383. Asígnase una partida anual de $ 13:944.000 (pesos uruguayos trece millones novecientos cuarenta y cuatro mil), con financiamiento de Rentas Generales para complementar los recursos que integran el Fondo de Reconversión Laboral creado por el artículo 325 de la Ley Nº 16.320, de 1º de noviembre de 1992.

Dicha partida será destinada a la ejecución de los programas de capacitación y reconversión y será administrada por la Junta Nacional de Empleo y la transferencia se realizará por duodécimos a lo largo de cada ejercicio.

VI. OFICINA NACIONAL DEL SERVICIO CIVIL

1. Constitución de la República

Artículo 60. La ley creará el Servicio Civil de la Administración Central, Entes Autónomos y Servicios Descentralizados, que tendrá los cometidos que esta establezca para asegurar una administración eficiente.

[...]

2. Ley 15.757 de 15 de julio de 1985
Se crea y se establecen los cometidos de la Oficina Nacional del Servicio Civil

Artículo 1º. Créase la Oficina Nacional del Servicio Civil, Órgano Administrativo Asesor y de contralor de la Administración Central, Entes Autónomos y Servicios Descentralizados.

Artículo 2º. La Oficina Nacional del Servicio Civil tendrá el cometido de asegurar una Administración eficiente, a cuyo efecto actuará con autonomía funcional e independencia técnica.

Artículo 3º. La Oficina Nacional del Servicio Civil tendrá un Director y un Subdirector. Este subrogará al primero en todos los casos de impedimento temporal para el ejercicio de su cargo. Ambos serán designados por el Poder Ejecutivo, en calidad de cargos de particular confianza.

Artículo 4°. La Oficina Nacional del Servicio Civil tendrá las siguientes atribuciones:

a) Asesorar preceptivamente a la Administración Central, Entes Autónomos y Servicios Descentralizados en el diagnóstico, aplicación y evaluación de la política de administración de personal. Asimismo, asesorará a los Gobiernos Departamentales y demás Órganos del Estado que lo soliciten.

b) Asesorar a los referidos organismos de la Administración Pública en la organización y funcionamiento de sus dependencias, la racionalización de los métodos y procedimientos de trabajo y de los sistemas de información necesarios. Este asesoramiento será preceptivo o facultativo del órgano asesorado, según lo establecido en el literal anterior.

c) Establecer los planes y programas de capacitación de los funcionarios públicos, en función de las necesidades de los diferentes organismos y conforme a los principios de la carrera administrativa.

d) Organizar el Registro Nacional de Funcionarios Públicos y realizar censos periódicos a fin de mantenerlo actualizado.

e) Proyectar, con arreglo a las disposiciones estatutarias generales y, en su caso, a las particulares de cada Ente Autónomo, las normas destinadas a que la Administración Central, Entes Autónomos y Servicios Descentralizados, seleccionen y designen a su personal mediante concursos de oposición o de méritos. Cada órgano, en la esfera de su competencia, podrá ponerlas en vigencia por vía reglamentaria.

f) Formular y actualizar el sistema de clasificación y descripción de los cargos de la Administración Central, Entes Autónomos y Servicios Descentralizados.

g) Asesorar al Poder Ejecutivo, Entes Autónomos y Servicios Descentralizados, en la fijación de una política en materia de remuneraciones y escalafones.

h) Recabar de todos los organismos estatales los informes que considere necesarios para el cumplimiento de su cometido y el ejercicio de sus atribuciones.

i) Realizar los estudios e investigaciones que estime convenientes sobre las materias de su competencia, así como sobre los temas que le requieran los Poderes Legislativo, Ejecutivo y Judicial, los Entes Autónomos, los Servicios Descentralizados o los Gobiernos Departamentales, en su caso.

j) Redistribuir, entre otras reparticiones públicas, en acuerdo con las mismas, los funcionarios que le fueren propuestos para ese objeto, por los Poderes Legislativo, Ejecutivo y Judicial, Entes Autónomos, Servicios Descentralizados y Gobiernos Departamentales.

El funcionario redistribuido mantendrá todos los derechos que, con arreglo a su carrera administrativa, tenía en la oficina de origen.

Lo dispuesto en el inciso primero, tendrá vigencia durante el plazo de un año contado desde la instalación de la Oficina Nacional del Servicio Civil.

Artículo 5°. La Oficina Nacional del Servicio Civil se comunicará directamente con los Poderes Legislativo, Ejecutivo y Judicial, Entes Autónomos, Servicios Descentralizados y Gobiernos Departamentales.

Artículo 6°. Créase la Comisión Nacional del Servicio Civil que se integrará con cuatro miembros titulares y sus respectivos suplentes, de reconocida competencia en la materia y el Director de la Oficina, quien la presidirá.

Los cuatro miembros serán designados libremente por el Poder Ejecutivo. Durarán en sus funciones por el período de gobierno correspondiente y se mantendrán en sus cargos hasta que sean designados quienes hayan de sucederles.

Durante el término de su mandato sólo podrán ser cesados con arreglo al inciso 10 del artículo 168 de la Constitución.

Artículo 7°. La Comisión tendrá las siguientes atribuciones:

a) Dictaminar sobre los proyectos de resoluciones, decretos y leyes, que en materia de su competencia le presente el Director de la Oficina Nacional del Servicio Civil.

b) Emitir opinión de oficio o a requerimiento de cualquier órgano estatal, respecto del cumplimiento de las normas del Servicio Civil y en particular de la carrera administrativa, de acuerdo con lo dispuesto por la Constitución, leyes, decretos y demás reglamentaciones.

c) Pronunciarse preceptivamente sobre las destituciones de funcionarios antes de la resolución de la autoridad administrativa correspondiente.

Si esta autoridad no fuere el Poder Ejecutivo o el Directorio de un Ente Autónomo o de un Servicio Descentralizado, el pronunciamiento solo se hará a requerimiento del órgano estatal de que se trate.

d) Formular y elevar al Poder Ejecutivo, dentro del plazo de un año a partir de la fecha de su instalación, un proyecto de ley de Estatuto del Funcionario, de conformidad con lo dispuesto en los artículos 59 a 61 y concordantes de la Constitución.

e) Formular y elevar al Poder Ejecutivo dentro del mismo plazo fijado en el literal anterior, un proyecto de ley que establezca las normas especiales a que se refieren los artículos 59, literal E) y 64 de la Constitución.

f) Ser oída, a requerimiento del Tribunal de lo Contencioso Administrativo, en los asuntos relacionados con el Servicio Civil y la carrera administrativa.

Artículo 8°. A los efectos del cumplimiento de los cometidos que la presente ley asigna a la Oficina Nacional del Servicio Civil y a la Comisión Nacional del Servicio Civil, el Poder Ejecutivo, al designar su personal tendrá en cuenta prioritariamente, a los funcionarios que prestaban servicios en la ex Oficina Nacional del Servicio Civil suprimida por el Decreto Ley 14.754, de 5 de enero de 1978 (artículo 39). Su reincorporación no podrá disponerse para una categoría o grado inferiores a los que ocupaban en el momento de su desvinculación, y se hará efectiva una vez que los interesados manifiesten su voluntad en ese sentido, en la forma y condiciones que establezca la reglamentación que dictará el Poder Ejecutivo.

Asimismo, facúltase al Poder Ejecutivo a completar el personal necesario para el funcionamiento de ambas reparticiones, transfiriéndoles funcionarios de otras oficinas.

Artículo 9°. El Poder Ejecutivo dictará el reglamento orgánico funcional de la Oficina y de la Comisión.

Artículo 10. Facúltase a la Contaduría General de la Nación a transferir a la Oficina los créditos presupuestales que pertenecían a la ex Dirección Nacional de la Función Pública así como los que se consideren necesarios, dando cuenta a la Asamblea General y al Tribunal de Cuentas, a los efectos pertinentes.

Artículo 11. Derógase el Decreto-ley 15.265, de 23 de abril de 1982.

3.   Ley 17.296 de 21 de febrero de 2001

Artículo 103. Sustitúyese el artículo 21 de la Ley N° 16.002, de 25 de noviembre de 1988, en la redacción dada por el artículo 108 de la Ley N° 16.736, de 5 de enero de 1996, por el siguiente:

"**Artículo 21.** Autorízase al Inciso 03 'Ministerio de Defensa Nacional', unidad ejecutora 018 'Comando General de la Armada', a constituir un fondo con los recursos de afectación especial del Servicio de Construcciones, Reparaciones y Armamento (SCRA) equivalente a setecientos cincuenta jornales mensuales, de grado 01, subgrupo II.

Dicho fondo será destinado al pago de la contratación del personal civil eventual que cumpla tareas en el SCRA. Este personal no generará derecho de permanencia.

El Ministerio de Defensa Nacional podrá celebrar convenios de pasantía (Ley N° 17.230, de 24 de enero de 2000) con instituciones de enseñanza técnica de nivel medio, tanto públicas como privadas, a efectos de cubrir requerimientos de personal para desempeñar funciones en el SCRA. Esta contratación se realizará con cargo al fondo establecido en el inciso primero del presente artículo".

4.   Ley 17.556 de 18 de setiembre de 2002

Artículo 61. Facúltase a la Oficina Nacional del Servicio Civil a realizar convenios con instituciones públicas o privadas para realizar los cursos de capacitación necesarios a efectos de la reconversión, recalificación o especialización de los funcionarios declarados excedentes con el objeto de su reubicación en la función pública.

Artículo 62. La Oficina Nacional del Servicio Civil apreciará en cada caso, las necesidades de capacitación de los funcionarios declarados excedentes, determinando los cursos de capacitación que deberán realizar obligatoriamente en forma previa a su redistribución.

El funcionario debidamente notificado, que se niegue a recibir la capacitación dispuesta o que incurra en un ausentismo no justificado superior al 20% (veinte por ciento) de las horas de clase dictadas, se considerará incurso en omisión, pasible de destitución.

Tercera Parte

LA FORMACIÓN PROFESIONAL EN EL DERECHO LABORAL URUGUAYO

Mario Garmendia Arigón

SUMARIO

1.1.3. Las responsabilidades durante el período precontractual

1.2. Formación profesional, agencias de colocación y empresas suministradoras de mano de obra temporal

2. La formación profesional en diversos tipos de contratos de trabajo

2.1. Formación profesional y contrato de trabajo a prueba

2.2. Formación profesional y contrato de aprendizaje tradicional

2.2.1. Noción

2.2.2. Elementos típicos

2.2.3. La obligación de brindar ocupación efectiva al aprendiz

2.2.4. El contrato de aprendizaje tradicional en el Derecho positivo

2.3. Formación profesional y los contratos previstos en la "ley de empleo juvenil" (N° 16.873)

2.3.1. Consideraciones generales: elementos comunes a los diversos tipos contractuales

2.3.2. Incentivos para las empresas

2.3.3. El contrato de práctica laboral para egresados

2.3.4. Las becas de trabajo

2.3.5. El contrato de aprendizaje

2.3.6. El contrato de aprendizaje simple

2.3.7. Comentarios finales

2.4. Formación profesional y pasantías (Ley N° 17.230)

3. La formación profesional dentro del haz obligacional típico del contrato de trabajo

3.1. Los desarrollos doctrinarios nacionales

3.2. Análisis crítico

3.2.1. Formación profesional y su incidencia en la generación de obligaciones patronales indirectas

3.2.2. Formación profesional y su incidencia en la generación de obligaciones patronales negativas (de no hacer)

3.2.3. Formación profesional y obligaciones patronales positivas (de hacer). ¿Está obligado el empleador a proporcionar formación a sus dependientes?

3.2.4. La introducción de variaciones en la prestación de la tarea y la obligación del empleador de proporcionar formación profesional

3.3. La obligación del trabajador de formarse profesionalmente.

I. EL DERECHO DE LA FORMACIÓN PROFESIONAL

1. Si bien resulta posible afirmar la existencia de un *derecho subjetivo* a la formación profesional, también es menester referir a la existencia de un **Derecho de la formación profesional**, en este caso, empleando el término *"Derecho"* en su sentido objetivo.

Este *Derecho de la formación profesional* se encuentra estrechamente vinculado a la noción y a la ejecución del contrato de trabajo, instrumento que le sirve de base y a partir del cual se desarrolla en toda su potencialidad. Así lo dejan de manifiesto los diversos autores que han abordado el tema, quienes, sea a partir del análisis de textos de derecho positivo que explicitan y establecen los términos de dicho relacionamiento,[1] o aun edificando construcciones a partir de la ausencia de los mismos,[2] expresan la inextricable unión que existe entre la formación profesional y el contrato de trabajo, o –en todo caso– la relación de trabajo.

Consideraciones preliminares

1. La incidencia de algunas características del Derecho Laboral uruguayo

2. Una serie de consideraciones preliminares deben realizarse cuando se trata de detectar los trazos que deja traslucir la formación profesional en el Derecho del trabajo uruguayo.

Algunas de dichas consideraciones tienen relación con ciertas características generales del Derecho laboral de este país, que deben ser tenidas en cuenta por el analista, pues necesariamente impactan en cualquier estudio que pretenda determinar la forma en que un instituto (en este caso, la formación profesional) interactúa con los diferentes ámbitos y aspectos de la disciplina.

Dentro de estas características generales deben señalarse, por ejemplo, el muy marcado fragmentarismo y dispersión que resulta propio al Derecho positi-

---

1   Como sucede en el caso de España, donde el Estatuto de los Trabajadores refiere explícitamente a la formación profesional y a su vinculación con el contrato de trabajo. Cfe. Mirón Hernández, María del Mar, *El derecho a la formación profesional del trabajador*, CES, Colección Estudios, Madrid, 2000; Valdés de la Vega, Berta, *La profesionalidad del trabajador en el contrato laboral*, Ed. Trotta, Madrid, 1997.

2   Barbagelata, Héctor-Hugo, Derecho del Trabajo, 2ª ed. actualizada, T. I, vol. 2, FCU, Montevideo., 1999, p. 174; Barretto Ghione, Hugo, *La obligación de forma a cargo del empleador. Una relectura del derecho del trabajo en clave de formación*, FCU, Montevideo, 2001.

vo laboral uruguayo, donde no existe un *corpus* jurídico que lo sistematice y le otorgue cohesión. Esto determina que, contrariamente a lo que acontece en otros casos de derecho comparado –donde existen códigos u otros instrumentos jurídicos similares, tales como consolidaciones de leyes, estatutos, leyes con vocación sistematizadora, etc.– el intérprete que desee analizar un instituto a través de sus manifestaciones en los diversos ámbitos del derecho laboral uruguayo, carece de la facilidad de ver restringida su tarea al estudio de una herramienta única y ordenada y, en cambio, se ve constreñido a ir *saltando de norma en norma* y a afrontar los riesgos de errores u omisiones que esta tarea –seguramente ingrata– le acarreará.

3. Por otra parte, y casi como un corolario de la constatación anterior, debe señalarse que el Derecho laboral uruguayo carece totalmente de referencias conceptuales al contrato individual de trabajo.[3] En este caso ni siquiera es posible hablar de asistematicidad, sino que simplemente se trata de una casi total inexistencia de normas. En tal sentido, si bien existen normas que regulan –siempre de manera asistemática, concreta y específica– diversos institutos relativos a la relación individual de trabajo (jornada de trabajo, horas extras, descansos, licencias, salario vacacional, aguinaldo, indemnización por despido, etc.), en cambio no existe ninguna referencia normativa a la *noción* de contrato de trabajo.[4]

4. Las dos características anotadas influyen decisivamente en otro de los rasgos típicos que merecen ser mencionados a los efectos del presente estudio: el amplio margen de actuación que en el derecho del trabajo uruguayo existe para las interpretaciones doctrinarias y jurisprudenciales.[5]

Muy buena parte de los institutos de la disciplina dependen, en sus características y hasta en su propia concepción o existencia, de la elaboración doctrinaria y de su acogimiento jurisprudencial. Es la elaboración de la doctrina la que le ha dado a esta disciplina jurídica la cohesión, el método y hasta la autonomía, que difícilmente habría alcanzado si estos elementos dependieran exclusivamente de desarrollos provenientes del Derecho positivo.

Por otra parte, también a partir de esta circunstancia se advierte que muchos de los institutos que conforman el Derecho del trabajo uruguayo resultan objeto de una variabilidad superior a la que puede detectarse en otras materias, puesto que con gran frecuencia aquellos carecen de la rigidez que les otorgaría una definición o una referencia proveniente de la norma positiva.

Para finalizar el repaso de las características del Derecho del trabajo uruguayo que impactan en un estudio como el que aquí se desarrollará, es preciso seña-

---

3   Cfe. Barbagelata, H-H, *Derecho del Trabajo*, T. I, vol. 2, p. 161, nota 3.
4   Op. cit.
5   Barbagelata, H-H, *El particularismo del Derecho del Trabajo*, FCU, Montevideo, 1995, pp. 27-29.

lar, también, la inexistencia *casi* absoluta de normas heterónomas sobre derecho colectivo. Esta anomia en la materia, ha distinguido al país en el Derecho comparado en general y muy especialmente en el contexto de América latina, fuertemente impregnado por la tendencia contraria.

2. La formación profesional en el Derecho positivo uruguayo

5. También es preciso realizar algunas otras consideraciones preliminares, más específicamente enfocadas al tema de la formación profesional. En este sentido, en Uruguay resulta notoria la ausencia –o al menos la escasez manifiesta– de normas de Derecho positivo que hagan referencia a la formación profesional.

La creación en 1992, de la Dirección Nacional de Empleo (DINAE) y la Junta Nacional de Empleo (JUNAE) –ambos dentro de la órbita del Ministerio de Trabajo y Seguridad Social–,[6] así como el respaldo financiero que significa el Fondo de Reconversión Laboral, parecieron darle una renovada dinámica al abordaje de la formación profesional. La JUNAE promovió un mayor involucramiento de los actores sociales en la temática formativa, circunstancia que alentaba que las políticas y programas a emprenderse en la materia, tuvieran una mayor relación con la realidad nacional. Sin embargo, transcurrida una década de promulgadas las normas que crearon los mencionados organismos, es posible percibir un enlentecimiento, o hasta un estancamiento en el desarrollo de políticas y programas de formación profesional en el Uruguay.

6. Mucho más notoria es la ausencia de normas de Derecho positivo que planteen la vinculación entre formación profesional y la relación individual de trabajo o su desarrollo dinámico. En este caso, como habrá de señalarse en los párrafos subsiguientes, más allá de algunas excepciones claramente identificables (relacionadas en general con la presencia de tipos contractuales que pretenden fomentar experiencias laborales de tenor formativo), el Derecho laboral uruguayo carece de normas que aludan a la formación profesional y a su incidencia en el *iter* configurativo o en el proceso de desenvolvimiento de la relación de trabajo.

3. Importancia de los principios de la formación profesional

7. Esta pobreza de normas explícitas que en las cuestiones relativas a la formación profesional caracteriza al Derecho positivo uruguayo, realza la vigencia y trascendencia de determinados principios rectores que constituyen la esencia

---

| 6   Ley N° 16.320 del 1° de noviembre de 1992, con las modificaciones introducidas por la Ley N° 16.736.

de las más relevantes normas internacionales sobre la materia y que, en coordinación con los principios propios del Derecho del trabajo, se presentan como bases fundamentales a tener en cuenta en cualquier abordaje de la temática.

La formación profesional ha sido objeto de particular preocupación para la OIT desde su propia creación. Además de las referencias contenidas en la Constitución del Organismo y en la Declaración de Filadelfia, desde 1921 diversas normas internacionales –convenios y recomendaciones– abordaron frecuentemente la temática, vinculándola inicialmente con determinadas actividades o sectores (agricultura, construcción, transportes marítimos, pesca), para luego comenzar a desarrollarla con un carácter más amplio, formulando principios y métodos aplicables en forma general al conjunto de las actividades de formación profesional.[7]

8.   Resultan particularmente trascendentes los principios que se derivan del convenio internacional sobre la orientación profesional y la formación profesional en el desarrollo de los recursos humanos (CIT N° 142)[8] y a su complemento, la Recomendación N° 150.[9]

A pesar de que hasta la fecha Uruguay no ha ratificado el convenio internacional N° 142 y que en consecuencia, formalmente sus disposiciones no son obligatoriamente aplicables a este país, es importante destacar que resulta posible sostener que los contenidos del mismo ingresan al ordenamiento jurídico interno a través del mecanismo que establecen los art. 72 y 332 de la Constitución de la República, en tanto refieren a temáticas inherentes a la personalidad humana y proveen soluciones inspiradas en las doctrinas generalmente admitidas en lo relativo a la formación profesional.[10].

Según se ha señalado,[11] del análisis del convenio N° 142 y de la recomenda-

7   BIT, Desarrollo de los recursos humanos. Orientación y formación profesionales, licencia pagada de estudios. Conferencia Internacional del Trabajo, 78ª reunión, 1991, Ginebra, pp. 3 y 4.

8   Adoptado en la 60ª sesión de la Conferencia General de la OIT, el 23 de junio de 1975 y cuya vigencia comenzara el 19 de julio de 1977.

9   Aprobada en la misma sesión de la Conferencia General de la OIT.

10   El art. 72 cierra la Sección II de la Constitución y enuncia que la enumeración de derechos, deberes y garantías que se incluye explícitamente en la misma, posee carácter no taxativo y por este motivo, no excluye a otros que puedan considerarse inherentes a la personalidad humana o derivados de la forma republicana de gobierno. El art. 332 establece que los bienes jurídicos que reconoce la Constitución (sea explícitamente, a través de su enunciado expreso, o implícitamente, a través del mecanismo del art. 72) son en todos los casos autoejecutables, y por tal motivo, no deben aguardar la reglamentación para ser considerados como objetos de tutela jurídica. En estos casos, la ausencia de reglamentación debe suplirse "...recurriendo a los fundamentos de leyes análogas, a los principios generales de derecho y a las doctrinas generalmente admitidas". Sobre el punto, más extensamente, Garmendia Arigón, Mario, *Orden público y Derecho del Trabajo*, FCU, Montevideo, 2001, p. 46 y ss., Ermida Uriarte, O., "Derechos laborales y comercio internacional", Ponencia al V Congreso Regional Americano de Derecho del Trabajo y de la Seguridad Social, Lima, 16-19 de setiembre de 2001.

11   Garmendia Arigón, Mario, *Legislación comparada sobre formación profesional: una visión desde los convenios de la OIT*, Montevideo, Cinterfor/OIT, 2000.

ción N° 150 pueden extraerse siete principios que echan las bases de lo que en el criterio de la OIT debería ser el desarrollo de los recursos humanos.

Los mismos son los siguientes:

a)   el principio de adecuación a la realidad;
b)   el principio de integralidad;
c)   el principio de antropocentrismo;
d)   el principio de instrumentalidad;
e)   el principio de universalización gradual;
f)   el principio de igualdad; y
g)   el principio de participación.

A los efectos del presente análisis resultan aplicables cinco de los principios enunciados: el principio de adecuación a la realidad (especialmente –pero no exclusivamente– en lo relativo a su vertiente particular, es decir, la formación específica que recibe el individuo), el principio de integralidad, el principio de antropocentrismo, el principio de igualdad y el principio de participación.

3.1. *Principio de adecuación a la realidad*

9.   Este principio tiene dos vertientes: por una parte, una de sentido general, relativa a la generación y aplicación de las políticas y programas de orientación y formación profesional, actividades en las que deben tenerse en cuenta las necesidades, posibilidades y problemas de empleo, el nivel de desarrollo económico, social y cultural y la vinculación existente entre el desarrollo de los recursos humanos y otros objetivos económicos sociales y culturales[12] y en las que habrán de escogerse métodos adaptados a las condiciones nacionales.[13]

Por otra parte, se evidencia una segunda vertiente de carácter particular o concreto, relativa a la formación específica que debe recibir el individuo, la que debe mantener un permanente y constante vínculo con el mundo real del trabajo. Esto implica que resulte imprescindible que la formación recibida en el ámbito escolar o académico se complemente con una adecuada experiencia práctica en el seno de la empresa,[14] debidamente planificada por el organismo competente, en cuanto a sus procedimientos, métodos, objetivos y evaluaciones o certificaciones.[15]

En este segundo sentido, este principio se relaciona con el principio de instrumentalidad.

---

12   Convenio N° 142: art. 1, num. 2, lit.es a, b y c).
13   Convenio N° 142: art. 1, num. 3.
14   Recomendación N° 150: párrafo 22.
15   Recomendación N° 150: párrafo 24.

10. A partir de este principio, se infiere la necesidad de que exista una estrecha y dinámica vinculación entre la formación profesional y la relación de trabajo. Un sistema formativo que se desarrolle de espaldas al universo del trabajo real -en cuyo eje se ubica, precisamente, la relación de trabajo- representa un desconocimiento de este principio y seguramente terminaría por constituirse en una estructura vacua y condenada al fracaso a raíz de su carencia de lazos con el ambiente productivo.

3.2. Principio de integralidad

11. El desarrollo de los recursos humanos debe partir de políticas y programas "completos y coordinados"[16] que conciban al sistema de enseñanza como un todo integrado y abarcativo tanto de la formación escolar, como de la desarrollada en el ámbito de la empresa. Esto permite obtener la racionalización de los recursos, evitando contraproducentes superposiciones de competencias.

De este modo, un ordenamiento jurídico carente de normas encaminadas a fomentar la existencia de una estrecha relación entre el universo académico y el universo de la empresa, desaprovecha la posibilidad de establecer coordinaciones útiles y mutuamente enriquecedoras.

3.3. Principio de antropocentrismo

12. El individuo humano es el centro fundamental de todo el sistema formativo y por este motivo, todas las actividades relativas a la formación y orientación profesional deben fijarse como meta principal que la persona alcance a comprender su medio social en general y su medio de trabajo en particular, y esté en condiciones de incidir en estos, tanto individual como colectivamente.[17]

Los abordajes de la temática de la formación profesional en ningún caso deben iniciarse a partir de la premisa de pretender alcanzar por intermedio de este instrumento, una suerte de adiestramiento del individuo, de modo que este termine por convertirse en una mera *"pieza útil"* del engranaje productivo. Por el contrario, los análisis relativos a la formación profesional siempre habrán de tener presente la atención primordial de la necesidad de alcanzar o facilitar un desarrollo cabal de la persona en cuanto tal.

Esto necesariamente supone la búsqueda de un equilibrio entre el interés personal del individuo, que naturalmente puede estar primordialmente inclinado al deseo de desarrollo integral, y el interés general de la sociedad en contar con individuos preparados para cumplir con las finalidades colectivas.

---

16   Convenio N° 142: art. 1, num. 1.
17   Convenio N° 142: art. 1, num. 4.

3.4. *Principio de instrumentalidad*

13. Este principio resalta la estrecha relación que existe entre la formación profesional y el empleo. En este sentido, las necesidades, posibilidades y problemas en materia de empleo deben ser tenidas especialmente en consideración al momento de establecer las políticas y programas relativos a la formación profesional.

Los sistemas de formación deben constituirse en instrumentos eficaces para brindar al individuo la posibilidad de acceder y mantener un empleo, facilitarle una adecuada inserción en el mercado de trabajo y mediante su ubicación en el mismo, encontrar un camino hacia la satisfacción personal así como hacia la contribución útil para la sociedad.

3.5. *Principio de igualdad*

14. Este principio fundamental adquiere múltiples proyecciones cuando se analiza desde la perspectiva de la vinculación existente entre la formación profesional y la relación de trabajo.

Toda persona tiene derecho a acceder en pie de igualdad y sin discriminación alguna, a la formación profesional que le permita desarrollarse en el plano individual y colectivo, en los términos que se desprenden de los principios que vienen desarrollándose.[18] Sin duda, esta manifestación influye decisivamente en muchas de las soluciones que se alcancen en la dinámica del vínculo laboral.

Además, el correcto desarrollo del principio de igualdad en esta materia, supone la necesidad de brindar tratamientos especiales para contemplar a determinadas categorías particulares de personas o sectores de la actividad económica.

15. Por otra parte, el principio de igualdad adquiere otra dimensión, de trascendental importancia en esta materia, en la medida que la formación profesional -así como la consecuente cualificación adquirida en virtud de su desarrollo por el trabajador- puede constituirse claramente en un *criterio lícito de distinción* entre diversos trabajadores y se presenta como un parámetro comparativo fundamental, por su objetividad, al momento de adoptar soluciones en diferentes momentos del desarrollo de la relación de trabajo.

No es jurídicamente disvalioso el establecimiento de distinciones entre personas o grupos, si aquellas están fundadas en razones lícitas y objetivamente demostrables.[19] El principio de igualdad, que representa uno de los valores fun-

---

18 Convenio N° 142: art. 1, num. 5.
19 El art. 8 de la Constitución de la República, consagrando esta máxima dispone "Todas las personas son iguales ante la Ley, no reconociéndose otra distinción entre ellas, sino la de los talentos o las virtudes".

damentales del estado de derecho, no necesariamente implica tratamiento igualitario para todas las personas con abstracción de cualquier elemento diferenciador de relevancia jurídica (como pueden serlo los talentos y las virtudes a las que alude el texto constitucional). La exigencia formal de igualdad no excluye la posibilidad de diferenciar entre personas que se hallan en circunstancias diferentes, siendo requisito de dicha eventual diferenciación, que la misma encuentre fundamento en criterios jurídicamente relevantes, es decir, que las personas efectivamente pertenezcan a clases diferentes.[20]

Obsérvese que a la luz de lo expresado y por lo que habrá de desarrollarse en los siguientes párrafos, la formación profesional, adquirida o en tránsito de adquisición por parte de un trabajador, se presenta como un factor fundamental a tener en cuenta a los efectos de arribar a ciertas soluciones en el desarrollo del vínculo laboral.

3.6. Principio de participación

16. Este principio fomenta la participación de todos los actores sociales en los procesos relativos a la formación profesional, intentando evitar la imposición unilateral de sistemas o iniciativas, que más allá de sus virtudes o defectos, pueden resultar incapaces de generar el grado suficiente de compromiso como para convertirse en eficaces y alcanzar así un aceptable nivel de aplicación práctica.

Dado que el principio guarda una cierta relación con el tema de las fuentes de financiación de la formación profesional, el párrafo 4, num. 5 de la Recomendación N° 150, menciona elípticamente una invitación a "...las empresas a aceptar la responsabilidad de formar a sus trabajadores", atribuyéndole así a este actor, una suerte de deber al respecto. La conceptualización contenida en esta disposición se torna un poco más contundente a la luz de lo señalado en el párrafo 22, num. 1, donde se insiste en que "Las empresas deberían, en consulta con los representantes de los trabajadores, los interesados y las personas responsables de su trabajo, establecer planes de perfeccionamiento para su personal..."

17. Expuestas las bases conceptuales fundamentales que habrán de guiar buena parte de los razonamientos a realizarse, seguidamente se desarrollarán los puntos de contacto que se advierten entre la formación profesional y el contrato individual de trabajo.

---

20 Garmendia, M., "El principio de igualdad aplicado a la materia salarial", *in Temas Prácticos de Derecho Laboral 2*, FCU, 2001, p. 95 y ss.
21 Gamarra, Jorge, *Tratado de Derecho Civil Uruguayo*, T. XI, FCU, Montevideo, 1979, p. 12.
22 *Op.cit.*

II. FORMACIÓN PROFESIONAL Y CONTRATO DE TRABAJO

1. La formación profesional en la etapa precontractual

18. El período precontractual es aquel que precede al momento del perfeccionamiento del contrato de trabajo y su existencia –más o menos prolongada, según cada situación particular– se caracteriza, en esencia por el hecho de que los actos que tienen lugar dentro de la misma carecen de valor vinculante entre las partes.[21] Se trata de una etapa de formación, en la que predomina la incertidumbre en cuanto a su resultado final, el que podrá consistir en el acuerdo de voluntades o culminar de manera más o menos abrupta, en caso de que alguno de los sujetos que desarrolla las tratativas, opte por abandonarlas antes de que se alcance dicha instancia.[22]

No es frecuente que los autores laboralistas dediquen mayores desarrollos al análisis de la etapa previa al perfeccionamiento del contrato de trabajo. En general, quienes se abocan al estudio de este tema tienden a ubicarlo conceptualmente en capítulos diferentes del destinado al desarrollo de la noción del contrato de trabajo, pues lo asocian a los ámbitos propios de la seguridad social, en la medida que se vincula con cuestiones relativas a la desocupación y su combate.[23]

Sin embargo, siguiendo lo postulado por Plá Rodríguez,[24] debe resaltarse la importancia de este momento previo, de preparación del futuro contrato de trabajo.

19. Contrariamente a lo que puede suceder con otros contratos, en los que es factible que acontezca lo que la doctrina civilista ha denominado la *"formación instantánea"*,[25] en el contrato de trabajo –salvo casos cada vez más excepcionales– la existencia de una etapa precontractual, más o menos prolongada, resulta prácticamente imprescindible. Ello es el corolario natural del carácter personalísimo que asume la prestación a la que se obliga el trabajador y el consecuente interés del empleador por conocer los rasgos personales y aptitudes de quien habrá de contratar.

En particular, y sin perjuicio de los motivos que con carácter general expone el autor más arriba mencionado para sostener la trascendencia que posee esta

---

23 Plá Rodríguez, Américo, *Curso de Derecho Laboral*, cit., p. 91.
24 *Op.cit.*, pp. 91-92.
25 Gamarra, J., *Tratado...*, T. XI, cit., p. 12.

etapa preliminar del contrato de trabajo, corresponde señalar que, en el plano más concreto de lo vinculado con la formación profesional, este período es de la máxima importancia.

En este sentido debe recordarse, en primer término, que no en vano la formación profesional es presentada habitualmente como un instrumento hábil para paliar el desempleo, en la medida que permite o facilita el acceso del trabajador cualificado al mercado de trabajo. Si bien es evidente que resulta un exceso suponer que la formación profesional, en solitario, está en condiciones de provocar efectos profundos en la generación de nuevos empleos, no es, sin embargo, posible desconocer que su incidencia en estos temas no es menor.

Es precisamente en las etapas de gestación del contrato de trabajo cuando la formación profesional adquiere una de sus proyecciones prácticas más claras, pues es en este momento cuando se establece el nexo entre la cualificación exigida por el empleador para adjudicar el puesto de trabajo vacante y la que los postulantes que aspiran a acceder al mismo están en condiciones de ofrecer. Y aquí es donde se advierte uno de los momentos en los que la exhibición y valoración de la formación profesional que ostenta el trabajador adquiere una de sus dimensiones más relevantes.

Resulta por demás significativo que, contrariamente a lo que acontece en el caso de otros contratos (donde la etapa precontractual consiste en una serie de tratativas relativamente complejas y en la que, con razón se ha señalado, la voluntad de *ambas* partes se encuentra *"todavía en movimiento"*),[26] el período *precontractual laboral* está, en la mayoría de los casos, destinado casi exclusivamente, a que el empleador pueda desentrañar cuál de los diversos aspirantes que se le ofrecen (de quienes, en los hechos y por regla general, ya en la etapa precontractual se descarta la existencia de una voluntad consolidada de acceder al empleo, sin estar en condiciones de negociar cuestiones relevantes en relación con el mismo) es el más adecuado para cubrir el puesto para el que convoca. Va de suyo que dentro de las diversas variables que habrá de apreciar el empleador en esta etapa, la formación profesional que ostente el trabajador constituye una de las más relevantes.

20. La casi inexistente regulación normativa del contrato de trabajo determina un escenario en el que las partes se manejan con la más absoluta libertad en el momento de establecer su contacto inicial, no siendo posible detectar ninguna norma heterónoma que imponga restricciones o condicionamientos al respecto y resultando en la actualidad extremadamente infrecuentes las disposiciones de origen convencional que establezcan procedimientos o formalidades específicas que necesariamente deban respetarse a los efectos de proveer una vacante.

---

26 *Op. cit.*, p. 15, según Gamarra, en esta etapa las partes desean simplemente probar o ensayar la conveniencia u oportunidad de celebrar un contrato, *op. cit.*, p. 17.

Por otra parte, el relativamente escaso desarrollo –en términos comparativos– en nuestro país poseen los que podrían denominarse *"sistemas complejos"* para la conexión de la oferta y la demanda de trabajo (agencias de colocación, empresas suministradoras de mano de obra temporal, etc.) determinan que aún en la actualidad la fórmula más frecuentemente transitada para establecer el contacto entre el trabajador y el empleador continúe siendo la más primitiva, es decir aquella consistente en la vinculación, más o menos directa, entre ambos sujetos.

Por este motivo, se comenzará abordando esta primera modalidad de inicio del vínculo laboral, para luego pasar a analizar las repercusiones que la formación profesional puede provocar en otros mecanismos de conexión entre la oferta y la demanda de mano de obra, como el de las agencias de colocación o las empresas suministradoras de mano de obra temporal. Como se advertirá, muchas de las consideraciones que se realicen en referencia con esta primera modalidad, también resultarán trasladables a los restantes mecanismos.

1.1. *La formación profesional en las situaciones en las que se establece un nexo directo entre la oferta y la demanda de trabajo*

1.1.1. *La convocatoria a aspirantes*

21. La convocatoria a interesados para cubrir una vacante laboral, realizada por el empleador, normalmente constituye el acto que da inicio al proceso formativo del contrato de trabajo. En la misma, el empleador especificará las características y niveles de la formación profesional que *según su criterio* se requiere para el desempeño del puesto de trabajo que ofrece y es a partir de esta primigenia definición que se habrán de consolidar muchos de los futuros rasgos que exhibirá la relación de trabajo.

Esta definición empresarial del *perfil requerido* para el cargo, provoca una primera y natural consecuencia lógica: en el universo de las personas que se encuentran a la búsqueda de empleo se producirá una división entre quienes consideran que cumplen con las condiciones indicadas en la convocatoria y quienes asumen que la misma no está dirigida a ellos.

A su vez, dentro de este último contingente de personas que se "autoexcluye" de la convocatoria, seguramente podrán distinguirse, al menos tres subtipos:

a) el de quienes no poseen una formación relacionada con el objeto de la convocatoria (por ejemplo, la convocatoria dirigida a estudiantes avanzados de Ingeniería, no atraerá a estudiantes de Medicina);

b) el de aquellos que, a pesar de que poseen una cualificación relacionada con el objeto de la convocatoria, estiman que no alcanzan el nivel de formación requerido en la misma y que, por este motivo podrían denominarse "subcua-lificados" (para seguir con el mismo ejemplo: en la convocatoria a estudiantes avanzados de Ingeniería, se autoexcluye el estudiante de esta carrera que recién ha iniciado sus estudios); y

c) el de aquellos que poseyendo una formación de nivel superior a la exigi-da, no se sienten atraídos por la convocatoria, sea por razones salariales, de pres-tigio profesional, autoestima, *status*, etc. Quienes integran esta categoría podrían denominarse "sobrecualificados" (en el mismo ejemplo: en la convocatoria a es-tudiantes avanzados de Ingeniería, se autoexcluye el Ingeniero ya recibido).

22. A partir de De Ferrari,[27] la doctrina vernácula parece haber aceptado, sin mayores hesitaciones, que constituye una prerrogativa patronal la determina-ción y selección de quiénes habrán de constituirse en sus trabajadores depen-dientes. De ello también se deriva la consecuencia de que el empleador posee discrecionalidad para establecer las características y condiciones de la convoca-toria a los interesados. Esta posición encuentra fundamento en la circunstancia de ser el empleador el sujeto sobre quien recae la responsabilidad y la facultad de establecer las pautas a partir de las cuales habrá de organizarse el trabajo y sobre quien, en última instancia y en virtud del concepto de ajenidad, deberían recaer en exclusividad las contingencias favorables o desafortunadas del emprendimiento acometido.

Sin embargo, más que por fundamentos jurídicos, esta circunstancia se im-pone a partir de la fuerza de los hechos. En un marco de absoluta libertad de contratación, es el empleador, quien se encuentra en condiciones de imponer su voluntad a la hora de establecer las pautas o criterios de selección de sus depen-dientes. Pero esto no significa que en esta etapa previa el empleador pueda des-envolverse en un ambiente carente de todo límite. Por el contrario, si bien es correcto señalar la amplia discrecionalidad que en esta etapa ostenta el empleador, también es preciso exponer que este estado se distingue de la mera arbitrariedad, del actuar exclusivamente caprichoso o compulsivo.

El período precontractual se desenvuelve en una dinámica sujeta a la égida de un principio que ostenta la doble condición de pertenecer a la teoría general del Derecho y al acervo propio y particular del Derecho del trabajo: *la buena fe*. Esta buena fe constituye una *normativa o pauta de conducta específica* que debe ser respetada por las partes durante el desarrollo de la etapa precontractual[28] y que se expresa como un *deber objetivo de comportarse en forma leal*.

Sin embargo, esta pauta de conducta no se agota exclusivamente en un de-ber *pasivo* de no dañar a otro, sino que, mucho más allá de ello, incluye la necesi-dad de ajustar el comportamiento propio a un deber *positivo*, de *colaboración*. Se-

---

27   De Ferrari, F., *op. cit.*, p. 34.
28   Cfe. Gamarra, J., *op.cit.*, p. 31.

gún ha sido definida por la doctrina civilista, la buena fe objetiva "...consiste en un comportamiento de cooperación, que conduce a colmar la expectativa ajena mediante una actividad propia de carácter positivo, que se desenvuelve en interés ajeno".[29]

23. De modo que, es a partir del momento en que se elabora la convocatoria a aspirantes para cubrir la vacante (acto que da inicio al período precontractual) que comienza a regir este *deber de actuar de buena fe*.

Esto implica que, contrariamente a lo que a primera vista podría suponerse, en el *acto de formulación de la convocatoria laboral* no solamente se encontrará presente el interés del empleador por exponer de la manera más atractiva las características del puesto de trabajo que requiere, sino que además, en virtud de la vigencia –ya a partir de este momento– del deber de buena fe, también el empleador deberá prever que la convocatoria sea realizada en términos suficientemente diáfanos y precisos, de forma tal que exprese de manera sincera cuáles son las exigencias y potencialidades que el puesto ofrecido encierra.

Por otra parte, es evidente que este imperativo genérico de actuación de buena fe que pesa sobre el empleador a partir de este momento (y cuyos destinatarios – o sujetos activos– aún son una masa abstracta e indefinida, integrada por el conjunto de personas que pueden estar a la búsqueda de empleo), también constituye una verdadera *carga*, expresión que en su sentido jurídico tradicional ha sido definida como el *imperativo del propio interés*.[30] Es claro que para el empleador existe la necesidad de expresar de la forma más ilustrativa cuáles son las características del trabajador que está requiriendo, ya que una eficaz resolución de este punto seguramente le evitará pérdidas de tiempo y equívocos.

24. Es a partir de la vigencia de este deber de buena fe que la convocatoria debe realizarse de manera tal que no induzca en error, sino que exprese con claridad las condiciones requeridas para aspirar a ocupar el puesto vacante. De este modo, entre la serie de elementos que el empleador que actúa de buena fe tiene el deber –y, según se vio, también la carga– de indicar en la convocatoria, ocupará un lugar muy relevante el relacionado con las características y el nivel de la formación profesional que se requerirá al postulante interesado.

En el logro de esta primera y elemental finalidad está involucrado el interés propio de la empresa convocante, y sin dudas, también lo estará el de la masa abstracta de personas que se encuentra a la búsqueda de empleo e, inclusive, el de toda la sociedad, en la medida que no sería deseable que se generalizara la práctica de realizar convocatorias confusas o engañosas, con el consecuente efecto dispendioso que en términos humanos y económicos esto provocaría.

29 Betti, Obblig., I, p. 71, cit. por Gamarra, J., *op. cit.*, p. 48.
30 Cfe. Couture, E., *Vocabulario Jurídico*, 4ª reimpresión, Depalma, Buenos Aires, 1991.

Por lo demás, no resulta irrelevante desde el punto de vista jurídico la circunstancia de que con esta convocatoria se genera un *interés* en un determinado colectivo de personas que, con mayor o menor fundamento, pueden considerarse incluidas dentro del perfil definido en aquella. Este *interés,* que en las etapas iniciales de la convocatoria constituirá una mera expectativa o esperanza (prácticamente carente de virtualidad jurídica) irá potenciándose luego durante el transcurso del proceso de selección –adquiriendo el carácter de *interés legítimo*–[31] para finalmente –y una vez que sea formalizada por el empleador la propuesta concreta de empleo– transformarse en *derecho subjetivo al puesto de trabajo,* concomitantemente con el inicio del vínculo laboral.

Más adelante se analizan cuáles podrían ser las consecuencias que en el plano de la responsabilidad jurídica, surgirían a partir de los eventuales daños que ocasionalmente se provocaran en las distintas fases de esta etapa precontractual laboral.

25. El principio de buena fe también determina la presencia de otras consecuencias relevantes en esta etapa precontractual laboral. Otra de sus manifestaciones consiste en que resulta exigible al empleador convocante, la precaución de ponderar que los requerimientos de formación profesional que incluirá en la misma guarden una razonable adecuación con las necesidades que presente el cargo a cubrir. El empleador debe evitar incurrir en excesos innecesarios, que no solamente pueden provocar distorsiones graves en el mercado de trabajo, sino que, además, potencialmente encierran el riesgo de generar frustraciones o situaciones incómodas a personas que, poseyendo los niveles de formación artificialmente exigidos en la convocatoria, luego constaten que el puesto de trabajo no les ofrece las contrapartidas estimulantes que podían preverse.

Este es un punto donde el principio de buena fe se conecta con el *principio de razonabilidad.*

26. Si bien es cierto que los requerimientos del mundo moderno determinan que sean cada vez mayores las exigencias que en materia de formación profesional se plantean a los trabajadores, no lo es menos que en contextos de crisis de empleo y frente a una oferta masiva de mano de obra desocupada, es fácil que los empleadores puedan caer en la tentación de pretender cubrir sus puestos con trabajadores "sobrecualificados" que, viéndose en la necesidad de conseguir un empleo, acepten ocupar categorías laborales de niveles y remuneraciones infe-

---

31   Se recurre a esta idea, propia del Derecho público, porque parece resultar adecuadamente aplicable a esta situación. Según explica Cassinelli Muñoz, el interés legítimo es un "...interés (calificado) que se traduce en la *esperanza* de una providencia cuya expedición, constituyendo un deber de la Administración, es idónea para satisfacer la esperanza", *in* "Acción de impugnación y acción de cumplimiento en lo contencioso administrativo para la tutela de intereses legítimos", *in Revista de Derecho, Jurisprudencia y Administración,* T. 70, p. 109.

riores a los que razonablemente podrían aspirar de acuerdo a la formación profesional que ostentan.

Sin dudas se trata de un problema de muy difícil solución, pues es en gran medida el *mercado de trabajo* el que regulará los límites de las eventuales pretensiones artificiales que en este sentido puedan plantear las empresas. De cualquier forma, es claro que el deber de buena fe que debe impregnar las actitudes en esta etapa precontractual, contiene una importante dosis de componentes éticos, cuyo acatamiento debería imponerse al empleador por razones sociales, incluso por encima de las especulaciones a las que seguramente podría quedar habilitado en mérito al libre juego de la oferta y la demanda de empleo.

27. Otro punto que merece ser analizado es el de las convocatorias que, a partir de determinadas exigencias relacionadas con la formación profesional, introducen elementos discriminatorios y por lo tanto, resultan ilegítimas. En este caso resultará de aplicación el principio de igualdad, que, como se indicara, constituye uno de los basamentos fundamentales del sistema jurídico en general y de la dinámica de la formación profesional, en particular.

Al formular la convocatoria, el empleador deberá evitar especialmente la introducción de elementos que impliquen la presencia de criterios discriminatorios. Esto supone que le estará vedada la posibilidad de establecer diferenciaciones entre las personas sobre la base de pautas o criterios no aceptables, intolerables y, en definitiva, ilícitos. El principio de igualdad, contemplado en el texto constitucional y en normas internacionales, carece a nivel legal de los desarrollos que por su importancia merece, en especial en cuanto a sus proyecciones en materia laboral.[32] Sin embargo, esto no puede ser interpretado en mengua de la efectiva vigencia y trascendencia del principio, el que, en todo los casos merece ser objeto de una aplicación rigurosa y acorde con la esencia y finalidades del Derecho laboral.

En esta línea debe señalarse que el acto de convocatoria que realiza el empleador puede constituir una oportunidad para introducir requisitos que encierren una actitud discriminatoria, más o menos explícita. En tal sentido, la referencia a ciertos aspectos relativos a la formación profesional exigida al trabajador, puede contener elementos de tenor discriminatorio. Así, ya ha sido señalado que puede ser considerado discriminatorio el planteamiento de exigencias en materia de formación profesional que resulten groseramente desproporcionadas con relación a las necesidades que razonablemente exigiría el puesto de trabajo para el cual se está convocando.

---

32 En este sentido, la ley N° 16.045, de 2 de junio de 1989 y su decreto reglamentario, N° 37/997, de 5 de febrero de 1997, sobre no discriminación por razón de género en materia laboral, aparecen como honrosas excepciones respecto de lo indicado con carácter general.

Pero mucho más flagrante que esta situación es la que se presenta cuando, en ausencia absoluta de todo criterio objetivo, un empleador realiza una convocatoria dirigida exclusivamente a quienes han adquirido una formación profesional en *determinada* institución formativa y excluye de la misma a quienes han recibido una *formación idéntica* en otras instituciones. Este tipo de actitudes deben ser apreciadas con criterio estricto y solamente pueden tolerarse en caso que existan *diferencias objetivas* entre las instituciones (por ejemplo, que la convocatoria esté limitada a personas formadas en instituciones que cuenten con reconocimiento oficial), o cuando el empleador convocante esté en condiciones de acreditar que existe alguna circunstancia que permita distinguir *objetivamente* el nivel, los sesgos o las características específicas de la formación profesional impartida en las diferentes instituciones y que, además, ese elemento distintivo posea suficiente relevancia para el desempeño del puesto requerido.

De lo contrario, se estaría estimulando una estrategia mediante la cual, sin que necesariamente exista un respaldo objetivo, se prestigia la formación impartida en una determinada institución que así logra *cotizarse* a partir de mecanismos espurios.

En estos casos, el empleador sería responsable doblemente: por un lado, frente a las personas que poseyendo una formación profesional con las características requeridas en la convocatoria, resultan excluidas de la misma por el mero hecho de no haberla adquirido en determinada institución. Por otra parte, también el empleador puede ser llamado a responsabilidad por la o las instituciones que han sido excluidas de la convocatoria sin que existan elementos objetivos y relevantes que fundamenten razonablemente esa suerte de *preselección*.

1.1.2. *El proceso de selección*

28. Una vez que han sido planteadas las características de la convocatoria laboral y conformado el contingente de aspirantes que, en principio, se autoconsideran en condiciones de acceder al puesto ofrecido, comienza el proceso de selección.

Como se sabe, la complejidad y prolongación de este proceso puede ser muy variable según los casos, pudiendo presentarse como un acontecimiento casi instantáneo o como un largo derrotero. También son variables los mecanismos o instrumentos que en él se emplean, ya que a veces es el mismo empleador convocante quien interviene en su desarrollo, sea personalmente o delegando la actividad en algún dependiente de su confianza, en tanto que en otras situaciones aparecen terceros, distintos del empleador convocante, asumiendo diversos grados de protagonismo, organizando, asesorando y, en general colaborando con aquél en la tarea de selección.

29. En un proceso de selección laboral serio, es natural que la apreciación de la formación profesional que posee cada uno de los aspirantes sea, sino el único, uno de los aspectos que adquiere mayor relevancia. Es en este momento cuando quien aspira al puesto de trabajo tendrá la carga de exponer todos sus méritos para así lograr distinguirse del resto de los postulantes.

Al igual que acontece en el momento de efectuarse la convocatoria, durante el desarrollo del proceso de selección (que también forma parte del denominado período precontractual) continúa rigiendo el principio de buena fe, el que se expresa en un deber de lealtad recíproca: el empleador deberá exponer al aspirante las características y dificultades que conlleva el puesto convocado, el trabajador, por su parte, deberá estar dispuesto a colaborar con el proceso de selección, demostrando la cualificación que posee y sometiéndose a las pruebas que estén razonablemente encaminadas a valorarla objetivamente. Una de las derivaciones que respecto del trabajador proyecta este deber de buena fe, consiste en exponer lealmente y sin engaños, la formación profesional que efectivamente ostenta, a la que, natural y legítimamente, presentará de la manera que mejor luzca, pero siempre dentro de términos veraces y no artificiosos.

30. El interés del trabajador por exponer sus mejores habilidades al empleador convocante durante el proceso de selección, puede incluso llevarlo a aceptar o proponer demostrarlas mediante el desempeño laboral directo. Es lo que se ha denominado la *"demostración de suficiencia"* y que, según Barbagelata, consiste en *"...brevísimos períodos destinados a la demostración de aptitudes o suficiencia, bajo reserva de que sean verdaderamente tales y que no proporcionen al empleador ninguna ventaja o provecho".*[33]

Este tipo de demostraciones prácticas, pueden admitirse pero siempre en un marco rigurosamente estricto. Esto implica, por ejemplo, que si bien pueden considerarse legítimas respecto de actividades complejas, cuyo desempeño exija habilidades especiales que el empleador desee conocer prácticamente, en cambio podría merecer ciertos reparos en el caso de tareas simples o rutinarias. Por otra parte, y tal como enfatiza el autor citado, el factor relativo a su brevedad temporal se constituye en un elemento definidor de su propia naturaleza. En este sentido, debe señalarse que el límite máximo dependerá de las características de cada situación concreta, así como de las habilidades que se habrán de demostrar. En

---

33 Barbagelata, H-H, *Derecho del Trabajo*, cit., pp. 34-35. El autor distingue esta modalidad, del contrato de trabajo *a o con prueba* y señala que en el caso de la *demostración de suficiencia* resulta admisible su carácter gratuito, en la medida que ni siquiera constituye un verdadero contrato de trabajo, *"...sino una relación especial análoga a la del concurso en que alguien se coloca con la expectativa de conseguir un empleo, sin favorecer al empresario a quien la demostración va dirigida"*. No obstante, el autor aclara que quienes realizan la demostración deben gozar de la protección de la legislación laboral, *"...en primer término, con el propósito de establecer los límites temporales y evitar el fraude pero también, para acordar las garantías que deben rodear la realización de cualquier trabajo"*.

realidad, no parece prudente establecer estos límites a partir de un parámetro estrictamente temporal, sino que resulta más correcto recurrir a un criterio conceptual: de la demostración en ningún caso puede derivarse un provecho económico directo para el empleador, siendo este el punto de inflexión a considerar como tope para esta modalidad.

31. En algunos procesos de selección se plantean distintas fases o etapas que los aspirantes van superando en la medida que su evaluación resulte favorable. Sin embargo, es habitual que en las etapas finales de estos complejos procesos de selección ya no sea la formación profesional de cada aspirante lo que se está evaluando, sino otros aspectos más sutiles de su carácter (aptitudes, rasgos de la personalidad, etc.). Es evidente que esta sucesiva superación de etapas produce el efecto de ir incrementando las expectativas de los aspirantes que se sienten cada vez más cerca del puesto de trabajo. La disposición –siempre voluntaria– del aspirante a someterse a las distintas evaluaciones, entrevistas, pruebas, etc., que componen estos procesos, va generando una contrapartida, también derivada del deber de buena fe, consistente en un *paulatino incremento del compromiso de lealtad e imparcialidad que el empleador seleccionador guarda hacia él.*

En este sentido, en las etapas iniciales del proceso de selección, el aspirante es titular de un *interés simple* (mero interés o expectativa), situación jurídica activa que sólo genera muy tenues efectos obligacionales en el empleador seleccionador, sujeto pasivo de esta sutil relación. Estos efectos se resumen casi exclusivamente en compromisos de no hacer, que implican, en esencia, el deber de no provocar daños (por ejemplo, no generar expectativas a quien notoriamente no tiene posibilidades de avanzar en el proceso de selección, no divulgar datos aportados por el aspirante, etc.). Sin embargo, a medida que el aspirante va sorteando las diversas etapas del proceso de selección, su interés comienza a adquirir rasgos más complejos, para transformarse en *interés legítimo*, es decir, en una situación subjetiva que implica la legítima expectativa de que, desarrollándose a partir de criterios objetivos y razonables –y sin perjuicio de la amplia discrecionalidad que siempre conserva el empleador– el proceso de selección culmine resultándole favorable. Como puede apreciarse, el aspirante aún no posee un *derecho subjetivo* al puesto de trabajo, sino tan solo una *expectativa calificada* (interés legítimo) de estar en condiciones de ser seleccionado para acceder al mismo. En consecuencia, el empleador seleccionador tampoco estará *obligado* a concretar la oferta de trabajo, ya que en esta etapa ostenta una muy amplia esfera de discrecionalidad. Sin embargo, la contrapartida pasiva del interés legítimo ya no se agota simplemente en un *no hacer* (no dañar), sino que, además, asume otros aspectos más complejos, consistentes en el surgimiento de deberes positivos (*de hacer*) hacia el aspirante.

32. En tal sentido, en esta fase se produce un reforzamiento del compromiso de ajustar el comportamiento a los principios de buena fe, razonabilidad e igualdad, de tal forma que:

a) El proceso de selección debe ser real y verdadero, y no una mera construcción artificiosa mediante la cual se intenta disimular u ocultar el ámbito o las intencionalidades a partir de las que, en última instancia, se van a adoptar las resoluciones.

b) La selección debe realizarse sobre criterios razonables, fundados y ajustados a Derecho. Este deber, derivado del principio de razonabilidad, no va en mengua de la amplia discrecionalidad que posee el empleador, pero en cambio descarta la arbitrariedad. En otros términos: el empleador está perfectamente habilitado para seleccionar a quien desee, utilizando para ello sus propios criterios, los que inclusive podrán estar teñidos de subjetividad. Sin embargo, al empleador le estará vedado realizar la selección a partir de criterios ilícitos (por ejemplo, recurrir a parámetros discriminatorios).

c) El aspirante que, habiendo avanzado hasta las últimas etapas del proceso de selección, comprometiendo de buena fe su tiempo e inclusive su mejor esfuerzo, luego termina siendo rechazado, tiene *derecho* a exigir que se le expliciten los fundamentos que han determinado la selección, en forma seria y respetuosa de su dignidad profesional y personal. Debe quedar claro que, salvo que lograra establecerse que la selección ha sido realizada a partir de pautas contrarias a derecho, el aspirante no estará en condiciones de cuestionar el *mérito* de la opción realizada, pues esto –según ha quedado establecido– queda circunscripto dentro del ámbito de discrecionalidad empresarial.[34]

33. En ciertos casos, en el desarrollo de la propia etapa de selección podría plantearse al aspirante la exigencia de realizar ciertas actividades de formación profesional, que se presentan como condición para acceder al puesto de trabajo. En principio esto no ofrece mayores inconvenientes e inclusive podría considerarse que significa un beneficio personal para el aspirante, que accede a la posibilidad de adquirir, mejorar o perfeccionar alguna aptitud o habilidad previa.

Sin embargo, también es necesario realizar algunas puntualizaciones a este respecto.

---

34 No obstante, podrían plantearse situaciones en las que el empleador convocante hubiera adelantado que la selección se realizaría a partir de la evaluación específica de un determinado mérito (por ejemplo, en una convocatoria a estudiantes se indica que la selección se realizará estrictamente a partir de la escolaridad que posee cada uno de los aspirantes). En este caso, el empleador autolimita su discrecionalidad, asumiendo la obligación de ajustar su comportamiento a las pautas que él mismo ha indicado. Esto implica que, en estas situaciones, los aspirantes también posean el correlativo derecho subjetivo a que la selección se realice siguiendo el criterio indicado y no otro. Si bien esto no suele acontecer en el ámbito de la actividad privada, se presenta con relativa frecuencia en la esfera pública.

En primer lugar, estas situaciones requieren un análisis concreto y cuidadoso, que tendrá por objeto evitar la utilización de este tipo de argumentos con finalidades espurias, como podría ser la generación de una "clientela" artificial en beneficio de una determinada institución formativa. Por otra parte, el cumplimiento de la actividad formativa que se exija, no debería representar un sacrificio desproporcionado para el aspirante y tampoco constituirse en una fachada para disimular el aprovechamiento indebido del esfuerzo laboral de aquél.

A los efectos de evitar tales riesgos, este tipo de actividades formativas deberían ser, en todo caso, de carácter breve, sencillo y el costo de su realización nunca debería recaer en el aspirante. Actividades formativas más exigentes o prolongadas sólo podrían ser admisibles una vez que el contrato de trabajo ya se encontrara perfeccionado.

1.1.3. Las responsabilidades durante el período precontractual

34. Según se ha señalado, a pesar del escasísimo desarrollo que le ha dedicado la doctrina laboralista, el período previo al perfeccionamiento del contrato de trabajo se presenta como una etapa poseedora de contornos relevantes, en especial desde la perspectiva de la formación profesional. Su desenvolvimiento debe ajustarse a determinados parámetros jurídicos, entre los que se destaca la vigencia de los deberes de buena fe (que se proyecta en el deber de lealtad, colaboración, etc.) y de ajustar la conducta a los principios de razonabilidad e igualdad.

La doctrina civilista ha analizado frondosamente la naturaleza jurídica contractual o extracontractual de la responsabilidad que eventualmente pueda generarse en esta etapa,[35] pero no parecen advertirse dos opiniones respecto de que, en cualquiera de ambos casos, existen fundamentos que respaldan la posibilidad de que una persona pueda ser llamada a responsabilidad como consecuencia de los daños provocados a otra durante el período previo al perfeccionamiento del contrato.[36]

35. Es necesario advertir en este punto que –como se ha dicho– de ninguna forma podría señalarse que el empleador incurre en responsabilidad por el hecho de no concretar el contrato de trabajo con un determinado aspirante. En tal sentido, cabe recordar que mientras el proceso de selección se encuentra en desarrollo, ninguno de los aspirantes puede considerarse titular de un *derecho subjetivo* al puesto de trabajo, sino que tan solo ostentarán lo que se ha denominado *interés legítimo,* en los términos ya expuestos. La responsabilidad nacerá cuando

---

35 Vid Gamarra, J., *Tratado*, T. XI, cit., p. 59 y ss.
36 En materia laboral, Barretto Ghione se ha pronunciado en el mismo sentido, admitiendo la existencia de responsabilidad, incluso en esta etapa. *La obligación de formar...*, cit., p. 75.

sea desconocido alguno de los deberes o principios jurídicos que rigen durante esta etapa y esto provoque un daño relevante.

La parte que sufra un daño como consecuencia del ilícito comportamiento de la contraria, invocará la responsabilidad de esta última y le reclamará la reparación del mismo, el que podrá incluir los daños materiales y morales efectivamente sufridos, así como el eventual lucro cesante ocasionado, dentro del cual se admite la inclusión del resarcimiento de los daños causados por la pérdida de oportunidades de celebrar otros contratos[37].

36. Pero además, el incumplimiento de ciertos deberes que rigen durante este período precontractual, también puede aparejar consecuencias de otra índole, que impactarán durante el desarrollo del contrato de trabajo, una vez que éste se haya perfeccionado.

Así por ejemplo, podrían suscitarse casos en los que el empleador opte por contratar a determinado aspirante como consecuencia de haber sido inducido en error por parte de éste en relación con las características o el nivel de la formación profesional que posee.

En tales casos, la falta al deber de buena fe que fuera cometida por parte del entonces aspirante, podría ser invocada por el empleador una vez comenzado el contrato de trabajo, a los efectos, por ejemplo, de exigir al trabajador un nivel de desempeño acorde con las habilidades simuladas en la etapa previa y, eventualmente, frente a la imposibilidad por parte de éste de alcanzar las metas indicadas en función de las mismas, podría terminar por configurarse una hipótesis de notoria mala conducta fundada en un desempeño poco diligente del trabajador. También podría alegarse la existencia de dolo como vicio del consentimiento, circunstancia que habilitaría al empleador a invocar una nulidad relativa del contrato de trabajo (art. 1560, ordinal 3° del Código Civil) y, además, a reclamar la indemnización de los perjuicios eventualmente sufridos.

En cualquiera de estas hipótesis el empleador deberá asumir la carga de la prueba de las circunstancias invocadas y el juzgador habrá de apreciarlas con criterio muy estricto, teniendo especialmente en cuenta que durante las etapas previas al perfeccionamiento del contrato, el empleador es quien normalmente dispone de los instrumentos adecuados para desentrañar con altos grados de precisión cuál es exactamente el nivel de formación profesional que posee cada uno de los aspirantes que se ofrecen a su consideración.

---

37 Mirabelle, *Dei contratti in generale*, p. 82, Torino, 1958, cit. por Gamarra, J., *op. cit.*, p. 95.

1.2. *Formación profesional y agencias de colocación y empresas suministradoras de mano de obra temporal*

37. En Uruguay, el disciplinamiento de las agencias de colocación y de las empresas suministradoras de mano de obra temporal, extremadamente escaso en general,[38] carece de toda referencia a la cuestión de la formación profesional.

Sin embargo, una serie de circunstancias podrían invocarse a los efectos de defender la conveniencia del establecimiento de determinadas exigencias a este respecto.

En tal sentido, por ejemplo, se ha señalado que la pertinencia de exigir que en estos casos se desplieguen ciertos deberes relativos a la formación profesional de los trabajadores, sería una consecuencia necesaria y natural de un adecuado ejercicio de la función de intermediación, como garantía de la profesionalidad del trabajador cedido o como tutela de su salud e integridad física.[39] No obstante la pertinencia de tales postulados, resulta bastante difícil poder sostener la existencia de obligaciones concretas en tal sentido, en ausencia de una reglamentación legal explícita.

De cualquier forma, debe señalarse que las empresas de este tipo también quedan alcanzadas por el deber de buena fe, al que deben ajustarse estrictamente en el relacionamiento que establezcan tanto con los empleadores, como con los trabajadores que se vinculen con ellas.

2. La formación profesional en diversos tipos de contratos de trabajo

38. Culminada la etapa preliminar y una vez perfeccionado el contrato de trabajo, la formación profesional continúa poseyendo trascendencia, en este caso, con respecto a las modalidades o formas específicas que habrá de asumir el mismo.

La cualificación que posea el trabajador, así como la eventual formación que pueda adquirir durante el decurso del vínculo laboral, han constituido desde siempre, elementos determinantes de las características de la relación de trabajo.[40]

---

38 Convenio Internacional de Trabajo N° 96, ratificado por el decreto-ley N° 14.463, de 17 de noviembre de 1975, que aceptó las disposiciones contenidas en la Parte III; decreto N° 384/979, de 4 de julio de 1979.

39 Mirón Hernández, M., *op. cit.*, p. 100. En España, el denominado Acuerdo Nacional de Formación Profesional Continua en el Sector de Empresas de Trabajo Temporal, preveía la obligación de este tipo de empresas de proporcionar a los trabajadores "formación suficiente y adecuada a las características del puesto a cubrir, teniendo en cuenta su cualificación y experiencia profesional y prestando especial atención a los riesgos a los que vaya a estar expuesto". Ídem, p. 99.

40 Barbagelata, H-H, *Derecho del Trabajo*, T. II, FCU, Montevideo, 1981, pp. 16 y 17.

2.1. Formación profesional y contrato de trabajo a prueba

39. En la misma línea de lo que acontece con carácter general en nuestro Derecho positivo con relación al tratamiento del contrato de trabajo, en el caso del *contrato de trabajo a prueba* se advierte una ausencia casi absoluta de regulaciones.

No obstante, se trata de una figura que ha sido tradicionalmente admitida por la doctrina[41] y la jurisprudencia. Por otra parte, su utilización en la práctica se encuentra notablemente difundida, a tal punto que no resulta exagerado señalar que en la actualidad, aparece como la regla de principio en el comienzo de las relaciones laborales.

La carencia de una reglamentación específica de la figura por parte del Derecho positivo, ha sido, en cierta medida, suplida por las elaboraciones doctrinarias y jurisprudenciales. Es hacia estos ámbitos a los que debe acudir el intérprete a los efectos de desentrañar las características generales que debe poseer la figura, las condiciones de admisibilidad, sus límites temporales y sus efectos.

40. Según Plá Rodríguez, el denominado "período de prueba" es "...el espacio de tiempo en el cual el trabajador demuestra su aptitud profesional, así como su adaptación a la tarea encomendada, y durante el cual cualquiera de las dos partes puede hacer cesar la relación que los vincula",[42] en tanto que Barbagelata lo ha descrito como "...aquél en el cual durante un término, o hasta el vencimiento de un plazo, destinado al conocimiento laboral de las partes, el contrato de trabajo no se reputa definitivamente concretado".[43]

Según es señalado en todas las definiciones, el período de prueba tiene por finalidad que ambos sujetos del vínculo laboral se conozcan mutuamente y puedan llegar, eventualmente, a la convicción de que están en condiciones de relacionarse de manera más o menos estable. Evitando ingresar en las cuestiones relacionadas con el debate sobre la naturaleza jurídica que posee este período de prueba, corresponde simplemente señalar, que durante el decurso del mismo y hasta su finalización, el empleador se encuentra en condiciones de disponer la

---

41 De Ferrari, F., *Lecciones*, T. II, p. 33 y ss;, Plá Rodríguez, A., "El período de prueba", in rev. Derecho Laboral, T. I, N° 4, julio 1948, p. 235 y ss., Barbagelata, H-H, Derecho del Trabajo, T. II, cit., p. 31 y ss. En cambio, más recientemente Raso Delgue ha planteado una voz discrepante, al señalar que "Mientras no exista una norma legal que claramente habilite la suscripción del contrato de trabajo a prueba, el mismo solo podrá legitimarse, cuando causas excepcionales así lo justifiquen". Sin embargo, el autor no alcanza a impugnar frontalmente la pertinencia de la figura, puesto que seguidamente señala que "En todo caso, y aun discrepando con la doctrina más recibida y la jurisprudencia mayoritaria, consideramos que el contrato no constituye una 'licencia' contractual incausada y por lo tanto el empleador –en caso de admitirse la legitimidad del contrato– deberá probar: a) que dio al trabajador la oportunidad de trabajar en normales condiciones de trabajo; b) que el trabajador no demostró la idoneidad suficiente en el desempeño de las tareas encomendadas". Raso Delgue, Juan, *La contratación atípica del trabajo*, Ed. Amalio Fernández, Montevideo, 2000, p. 112.

42 Plá Rodríguez, A., "El período de prueba", in rev. *Derecho Laboral*, T. I, N° 4, julio 1948, p. 235.

43 Barbagelata, H-H, *Derecho del Trabajo*, T. II, cit., p. 31.

desvinculación del trabajador sin quedar obligado a abonarle la indemnización por despido que dispone la ley. En cambio, el resto de las normas laborales resultan enteramente aplicables a este período de prueba.

41. La formación profesional que posee el trabajador, así como las aptitudes que éste exhiba para adquirir nuevas habilidades en el futuro, sin dudas constituyen algunos de los aspectos cuya valoración adquiere mayor relevancia durante este período. No obstante, también es preciso señalar que la prueba a la que se somete el trabajador en esta etapa, seguramente no apuntará exclusivamente a la valoración de la formación profesional que ostenta, sino que también serán objeto de análisis otros aspectos más o menos trascendentes, como la forma en que se inserta en la organización empleadora, su capacidad de relacionamiento humano, sus condiciones de asiduidad, puntualidad, pulcritud, contracción al trabajo, etc.

A este respecto, Barbagelata plantea la exigencia de que en el contrato se estipulen de manera suficientemente explícita aquellos elementos que habrán de ser objeto de valoración durante el mencionado período. Este requisito resulta a todas luces razonable y su fundamento se deriva sin mayores esfuerzos de la vigencia del principio de buena fe, pues agrega una importante cuota de claridad a lo acordado y permite que el trabajador conozca de antemano los aspectos que serán analizados durante la prueba.

En la práctica, por lo general las cláusulas contractuales que establecen el período de prueba son formuladas de manera muy genérica y carecen de cualquier especificación acerca de los extremos que serán objeto de la prueba,[44] sin que esto genere a nivel jurisprudencial mayores resistencias.

42. Contrariamente a lo que parece haberse convertido en práctica común en nuestro medio, el período de prueba no puede ser interpretado como análogo a un período de carencia legal, durante el cual, con abstracción de cualquier tipo de consideración, el trabajador aún no ha alcanzado la antigüedad suficiente para generar el derecho a percibir una indemnización por despido. Por el contrario, al constituirse el período de prueba en una convención que introduce excepciones a la normativa sobre la indemnización por despido, su legitimidad dependerá de que sea utilizado estrictamente dentro de los límites que su propia finalidad le impone. De esto se deriva la improcedencia de pretender que un contrato de trabajo a prueba habilite al empleador a rescindirlo en cualquier momento de su decurso, sin expresar causa alguna. Por el contrario, solamente será viable dicha rescisión si el empleador invoca –y eventualmente, esté en condiciones de acreditar– que el trabajador no logró colmar las expectativas que razonablemente podían esperarse en el desempeño de la tarea. Como se indicó, esto no necesaria-

---

| 44   Como postula Barbagelata que debería ser exigible. *Derecho del Trabajo*, cit., p. 40.

mente implica que el empleador deba hacer referencia a que el trabajador presenta carencias en materia de formación profesional, puesto que también otros factores pueden ser objeto de valoración y ensayo durante este período.

Siguiendo la misma línea de razonamiento que expusiéramos al analizar la etapa precontractual,[45] podría en este caso señalarse que si bien no puede afirmarse que el trabajador con contrato a prueba tenga un *derecho subjetivo* a permanecer en el puesto de trabajo, en cambio sí debe reconocérsele la titularidad de un *interés legítimo* a este respecto. Es a partir de este *interés legítimo*, que el trabajador queda habilitado a exigir a su empleador que le brinde las explicaciones de los motivos por los cuales este último consideró que la prueba no fue satisfactoria

Debe advertirse que esta solución no supone una impugnación de la amplia discrecionalidad que el empleador posee para valorar la aptitud de los trabajadores durante el período de prueba. Se trata simplemente de salvaguardar el legítimo interés que puede tener el trabajador por conocer las razones por las cuales se decidió dejar de contar con su participación. Incluso es probable que el trabajador no comparta los criterios que el empleador utilizó para valorar su desempeño, pero salvo que los mismos sean ilícitos –o notoriamente groseros en cuanto a su propósito simulatorio– las consideraciones *de mérito* se mantienen dentro de la esfera de *discrecionalidad* que ostenta el empleador.

43. De lo que viene de decirse se desprende que el trabajador estará habilitado a exigir que se le expongan las razones de la rescisión y a cuestionar la decisión empresarial solamente cuando la misma haya sido adoptada a partir de criterios contrarios a derecho, independientemente del mayor o menor grado de explicitación con que los mismos hayan sido manifestados.

También tendrá derecho el trabajador a llamar a responsabilidad al empleador que con su conducta ilícita le hubiera provocado un daño. Por ejemplo, podría plantearse una hipótesis de este tipo si el empleador, pretendiendo ocultar los verdaderos motivos ilícitos de su decisión de rescindir el contrato, recurre a argumentaciones que cuestionan infundadamente la cualificación o formación profesional del trabajador, lesionando así su honor profesional o sometiéndolo a comentarios públicos maliciosos. En tal caso, el trabajador dañado quedaría habilitado a exigir al empleador que probara sus afirmaciones e, inclusive asumir él mismo la carga de probar sus habilidades a los efectos de demostrar la falacia en que este último ha incurrido.

44. Algunas otras cuestiones pueden plantearse respecto de la importancia que posee la formación profesional durante el período de prueba.

Así por ejemplo y ante la ausencia de regulaciones legales que explícitamente aborden la temática, podría considerarse que a partir de la valoración que en

---

| 45   Ver supra, num. 1 de este mismo Capítulo.

esta etapa deba realizarse de la formación profesional que posee el trabajador, pueda variar el plazo admisible de la prueba. En tal sentido, frente a situaciones en las que la formación profesional a valorar resulta muy compleja o, cuando por las características de la actividad, la demostración de las habilidades exige que la prueba se realice en distintas épocas del año, podría sostenerse razonablemente la pertinencia de que el período de la misma fuera superior al habitualmente tolerado,[46] aunque siempre, dentro de parámetros razonables. A la inversa, cuando la valoración de la formación profesional resulta de fácil apreciación, podrían plantearse plazos de prueba más breves.[47]

También podría admitirse una prolongación del período de la prueba en aquellos casos en que al inicio del vínculo laboral el empleador asume a su cargo la realización de ciertas actividades de formación profesional predominantemente teóricas y luego de culminadas las mismas desea apreciar si el trabajador efectivamente ha adquirido las habilidades que el desempeño práctico del cargo requiere.

2.2. Formación profesional y el contrato de aprendizaje tradicional

2.2.1. Noción

45. De Ferrari definía el contrato de aprendizaje como "...el acuerdo que celebra un empresario, el jefe de un taller o un artesano, por el cual se compromete a dar o hacer dar una formación profesional metódica y progresiva a otra persona, la cual se obliga a su vez a trabajar para su maestro en las condiciones y plazos fijados generalmente por la ley o las costumbres".[48] Según expresa Barbagelata, esta modalidad de contrato de trabajo, constituye "...un medio tradicional de formación profesional en el puesto de trabajo", que implica la asunción por parte del empleador de una obligación suplementaria, consistente en impartir o hacer impartir al trabajador, una instrucción apropiada para el logro de una calificación profesional".[49] Por su parte, Plá Rodríguez recoge la fórmula empleada por la Recomendación N° 60 de la OIT, para señalar que el término aprendizaje se aplica a "todo sistema en virtud del cual el empleador se obliga por contrato a ocupar un joven trabajador y a enseñarle o hacerle enseñar metódicamente un oficio durante un período previamente fijado y en el curso del cual el aprendiz está obligado a trabajar al servicio de dicho empleador".[50] En forma

---

46 Que según doctrina y jurisprudencia constante es de unos noventa días.
47 Aunque en estos casos, el empleador seguramente desee ampararse en la máxima prolongación admisible, extremo que, en cierta forma puede resultar razonable si se tiene en cuenta que –como se ha señalado– no es exclusivamente la formación profesional lo que se valora durante el desarrollo de la prueba.
48 *Lecciones*, T. II. cit., p. 17.
49 *Derecho del Trabajo*, T. II, cit., p. 41.
50 *Curso*, T. II, vol. 2, p. 16.

similar, Raso Delgue lo define como "...aquel contrato de trabajo por el cual una de las partes –el empleador– se obliga a proporcionar directa o indirectamente al aprendiz la enseñanza necesaria para la consecución de las capacidades técnicas necesarias para su formación en determinado oficio o tareas y la otra –el aprendiz– a trabajar para aquélla".[51]

2.2.2. Elementos típicos

46. La doctrina ha señalado que los elementos identificatorios del contrato de aprendizaje coinciden con los contenidos en la Recomendación N° 60, de 1939, en la que se establece que se trata de un vínculo de naturaleza contractual, cuyo plazo de duración se encuentra pactado de antemano y del que se derivan obligaciones recíprocas para el empleador y el aprendiz: en el caso del primero, a las obligaciones habituales, se agrega la consistente en brindar al aprendiz una formación específica, de manera metódica; en el caso del segundo, existe la obligación de trabajar.

En general se admite que la presencia de una remuneración salarial no constituye un requisito imprescindible, habiendo quienes sostienen que aun en aquellos casos en los que no exista un salario expresamente pactado, debería considerarse tal, el beneficio que el aprendiz recibe en instrucción.[52]

El elemento verdaderamente relevante para la definición de esta figura consiste en la presencia de la obligación del empleador de otorgar al aprendiz una formación profesional previamente establecida, la que debe ser impartida con un carácter metódico y explícito, entendiéndose por esto último, que las habilidades adquiridas por el aprendiz no deberían ser exclusivamente aquellas derivadas naturalmente del mero hecho de desempeñar una tarea.

2.2.3 La obligación de brindar ocupación efectiva al aprendiz

47. La existencia de esta obligación suplementaria de formación que el contrato de aprendizaje pone a cargo del empleador, determina además la atribución a éste de otra obligación –naturalmente complementaria de la anterior– que en el contrato de trabajo corriente sólo adquiere virtualidad en situaciones muy excepcionales: la de proporcionar ocupación efectiva al aprendiz. Resultaría contrario a la consecución de las finalidades propias del contrato de aprendizaje, que se omitiera encomendar al aprendiz la realización de alguna tarea concreta. De este modo, un requisito que por regla general no aparece como exigible al

---

51 *La contratación...*, cit., p. 135.
52 De Ferrari, F., *Lecciones*, T. II, cit., p. 20.

empleador en el marco de una relación laboral habitual, adquiere especial relevancia en el contrato de aprendizaje,[53] de forma tal que el aprendiz estaría en condiciones de reclamar su cumplimiento en especie u optar por considerar rescindido el contrato y exigir el resarcimiento de los daños y perjuicios que el comportamiento del empleador le hubiere ocasionado.

2.2.4. *El contrato de aprendizaje tradicional en el Derecho positivo*

48. Las normas de Derecho positivo que pueden mencionarse en relación con el contrato de aprendizaje tradicional, poseen una importancia mucho más anecdótica que práctica.[54] Esta afirmación adquiere todavía mayor vigencia a partir de la promulgación, a fines de 1997, de la ley N° 16.873, que contiene disposiciones especiales sobre tipos específicos de contratos de aprendizaje y si bien jurídicamente no se excluye la posibilidad de recurrir a otras modalidades de aprendizaje distintas de las reglamentadas en dicha norma legal,[55] en los hechos no parece posible que esto acontezca en la práctica, dados los beneficios que en materia de disminución de costos laborales trae aparejada la utilización de estas últimas.

De este modo, las referencias detectables en el Derecho positivo son de tenor secundario y así, por ejemplo, puede mencionarse la ley N° 10.449, de 12 de noviembre de 1943, que al instituir los Consejos de Salarios, reconoció en su art. 16 la competencia de estos organismos tripartitos para "reglamentar el aprendizaje de los menores de dieciocho años". Sin embargo, la norma no tuvo mayor desarrollo práctico.[56] Posteriormente, ya en la década del sesenta, fue promulgada la ley N° 13.318, de fecha 26 de diciembre de 1964, a través de la que se pretendió reglamentar un sistema coordinado de formación profesional teórica y práctica. Las notorias deficiencias que en materia de técnica legislativa presentaba la norma y la carencia de atractivos que fomentaran la utilización de esta modalidad contractual, terminaron por relegar en el olvido esta iniciativa.

---

53 Cfe. Plá Rodríguez, A., *Curso*, T. II, vol. 1, cit., p. 164 y ss. En la misma línea, Barbagelata, H-H, *Derecho del Trabajo*, T. I, cit., p. 172, nota N° 49.

54 Cfe. Barbagelata, H-H, *Derecho del Trabajo*, T. II, cit., p. 48;Raso Delgue, J., op. cit., p. 136. En el Derecho positivo de algunos países de América Latina y el Caribe, existen previsiones que obligan a los empleadores a contratar aprendices. Cfe. Cinterfor/OIT, "Normativa y entrevistas sobre formación profesional del algunos países latinoamericanos y del Caribe", elaborada por Humberto Henderson.

55 Contra: Henderson, Humberto, *Fomento de la formación e inserción laboral de los jóvenes*, Colección Texto y Contexto N° 34, FCU, Montevideo, 1999, p. 47, nota N° 62, *in fine*.

56 Barbagelata, H-H, *Derecho del Trabajo*, T. II, cit., p. 50; Raso Delgue, J., *op. cit.*, p. 136.

2.3. *Formación profesional y los contratos previstos en la "Ley de empleo juvenil" (N° 16.873)*

2.3.1. *Consideraciones generales: elementos comunes a los diversos tipos contractuales*

49. La ley N° 16.873, de 3 de octubre de 1997 y su decreto reglamentario, N° 318/998, del 4 de noviembre de 1998, crearon cuatro diferentes tipos contractuales que guardan relación con la formación profesional y, más específicamente, con la inserción laboral de los jóvenes.

El mecanismo se inserta en la tendencia del Derecho comparado de intentar promover la inserción de los jóvenes en el mercado de trabajo, sea con la finalidad de que estos logren complementar razonablemente el proceso de adquisición de conocimientos que han desarrollado o desarrollan en el ámbito académico, sea con la finalidad de disminuir el impacto que el desempleo provoca entre la población juvenil.[57] Por lo general, estas soluciones son acompañadas de ciertos incentivos para que las empresas se sientan atraídas a su utilización,[58] circunstancia que ha determinado que en algunos casos las mismas terminaran convirtiéndose en instrumentos de mera flexibilización laboral.[59]

50. Los contratos previstos en la ley N° 16.873 son: el contrato de práctica laboral para egresados; las becas de trabajo; el contrato de aprendizaje y el contrato de aprendizaje simple.

Antes de ingresar en el análisis de las particularidades que presentan cada uno de estos tipos contractuales, es conveniente referir brevemente a los rasgos comunes que exhiben todos ellos, los que pueden sintetizarse del siguiente modo:

a. Todos los contratos son remunerados y de duración máxima determinada por la propia norma legal. Por otra parte, en ninguno de los casos el trabajador puede recibir un salario inferior al mínimo que para su categoría corresponde abonar en la empresa;

---

57 Cfe. Casas, Emilia; de Munck, Jean; Hanau, Peter; Johansson, Anders; Meadows, Pamela; Mingione, Enzo; Salais, Robert; Supiot, Alain (Coordinador) y van der Heijden, Trabajo y Empleo, Transformaciones del trabajo y futuro del Derecho del Trabajo en Europa (Informe para la Comisión Europea), Ed. Tirant lo Blanch, Valencia, 1999, p. 68 y ss. En adelante será citado como "Informe Supiot para la CE".

58 Un repaso sintético de los diversos incentivos que habitualmente acompañan a estas modalidades contractuales, puede verse en Henderson, Humberto, *Fomento de la formación e inserción laboral de los jóvenes*, cit., p. 69. Algunos ejemplos concretos también pueden consultarse en Garmendia Arigón, Mario, *Legislación comparada sobre...*, cit., p. 91 y ss.

59 Cfe. Raso Delgue, *op. cit.*, pp. 139-140. Al respecto también pueden consultarse las referencias expuestas en el Informe Supiot para la CE, donde se identifican especialmente las situaciones de España e Italia, como aquellas en que las diversas modalidades contractuales de aprendizaje que se han reglamentado sólo parecen haber oficiado como instrumentos de precarización del empleo, sin alcanzar a cumplir satisfactoriamente sus finalidades formativas. En otros ejemplos mencionados en el Informe (Suecia, Francia, Reino Unido, Alemania) se expone la escasa difusión que estos tipos contractuales han tenido, debido a la creciente disminución del interés de los empleadores en el sentido de impartir formación de manera metódica, op. cit., pp. 69 y 70.

b. Todos los contratos deben pactarse por escrito (art. 5, 12, 15 y 24 de la ley) y es obligatorio su registro en la Inspección General de Trabajo y la Seguridad Social (IGTSS) del MTSS, unidad que también se encarga de su control (art. 31 de la ley y art. 42, del decreto reglamentario, que crea el Registro de Contratos de Formación e Inserción Laboral para Jóvenes). Será sólo a partir de que se efectivice el registro referido que las empresas resultarán beneficiarias de los incentivos tributarios que prevé la ley (art. 37 del decreto reglamentario). A partir de esta circunstancia, así como de la redacción del art. 1° del decreto reglamentario, se infiere que la inscripción del contrato en el registro constituye una carga de las empresas;

c. Las condiciones que deben cumplir las empresas a los efectos de contratar y registrar los contratos en cualquiera de las mencionadas modalidades, son las siguientes:

c.1. Deben estar en situación regular de pagos con las contribuciones especiales de la seguridad social (art. 1°, lit. "a" de la ley), debiéndose acreditar este extremo mediante la presentación ante la IGTSS del correspondiente certificado que expide el Banco de Previsión Social (BPS) (art. 2 del decreto reglamentario);

c.2. No haber efectuado, en los sesenta días anteriores a la contratación ni efectuar durante el decurso de la misma, despidos ni envíos al seguro por desempleo de personal permanente que realice iguales o similares tareas a las que el joven contratado vaya a realizar en el establecimiento (art. 1°, lit. "b" de la ley). Estos extremos se acreditan mediante declaración jurada (art. 3 del decreto reglamentario);

c.3. Salvo autorización previa en contrario, deben tener, al menos, un año de actividad en el país (art. 1°, lit. "c" de la ley), circunstancia que también puede acreditarse mediante declaración jurada (art. 3 del decreto reglamentario); y

c.4. El porcentaje de contratados bajo cualquiera de las modalidades no puede exceder el 20% del total de los trabajadores de la empresa (art. 1°, lit. "d" de la ley), circunstancia que debe acreditarse ante la IGTSS mediante la presentación de la correspondiente planilla de trabajo (art. 7 del decreto reglamentario). El porcentaje indicado deberá apreciarse al momento de la inscripción del contrato ante la IGTSS;

d. Los jóvenes contratados deben ser inscriptos en el Banco de Previsión Social y deben ser asegurados contra accidentes de trabajo ante el Banco de Seguros del Estado (art. 2° de la ley). Además y sin perjuicio de lo indicado en el siguiente literal, estos jóvenes gozan de todos los derechos y beneficios establecidos con carácter general para los trabajadores de la actividad privada, incluyendo las prestaciones de seguridad social, a excepción del seguro por desempleo (art. 2° de la ley);

e. Si la relación finaliza por el agotamiento del plazo pactado, el empleador queda eximido del pago de indemnización por despido (art. 27 de la ley).[60]. En caso de rescisión anticipada (arts. 26 y 28 de la ley), se generarán dos tipos de consecuencias: por una parte, en el plano estricto de la relación entre el empleador y el trabajador, deberá estarse a los criterios aplicables con carácter general al incumplimiento contractual y, en consecuencia, salvo que mediare justa causa, el empleador quedará obligado a responder por los daños y perjuicios ocasionados (art. 1839 del Código Civil).[61]

f. La ley prohíbe expresamente la recontratación en la misma o distinta empresa, *bajo la misma modalidad contractual* (art. 28° de la ley). A este respecto, corresponde señalar que el art. 44 del decreto reglamentario incurre en una ilegalidad al proscribir que un joven pueda beneficiarse *con más de una de las modalidades contractuales* previstas en la ley, pues es muy claro que la referencia resulta de mayor amplitud que la prevista en el texto legal.[62] Si vencido el plazo contractual, el trabajador continúa trabajando, la relación se transforma en definitiva y pasa a regirse por toda la normativa laboral y previsional vigente.

2.3.2. Incentivos para las empresas

51. En la línea de lo que en general acontece en el Derecho comparado, la ley uruguaya previó la existencia de incentivos con la finalidad de atraer a las empresas hacia la utilización de estas modalidades contractuales. En esencia, los mismos consisten en que el empleador que contrate en alguna de estas modalidades y siempre que cumpla estrictamente con las disposiciones legales, queda exonerado del pago de *aportes jubilatorios* y, asimismo, de los aportes que tienen por destino el *seguro social por enfermedad* (art. 26 de la ley).

A este respecto, conviene puntualizar que la exoneración solamente alcanza a los aportes patronales, de modo que quienes sí deben efectuar aportes a la seguridad social son los jóvenes contratados, quedando los empleadores obligados

---

60 Esto podría habilitar a sostener que la norma legal introduce un elemento de *flexibilización en el egreso*. Sin embargo, siguiendo a Henderson debe recordarse que según ha interpretado invariablemente la doctrina y la jurisprudencia, la exoneración de pago de la indemnización por despido en caso de expiración del plazo de los contratos a término, se encuentra prevista en la legislación uruguaya desde el año 1944 (art. 1°, num. 2, de la ley N° 10.570), circunstancia por la cual no parece posible entender que esta ley de empleo juvenil haya innovado en este sentido. Henderson, H, *Fomento de la formación...*, cit., pp. 73 y 74.

61 Cfe. Henderson, H., *Fomento de la formación...*, cit., pp. 74 y 75. Por otra parte, y debido a que la ruptura *ante tempus* provoca el resultado de la pérdida de los beneficios tributarios que para el empleador se establecen en la ley, el art. 38 del decreto reglamentario prevé que el empleador comparezca –en el plazo de cinco días hábiles– ante la IGTSS, para comunicar la ruptura y explicar los motivos de la misma. Lo previsto en el decreto constituye una carga para el empleador, puesto que si este logra acreditar ante la Inspección de Trabajo que el motivo del cese fue la notoria mala conducta del trabajador, conservará el beneficio de la exoneración de aportes oportunamente generado.

62 Cfe. Henderson, H., *Fomento de la formación...*, cit., p. 78.

--como acontece en general con el resto de los trabajadores-- a oficiar como agentes de retención a su respecto.

Sin embargo, estos beneficios se pierden si el empleador rescinde unilateralmente la relación laboral antes del vencimiento del plazo, en cuyo caso, queda obligado a reintegrar al Banco de Previsión Social los aportes antes mencionados.

2.3.3. *El contrato de práctica laboral para egresados*

52. La ley N° 16.873 dedica el Capítulo II (art. 4 a 9, inclusive) a la regulación del *contrato de práctica laboral para egresados*. El mismo está dirigido a jóvenes de hasta 29 años de edad, que posean una formación previa y se encuentren en la búsqueda de su primer empleo vinculado con la titulación que ostentan. La finalidad de este contrato, consiste en que el joven pueda acceder a la posibilidad de realizar trabajos prácticos que sean complementarios de la formación adquirida en el nivel académico y esto le permita aplicar sus conocimientos teóricos.

De este modo, los elementos, requisitos y finalidades típicas de este contrato, son las siguientes:

a. En cuanto a la edad del "practicante", la misma fue fijada en un máximo de 29 años (art. 4° de la ley).

b. Según viene de decirse, el beneficiario debe poseer una titulación que acredite la culminación de sus estudios. Respecto de este requisito deben señalarse dos consideraciones:

b.1. En primer lugar, constituye una condición para la viabilidad de este contrato, que el beneficiario no haya desempeñado anteriormente alguna actividad laboral relacionada con la titulación que ostenta (art. 4° de la ley);

b.2. En segundo lugar, la titulación debe acreditar que el joven trabajador sea egresado de universidades, centros públicos o privados habilitados de formación docente, centros de enseñanza técnica, comercial, agraria o de servicios.[63]

c. En el contrato –que al igual que acontece en el resto de las modalidades contractuales previstas en la ley, debe pactarse por escrito– deberá necesariamente constar la práctica a realizarse y su duración.

d. El puesto de trabajo y la práctica laboral deben ser adecuados a las características y nivel de la formación que posea el practicante (art. 8°).

---

63 El requisito previsto en el art. 7 de la ley, se complementa con lo establecido en el art. 15 del decreto reglamentario, que dispone que el adjetivo *"habilitado"* que en la ley se refiere a los centros privados de formación docente, supone cumplir con los siguientes requisitos: a) los previstos por el decreto N° 308/995, del 11.08.1995; b) los reglamentados por ANEP-Consejo de Educación Técnico Profesional; c) las exigencias de calificación previstas en el Registro de Entidades de Capacitación de la Dirección Nacional de Empleo (DINAE). La propia DINAE deberá determinar los requisitos que deberán cumplir las Instituciones y Cursos de Formación Técnico Profesional.

e. La duración del contrato no podrá ser menor a los tres meses ni superior a los doce (art. 5° de la ley). En el art. 6° a su vez se establece un segundo límite temporal, consistente en la prohibición de que un practicante pueda ser contratado en la misma o diferente empresa por un período superior a doce meses en virtud de la misma titulación.

f. Una vez finalizada la relación, el empleador debe entregar al practicante, una constancia que acredite "la experiencia adquirida por el joven practicante en el puesto de trabajo así como la asistencia, el comportamiento y la adaptación al trabajo" (art. 9° de la ley).

2.3.4. Las becas de trabajo

53. Esta modalidad está prevista en el Capítulo III de la ley N° 16.873 (art. 10 a 13, inclusive) y está dirigida a jóvenes de entre 15 y 24 años de edad, pertenecientes a sectores sociales de bajos ingresos, para que logren vincularse al medio laboral y así realicen una adecuada primera experiencia laboral.

En este caso se establece un vínculo de carácter triangular, conformado entre:

- por una parte, el Instituto Nacional del Menor (INAME), el Instituto Nacional de la Juventud (INJU) o la Administración Nacional de Educación Pública (ANEP),
- por otra parte, entidades empresariales públicas o privadas y
- por otra parte, un joven de entre 15 y 24 años de edad, perteneciente a un sector de población especialmente desfavorecido y que, además, se encuentre en situación de desempleo.

54. Según se ha señalado, la finalidad de esta modalidad de contratación, consiste en que el joven que se encuentra en la situación antes descrita, tome un primer contacto con el mundo del trabajo, procurándose que el mismo tenga el carácter de *adecuado*.[64]

En el caso de la beca de trabajo, se asiste a una modalidad contractual en la que sólo sería posible detectar finalidades vinculadas con la formación profesional si se define este último concepto con un criterio amplio. La meta que a este respecto se persigue mediante la beca de trabajo es bastante más modesta en cuanto a sus alcances, que la que puede advertirse en cualquiera de los otros tipos contractuales que reglamenta la ley, pero lejos de que esto implique suponer que su trascendencia es menor, en realidad encierra una importancia social

---

64 Según se expone en el decreto reglamentario (art. 17), la circunstancia de que esta primera experiencia laboral sea *adecuada*, supone que mediante la misma, el joven pueda adquirir o desarrollar actitudes y hábitos de trabajo, de tal forma que esto le permita mejorar sus posibilidades de empleabilidad futura.

muy relevante. En todo caso, dejando asentadas estas consideraciones y habida cuenta que el objetivo del presente análisis es enfocar en concreto las cuestiones relacionadas con la formación profesional, corresponde remitir al lector a los trabajos que con mayor amplitud han abordado esta temática.[65]

2.3.5. *El contrato de aprendizaje*

55. Recogiendo en gran medida los elementos que fueran descritos por la doctrina como tipificantes del contrato de aprendizaje[66] y ajustándose a las líneas que a este respecto adoptan las normas internacionales de la OIT, la ley N° 16.873 dedica el Capítulo IV (art. 14 a 20, inclusive) a la reglamentación del contrato de aprendizaje.

Está dirigido a personas no mayores de 29 años y se trata de un vínculo de carácter temporal, en virtud del cual el empleador queda obligado a ocupar al aprendiz y brindarle –directamente o a través de la delegación de esta actividad en un tercero– una enseñanza íntegra y metódica, en relación con un oficio calificado o profesión, que implique el seguimiento de un programa previamente definido por una institución de formación técnico profesional. Por su parte, el aprendiz queda obligado a trabajar al servicio de dicho empleador.

56. En este caso la formación profesional se presenta como el eje principal del contrato, debiendo poseer la misma determinadas características particulares, relativas a su nivel y modalidades mediante las cuales debe ser impartida.

Conforme a la naturaleza típica del contrato de aprendizaje, el empleador asume, en esencia, dos obligaciones suplementarias a las propias de todo contrato de trabajo:

- Por una parte, la obligación de *ocupar* al aprendiz.
- Por otra parte, el empleador queda obligado a brindar una formación profesional *íntegra* y *metódica*, adjetivos mediante los cuales se enfatiza la circunstancia de que esta formación no puede consistir meramente en una consecuencia natural del hecho de trabajar.

57. De este modo, los elementos, requisitos y finalidades típicas de este contrato, son las siguientes:

a. En cuanto al aprendiz, el único requisito que desde el punto de vista subjetivo establece la ley, consiste en que debe tratarse de una persona no mayor de 29 años. Si bien podría suponerse que debido a las características de este tipo

---

65   Henderson, H., *Fomento de la formación...*, cit., p. 38 y ss.; Raso Delgue, J., *op. cit.*, pp. 145-147.
66   Ver supra, Capítulo II, num. 2.2.

contractual, el aprendiz debería ser una persona que ya se encuentra recibiendo formación en una institución educativa, en puridad debe señalarse que la ley no exige este requisito a texto expreso y en consecuencia, debe admitirse que el aprendiz dé comienzo a su proceso formativo concomitantemente con el inicio de este contrato laboral especial.[67]

b. El contrato, que como en todos los demás casos debe pactarse por escrito, vincula a tres sujetos: el aprendiz, el empleador y una institución de formación técnico profesional pública o privada habilitada (art. 15 de la ley).[68]

c. En el contrato debe indicarse (art. 15 de la ley):

c.1. El oficio o profesión para cuya formación ha sido contratado el aprendiz. Según surge de la definición de este tipo contractual (art. 14), en todo caso el oficio debe ser *calificado*, adjetivo que atribuye un determinado sesgo y nivel a la formación a recibir por parte del aprendiz.

c.2. El plazo del contrato, cuya duración máxima no podrá superar los veinticuatro meses. Sin perjuicio del establecimiento de este límite máximo de duración, la ley introduce una fórmula amplia para la determinación del plazo contractual, ajustándolo a tres criterios fundamentales: las características de los planes y programas de formación que habrán de desarrollarse, las exigencias de calificación que se aspira contemplar y los conocimientos de base que posea el aprendiz.[69] El art. 18° de la ley permite que se pacte un período de prueba, el que no podrá superar los noventa días y cuyo cómputo quedará incluido dentro del plazo máximo que dispone la ley.

c.3. La forma y el monto de la remuneración que habrá de percibir el aprendiz.[70]

---

67 No obstante, es claro que el contrato de aprendizaje requiere un complemento formativo teórico, puesto que el art. 15°, lit. E) de la ley, exige que en el contrato se establezcan las "Formas de coordinación y supervisión del aprendizaje teórico y práctico".

68 Según el art. 25 del decreto reglamentario, cuando las instituciones de formación técnico profesional sean privadas, los contratos deberán ser previamente autorizados por la Junta Nacional de Empleo (JUNAE), estableciéndose como condición en estos casos y a tales efectos, que la institución formativa figure inscripta en el Registro de Entidades de Capacitación de la Dirección Nacional de Empleo (registro creado por el dec. N° 211/993, de 12 de mayo de 1993, reglamentario de la ley N° 16.320). No rigen estos requisitos cuando la institución de formación técnico profesional tenga participación pública en su dirección o se encuentre bajo la supervisión de instituciones públicas. Es importante resaltar que, según se indica en el art. 15° de la ley, la institución de formación técnico profesional es la responsable del proceso de formación.

69 Estas disposiciones deben complementarse con lo establecido en el inciso 3 del art. 16° de la ley, en el que se indica que "En los casos de enfermedad, accidente de trabajo o maternidad, [el plazo del contrato] se prorrogará por un tiempo igual al que haya durado la licencia por enfermedad, accidente de trabajo o maternidad, debiéndose justificar la atención por el Banco de Previsión Social o por el Banco de Seguros del Estado". Se trata de una disposición cuyo fundamento responde claramente a las finalidades que se persiguen a través de este contrato, siendo lamentable la circunstancia de que la misma solución no se haya adoptado respecto de los demás tipos contractuales. Al respecto, ver Henderson, H., *Fomento de la formación...*, cit., p. 56. Recurriendo a fundamentos compartibles, el autor entiende que a pesar de la omisión legal, la razonabilidad impone idéntica solución en los demás casos.

70 Con respecto a este extremo, debe recordarse lo ya señalado en cuanto a que todas las modalidades con-

c.4. Los días y horarios de trabajo y las tareas a desarrollar por el aprendiz.[71]
c.5. Las formas de coordinación y supervisión del aprendizaje teórico y práctico.

d. Finalizado el aprendizaje, la institución de formación técnico profesional debe expedir al aprendiz un certificado en el que habrá de constar la naturaleza, duración y finalidad de la formación profesional obtenida por éste. El empleador, por su parte, deberá extender una constancia en la que se indicará la práctica desarrollada en la empresa.

2.3.6. *El contrato de aprendizaje simple*

58. La última modalidad contractual prevista en la ley N° 16.873 es la denominada "aprendizaje simple". A su regulación está destinado el Capítulo V (art. 21 a 25, inclusive) y consiste en un tipo contractual destinado a jóvenes de hasta 25 años de edad a quienes un empleador se obliga a proporcionar trabajo e impartir capacitación en forma metódica durante un período determinado, brindando al aprendiz los conocimientos prácticos necesarios para el desempeño adecuado de un oficio o puesto de trabajo calificado.

En este caso no se encuentra presente la institución de formación técnico profesional, sino que solamente se vinculan, de manera directa, el aprendiz con el empleador. Sin embargo, esto no disminuye la trascendencia que posee la formación profesional como elemento nuclear y definidor de esta modalidad contractual.

59. Si bien de las características de este contrato se infiere que la formación profesional que pretende desarrollarse mediante el mismo posee un nivel inferior a la que aspira a desarrollarse mediante la anterior modalidad de aprendizaje, sin embargo su presencia resulta singularmente definidora de ciertos elementos trascendentes de esta figura.

---

tractuales que se consagran en la ley en análisis, prevén la existencia de remuneraciones salariales, las que en ningún caso pueden ser inferiores a las mínimas que para la categoría corresponde abonar en la empresa contratante. También debe recordarse la disposición contenida en el art. 41 del decreto reglamentario, que prohíbe la remuneración a destajo, totalmente compartible en cuanto a sus fundamentos pero –como ya fuera indicado– de dudosa legalidad.

71 En cuanto al tiempo de trabajo, a la exigencia de su determinación expresa en el contrato debe agregarse que lo pactado en el mismo debe ajustarse estrictamente a las disposiciones generales en la materia, entre las cuales adquieren particular trascendencia en la especie, aquellas relativas a la regulación del tiempo de trabajo de los menores. Complementariamente, deberá tenerse en cuenta que el art. 17 de la ley, habilita a que convencionalmente se acuerde que el tiempo destinado a la formación teórica (fuera del establecimiento) del aprendiz, se compute como tiempo efectivamente trabajado "a todos los efectos". En cuanto a las tareas a desarrollar por el aprendiz y a pesar de que no fue expresamente indicado por la ley (como sí acontece con respecto a la modalidad contractual de la "práctica laboral para egresados" –art. 8° de la ley), debe considerarse una condición en tal sentido, que las tareas a encomendarse al aprendiz, guarden directa relación con el programa de formación cuyo desarrollo constituye el objeto del contrato.

En tal sentido, la formación que el empleador se obliga a brindar en este caso es de carácter eminentemente práctico y su finalidad consiste en permitir que el aprendiz adquiera los conocimientos que le permitan "...el desempeño adecuado de un oficio o puesto de trabajo calificado" (art. 21 de la ley). Sin embargo, esto no enerva la obligación del empleador de que dicha formación sea brindada con carácter *metódico*, condición que se desarrolla en el decreto reglamentario, donde se señala que la misma implica el desarrollo de un Plan de Aprendizaje.

Por otra parte, la importancia que posee la finalidad formativa en este contrato también queda en evidencia a partir de la exigencia de que el empleador designe un instructor con el cometido de brindar los conocimientos a los aprendices,[72] privilegiando la personalización del proceso de enseñanza/aprendizaje mediante la fijación del número máximo de aprendices que cada instructor puede tener a su cargo.[73]

60. En este caso también se explicita el deber del empleador de ocupar efectivamente al aprendiz, e incluso se indica que la tarea a adjudicar a este último debe resultar adecuada al aprendizaje objeto del contrato "...no pudiendo emplearse el aprendiz en tareas ajenas al objeto del mismo, o que de cualquier manera difieran de su categoría laboral".

Por su parte, el aprendiz queda obligado a trabajar para el empleador, debiendo declarar en el contrato (según se indica en el art. 35 del decreto reglamentario) que al momento de su celebración no realizan estudios en organismos públicos o privados que tengan que ver con el aprendizaje a desarrollar y que no poseen titulación respecto del mismo.

61. El plazo del aprendizaje simple deberá determinarse en el contrato y el mismo no podrá ser inferior a cuatro meses ni superior a seis, término que deberá guardar relación con las características de la formación que pretenda impartirse (art. 25 de la ley).

La brevedad del plazo máximo permitido por la ley refuerza la idea de que mediante esta modalidad no se aspira a que necesariamente el aprendiz adquiera una formación profesional elevada, sino tan solo la suficiente idoneidad como para desempeñarse en un puesto de trabajo calificado. Sin embargo, la imposición de un plazo mínimo también es indicativa de la intención del legislador de que la modalidad contractual posea un desarrollo más o menos acorde a ciertas elementales exigencias formativas.

Asimismo, el art. 34 del decreto reglamentario prevé la posibilidad de que en el contrato se pacte la existencia de un período de prueba, el que no podrá ser

---

72 Según se desprende del art. 24 de la ley, este instructor debe poseer una especialización técnico-profesional. Cfe. Henderson, H., *Fomento de la formación...*, cit., p. 61.

73 Hasta tres en caso de que el instructor también desempeñe otras tareas y hasta diez cuando el mismo esté exclusivamente abocado a esta actividad específica (art. 23 de la ley).

superior a la sexta parte del plazo estipulado en el contrato. Se trata de una interesante solución en cuanto acude a un criterio de proporcionalidad para establecer la extensión máxima del período de prueba. Sin embargo, en la medida que la ley establece un plazo mínimo de cuatro meses, debe interpretarse que en ningún caso este período de prueba podrá ser inferior a dicho término.

62. Finalmente, el art. 36 del decreto reglamentario dispone que una vez culminado el contrato, el empleador debe expedir al aprendiz una constancia en la que asentará la experiencia adquirida por el joven, su asistencia, comportamiento y adaptación al trabajo. Además de reiterar lo ya expresado en cuanto a la inconveniencia que representa la abundancia de elementos subjetivos en este tipo de constancias, debe señalarse que en este caso la condición planteada por la norma reglamentaria carece de respaldo legal y por lo tanto su exigibilidad al empleador resulta en extremo dudosa.

2.3.7. Comentarios finales

63. Las modalidades contractuales previstas en la ley N° 16.873 contemplan razonablemente la finalidad de conectar el mundo de la formación profesional escolar o académica, con el mundo del trabajo real. En ella es posible apreciar la preocupación por acercar estos dos ámbitos en los que habitualmente se desarrollan las actividades formativas, reflejando de este modo correctamente los principios de *adecuación a la realidad* e *instrumentalidad*.

Los diversos tipos contractuales que se desarrollan en la ley extienden un amplio abanico de posibilidades para prever las necesidades de los jóvenes que se encuentran en situaciones diferentes e inclusive están previstas alternativas adecuadas para brindar un tratamiento específico a quienes padecen circunstancias particularmente desfavorables que les perjudican.[74] En todas estas modalidades es posible apreciar el propósito de evitar que se desvirtúen las finalidades de formación profesional que intentan alcanzarse mediante su desarrollo.

64. Los comentarios críticos que sobre la ley se han vertido, en cuanto a que la misma constituiría un eslabón flexibilizador del Derecho del trabajo uruguayo, no parecen encontrar fundamentos suficientemente gravitantes a partir de una lectura objetiva de su texto.

En tal sentido y sin perjuicio de la existencia de algún detalle de carácter secundario, no se advierte que la ley introduzca elementos de flexibilización distintos de los que tradicionalmente han desplegado su eficacia en nuestro país.

---

74   De conformidad con el principio de igualdad. Ver supra, Capítulo I, num. 3.5.

Por el contrario, la ley optó por incentivar la utilización de los contratos mediante la reglamentación de exoneraciones de aportes a la seguridad social, solución que, en principio no parece hacerse acreedora a cuestionamientos demasiado severos.[75]

Por otra parte, la realidad ha demostrado que los instrumentos previstos en esta ley no han oficiado como cuña flexibilizadora en el Derecho del trabajo uruguayo y si alguna crítica verdadera merece la ley, esta es la de su escasa aplicación práctica, seguramente agudizada por un contexto de desempleo especialmente crítico.

Adicionalmente, estaría confirmando la tendencia advertida en otras regiones, donde resulta apreciable la falta de interés en los empresarios por formar trabajadores de manera sistemática y metódica.[76]

2.4. Formación profesional y pasantías (Ley N° 17.230)

65. La ley N° 17.230, del 7 de enero de 2000, dispuso la creación de un "...sistema de pasantías laborales como mecanismo regular de la formación curricular de los alumnos reglamentados del Subsistema de Educación Técnico Profesional de la Administración Nacional de Educación Pública", así como de aquellos que pertenecen a "... los institutos privados de educación técnico profesional que se hallen debidamente habilitados" (art. 2°).

Pretendiendo enfatizar las finalidades de tenor educativo, la ley incurre en el manifiesto error de pretender hacerlo mediante el desplazamiento de toda reminiscencia laboral en el vínculo que se crea a partir de la pasantía. Sin embargo, una rápida lectura de las disposiciones que contiene la norma, basta para advertir la artificialidad del intento, así como las complicaciones que del mismo habrán de derivarse. Por lo demás, queda en evidencia la visión equivocadamente sesgada de sus redactores, quienes contrariamente a lo que hubiera sido natural y razonable, pretendieron ocultar la naturaleza laboral del contrato, seguramente a partir del preconcepto de que cualquier derivación hacia dicho ámbito conspiraría contra el éxito de la figura creada.

Muchos inconvenientes se hubieran ahorrado con la opción más sencilla y sincera de no intentar ocultar lo inocultable y asumir la verdadera naturaleza jurídica de la relación, para luego introducirle los elementos especiales o excep-

---

75 En esta misma línea: Henderson, H., *Fomento de la formación...*, cit., pp. 70 y 71.

76 Frente a lo cual en ciertos casos se ha optado por facilitar contratos desprovistos de finalidad pedagógica que tan solo tienen en cuenta la reducida productividad de los jóvenes que acceden al primer empleo y, en consecuencia, autorizan a los empleadores a remunerarlos por debajo del salario mínimo legal o proveniente de convenios colectivos. Cfe. Informe Supiot para la CE, cit., p. 71.

cionales que hubiera condicionado la consecución de las finalidades formativas que mediante ella se persiguen.[77]

66. Mediante esta figura de la *pasantía laboral*[78] se intenta que quienes cursan estudios de carácter técnico profesional, puedan complementar su formación curricular, accediendo a la posibilidad de adquirir conocimientos prácticos mediante su inserción en una empresa real. Los aspectos fundamentales de dicho sistema pueden ser sintetizados de la siguiente manera:

a. En cuanto a los sujetos de la pasantía:

- **el pasante** debe ser una persona mayor de quince años, que curse estudios en calidad de reglamentado[79] en alguna institución de formación técnico-profesional, que bien puede ser el Subsistema de Educación Técnico Profesional de ANEP, o una institución privada, con la condición, en este último caso, de que se encuentre debidamente habilitada;

- **la empresa** que acoja al pasante, debe haber sido seleccionada por el Consejo Directivo Central de ANEP a propuesta del Consejo de Educación Técnico Profesional, de entre aquellas que habiendo expresado su interés en participar en el sistema, posean un acervo en tecnificación que permita "...prever un efectivo aprovechamiento teórico-práctico por parte del alumno, en su área específica de estudio" (art. 3°). Debe tratarse de empresas privadas cuyo giro tenga relación con la naturaleza de los estudios que esté cursando el alumno. Además, la empresa debe estar al día con el pago de aportes a la seguridad social;

- **el Consejo Directivo Central de ANEP**, que no solamente es el organismo encargado de determinar cuáles habrán de ser las empresas habilitadas para participar en el sistema, sino que además, según el art. 7°, debe suscribir convenios con las empresas correspondientes, en los que se determinarán los objetivos a lograr con las pasantías, la limitación del horario de trabajo, la cobertura de los accidentes y enfermedades profesionales y la posibilidad de rescindir el contrato por parte de la empresa cuando el pasante incurra en "...violación de la disciplina interna del establecimiento...".

b. En cuanto al **objeto de la pasantía:** según se adelantara, el mismo consiste en permitir que estudiantes de instituciones de formación técnico profesional puedan complementar su aprendizaje teórico mediante la adquisición de conocimientos prácticos durante su desempeño efectivo en una empresa.

---

77   Cfe. Raso Delgue, *op. cit.*, p. 178 y ss., Pereyra Blanco, Gabriela, "Análisis de la ley 17.320 (pasantías laborales)", in rev. *Derecho Laboral*, N° 202, p. 319 y ss.

78   Según la expresión que emplea el propio texto legal (art. 6°), a pesar de la naturaleza "técnico pedagógica" que intenta imponerse en el art. 5°.

79   Esto excluye a quienes cursan sus estudios en condición de libres.

c. En cuanto a las **formalidades instrumentales** que exige el funcionamiento de este sistema, deben señalarse las siguientes:

c.1. Por una parte, se exige que las empresas interesadas en participar en el mismo, manifiesten dicha voluntad ante el CODICEN o ante el Consejo de Educación Técnico Profesional y sean aceptadas por el primero (art. 3°)

c.2. Por otra parte, según el art. 7°, deberá suscribirse un convenio entre la empresa y el CODICEN, en el que habrán de especificarse los siguientes extremos: objetivos a lograr; horarios de trabajo; cobertura de accidentes de trabajo y enfermedades profesionales; posibilidades de rescisión de la empresa en caso de la comisión de infracciones por parte del pasante respecto de la disciplina interna del establecimiento.[80]

c.3. También se establece a cargo de la autoridad educacional (ANEP) la obligación de que los pasantes y los docentes acompañantes (en caso de que éstos se hubieran admitido) se registren *como tales* ante la Inspección de Trabajo y la Seguridad Social del MTSS.

d. En cuanto a las **obligaciones** particulares que se generan como consecuencia de la pasantía:

d.1. Obligaciones de la empresa respecto del pasante:

d.1.1. Otorgarle una ocupación efectiva.[81], la que debe resultar acorde con la formación poseída por el primero y útil para su desarrollo.

d.1.2. Abonarle una retribución *"íntegra* equivalente a los dos tercios del salario vigente para las actividades idénticas a aquella en las que se desempeñe" (art. 4°).[82]

---

80 Del texto de la ley no surge con claridad si en los convenios de referencia deberá necesariamente participar el pasante o no. De una primera lectura parecería surgir que estos convenios podrían ser genéricos (convenios marco) y que los mismos se suscribirían exclusivamente entre el CODICEN y la empresa, de forma tal que posteriormente el pasante quedaría inserto dentro del sistema previamente acordado. Sin embargo, el punto no es fácil de resolver puesto que si se atiende a los contenidos que necesariamente deben contemplarse en el convenio, parecería razonable que en su determinación también participara el pasante. Pero por otra parte, en el mismo art. 7° se hace mención a la posibilidad de facultar a la empresa para rescindir el *contrato con el pasante* en determinados casos, circunstancia que podría hacer suponer la existencia de *otro contrato*, en este caso entre el pasante y la empresa. Y las consideraciones podrían complicarse aún más si se deseara desentrañar si ese eventual contrato entre el pasante y la empresa, debe cumplir con la formalidad de la escrituración. En la ley nada se dice al respecto y esto habilitaría a sostener que podría tratarse de un contrato consensual. En todo caso, a los efectos de prevenir cualquier inconveniente, parece prudente que el mismo se practique por escrito y que transcriba las condiciones generales a las que se ajustará el régimen aplicable al pasante. Más allá de todas estas imprecisiones, que confirman la paupérrima técnica legislativa empleada en la norma analizada, debe advertirse la omisión de ciertos elementos que debieron incluirse como preceptivos en el convenio, como por ejemplo, el plazo y sus posibilidades de renovación, así como la remuneración a percibir por el pasante.

81 Esta obligación, que no surge a texto expreso de la ley, debe considerarse connatural a cualquier contrato que tenga por objeto la formación del trabajador. Sobre el punto, ver supra, Capítulo II, num. 2.2.4.

82 Una vez más, el texto legal presenta serias dificultades interpretativas. Así por ejemplo, no es claro qué significa que la retribución deba ser *íntegra.* No sin esfuerzo podría suponerse que mediante esta expresión se intentó indicar que los *dos tercios del salario vigente* (que pueden constituir la remuneración del pasante), se calculan a partir de cantidades nominales y que el pasante tiene derecho a percibirlo en su totalidad, es decir, sin ningún descuento (art. 8°). Tampoco es claro qué debe entenderse por *"salario vigente para las*

d.1.3. Cumplir a su respecto con toda la normativa laboral y de seguridad social, sin perjuicio de las exoneraciones que en este último caso se establecen en la propia ley.[83] Este aspecto será más desarrollado al analizar la naturaleza jurídica de la relación de pasantía.

d.1.4. Facilitarle los elementos que le permitan adquirir o desarrollar la formación profesional práctica que resulte complementaria de su educación teórica, ajustándose a lo establecido en el convenio suscrito con el CODICEN. Contrariamente a lo que acontece en el caso de la ley N° 16.873, en el caso de la norma en análisis, no se exige que el empleador asuma la obligación de impartir una enseñanza metódica al pasante.

d.2. Obligaciones de la empresa respecto del CODICEN de ANEP:

d.2.1. Proveer al pasante los elementos que permitan cumplir con los objetivos formativos previstos en el convenio de pasantía;

d.2.2. Cumplir con los demás términos pactados en el referido convenio;

d.2.3. Permitir el ingreso a sus establecimientos de los docentes cuya presencia hubiera sido autorizada por la empresa en forma expresa (art. 10°), así como inspectores y/o evaluadores, con la finalidad de controlar el cumplimiento de los objetivos formativos previstos en el convenio.[84]

d.3. Obligaciones del pasante respecto de la empresa:

d.3.1. Trabajar diligentemente, acatando las reglas de funcionamiento interno del establecimiento y sometiéndose a la autoridad laboral de quienes se desempeñen como sus superiores, según la organización jerárquica de la empresa;

d.3.2. Conservar su condición de estudiante reglamentado de la institución de formación técnico profesional (art. 7°).

d.4. Obligaciones de la institución de formación técnico profesional respecto de la empresa:

Comunicar inmediatamente a la empresa la circunstancia de que el pasante haya perdido su condición de estudiante reglamentado, a los efectos de lo dispuesto por el art. 7°.

---

actividades idénticas", debido a que luego de que el Poder Ejecutivo dejó de convocar a los Consejos de Salarios existen muchas actividades en las que no resulta posible detectar la presencia de "salarios vigentes". Esto podría superarse sosteniendo que la expresión debe entenderse en el sentido del *salario que perciben quienes en la empresa desempeñan tareas similares a las del pasante* y en caso de que existiera en dicha situación más de un trabajador y que entre ellos existieran diferentes niveles salariales, deberá considerarse el salario más bajo. En todo caso debe compartirse lo sostenido por Raso Delgue, en cuanto a que el salario mínimo nacional constituye el monto mínimo a percibir por el pasante, *op. cit.*, p. 179.

83 El art. 5° establece que la actividad desarrollada en el marco de la pasantía no será computada a los efectos jubilatorios. Por su parte, el art. 8° establece que "Los pagos a los pasantes no constituirán materia gravada para los tributos de la seguridad social ni para el Impuesto a las Retribuciones Personales".

84 Si bien esto no está previsto expresamente en la ley, parece resultar una consecuencia natural de la forma en que se debería desarrollar el sistema de las pasantías. La posibilidad de que se hagan presentes en la empresa los funcionarios pertenecientes a la ANEP, no enerva las competencias que posee la Inspección General de Trabajo y Seguridad Social del MTSS.

Por su parte, las obligaciones recíprocas que existen entre el pasante y la institución de formación técnico-profesional, serán las propias de la relación de enseñanza/aprendizaje.

e. **Plazo** de la relación de pasantía: nuevamente se aprecia aquí una redacción extremadamente incorrecta. El art. 6° de la ley establece que "Cada pasantía laboral se cumplirá durante un período mínimo de tres meses, prorrogables por otros dos trimestres, en cada año lectivo...".[85]

f. **Beneficios que obtiene la empresa**: además de los beneficios derivados de la posibilidad de contar con la colaboración de un trabajador al que puede pagarle un salario inferior al de la categoría y que no se encuentra gravado con aportes a la seguridad social, la empresa también cuenta con el beneficio de poder deducir el pago de los mismos para la determinación del Impuesto a las Rentas de la Industria y Comercio y del Impuesto a las Rentas Agropecuarias.

g. **Naturaleza jurídica** de la relación de pasantía: el art. 5° de la ley declara que "La actividad que desarrolle cada estudiante en la empresa respectiva será considerada de naturaleza técnico pedagógica y no será computada a los efectos jubilatorios ni generará por sí misma derecho a permanencia o estabilidad alguna".

Como se indicara, la intención de quitar trascendencia a los aspectos laborales que están ínsitos en la propia esencia de la relación que se crea por la ley, se contradice con el propio texto de las disposiciones contenidas en ella. En tal sentido y a pesar de la formal declaración contenida en el art. 5°, seguidamente el redactor de la norma no tuvo otra alternativa que reglamentar cuestiones propias de una relación de trabajo (por ejemplo, salarios, horarios, consecuencias en materia jubilatoria, referencias a accidentes *¿de trabajo?* y enfermedades profesionales, circunstancias que habilitan la rescisión del contrato, etc.) puesto que esto se imponía necesariamente a partir de la propia dinámica del vínculo que se estaba creando.

En esencia, este sistema de pasantías es una relación de trabajo a la que, como tal, le serán aplicables todas las normas generales (laborales y previsionales),

---

85 La primera nota llamativa que se aprecia en esta norma consiste en la ausencia de un plazo máximo de la pasantía. Obsérvese el curioso error en que ha incurrido el redactor de la norma: si el plazo original es de *al menos* ("período mínimo", dice la ley) tres meses, ¿sería posible que la pasantía fuera pactada por un plazo inicial de, por ejemplo, veinticuatro meses? Pero aun admitiendo que la referencia al "año lectivo" que contiene la ley pudiera interpretarse como una suerte de límite máximo: ¿sería entonces posible pactar un plazo de seis meses y que así, teniendo en cuenta las dos prórrogas de tres meses cada una, el pasante estuviera trabajando durante todo el año? No menos difícil de interpretar es la referencia a que el plazo se refiere "a cada año lectivo". ¿Debe interpretarse en el sentido de que todos los años se renueva la posibilidad de que el mismo pasante realice pasantías? Más allá de las falencias del texto, esta interpretación es inadmisible, pues además de resultar contraria al principio de continuidad, también lo es respecto de la propia naturaleza y finalidades del sistema de las pasantías.

con las excepciones que se hayan contemplado expresamente en el texto de la ley N° 17.230.[86]

h. **Extinción del vínculo**: la misma puede producirse como consecuencia del agotamiento del plazo predeterminado, por la pérdida por parte del pasante de su condición de estudiante reglamentado del instituto de formación técnico profesional o como consecuencia de la violación por parte del pasante de la disciplina interna del establecimiento. Con respecto a esta última circunstancia, la ley parece haber introducido una causal de extinción del vínculo sin responsabilidad para el empleador, que tiene un carácter mucho menos exigente que el derivado de la noción de notoria mala conducta. Sin embargo, curiosamente parece desprenderse de la lectura del art. 7° que la misma solamente podría invocarse cuando se hubiera pactado expresamente en el convenio suscrito entre la empresa y ANEP[87] y en caso contrario, serían aplicables las normas generales sobre notoria mala conducta.

En cuanto a la ruptura *ante tempus* del vínculo de pasantía, es claro que esto generaría la responsabilidad del empleador, tanto frente al pasante como frente a la propia institución de formación técnico profesional, de acuerdo a los principios generales en materia de responsabilidad contractual. Sin embargo, es llamativa la omisión de toda referencia a la pérdida por parte del empleador de los beneficios tributarios que para él se hubiera derivado de la aplicación del régimen, contrariamente a lo que sí se contemplara en la ley N° 16.873.[88]

3. La formación profesional dentro del haz obligacional típico del contrato de trabajo

67. Luego de haber pasado revista a las modalidades contractuales en las que la formación profesional adquiere una dimensión relevante, al punto de resultar definidora de su propio objeto, corresponde analizar cuál es el lugar que la formación profesional ocupa en los contratos de trabajo típicos.

Esto supone ingresar al estudio de los componentes que integran el haz obligacional que se genera con el inicio de la relación de trabajo y determinar si dentro del mismo es posible detectar la presencia de la formación profesional. Asimismo,

---

86 Respecto de la normativa previsional, cabe advertir que la ley solamente excluye a la pasantía de los beneficios jubilatorios, pero en cambio nada dice respecto de la aplicabilidad de otros beneficios, como el subsidio por maternidad, el seguro por desempleo, etc. En este sentido, debe concluirse que las normas relativas a estas prestaciones de actividad, serían aplicables al régimen de las pasantías. En cuanto a la cobertura de accidentes de trabajo y enfermedades profesionales, las disposiciones de la ley N° 16.074 imponen que necesariamente deba contratarse el seguro en el Banco de Seguros del Estado.

87 Obsérvese que la disposición establece que en el convenio se pactará "...la posibilidad de rescindir el contrato por parte de la empresa, cuando exista violación de la disciplina interna del establecimiento por parte del pasante".

88 Cfe. Raso Delgue, J., *op. cit.*, p. 183.

y como complemento necesario de lo anterior, deberá determinarse cómo se distribuyen entre los sujetos de la relación (empleador y trabajador) los contrapesos de obligaciones y derechos que se crean a partir de la formación profesional.

En este primer capítulo serán expuestas algunas consideraciones generales en relación a las expresiones obligacionales de la formación profesional en el marco del contrato de trabajo, para dedicar luego, los siguientes capítulos, al análisis de algunas cuestiones más concretas, como por ejemplo, la incidencia de la formación profesional en la determinación del salario y la categoría del trabajador o las consecuencias que pueden provocarse a partir de la misma respecto del ejercicio de determinadas potestades del empleador.

3.1. Los desarrollos doctrinarios nacionales

68. Según fuera expresado, el Derecho positivo laboral uruguayo carece de referencias conceptuales concretas respecto del contrato de trabajo. Ninguna norma jurídica lo ha definido y mucho menos existe una reglamentación descriptiva sistematizada de las obligaciones que típicamente emanan del mismo.

Han correspondido a la doctrina las elaboraciones a este respecto, pero sin embargo, no es posible detectar desarrollos mayores en relación con la temática específica de la formación profesional y el lugar que ésta tiene reservado en el marco de las obligaciones dimanantes del contrato de trabajo.

No obstante, deben exceptuarse de esta última afirmación los aportes realizados por Barbagelata, quien no solamente se destaca claramente por la frecuencia e insistencia con que ha abordado la cuestión de la formación profesional, sino también por el lugar prominente que le ha conferido a este instituto dentro del esquema del contrato de trabajo. En efecto, debe reconocerse en este autor la presencia de un pionero en cuanto a la identificación de la formación profesional como objeto a partir del cual se crean determinadas obligaciones concretas en el marco del contrato laboral.

Al desarrollar la serie de obligaciones que para el empleador se derivan del contrato de trabajo, se advierte en la visión que expone Barbagelata la presencia constante de la formación profesional como potencialmente provocadora de consecuencias –directas o indirectas– en el plano obligacional. Así, por ejemplo, al reseñar la obligación del empleador de respetar la dignidad del dependiente, el autor refiere a que uno de los elementos que contornean los límites de la misma, está dado por la necesidad de evitar comportamientos que puedan perjudicar "...la reputación profesional" del trabajador,[89] concepto este último, que guarda una clara vinculación con la noción de formación profesional.

| 89   *Derecho del Trabajo*, T. I., vol. 2, cit., p. 170.

En forma similar, cuando Barbagelata hace referencia a la obligación del empleador de "proporcionar al trabajador, ocupación efectiva en la calidad y cantidad que corresponda", hace depender su existencia de algunas circunstancias, entre las cuales se halla la de evitar que la omisión de la misma "...perjudique la cualificación o impida adquirirla o superarla".[90] En tal sentido –según ya fuera indicado–[91] el autor se mantiene dentro de la posición que en forma unánime ha desarrollado la doctrina uruguaya, en cuanto a que, salvo en circunstancias excepcionales, no es exigible al empleador que brinde ocupación efectiva a su dependiente. Sin embargo, queda de relieve una vez más, la trascendencia que adquiere el instituto de la formación profesional y la eficacia que el mismo posee a los efectos de potenciar determinados derechos y obligaciones que emanan del contrato de trabajo.

También refiere indirectamente Barbagelata a la formación profesional, cuando describe la obligación del empleador de "Abstenerse de programar, pretender o exigir del trabajador la realización de tareas incompatibles con su categorización que le perjudiquen en sus expectativas, o le demanden un esfuerzo superior al razonable, de acuerdo con las condiciones pactadas y dentro de los límites fijados por las normas laborales, los usos y costumbres profesionales".[92]

69. Sin embargo, no es a partir de cuanto viene de señalarse que la doctrina de Barbagelata se distingue del resto de las posiciones expuestas a nivel nacional. También en otros autores es posible detectar, en mayor o menor medida, una presencia indirecta de la formación profesional, a partir de cuya consideración asumen sesgos particulares otras obligaciones dimanantes del contrato de trabajo.[93]

Donde la posición de Barbagelata aparece como verdaderamente diferenciable del resto de la doctrina, es cuando directa y específicamente describe la obligación del empleador "de proporcionar formación profesional y facilitar la formación permanente".[94] El fundamento jurídico al que recurre el autor

---

90   *Derecho del Trabajo*, T. I, vol. 2, p. 171.
91   Ver supra, Capítulo II, num. 2.2.4.
92   *Op. cit.*, p. 172.
93   Así por ejemplo, Plá Rodríguez alude en el *Curso de Derecho Laboral* (T. II, vol. 1) a múltiples referencias de este tipo: al señalar el carácter personal de la prestación que asume el trabajador, expone la importancia que a este respecto posee la capacidad del trabajador (p. 141), al determinar el derecho del trabajador a desarrollar tareas propias de la categoría, recurre como criterio definidor de la misma, a su calificación (p. 143); cuando describe la obligación del trabajador de desempeñarse "con la eficiencia normal", también utiliza parámetros derivados de la formación profesional (p. 146); cuando expone los límites a la obligación de obediencia, afirma que uno de ellos está determinado por la posibilidad de resistir el cumplimiento de órdenes que comprometan la responsabilidad técnica (p. 148). También Plá Rodríguez refiere indirectamente a la importancia de la formación profesional en el marco de las obligaciones del contrato de trabajo cuando se pronuncia acerca de la cuestión de la existencia o no de la obligación del empleador de proporcionar trabajo efectivamente –aspecto en el que el autor se mantiene dentro de la línea unánimemente expuesta por la doctrina y que fuera desarrollada supra, en el Capítulo II, num. 2.2.4 (p. 156 y ss.).
94   *Derecho del Trabajo*, T. I, vol. 2, p. 174.

para respaldar la existencia de esta obligación (en ausencia de normas en el Derecho positivo interno) es detectado en normas internacionales: el art. 26 de la Declaración Universal de Derechos Humanos, los arts. 6 y 7 del Pacto Internacional de Derechos Económicos, Sociales y Culturales, el Protocolo de San Salvador (arts. 6-1 y 2, 7-b-c, 13.3), etc.

Según explica Barbagelata, "En el Derecho comparado se ha entendido que esta obligación patronal incluye la de facilitar el entrenamiento para la readaptación a nuevas tareas y que va correspondida por la obligación del trabajador de participar en las acciones de formación pertinentes".[95]

70. Más recientemente, otros autores han comenzado a desarrollar esta misma línea de pensamiento. Así, Barretto y Henderson, en obra en la que el propio Barbagelata aparece como editor, exponen su posición en el sentido de que "...la formación profesional aparece, además de un deber del Estado, como una obligación del empleador que se despliega junto al resto del haz emergente de la relación individual de trabajo. Esto la configura especialmente como un derecho 'autoejecutable', en la medida que su cumplimiento (y las modalidades que pueda adquirir) queda al albur de las relaciones laborales y como contenido potencial de la autonomía colectiva".[96]

En la tesis que desarrollara sobre estas temáticas, de publicación todavía más cercana en el tiempo, Barretto expone la pretensión de "...entender el papel de la formación profesional bajo una función diacrónica, dinámica, que contribuye y enriquece la prestación de trabajo, y no solo como un mero (pero imprescindible) límite que encauza racionalmente el poder empresarial frente a la hiposuficiencia del trabajador".[97] Luego de pasar prolija revista a las normas internacionales que refieren al derecho a la formación profesional[98] y de ubicar conceptualmente a la formación profesional como una manifestación del derecho a la educación,[99] el autor concluye en la condición de derecho humano fundamental de la formación profesional y en su inclusión dentro del "cuadro de principios que rige el derecho laboral".[100] Además, reitera la posición que ya expresara en la anterior obra citada,[101] respecto a que la formación profesional no solamente constituye un deber del Estado, sino además, "...una obligación del empleador que se despliega junto al resto del haz emergente de la relación individual de trabajo".[102]

---

95 *Op. cit.*
96 Barbagelata, H-H, Barretto Ghione, H., Henderson, H, El derecho a la formación profesional y las normas internacionales, Mdeo.: Cinterfor, 2000, p. 44. Según se indica en la obra citada, la autoría de los pasajes aludidos corresponde a Hugo Barretto Ghione.
97 *La obligación de formar...*, cit., p. 21.
98 *Op. cit.*, p. 50 y ss.
99 *Op. cit.*, p. 53-56.
100 *Op. cit.*, p. 59.
101 Barbagelata, H-H; Barretto Ghione, H.; Henderson, H, *El derecho a la formación profesional...*, cit.
102 *La obligación de formar...*, cit., p. 60.

3.2. Análisis crítico

71. Asumiendo que el derecho de la formación profesional posee una particular jerarquía y valoración en el actual estadio evolutivo de la conciencia jurídica universal, tal como emerge claramente de la circunstancia de su figuración en la mayor parte de los instrumentos internacionales que describen los derechos humanos fundamentales, y a partir de la constatación de que el contrato de trabajo constituye uno de los escenarios en los que la formación profesional habrá de desplegar la mayor parte de sus consecuencias y potencialidades, corresponde analizar si resulta posible atribuir al empleador una obligación concretamente traducible en el deber de desarrollar un *comportamiento positivo* hacia el trabajador, consistente en brindarle formación profesional.

En otros términos: se trata de desentrañar si las obligaciones que habrá de asumir el empleador respecto de la formación profesional (a partir de su consideración como derecho humano fundamental) se manifiestan exclusivamente en el plano de *no obstaculizar su desarrollo* (comportamiento pasivo, de *no hacer*) o si por el contrario, también debería considerarse que los mismos implican el deber patronal de adoptar *conductas activas* al respecto (brindar formación al trabajador).

La adopción de una posición en relación con este planteamiento no está exenta de dificultades.

72. Si bien la cuestión está fuera de discusión en los casos de contratos de trabajo que específicamente tienen por finalidad el desarrollo de actividades formativas,[103] en cambio resulta mucho más dudosa cuando se refiere al contrato de trabajo típico.

No es posible desconocer que la formación profesional constituye una cuestión que de ninguna forma puede considerarse ajena a las responsabilidades de los empleadores, tal como es expresamente reconocido en diversas disposiciones constitucionales y legales en el Derecho comparado. Por otra parte, la circunstancia de estar los empleadores involucrados en las políticas y programas sobre formación profesional así como la intensa participación que en su financiamiento le atribuyen diversos ordenamientos[104] representa una clara demostración de que se trata de una temática que les atañe directamente y respecto de la que la sociedad les asigna un rol de fundamental importancia. Sin embargo, más allá de estos deberes de carácter general que recaen sobre los empleadores, subsisten aún las dudas acerca de la posibilidad de que los mismos puedan quedar concretados en una obligación específica en el marco de la relación individual de trabajo.

---

103 Ver supra, Capítulo II, num. 2.
104 Garmendia Arigón, M., *Legislación comparada sobre formación profesional...*, cit., pp. 113-114.

73. En el Derecho comparado es posible encontrar varios ejemplos de normas que expresamente hacen referencia a la obligación del empleador de impartir (comportamiento positivo) formación profesional.

En el Derecho comparado existen diversas disposiciones constitucionales en este sentido. El problema consiste en determinar si en ausencia de toda referencia concreta del Derecho positivo, es posible considerar que el empleador debe asumir la obligación de proporcionar formación profesional al trabajador en cualquier circunstancia. A los efectos de arribar a una respuesta razonable para esta interrogante, parece prudente aproximarse a la misma en forma paulatina, mediante un análisis gradual de las diversas obligaciones derivadas de la formación profesional, comenzando primero por las indirectas, para luego finalizar con las más específicas y concretas.

3.2.1. *Formación profesional y su incidencia en la generación de obligación patronales indirectas*

74. Queda fuera de duda que el empleador asume una serie de obligaciones laborales que encuentran fundamento en la formación profesional que posee el trabajador. Entre ellas, por ejemplo, deben recordarse las relacionadas por Barbagelata y que atañen al respeto de la dignidad profesional del trabajador, así como a la consideración de la formación profesional que éste posee como criterio para la determinación de la categoría, salario, atribución de tareas, etc.

3.2.2. *Formación profesional y su incidencia en la generación de obligaciones patronales negativas (de no hacer)*

75. Avanzando un paso más, también parece de precepto sostener que el empleador queda obligado a no desarrollar conductas que obstaculicen o impidan el acceso del trabajador a la formación profesional.

Esto resulta el corolario natural del hecho de ser la formación profesional un derecho humano fundamental y una manifestación específica del derecho a la educación, de más amplio alcance, tutelado por los arts. 70 y 71 de la Constitución de la República. Es evidente que el derecho a la formación profesional, al igual que otros derechos inherentes a la persona humana, no quedan conculcados ni disminuidos por el hecho de estar inserto el trabajador en una relación de trabajo que supone la existencia de la subordinación como nota central tipificante. La visión antropocéntrica que debe guiar los razonamientos referentes a la formación profesional[105] determina que la protección de los valores que interesan a

---

| 105 Ver supra, Capítulo I, num. 3.3, Principio de antropocentrismo.

la esencia de la persona humana se erija en fundamento primario para sustentar aquellas soluciones que mejor contemplen tal finalidad.

En síntesis: el derecho del trabajador a acceder a la formación profesional también se proyecta hacia la esfera propia del contrato de trabajo y su dinámica, determinando la existencia de ciertos límites respecto del ejercicio de determinadas potestades empresariales.[106] De modo que la titularidad del trabajador del derecho subjetivo a la formación profesional genera la correlativa obligación empresarial de no interferir u obstaculizar su legítimo ejercicio, traduciéndose en consecuencia, en una primera y elemental obligación de *no hacer*.

76. Esta obligación patronal, consistente en desarrollar un comportamiento respetuoso hacia el legítimo ejercicio por parte del trabajador de su derecho a formarse, debe ser interpretada siempre con un criterio amplio y en el que, en todo caso habrá de primar una suerte de criterio hermenéutico de favorecer el desarrollo de la meta formativa.

Esto implica que, por ejemplo, la obligación del empleador no solamente estará presente cuando las actividades formativas que desarrolla el trabajador tengan relación directa o indirecta con las tareas que cumpla en la empresa (en cuyo caso es probable que el empleador tenga un interés directo en que la formación profesional efectivamente sea adquirida por su dependiente), sino que también lo estará en aquellos casos en que no exista ninguna vinculación entre la formación profesional que el dependiente aspira adquirir y la requerida por el puesto de trabajo que ocupa en la empresa.

Otra manifestación de este criterio amplio que se postula, implica sostener que la formación profesional que genera la obligación empresarial de abstenerse de desarrollar comportamientos obstaculizantes, incluye tanto las situaciones en las que la formación profesional es adquirida como consecuencia de la normal y natural ejecución de la tarea (en cuyo caso, el desarrollo de acciones entorpecedoras por parte del empleador es mucho menos probable y difícil, aunque no imposible), como aquellos en que la formación profesional que se pretende adquirir, requiere la realización de actividades diferenciadas de las relacionadas con el puesto de trabajo (por ejemplo, concurrir a una institución de enseñanza).

77. Pero sin perjuicio de esta amplitud, también debe señalarse que ni el derecho de formarse, cuya titularidad ostenta el trabajador, ni la consecuente obligación de no obstaculizar su desarrollo, que recae sobre el empleador, pueden considerarse ilimitados.

Por el contrario, su efectividad y vigencia deben enmarcarse dentro del contexto natural en el que se despliegan, que no es otro que el del contrato de trabajo.

---

106 Ver infra, num. 6 de este mismo Capítulo, Formación profesional y *jus variandi*

Esto supone que las aspiraciones formativas que legítimamente pueda invocar el trabajador, deberán en todo caso compatibilizarse razonablemente con la natural pretensión del empleador en el sentido de que la tarea sea desarrollada normalmente y sin interrupciones.

El derecho a formarse debe ser ejercido de buena fe, procurando que el mismo no provoque alteraciones o perjuicios en la organización del trabajo.

3.2.3. *Formación profesional y obligaciones patronales positivas (de hacer)* *¿Está obligado el empleador a proporcionar formación a sus dependientes?*

78. Por último corresponde analizar si es posible considerar que existe a cargo del empleador una obligación *"de hacer"* o positiva, con relación a la formación profesional. Es decir, si al haz de obligaciones indirectas y de *no hacer* que la formación profesional pone a cargo del empleador, puede sostenerse que se suma otra más intensa, consistente en la necesidad de brindar la formación profesional al trabajador.

El hecho, indiscutiblemente compartido, de que la formación profesional forme parte del acervo conformado por los más elevados derechos humanos relacionados con el trabajo no basta para sostener que el empleador queda positivamente obligado a impartir una determinada formación profesional a sus dependientes. A este respecto, mientras aparece relativamente sencillo encontrar fundamento para sostener la existencia de una obligación empresarial de respetar el derecho a formarse del trabajador, en cambio no acontece lo mismo cuando se intenta detectar la fuente generadora de una obligación patronal de proporcionar la formación al trabajador, cuando ello no se hubiera pactado expresamente en el contrato de trabajo (como por ejemplo, acontece en las modalidades formativas que fueran analizadas *supra*) y no surja de ninguna norma jurídica objetiva (ya sea que provenga de la autoridad estatal o de la autonomía colectiva).

79. En principio, entonces, no se comparte que exista –en abstracto y en ausencia de una previsión normativa o convencional expresa– una obligación patronal de proporcionar formación profesional al trabajador.

Visto desde otra perspectiva, no sería jurídicamente viable –ni tampoco razonable– que un trabajador se considerara indirectamente despedido invocando el incumplimiento del empleador de la obligación de proporcionarle una formación profesional a la que no se había comprometido expresamente y que ninguna norma jurídica le atribuye imperativamente.

3.2.4. *La introducción de variaciones en la prestación de la tarea y la obligación del empleador de proporcionar formación profesional*

80. Sin embargo, pueden presentarse determinadas circunstancias durante el decurso del vínculo laboral, que sí hagan emerger una obligación patronal de proporcionar –*positivamente*– una determinada formación profesional al trabajador. Este es el caso, por ejemplo, de la introducción de innovaciones tecnológicas u organizativas en la empresa, que impliquen variaciones en relación con la forma en que anteriormente se desarrollaba el trabajo y la consecuente necesidad de adaptarse a las mismas mediante un proceso de aprendizaje previo.

Frente a una situación como la descrita, aparece un elemento nuevo, consistente en la iniciativa del empleador de introducir un cambio en la forma habitual de prestación de la tarea. El hecho de hacer efectivo el cambio, trae como consecuencia automática, la asunción por parte del empleador de la obligación correlativa de proporcionar a su dependiente la formación profesional que requiera la adaptación a la nueva forma que caracterizará la actividad. El surgimiento en tales casos de la obligación de formar, encuentra fundamento en una fuente contractual, al existir un acuerdo de voluntades (que en la mayoría de los casos será tácito) entre el trabajador (que acepta o tolera el cambio introducido siempre que se le proporcione la formación que le permita adaptarse al mismo) y el empleador (que se beneficia con la introducción del cambio, pero debe asumir la obligación de brindar a sus dependientes los elementos formativos necesarios para que estén en condiciones de absorberlo sin mayores dificultades.[107]

81. Pero no sería correcto pretender que por el mero hecho de estar dispuesto el empleador a asumir la obligación de proporcionar la formación profesional que requiere el cambio, este último queda legitimado, independientemente de toda otra consideración.

En todo caso, el análisis de la variación y su licitud, se regirá por los criterios generales en materia de *jus variandi* y sus límites conceptuales y funcionales, y si bien no es admisible que el empleador se considere exonerado en estos casos de la obligación de proporcionar la formación profesional que requiera la introducción del cambio, tampoco su disposición en tal sentido puede concebirse como sinónimo de aceptación obligatoria del mismo por parte del trabajador. Una serie de consideraciones estarán necesariamente presentes al momento de discernir si la eventual negativa del trabajador a recibir la formación profesional y acep-

---

107 Cfe. Barretto, H., *La obligación de formar...*, cit., p. 101 y ss. El autor explica que siendo el empleador "...el principal beneficiario de la relación en la medida que es quien se apropia de los frutos del trabajo, tiene una carga de asumir también los riesgos que el cambio comporta. El cumplimiento de la obligación de formar al trabajador, contribuyendo así al mantenimiento del vínculo, resulta una emanación del principio de buena fe que debe presidir la relación de trabajo y un deber correlativo en virtud del derecho a la formación reconocido al trabajador", p. 113.

tar el cambio introducido, implica o no un incumplimiento laboral que le sea imputable.[108]

82. Si bien los cambios tecnológicos resultan cada vez más frecuentes en la actual realidad del trabajo, también es apreciable que determinados sectores de actividad son mucho más proclives a los mismos, al punto que en ciertos casos es la variabilidad continua la característica que pauta la dinámica natural del trabajo. Así por ejemplo, en las empresas dedicadas a la producción informática, a la tecnología médica, la comunicación, etc., se hace plenamente cierta y aplicable la expresión *"lo único permanente es el cambio"*.

En tales casos, las propias características de la actividad determinarán que la obligación patronal de proporcionar formación en cada oportunidad que se introduzcan cambios, adquiera rasgos permanentes y normales, constituyéndose de este modo, en una obligación positiva típica de los contratos de trabajo en tales sectores de actividad.

3.3 La obligación del trabajador de formarse profesionalmente

83. Nada novedoso se estará indicando al señalar que la relevancia que en estos días se adjudica a la formación profesional, determina que el hecho de poseerla, antes que una obligación, deba ser considerada una verdadera "carga" del trabajador.

La posibilidad de acceder a la misma ha llegado a constituirse en un requisito preliminar, de cumplimiento imprescindible para quien aspira a lograr insertarse en el mercado de trabajo o permanecer en éste.

Pero además de resultar evidente que en estos fenómenos se encuentra directamente involucrado el interés del propio trabajador, también es posible sostener que la aceptación y desarrollo de actividades de formación profesional ofrecidas por el empleador, se presenta como una obligación a su cargo y frente a la cual el propio empleador es el sujeto activo.

84. Según ha expresado la doctrina, esta obligación del trabajador de desarrollar las actividades de formación profesional que pone a su disposición el empleador, se presenta como una de las manifestaciones de la obligación de colaboración –de alcances más genéricos– que también recae sobre él en virtud del contrato de trabajo,[109] La diligencia en el cumplimiento de la tarea y la colabora-

---

108 Ver infra, num. 6 de este mismo Capítulo, Formación profesional y *jus variandi*.
109 Cfe. Barbagelata, H-H, *Formación y legislación del trabajo: Tendencias de las recientes legislaciones sobre formación profesional*, Cinterfor/Polform (OIT), Montevideo, 1996, p. 19; Barretto, H., *La obligación de formar...*, cit., p. 116 y ss.

ción con el empleador, obligaciones que naturalmente se derivan para el trabajador del contrato de trabajo, generan a su vez, la obligación del trabajador de encontrarse dispuesto a aceptar la formación que el empleador le proporcione.

Es posible que en algunas situaciones particulares, inclusive pueda detectarse un reforzamiento de la obligación de formarse del trabajador. Así acontecerá, por ejemplo, cuando la misma se hubiera explicitado en el propio contrato de trabajo, o cuando su cumplimiento resulte consustancial a la naturaleza de la actividad que se desarrolla.[110]

85. La negativa infundada del trabajador a aceptar las actividades de formación profesional que pone a su disposición el empleador y que tienen relación con su desempeño laboral, constituye un incumplimiento de sus obligaciones y provocará el surgimiento de su responsabilidad frente al empleador. El incumplimiento expondrá al trabajador a recibir sanciones disciplinarias cuya gravedad habrá de ser proporcional a la entidad de la falta cometida, considerando todas las circunstancias –atenuantes y agravantes– que se encuentren presentes en el caso concreto. Es claro que la asunción por parte del trabajador de una actitud de este tipo, habilita al empleador a ejercer su facultad de despedirlo, sin que en principio pueda considerarse que en la misma haya existido abusividad. Sin embargo, dependiendo de las características concretas que rodeen la situación, podría incluso llegarse a la configuración de una hipótesis de notoria mala conducta, lo que eximiría al empleador del pago de la indemnización por despido.[111] Pero al respecto, parece importante puntualizar que no frente a cualquier negativa del trabajador puede considerarse configurada la notoria mala conducta. Por el contrario, será necesario analizar si en la actitud del trabajador se encuentran presentes los elementos configurativos de tal eximente, que en todo caso deben poseer una particular gravedad y cuya prueba recae sobre el empleador.

86. También es posible que en ciertos casos, la negativa del trabajador a desarrollar las actividades de formación profesional que le proporciona al empleador, resulten suficientemente fundadas y que ello determine la inexistencia de un incumplimiento de su parte. En tal sentido, podría considerarse que esto acontecería si las acciones de formación profesional que el empleador pretende proporcionar a su dependiente, implican para este último un sacrificio superior al razonablemente exigible.

Esta situación podría plantearse, por ejemplo, si las actividades de formación profesional cuya realización se impone al trabajador presentan una complejidad o un nivel notoriamente desproporcionado con respecto a la cualificación

---

110 Mirón Hernández, M., *op. cit.*, p. 306.
111 Cfe. Mirón Hernández, M., *op. cit.*, p. 306; Barretto, H., *La obligación de formar...*, pp. 116 y 117.

que este último posee y cuya realización no tuviera otro final previsible que no sea el de la frustración personal.

Algo similar ocurriría si las actividades de formación profesional que ofrece el empleador suponen el alejamiento prolongado del trabajador de su familia (estadías prolongadas en el extranjero), o la realización de tareas fuera del horario de trabajo. No menos trascendente resultarán otros elementos, como por ejemplo, la consideración de la edad del trabajador (un trabajador de avanzada edad o cercano a la jubilación, seguramente no tendrá la misma disposición a formarse que un joven) o la cualificación que previamente poseyere (en la medida que, por ejemplo, la formación ofrecida por el empleador pudiera significar una ofensa para la autoestima profesional que de la misma se derivare).

De este modo, es importante prestar atención a las características que rodean a cada caso concreto, pues solamente a partir de una apreciación razonable y objetiva de las mismas, podrá arribarse a una conclusión adecuada respecto de los límites de esta obligación del trabajador.

87. En cuanto a la naturaleza de esta obligación del trabajador, es importante tener en cuenta que la misma es *de medios* y que, en consecuencia, jamás podrá pretender el empleador que la no adquisición de conocimientos o habilidades por parte de su dependiente, constituyen un incumplimiento de aquélla. El trabajador cumple con la obligación que sobre él recae, aceptando la realización de las actividades formativas que el empleador le ofrece y desarrollándolas en forma diligente y de buena fe, poniendo su mejor disposición para adquirir las habilidades que a través de las mismas se pretende transmitir.

Sin embargo, si pese a ello no logra alcanzar las metas formativas previsibles, no puede considerarse que esto suponga un incumplimiento de su parte, pues su obligación no es *de resultado*, sino tan solo *de medios*.[112]

88. Los deberes de disciplina, obediencia, colaboración, lealtad, etc., que rigen la dinámica de la relación laboral, extienden su vigencia a las actividades formativas a desarrollarse por iniciativa del empleador, siempre que las mismas mantengan alguna conexión con el contrato de trabajo (en cuanto a lugares físicos en los que se desarrolla, horarios, actividades, etc.). En cambio, cuando la formación profesional se imparte exclusivamente en un contexto académico, el incumplimiento de aquellos deberes solamente será relevante en casos excepcionales, en la medida que sus consecuencias puedan llegar a afectar el prestigio de la empresa.[113]

---

112 En el mismo sentido, Barretto, H., *La obligación de formar...*, cit., p. 117.

113 Por ejemplo, esto podría acontecer si en medio de una clase, uno de los estudiantes-trabajadores comenzara a referirse en términos peyorativos o agraviantes a la empresa en la que se desempeña. Cfe. Mirón Hernández, M., *op., cit.*, p. 308.

3.4. *Las obligaciones del trabajador que ha recibido formación profesional de su empleador*

89. El trabajador que ha recibido una determinada formación profesional de parte de su empleador queda obligado a aplicar en su desempeño laboral los conocimientos y habilidades que a partir de la misma haya adquirido.

Sin embargo, la efectividad de esta obligación quedará condicionada a la presencia de determinados elementos, como por ejemplo: que las nuevas habilidades adquiridas por el trabajador puedan considerarse incluidas dentro de la categoría laboral que éste ocupa, o que en caso de corresponder a un nivel superior, el mismo haya sido previamente reconocido por el empleador. Es evidente que tampoco será exigible al trabajador que aplique lo aprendido si previamente el empleador no ha introducido en la empresa los elementos materiales que requiere el desarrollo de las nuevas habilidades, o si los mismos no cuentan aún con las condiciones necesarias de seguridad o con las habilitaciones que desde el punto de vista formal o técnico pudieran requerir.

En relación con este último aspecto, es importante tener presente que, por regla general, la adquisición de nuevas cualificaciones conlleva el incremento de las responsabilidades técnicas del trabajador, así como el desarrollo de mayores niveles de sensibilidad ética profesional.

De allí que el trabajador no solamente *podrá* negarse a obedecer órdenes del empleador que impliquen un desconocimiento de sus nuevas responsabilidades técnicas o éticas, sino que *deberá hacerlo* en la medida que su cumplimiento puede exponer su propia responsabilidad personal frente a terceros.

3.5. *¿Surge una obligación de permanencia?*

90. Es corolario de las obligaciones de colaboración, lealtad y buena fe, que el trabajador deba estar dispuesto a aplicar a su desempeño laboral los conocimientos y habilidades adquiridas a partir de la formación profesional que le ha brindado el empleador. De este modo, se considerará una grave falta que el trabajador omita deliberada e infundadamente la aplicación de tales habilidades en beneficio de la empresa, por ejemplo, con el espurio propósito de beneficiarse personalmente con la misma, ejercitando acciones de competencia desleal.

91. Una cuestión relacionada con lo que se viene exponiendo, consiste en analizar si el hecho de haber recibido el trabajador una formación profesional de parte del empleador, le genera automáticamente algún tipo de *compromiso de permanencia* en la empresa, o si por el contrario, se mantiene inalterado su derecho al receso unilateral del contrato de trabajo.

En principio, no parece justo que una empresa que ha invertido sumas importantes de dinero en brindar formación profesional a un dependiente, se vea privada de su participación a poco que éste la haya adquirido, debido a su decisión de renunciar para pasar a desempeñarse en la competencia.

A los efectos de precaver el acaecimiento de este tipo de situaciones, los empleadores que deciden proporcionar formación profesional de elevado costo a sus dependientes, suelen suscribir con éstos un convenio en el que se establece la obligación de brindar la formación profesional indicada y como contrapartida de la misma, la obligación del trabajador de permanecer en la empresa durante un determinado plazo mínimo y aplicar en beneficio de ésta, las habilidades adquiridas en el proceso de formación.

92. En el Derecho comparado pueden encontrarse algunas referencias a este tipo de convenios. Así, por ejemplo, el art. 21 del Texto Refundido del Estatuto de los Trabajadores (TRELT) español regula el llamado *"pacto de permanencia"*, acuerdo en virtud del cual el empleador tiene derecho a reclamar una indemnización del dependiente que habiéndose beneficiado con una formación profesional impartida a costo del primero, no permanece en la empresa durante un cierto período previamente convenido.

La norma prohíbe la inclusión de este tipo de pactos en contratos de tipo "formativo", pues en éstos, el objeto contractual es la formación teórico-práctica y la misma no puede estar condicionada por los intereses de la empresa.

La formación profesional que habilita a suscribir este tipo de pactos debe ser especializada y diferente de la que el empleador está obligado a brindar por disposición legal o convencional y su costo económico debe ser elevado, puesto que la finalidad del pacto consiste en compensar el sacrificio que en tal sentido hizo la empresa. La norma exige la solemnidad de su formalización por escrito y establece un plazo máximo de permanencia de dos años,[114]

93. Frente a la ausencia de toda norma explícita que refiera a este tipo de convenios y seguramente como consecuencia de la escasa frecuencia con que los mismos se presentan por estas latitudes, no es posible detectar demasiados desarrollos doctrinarios nacionales a su respecto.[115]

La licitud de este tipo de pactos no puede ser objeto de cuestionamientos meramente aprioristicos y las respuestas merecen que previamente se analice cada una de las situaciones concretas en las que hayan sido acordados, a la luz del principio de razonabilidad. En cualquier caso, sería deseable que algunas pautas de apreciación siempre estuvieran presentes, como por ejemplo:

---

114 Mirón Hernández, M., *op. cit.*, p. 310 y ss.
115 Barretto parece admitir su licitud aunque no sin ciertas hesitaciones. *La obligación de formar...*, cit., pp. 118 y 119.

- Que el pacto se estableciera por escrito, como requisito *ad probationem*, pues mediante el mismo se introducen excepciones a las reglas generales que rigen al contrato de trabajo.

- Que la formación profesional que le sirve de sustento sea de alto costo económico o de difícil acceso para el trabajador.

- Que el plazo de la permanencia pactada sea razonable y proporcional a la complejidad y características de la formación profesional recibida por parte del trabajador. El plazo de la permanencia no debe terminar por desnaturalizar la libertad de salida que se reconoce al trabajador en la relación de trabajo.

- Que la empresa efectivamente utilice las habilidades adquiridas por el trabajador en el proceso de formación profesional, pues la omisión en tal sentido no solamente perjudica el interés del trabajador, sino que inclusive podría llegar a comprometer el interés general de la sociedad.[116]

Tampoco debe resultar ajena a las consideraciones del intérprete, la apreciación de las características del trabajador que suscribe este tipo de pactos, pues si bien los mismos pueden admitirse con mayor amplitud cuando se trata de trabajadores con determinada jerarquía o cualificación, en cambio debería emplearse un criterio más estricto con respecto a trabajadores que no poseen tales cualidades.[117]

94. Para finalizar, otros dos comentarios con respecto al compromiso de permanencia.

El primero de ellos, consiste en determinar si en ausencia de pacto expreso, es posible considerar que exista algún compromiso de permanencia específico por parte del trabajador que ha recibido la formación profesional. En principio debe darse una respuesta negativa: solamente será exigible jurídicamente la permanencia del trabajador cuando así se hubiere pactado expresamente.

Sin embargo, no puede descartarse la aplicación de las reglas generales en materia de responsabilidad contractual cuando, aun en ausencia de pacto expreso, el trabajador incurre en conductas claramente abusivas y perjudiciales para la empresa. Este podría ser el caso, por ejemplo, de un trabajador que habiendo acordado ya su incorporación a otra empresa, mantenga oculta esta circunstancia a su actual empleadora para aprovecharse indebidamente de una formación profesional cuyo resultado tiene conciencia no habrá de volcar jamás en beneficio de esta última. Si bien la prueba de estos extremos puede llegar a ser extremadamente compleja, esto no descarta la pertinencia jurídica

---

116 Por ejemplo, en el caso del desarrollo de actividades científicas que pueden aparejar beneficios para la salud.

117 Cfe. Barretto Ghione, H., *La obligación de formar...*, cit., p. 119. Sobre la pertinencia de aplicar razonamientos diferentes en función de la situación en que se encuentra cada trabajador, ver Garmendia Arigón, M., *Orden público y derecho del trabajo*, cit., p. 138 y ss.

de una acción de responsabilidad contra el trabajador desleal por parte de la empresa perjudicada.[118]

El segundo comentario, surge a partir de un cambio en la perspectiva de análisis del pacto de permanencia, pues implica cuestionarse acerca de si el mismo no genera algún tipo de obligación suplementaria a cargo del empleador.

Según viene de decirse algunas líneas más arriba, una de dichas obligaciones consistiría en el debido aprovechamiento de las habilidades adquiridas por el trabajador, obligación dentro de la que a su vez, se incluiría, como corolario natural, la de brindarle ocupación efectiva. Pero además, en principio debe considerarse que la permanencia que se pacta *también es oponible al empleador*, pues no parece razonable –ni respetuoso del principio de igualdad jurídica de los contratantes, que edicta el art. 1253 del Código Civil– que el establecimiento de un plazo mínimo de estabilidad solamente sea obligatorio para una de las partes, en desconocimiento de las legítimas expectativas que el esfuerzo por formarse también generarán en el trabajador.

De este modo, deberá interpretarse que el empleador –al igual que el trabajador– verá restringidas sus facultades de libre rescisión y solamente podrá disponer el despido del trabajador cuando el mismo tenga fundamentos jurídicamente relevantes.

4. La formación profesional y la determinación del salario y la categoría laboral

4.1. La formación profesional como criterio objetivo para la determinación de salarios

95. Existe una muy estrecha relación entre el salario, la categoría laboral y la formación profesional. La cualificación que posee el trabajador ha sido desde siempre uno de los elementos principales –sino el principal– para determinar el valor a atribuir al trabajo humano, constituyéndose en un criterio absolutamente asentado en la cultura contemporánea.

La sociedad actual considera "justo" y por ello deseable, que los salarios de los trabajadores se determinen en función de sus habilidades y, contrariamente, considera un "disvalor" que este criterio no sea aplicado a estos efectos. Esta relación de proporcionalidad directa que existe entre la formación profesional y el salario, es claramente evidente para cualquier trabajador, que sabe con certeza que sus perspectivas salariales dependen, en gran medida de la cualificación que esté en condiciones de exhibir.

---

118 Tampoco puede descartarse la eventual responsabilidad de la empresa que emplee al trabajador, en la medida que también logre probarse que ha extraído un provecho indebido de la situación.

Esto determina que la formación profesional adquiera, también por este motivo, una dimensión verdaderamente relevante en el funcionamiento social, al ser un factor culturalmente aceptado y valorado para la atribución de roles y distinciones, materiales o espirituales, en el seno de determinada colectividad.

96. La preocupación por llevar amparo a la correcta aplicación del *principio de igualdad* a la materia salarial, ha determinado que las referencias al mismo hayan estado presentes en normas internacionales de primer nivel, desde antigua data. En dichas normas queda plasmada la máxima "igual salario por trabajo *de igual valor*", a partir de la cual se considera admisible y lícita la introducción de distinciones en la retribución de los trabajadores a partir del *valor concreto* que posea el desempeño laboral desarrollado por cada uno de ellos.

En la atribución de un determinado *valor* al trabajo de la persona, la consideración de la formación profesional que ésta posea adquiere una importancia fundamental, pues implica la posibilidad de utilizar un criterio objetivo para la fijación de los salarios y no meramente producto de la mera subjetividad del empleador.

La relevancia que a este respecto posee la formación profesional, fue debidamente advertida por el legislador cuando al determinar las pautas que los Consejos de Salarios habrían de tener en cuenta a los efectos de proceder a aumentar los niveles retributivos, se previó específicamente que una de ellas debía ser "La capacidad o calificación del trabajador".[119]

Más recientemente, la jurisprudencia ha admitido que la consideración de la cualificación que ostenta el trabajador, puede representar una pauta lícita de diferenciación salarial, incluso aplicable a trabajadores que se desempeñan en la misma categoría laboral, abandonando el criterio de la equiparación salarial absoluta.[120]

4.2. *La naturaleza salarial de la formación profesional proporcionada por el empleador*

97. Pero la vinculación existente entre salario y formación profesional todavía puede ser abordada desde otra perspectiva. En este caso, la misma consiste en señalar que la propia formación profesional que el empleador le proporciona al

---

119 El art. 17 de la ley N° 10.449 dispone: "Los Consejos que se crean por esta ley fijarán salarios de la industria y el comercio, teniendo especialmente en cuenta para aumentarlos, los siguientes elementos: 1) Las condiciones económicas del lugar o del país. 2) El poder adquisitivo de la moneda. 3) La capacidad o calificación del trabajador. 4) La peligrosidad para su salud, de la explotación industrial o comercial. 5) El rendimiento de la empresa o grupo de empresas". Cfe. Barretto, H., *La obligación de formar...*, cit., p. 102.

120 Sobre el tema, ver más apliamente: Garmendia Arigón, M., "El principio de igualdad aplicado a la materia salarial", *in Temas Prácticos de Derecho Laboral 2*, FCU, 2001.

trabajador puede ser considerado una parte de la retribución salarial que este último recibe, en la medida que pueda significar una ventaja económica para él.[121]

En algunos casos, esta formación profesional podrá consistir meramente en un "salario indirecto", difícil de cuantificar con exactitud en términos económicos. En otros casos, asumirá formas mucho más tangibles y definidas, pudiendo incluso llegar a representar un aspecto sustantivo del beneficio que el trabajador ve derivarse de su desempeño laboral (como suele acontecer en el caso de los contratos de trabajo que poseen un objeto eminentemente formativo).

Sin embargo, no cualquier tipo de formación profesional que el empleador proporcione a su dependiente habrá de ser apreciada como una parte del salario en especie que éste recibe, sino tan solo aquella que claramente signifique una ventaja económica. Esto determina que, por ejemplo, no pueda considerarse como poseedora de naturaleza salarial a aquella formación profesional que el empleador brinda al trabajador porque le resulta absolutamente imprescindible para desarrollar la tarea que específicamente tiene adjudicada en la empresa. Tampoco podrá ser considerada como salarial la formación profesional que el trabajador adquiere naturalmente, por el mero hecho de desarrollar la actividad y que no le es brindada en forma específica.

98. En otros casos, en cambio, el carácter salarial aparece más nítidamente, como por ejemplo acontece cuando el empleador financia al trabajador la realización de cursos o estudios que no guardan una relación directa con el desempeño de la actividad, o cuando el beneficiado con este tipo de actitudes no es directamente el trabajador, sino un familiar suyo.

En cualquier caso, parece razonable que la consideración de las notas de normalidad y permanencia, no deberían estar del todo ausentes en la apreciación del carácter salarial de la formación profesional que recibe el trabajador, pues sería contrario al sentido común que, por ejemplo, se considerara con naturaleza salarial una concreta y brevísima actividad formativa desarrollada por el trabajador, necesaria para comprender el manejo de una nueva máquina que se ha incorporado a la empresa.

4.3. Categorías y promociones

99. Todo cuanto fuera señalado respecto de la importancia que posee la formación profesional como criterio valorativo del salario, también resulta aplicable a la determinación de la categoría laboral del trabajador.

---

121 Es relativamente frecuente que ciertas instituciones educativas ofrezcan a sus dependientes ciertos beneficios o exoneraciones dirigidos a determinados familiares directos del trabajador.

La formación profesional que posea el trabajador constituye una unidad de medida principalísima para su ubicación dentro del esquema organizativo de la empresa, así como para la atribución de tareas adecuadas. La formación profesional también será factor esencial para determinar los niveles de responsabilidad y diligencia que puedan esperarse del trabajador, elementos que, naturalmente, habrán de incidir directamente en la fijación de su retribución.

El abordaje de este tipo de cuestiones ha centrado la atención de los actores del universo laboral desde vieja data y lo que otrora se definiera como "*evaluación de tareas*", hoy asume otros nombres, como "*competencias laborales*", noción de contornos difíciles de precisar con exactitud, pero que parece incluir la valorización de "...conocimientos generales y específicos, habilidades y calificaciones que le permiten a la persona desempeñarse correctamente, de acuerdo al resultado esperado y con capacidad para resolver con éxito situaciones inciertas, nuevas e irregulares. Incluye también aspectos *actitudinales*, como la capacidad de iniciativa, el trabajo en equipo, la cooperación, asunción de responsabilidades, resolución de problemas, etc.".[122]

100. Sin embargo las nuevas formas de producción y organización del trabajo, han determinado la vetustez de los sistemas laborales basados en la determinación de categorías estrictamente definidas, jerarquizando las ideas de la "*polivalencia*" y la "*movilidad funcional*" del trabajador.

Por su estrecha vinculación con las iniciativas flexibilizadoras, estas nuevas tendencias han generado resistencias en la doctrina *juslaboralista*, que ve en ellas un instrumento que habilita un incremento desmesurado y, sobre todo, descontrolado de los poderes de dirección del empleador y de "descontractualización" del vínculo laboral.

De este modo en cierta medida, la formación profesional también ha comenzado a transformarse en mecanismo indispensable para abandonar la idea de la "categorización" pues a través de ella el trabajador adquiere habilidades que le permiten asumir en solitario, un conjunto de tareas que en otros tiempos se dividían entre varios dependientes. Esto determina que, como gráficamente señala Barretto: "El empleador toma para sí –y lo exige como parte del "sinalagma contractual"– un conjunto de saberes, habilidades y competencias (la suma de la profesionalidad del trabajador, en definitiva) que no tenían expresión directa en la relación de trabajo y solo constituían un arsenal potencial del trabajador para mejorar su empleo o aspirar a un ascenso en la empresa".[123]

---

122 Barretto, H., *La obligación de formar...*, cit.,p. 84. Según el autor es "Este elemento tan "moderno" e intangible el que denota la originalidad de la competencia respecto de la calificación".

123 Barretto, H., *La obligación de formar...*, cit., p. 102. En otro tiempo, la formación profesional, la adquisición de nuevas habilidades, representaba para el trabajador una perspectiva de ascenso, de promoción, de pasaje hacia categorías superiores y consecuentemente de mejoras salariales. En la actualidad, el manejo de habilidades diversas se presenta, cada vez más, como una exigencia para acceder a un puesto de trabajo y lograr conservarlo.

Algunos otros desarrollos sobre estos mismos temas serán realizados al abordar la cuestión de la formación profesional y el *jus variandi*.

5. Formación profesional y tiempo de trabajo

5.1. *La formación profesional y el concepto de "tiempo de trabajo efectivo"*

101. La respuesta para la interrogante acerca de si el tiempo que insume el desarrollo de las actividades de formación profesional debe ser asumido por el empleador o por el trabajador, dependerá en gran medida de las características concretas que posean las mismas y, sobre todo, de la posición que se adopte con relación al tema de la existencia o no, de una obligación patronal de proporcionar formación a sus dependientes.[124]

Tal como acontece con respecto al resto de los temas que se vienen desarrollando, tampoco en este caso es posible detectar normas positivas que, con carácter general, hagan referencia a esta cuestión.

Uruguay no ha ratificado el convenio internacional de trabajo N° 140, sobre licencia pagada de estudios, que fuera adoptado por la 59ª Conferencia General de la OIT, el 5 de junio de 1974 y solamente abordan tangencialmente algunos aspectos relativos al tiempo destinado a la formación profesional, ciertas normas especiales, relativas a los contratos formativos.

Así, por ejemplo, puede citarse el art. 17 de la ley N° 16.873 que, refiriéndose al "contrato de aprendizaje" dispone que en aquellos casos en que se prevean horas o jornadas de formación teórica fuera del establecimiento, "los mismos se considerarán como tiempo efectivamente trabajado a todos los efectos, siempre que así hubiera sido previamente convenido".

Esta norma –que ya fuera comentada supra–[125] no parece tener verdadera trascendencia jurídica, pues en definitiva, se limita a delegar en las partes del contrato de aprendizaje, la posibilidad de acordar que el tiempo que insume el desarrollo de las actividades de aprendizaje teórico, pueda ser considerado como tiempo de trabajo efectivo; pacto para cuyo perfeccionamiento no resultaba exigible ningún tipo de autorización legal, en la medida que, siendo favorable al interés del trabajador, se encuentra perfectamente incluido dentro del ejercicio legítimo de la autonomía de la voluntad que poseen los sujetos de la relación de trabajo.

Dado que la norma no dispone imperativamente que dicho tiempo deba ser considerado como *"efectivamente trabajado"*, en ausencia de acuerdo entre las partes, no podría ser considerado de este modo. Por otra parte, no llega a advertirse

---

124 Ver supra, Capítulo II, num. 3.2.3.
125 Ver Capítulo II, num. 2.3.5: *El contrato de aprendizaje.*

cuáles podrían ser las motivaciones que inspiraran al empleador a aceptar un acuerdo de este estilo, en la medida que no se deriva para él ningún tipo de atractivo o facilidad.

De este modo, la norma parece tener un destino práctico poco interesante, no siendo posible atribuirle otra finalidad real que la de aparecer como una suerte de "sugerencia" o "buena inspiración", carente de cualquier virtualidad jurídica real.

102. En consecuencia, resulta de aplicación a la dilucidación de estos temas, las normas que con carácter general regulan las cuestiones relativas al tiempo de trabajo y, en particular, la definición contenida en el art. 6º del decreto del 29 de octubre de 1957, donde se establece que "A los efectos del cómputo de horas de trabajo se considera trabajo efectivo todo el tiempo en que un obrero o empleado deja de disponer libremente de su voluntad o está presente en su puesto respectivo a la disposición de un patrono o superior jerárquico...".

Entonces, cuando el desarrollo de las actividades de formación profesional no supongan una ruptura del estado de *"permanencia a la orden"* que caracteriza a la actividad laboral, los períodos destinados al aprendizaje habrán de considerarse como *"tiempo efectivo de trabajo"*. Esto acontecerá, naturalmente, en aquellos contratos de trabajo en los que el empleador asume a su cargo la obligación de impartir formación específica al trabajador, pues en tales casos las actividades formativas constituyen parte sustantiva del objeto contractual. También se considerará *tiempo efectivo de trabajo* el que insuman las actividades formativas que se realicen durante el desarrollo de relaciones laborales típicas (es decir, donde no existe un pacto formativo específico), cuando en las mismas se encuentre directamente comprometido el interés del empleador.

Se da por sobreentendido que en estos casos, el temperamento debe ser el propuesto, cuando la formación se imparte concomitantemente con el desempeño laboral cotidiano y coincidentemente con el decurso de la jornada habitual de trabajo. Sin embargo, también debe llegarse a la misma conclusión cuando las actividades formativas se desarrollan de manera más autónoma respecto del desempeño normal del trabajo (fuera del establecimiento, fuera del horario habitual, predominantemente teórica, etc.), siempre que los mismos tengan su origen en el *interés predominante del empleador*.

103. De este modo, cuando la formación profesional es proporcionada por el empleador en cumplimiento de una obligación específica o genéricamente asumida.[126] debe concluirse que, en principio, la misma se considerará comprendida

---

126 Por ejemplo, en los casos de contratos con objeto formativo, o en las situaciones en las que la formación deviene exigible por la introducción de variantes en la forma habitual de trabajar, según se expresara supra, Capítulo III, num. 3.2.4.

dentro de la noción de *"trabajo efectivo"*, pues tanto en la iniciativa que le da origen, como durante su desarrollo, el trabajador no dispone libremente de su voluntad, sino que se encuentra sometido al poder de dirección del empleador.

En cambio, en aquellos casos en los que resulte objetivamente apreciable la presencia de un interés personal del trabajador en el desarrollo de la formación (por ejemplo, cuando ésta no solamente está dirigida a mejorar su desempeño en la empresa, sino que supone la adquisición de ciertas habilidades o conocimientos que puedan considerarse favorables para el desarrollo integral de la persona) deberá admitirse que los lazos de dependencia respecto de la voluntad del empleador se hacen más ligeros y que el trabajador recupera la disponibilidad de su tiempo y decide emplearlo en estas actividades.

104. Según viene de verse, entonces, no es posible afirmar, genéricamente y en abstracto, que en todos los casos en que el empleador haya asumido a su cargo el desarrollo de las actividades formativas, el tiempo que éstas insuman deba considerarse como "tiempo de trabajo".

Obsérvese que es posible que el empleador acepte asumir a su cargo el costo de una formación profesional en la que no tiene interés directo, pero que beneficia particularmente al trabajador y no sería razonable que en estos casos, el tiempo que la misma absorbe pueda ser considerado como tiempo de trabajo.

Lo que sí parece trascendente a los efectos de resolver estas situaciones, es el análisis del interés prevaleciente que en cada una de ellas esté presente. Cuando la formación profesional interese exclusivamente al empleador, será razonable considerar que el tiempo que insume su desarrollo deba ser tomado como efectivamente trabajado, pero en la medida que pueda apreciarse la presencia de un interés directo del trabajador, será más correcto sostener que el tiempo que la misma insume, no tenga dicha condición.

5.2. Facilidades en materia de tiempo para la formación profesional

105. Otra perspectiva que ofrece el análisis de la relación existente entre formación profesional y tiempo de trabajo es aquella que tiene que ver con determinar si es exigible al empleador que otorgue facilidades de horario a los dependientes que desarrollan actividades de formación profesional.

Es obvio que la duda solamente habrá de plantearse en los casos en que la formación profesional se desarrolla a raíz del interés exclusivo del trabajador, puesto que en aquellas situaciones en las que es el empleador el interesado en que el trabajador se forme, se descarta que aquél no solamente debe facilitar su acceso a estas actividades, sino que asumirá positivamente su promoción.

En este sentido, es relativamente frecuente que en las reglamentaciones dirigidas a la actividad de los funcionarios públicos, se contemplen algunas facilidades en materia de tiempo de trabajo con la finalidad de permitir el desarrollo de actividades de formación profesional.

Estas facilidades pueden consistir en licencias por estudios o por exámenes (con o sin remuneración), horarios reducidos o más flexibles, etc.[127]

106. En la actividad privada no existen disposiciones similares emanadas del poder normativo estatal,[128] aunque sí pueden detectarse algunas escasas previsiones del estilo en ciertos convenios colectivos, según habrá de exponerse con mayor detalle en el capítulo correspondiente.

El silencio normativo que predomina en la actividad privada no es obstáculo para que por la vía del convenio individual, trabajador y empleador acuerden el establecimiento de ciertas condiciones en referencia a estos temas. Así, por ejemplo, es perfectamente válido que se pacte la reducción de la jornada de trabajo (inclusive con la disminución proporcional del salario) a los efectos de permitir que el trabajador desarrolle sus estudios, así como también, el goce de licencias (retribuidas o no) con la finalidad de realizar algún curso, o rendir algún examen.

6. Formación profesional y *jus variandi*

107. El *jus variandi* consiste en la potestad que se reconoce al empleador, de variar, dentro de ciertos límites, las modalidades de prestación de las tareas del trabajador.[129] Según ha sido desarrollado extensamente por la doctrina y la jurisprudencia, se trata de una facultad unilateral del empleador, que solamente puede ser ejercida dentro de ciertos límites, de forma tal que, sintéticamente podría señalarse que mediante su ejercicio no pueden afectarse sino aspectos secundarios de la forma en que se presta la actividad.[130]

---

127 El art. 33 de la ley Nº 16.104, de 23 de enero de 1990, en la redacción dada por el art. 30 de la ley Nº 16.736 (art. 347 del TOFUP) establece que la licencia de estudiante corresponde a los funcionarios que cursen estudios en institutos de enseñanza pública y privada habilitados en los ciclos de Enseñanza Secundaria Básica y Superior, Educación Técnico Profesional Superior, Enseñanza Universitaria, Instituto Normal y de análoga naturaleza pública o privada. Tiene una duración de hasta treinta días hábiles anuales para rendir pruebas o exámenes y puede otorgarse fraccionada. A los profesionales que cursen estudios de grado o posgrado se les podrá conceder dicha licencia cuando los cursos redunden en beneficio directo de la Administración, a juicio del jerarca. Por su parte, el art. 39 de la ley Nº 16.104 (art. 357 del TOFUP) dispone que la realización de cursos o pasantías de perfeccionamiento, el desempeño de tareas docentes, la concurrencia a congresos o simposios u otros actos similares, dentro o fuera del país, cuando sean declarados convenientes o de interés para la Administración, por el Ministro o jerarca respectivo, serán considerados "actos en comisión de servicio". Cfe. Correa Freitas, Ruben; Vázquez, Cristina, *Manual de Derecho de la Función Pública*, FCU, 1998, pp. 185 y 186.

128 En el Derecho comparado existen diversos ejemplos sobre facilidades horarias para los trabajadores que desean realizar actividades de formación profesional. Garmendia Arigón, M., *Legislación comparada sobre...*, cit.

129 Plá Rodríguez, Américo, *Curso de DL*, T II, vol. 1. Ed. Acali, Montevideo, 1978, p. 76.

130 Plá Rodríguez, A., *op. cit.*; Ermida Uriarte, O, *Modificación de condiciones de trabajo por el empleador*, Hammurabi, Buenos Aires, 1989, p. 32 y ss.

La formación profesional proyecta diversas consecuencias sobre esta figura, pues, por un parte puede visualizarse desde la perspectiva de constituirse en un límite para su ejercicio y por otra, también es posible que a partir de la formación profesional se promuevan determinadas variaciones, en el vínculo laboral.[131]

108. Según se indicara, la obligación más elemental que puede reconocerse a cargo del empleador en relación con la formación profesional, consiste en mantener un comportamiento estrictamente respetuoso hacia su desarrollo por parte del trabajador.

Esta obligación patronal se reduce a un "no hacer", consistente en evitar incurrir en comportamientos que tiendan a impedir u obstaculizar las iniciativas que en materia de formación profesional pueda tener el trabajador. La misma es la consecuencia natural de la condición de derecho humano fundamental que es posible reconocer en la formación profesional, dada su amplia recepción en instrumentos internacionales de primer orden.

De este modo, la formación profesional se presentará como un límite para el ejercicio indiscriminado del *jus variandi* por parte del empleador, y lo será en diversos aspectos.

En efecto, ya fue señalado que la formación profesional constituye un elemento de importancia crucial para atribuir al trabajador una determinada categoría laboral y delimitar algunas características fundamentales, de las que habrán de ser algunas de sus obligaciones en el marco del contrato de trabajo (diligencia exigible, colaboración, obediencia, etc.). Ese acto originario mediante el cual se ubica al trabajador dentro del esquema organizativo de la empresa y en virtud del cual también habrá de establecerse, por ejemplo, su salario), habrá de pautar los límites de las potestades modificativas que estará en condiciones de ejercer el empleador durante el decurso del vínculo laboral.[132]

En tal sentido, las variaciones quedarán necesariamente condicionadas a que se realicen con estricto respeto de la *"profesionalidad"* del trabajador, concepto dentro del que se incluye la idea del respeto a la dignidad de este último.[133] Esto vedará la posibilidad de que el empleador pretenda ejercer el *jus variandi* imponiendo al trabajador la realización de tareas que impliquen un menoscabo de su dignidad profesional.

109. Pero también la formación profesional oficiará como límite para el ejercicio del *jus variandi*, cuando la variación que pretenda introducirse pueda determinar un impedimento o una obstaculización para el desarrollo de actividades formativas, por parte del trabajador.

---

131 Cfe. Barretto, *La obligación de formar...*, p.109.
132 Sobre el punto, ver Barretto, H., *La obligación de formar...*, cit., p. 108.
133 Valdés de la Vega, Berta, *op. cit.*, p. 23 y ss.

Esto puede acontecer, por ejemplo, cuando la variación supone la imposibilidad de continuar realizando tareas que eran afines y complementarias de la formación que el trabajador estaba desarrollando a nivel académico (por ejemplo, un estudiante de Ciencias Económicas que es trasladado del departamento contable a otra sección de la empresa, que no guarda ninguna relación con su carrera); o cuando la introducción del cambio impide, de hecho, la prosecución normal de los estudios (por ejemplo, variaciones en los horarios o en los lugares en que se desarrollan las tareas, etc.).

A los efectos de apreciar la licitud o ilicitud de las variaciones que intenta plasmar el empleador, deberá recurrirse a los criterios que rigen con carácter general el ejercicio del *jus variandi*. En especial, habrán de tenerse en cuenta los llamados "*límites funcionales vinculados con el trabajador*", en virtud de los cuales, el ejercicio del *jus variandi* supondrá la ausencia de perjuicios para el trabajador. Del mismo modo que acontece en otros casos, este perjuicio debe ser efectivamente tal, es decir, que debe ser razonablemente relevante y no constituir "una simple molestia o mero cambio de rutina o de costumbre...".[134]

110. Para finalizar con este tema, corresponde remitirse a lo que fuera señalado *supra* en cuanto a la introducción de variaciones en la forma de prestación de la tarea (sean de índole organizativa, tecnológica, etc.) y las consecuentes obligaciones que en materia de formación profesional esto trae como consecuencia. También en este caso se genera un vínculo entre la formación profesional y el *jus variandi*, puesto que la iniciativa patronal de introducir un cambio en la forma habitual de prestación de la tarea, trae aparejada la consecuencia automática de crear a su cargo la obligación de proporcionar a sus dependientes, la formación profesional que requiera la adaptación a la nueva modalidad de trabajo.[135]

Sin embargo, cabe insistir una vez más, que el mero hecho de estar dispuesto el empleador a asumir integralmente esta obligación de formación, no necesariamente habrá de constituir factor legitimante de la introducción de la variante, la que, en todo caso, deberá ser analizada en cuanto a su licitud, a partir de los criterios generalmente aplicables al ejercicio del *jus variandi*.

---

134 Plá Rodríguez, A., *Curso...*, T II., vol.1., cit., p.188. En el mismo sentido, Ermida Uriarte, O., *Modificaciones...*, cit., p.78
135 Capítulo II, num. 3.2.4.

7. Formación, despido y seguro de paro

7.1. Formación profesional y despido

111. En los capítulos precedentes han sido analizadas las proyecciones que la formación profesional presenta en diversos aspectos del contrato de trabajo y se ha hecho referencia a una serie de obligaciones que para el empleador y el trabajador se derivan a partir de la misma.

Corresponde ahora ingresar en la etapa de la extinción del vínculo laboral y determinar en qué medida la formación profesional puede tener incidencia en la misma.

7.1.1. Formación profesional y la facultad de despedir del empleador

112. Parece resultar una opinión consolidada, que el ordenamiento jurídico uruguayo regula el instituto del despido a partir de su reconocimiento como una facultad discrecional del empleador.

De este modo, la decisión empresarial de despedir a un trabajador no necesariamente deberá encontrarse fundada en alguna circunstancia habilitante (disciplinaria, financiera, organizativa, tecnológica, etc.), sino que su ejercicio es de carácter discrecional para el empleador.

Sin embargo, esto no quiere decir que el análisis de los motivos inspiradores de la decisión patronal de despedir, resulten del todo intrascendentes. Por el contrario, la motivación adquiere relevancia, pues la discrecionalidad nunca puede ser tomada como sinónimo de "arbitrariedad" y, en consecuencia, el empleador podrá despedir libremente siempre que el ejercicio de esta facultad se mantenga dentro de límites lícitos.

Así, estará vedado al empleador despedir a un trabajador cuando su decisión esté basada en motivaciones jurídicamente inadmisibles, como por ejemplo lo serán, aquellas que supongan actitudes discriminatorias (por razones políticas, religiosas, sindicales, raciales, de género, etc.). Cuando esto acontezca, el empleador habrá incurrido en un ejercicio abusivo de su facultad de rescisión unilateral del vínculo laboral y este comportamiento tendrá como consecuencia que la indemnización económica que tendrá derecho a percibir el trabajador, pueda superar los límites de la tarifa establecida legalmente.[136]

---

136 Tal como ha sido aceptado por la jurisprudencia y la doctrina. Barbagelata, H-H, *Derecho del Trabajo*, T I, vol.2, cit., p. 242; Mangarelli, Cristina, *El daño moral en el derecho laboral*, Montevideo, Acali, 1984; Ermida Uriarte, O, "El concepto de despido abusivo", *in* revista *Derecho Laboral*, t XXVIII, p. 521 y ss.; Castello, Alejandro, "El despido abusivo. Criterios conceptuales para su determinación", revista *Derecho Laboral*, t. XXXVIII, p. 775; Pérez del Castillo, Santiago, "La Jurisprudencia del Tribunal de Apelaciones del Trabajo sobre daño moral en ocasión del despido", revista *Derecho Laboral*, T. XXIX, etc.

113. En determinadas circunstancias podría acontecer que la decisión patronal de despedir al trabajador encontrara su motivación en propósitos antijurídicos vinculados con la formación profesional, determinando que, como consecuencia del ilícito ejercicio del despido, tal comportamiento pudiera ser considerado como abusivo.

Esto podría suceder, por ejemplo, cuando el empleador despide al trabajador con la intención de provocarle un perjuicio en relación con su formación, impidiéndole acceder a mecanismos que permitirían o facilitarían su desarrollo.

En estos casos, la abusividad solo podría invocarse cuando fuera posible acreditar la existencia de un *nexo de causalidad* directa entre el despido y el perjuicio y, además, la presencia del *animo dañoso* en el agente que lo provoca. La presencia de tales condiciones es exigible porque si bien en todo despido puede encerrarse un perjuicio más o menos directo para la formación profesional del trabajador, no es razonable que en todos los casos deba considerarse configurada la abusividad.

La tipificación de abusividad solo será pertinente cuando el empleador haya recurrido al despido con la finalidad directa de afectar el derecho del trabajador a la formación profesional y cuando el daño provocado a la misma como consecuencia de tal hecho, sea *cualitativamente diferenciable* del inherente a todo despido (cuya reparación está destinada a contemplar la indemnización tarifada legalmente).

114. También se considerará abusivo el ejercicio de la facultad de despedir, cuando mediante la misma se provoque un daño a la dignidad profesional del trabajador, por ejemplo, debido al hecho de ir acompañado de cuestionamientos indebidos hacia la cualificación o aptitud laboral.

En estas situaciones, además del daño moral que íntimamente se puede estar provocando al trabajador, se suelen provocar perjuicios de otra índole, como seguramente lo es, el derivado de exponer al trabajador a los rumores que pongan en tela de juicio sus aptitudes técnicas.

De este modo, el daño que se provoca al trabajador despedido no será exclusivamente moral, sino que incluso tendrá connotaciones de carácter material, en la medida que le prive o le dificulte las posibilidades de acceder a un nuevo empleo en el futuro o, inclusive, de ejercer en forma autónoma su profesión u oficio.

La especial sensibilidad que en estas situaciones asume el bien jurídico que se está tutelando (que no es otro que la dignidad y el honor del trabajador) y la fragilidad que lo caracteriza debido a la facilidad con que puede ser lesionado, hace exigible al empleador la obligación de fundamentar las razones que lo impulsaron a despedir a su ex dependiente.

Existen determinadas actividades cuyo desempeño requiere altos grados de cualificación técnica. Para acceder a puestos de trabajo de este tipo es habitual que el aspirante sea sometido a severas pruebas de aptitud y posteriormente, durante el desarrollo de las actividades, es natural que la valoración de la corrección o incorrección del desempeño laboral del trabajador, atienda en forma privilegiada a la forma en que es capaz de demostrar sus habilidades técnicas.

En estos casos, en que la formación profesional que posee el trabajador representa un factor de importancia central para acceder y mantenerse en determinadas puestos de trabajo, es natural que la decisión de despedirlo sea atribuirle, en principio, a una insatisfacción respecto de su desempeño técnico o profesional.

Por este motivo, en este tipo de situaciones, el silencio del empleador acerca de las razones del despido, llevará ínsito el cuestionamiento hacia su aptitud o cualificación, determinando el surgimiento para el empleador de una obligación de explicitar los motivos de su decisión como forma de dejar salvada la profesionalidad del trabajador que ha sido despedido.

En la misma línea de razonamiento que fuera expuesta al analizar el contrato de prueba[137] debe señalarse para este caso, que si bien no es posible sostener que el trabajador tenga un *derecho subjetivo* a permanecer en el cargo, en cambio sí lo tendrá respecto a la posibilidad de exigir que se le expliciten las razones por las cuales ha sido despedido, en la medida que el mantenimiento del silencio por parte del empleador, puede considerarse como equivalente a un comportamiento activo en cuanto a la potencialidad de provocar daños.

115. Todavía más clara será la abusividad del despido cuando se plantee una situación, en cierta medida, inversa de la que viene de exponerse y que consiste en que el empleador recurra a infundiosos argumentos relativos a la ineptitud profesional del trabajador para pretender ocultar, detrás de éstos, la presencia de otras motivaciones del despido.

En este caso, el trabajador afectado estará en condiciones de exigir al empleador que asuma la carga de probar sus dichos e inclusive, si así lo entendiera pertinente como alternativa para salvaguardar su prestigio profesional, podrá optar demostrar positivamente sus habilidades.

116. También puede advertirse una vinculación entre formación profesional y la facultad de despedir del empleador, a partir de la posible afectación de ciertos aspectos éticos relacionados con la primera.

Como se sabe, la formación profesional seriamente concebida descarta la pertenencia de un mero "adiestramiento" del trabajador y, en cambio, debe tener por finalidad el desarrollo integral de la persona. De este modo, las actividades formativas no deberán ser simples "recetas" a aplicar mecánicamente por el tra-

---

| 137 Ver supra, Capítulo II, num. 2.1.

bajador, sino que en todo caso, debe contemplarse en todas sus dimensiones la dignidad de la persona a la que están dirigidas aquéllas.

Esto implica que en cualquier actividad cuyo desarrollo requiera una formación profesional previa, sea posible detectar la presencia de componentes éticos. La ética estará claramente presente en aquellas actividades de formación profesional altamente especializadas, como pueden ser las desarrolladas en los niveles terciarios de la enseñanza; pero también lo estará hasta en los más humildes oficios, donde al menos habrá de estar vigente el valor ético que implica la preocupación por llevar a cabo un "trabajo bien hecho".

En todo caso, es natural que a mayor complejidad de la formación profesional adquirida, mayores habrán de ser los niveles de compromiso técnico y ético que ponga en juego el desarrollo de la actividad. Esto puede determinar que el trabajador se vea enfrentando a situaciones en los que se planteen incompatibilidades entre una orden impartida por el empleador y las pautas de comportamiento técnico o ético a cuyo respeto esta obligado en virtud de su oficio o profesión.

Tal como fuera expuesto,[138] en estos casos el trabajador no solamente estará habilitado para ejercer su *derecho a resistir* el cumplimiento de la orden impartida, sino que, además, estará obligado a hacerlo, en la medida que también quedará comprometida su propia responsabilidad.

Sin embargo, es altamente probable que la adopción de este tipo de actitudes, exponga al trabajador al riesgo de ser objeto de represalias por parte del empleador "desairado", entre las cuales podría incluso encontrarse el despido.

El ejercicio de este tipo de conductas por parte del empleador, debe juzgarse con especial rigor, debido a su particular antijuridicidad. Las mismas no solamente afectan en forma ilícita el ejercicio de un derecho básico del trabajador al que van dirigidas, sino que, además, comprometen otros intereses colectivos no menos trascendentes (como pueden serlo aquellos cuya titularidad corresponde a quienes forman parte del mismo "gremio" que integra el trabajador perjudicado, que tendrá interés en que se respeten estrictamente las normas técnicas y éticas que rigen el oficio o profesión, e inclusive compromete el interés de toda la sociedad, que tendrá como valor a preservar, que los oficios y profesiones sean desarrollados en la forma que en cada caso sea pertinente).

7.1.2. *Formación profesional y despido indirecto*

117. En otros caso, los puntos de contacto que existen entre la formación profesional y el despido, tienen que ver con situaciones en las que sería posible

---

| 138 Ver supra, Capítulo II, num. 3.4

invocar la existencia de un despido indirecto como consecuencia del incumplimiento por parte del empleador de ciertas obligaciones asumidas en relación con la formación profesional.[139]

Esto acontece claramente, cuando el empleador no cumple con la obligación de proporcionar formación profesional que ha asumido explícitamente o que se derive de la naturaleza del contrato que ha consentido (por ejemplo, contrato de aprendizaje). El aprendiz que no recibe la formación profesional que fuera oportunamente acordada con el empleador, estará en condiciones de exigirla y, de mantenerse la omisión, podrá considerarse indirectamente despedido.

Lo mismo habrá de suceder cuando, en estos caso, el empleador no cumpla con su obligación de brindar ocupación efectiva a su dependiente, por tratarse de situaciones en las que, excepcionalmente, puede considerarse exigible esta circunstancia.

Idéntico razonamiento corresponde realizar cuando el empleador omitiera cumplir con las obligaciones formativas que le son exigibles cuando ha introducido cambios en la empresa que requieren una adaptación educativa de los trabajadores.

118. El incumplimiento por parte del empleador de las obligaciones que para él se derivan indirectamente de la formación profesional que posee el trabajador,[140] también será susceptible de habilitar hipótesis de despido indirecto. Así, por ejemplo, una incorrecta atribución de la categoría laboral (que implique un menosprecio hacia el trabajador en relación con las aptitudes que posee y que son aprovechadas por la empresa), así como una incorrecta determinación del salario, puede configurar la existencia de un despido indirecto.

7.1.3. Formación profesional y notoria mala conducta

119. La formación profesional mantiene varios puntos de contacto con la notoria mala conducta.

En primer término, es evidente que la formación profesional que posea el trabajador, y en virtud de la cual ha sido contratado y se ha determinado su categoría y salario, constituye un parámetro para establecer el nivel de diligencia que se le puede exigir. La formación profesional viene así a constituirse en la unidad de medida de las obligaciones de colaboración y diligencia que asume el trabajador en el marco del contrato de trabajo. Un rendimiento laboral de inferior calidad que el razonablemente esperable del trabajador en función de su cualificación, puede configurar un incumplimiento de las obligaciones que del

---

139 Al respecto corresponde remitir al lector al Capítulo II, num. 3.2.1, 3.2.2, 3.2.3, 3.2.4 y 3.5.
140 Ver supra, Capítulo II, num. 3.2.1.

contrato de trabajo se derivan para él y, eventualmente, terminar por configurar una situación de notoria mala conducta.

120. Sin embargo, en este punto corresponde formular ciertas precisiones.

En efecto, resulta importante efectuar una clara distinción entre las consecuencias que para el trabajador pueden derivarse a partir de su actitud indiligente, de aquellas que podrían resultar de su desempeño poco eficaz o inexperto.

En este sentido, es posible que un trabajador se muestre incapaz de exhibir una adecuada idoneidad técnica y esto le lleve a no poder responder a las expectativas que razonablemente pudieran derivarse de la categoría que ocupa; pero esto no necesariamente implicará la existencia de una conducta de indisciplina, susceptible de sanción. Por el contrario, es probable que lo que sí puede estar quedando en evidencia a partir de la actitud del trabajador, es que éste no posee los atributos necesarios para desempeñar las tareas que se le han adjudicado.

Frente a estas situaciones, el ejercicio del poder disciplinario por parte del empleador resultará absolutamente improcedente e ineficaz, pues la imposición de sanciones carece de virtualidad para provocar cambios en un trabajador cuya actuación técnicamente defectuosa resulta independiente de su voluntad y solo puede atribuirse a su falta de destreza. Si la consideración del elemento volitivo estuviera ausente en el momento en que el empleador ejerce el poder disciplinario, se estaría consagrando una suerte de responsabilidad objetiva del trabajador, absolutamente carente de fundamento jurídico y de razonabilidad.

121. Al respecto conviene recordar lo señalado por Barbagelata respecto de la noción de notoria mala conducta, concepto del que debe excluirse "...al menos, la involuntariedad del imputado como autor de los actos correspondientes. La idea se expone con mayor concreción, cuando se afirma que una conducta es una actitud o una modalidad del comportamiento que debe ser asumida con conciencia y voluntad para comprometer la responsabilidad del individuo (...), la conducta es un atributo de la personalidad moral del individuo y por lo tanto, la mala conducta es una calificante de su moral, **independientemente de su capacidad**".[141]

En la misma línea, De Ferrari destacaba: "...el obrero no debe defraudar al empleador rindiendo menos de lo normal..." pudiendo "...el patrono exigir de su colaborador un rendimiento y una contracción al trabajo corrientes, es decir, la consagración y el rendimiento que debe esperarse normalmente de un obrero común. Los que **con malicia** no lleguen a este límite, no cumplen las obligaciones asumidas y, según los casos, pueden perder eventualmente el derecho a la indemnización por cesantía si el empleador por ese hecho se ve obligado a despe-

---

141 *El derecho común sobre el despido y su interpretación jurisprudencial*, Facultad de Derecho, Montevideo, 1953, p. 58. Énfasis agregado.

dirlos (...). El escaso rendimiento o un rendimiento inferior al corriente, no es siempre el resultado de una deliberada falta de contracción o diligencia. Puede el hecho deberse a las aptitudes del trabajador y, en ese caso, **no puede invocarse como una circunstancia extintiva de la obligación de indemnizar.**"[142]

122. En consecuencia, solo será posible considerar que existen situaciones susceptibles de ser consideradas como actos de indisciplina cuando pueda detectarse un actuar del trabajador voluntariamente dirigido a provocar un rendimiento inferior al razonablemente previsible.

En cambio, no existirá falta disciplinaria –ni, consecuentemente, notoria mala conducta– cuando el comportamiento del trabajador presente deficiencias no imputables a su voluntad, sino a su ineptitud. Las obligaciones que pautan el desempeño laboral del dependiente, son siempre "de medios" y no "de resultado". Por ello, el trabajador cumple cabalmente con su obligación cuando despliega su mejor esfuerzo en la correcta realización de la tarea, con independencia de los resultados que esté en condiciones de obtener a la luz de la capacidad o cualificación que posee.

123. También se ha planteado la interrogante en el sentido de si la negativa del trabajador a desarrollar actividades de formación profesional que son requeridas por el empleador, puede ser considerada como notoria mala conducta.

Según se indicara,[143] la obligación del trabajador de aceptar la realización de las actividades de formación profesional que le ofrece el empleador y que son necesarias para el correcto desempeño de las actividades a su cargo, resulta una manifestación de la obligación de colaboración que le es exigible. Por este motivo, su negativa infundada a desarrollar tales actividades formativas, lo expone a responsabilidad ante el empleador, pudiendo llegar a configurarse la eximente de notoria mala conducta si el cúmulo de circunstancias que rodean al caso, así lo indicaran. Sin embargo, es importante señalar que no en todos los casos en que el trabajador se niegue a realizar las actividades de formación profesional puede considerarse configurada la notoria mala conducta, pues es posible que la negativa del trabajador esté fundada y justificada, de forma tal que no podría invocarse la existencia de un incumplimiento de su parte.

7.2. *Formación profesional y seguro de paro*

124. La ley Nº 16.320 contiene diversas disposiciones que instrumentan mecanismos para facilitar o promover la formación permanente de los trabajadores.

142 *Lecciones*, T. II, cit., p. 567.
143 Ver supra, Capítulo II, num. 3.3.

La Junta Nacional de Empleo cuenta entre sus cometidos el de realizar el diseño de programas de recapacitación de trabajadores, proponer medidas para absorber los impactos que genere en el mercado laboral la incorporación de nuevas tecnologías y los procesos de integración regional que vive el país; y estudiar las necesidades de los trabajadores amparados por el Seguro por Desempleo, definiendo la recapacitación del trabajador de acuerdo a sus aptitudes personales y a la demanda del mercado ocupacional (art. 324).

El Fondo de Reconversión Laboral financia actividades de recapacitación profesional de trabajadores que se encuentran amparados al seguro por desempleo. El Decreto N° 211/993, del 12 de mayo de 1993, reglamenta determinados aspectos del funcionamiento del mencionado Fondo y su art. 4 define la recapacitación laboral como "...el proceso a través del cual se pretende reincorporar a un trabajador al mercado laboral, cuando teniendo una especialidad que usa en su trabajo, por diversas razones se ve impedido de aplicarla, siendo necesario para su reinserción cambiar o complementar dicha especialidad" y el objetivo de los programas de reconversión como el de "...alcanzar el desarrollo de nuevas capacidades para el empleo y perfeccionar aquellas con que cuente el trabajador".

El art. 322 de la ley mencionada más arriba, atribuye a la Dirección Nacional de Empleo, la competencia de proponer y ejecutar programas de orientación laboral y profesional, actividad que el Decreto N° 211/993 define como "...la entrega de información que facilite la elección de una profesión, actividad u ocupación en relación a la evolución del mercado de trabajo, así como la relacionada con los estudios que permitan lograr una adecuada capacitación o formación y de las entidades encargadas de proporcionarla".

Dentro de las actividades comprendidas dentro del concepto de orientación profesional, el aludido Decreto abarca la identificación de los niveles de calificación de las personas que buscan empleo o deseen mejorar sus condiciones actuales de trabajo; la información y orientación a los trabajadores sobre las oportunidades del mercado laboral, especialmente en los siguientes aspectos: profesiones, oficios u ocupaciones que existan en el mercado laboral y que puedan ser elegidos considerando tanto sus propias características como las del medio sociolaboral en que se desarrollen; aptitudes, destrezas y habilidades que requiere una determinada ocupación para un desempeño laboral adecuado; acciones o cursos de capacitación que puedan seguirse para lograr un desempeño apropiado a las exigencias del mercado laboral y las entidades que los imparten; salarios promedios percibidos por los trabajadores de diferente calificación en diversas ocupaciones o profesiones.

125. Se advierte como un fenómeno en extensión, que en los convenios colectivos se acuerden programas de capacitación para el personal que es enviado transitoriamente al seguro de desempleo. En estos casos, la formación profesio-

nal persigue el objetivo de su recualificación y reinserción laboral, recibiendo el apoyo de la Junta Nacional de Empleo, especialmente en materia financiera. En ciertos casos se sanciona al trabajador que no concurre en forma injustificada a dichas actividades, con la pérdida del derecho a percibir el complemento de la prestación que abona la empresa.[144]

8. Formación profesional, sindicatos, negociación colectiva y participación

126. El fenómeno de la formación profesional tiene amplias proyecciones sobre las cuestiones atinentes a las relaciones colectivas de trabajo, con las cuales mantiene una relación de enriquecimiento recíproco.

En efecto, por una parte, el correcto desarrollo de las políticas y programas de formación profesional, depende en gran medida del involucramiento que en los mismos alcancen a tener los actores sociales.

Los instrumentos internacionales relativos a la formación profesional otorgan especial trascendencia a la participación de las organizaciones de empleadores y trabajadores en la implementación de las políticas y programas de orientación y formación profesional, procurando fomentar la participación de todos los actores sociales en los procesos de desarrollo y en los beneficios que de los mismos se derivan.

Mediante la promoción de este tipo de mecanismos, se intenta evitar la imposición unilateral de sistemas de formación u orientación profesionales, que más allá de las virtudes o defectos que puedan exhibir por sí mismos, pueden no llegar a alcanzar los grados de compromiso suficiente como para convertirse en eficaces y alcanzar así un aceptable nivel de aplicación práctica.

Además, una amplia participación de todos los sectores contribuye a facilitar la coordinación de las políticas y programas de formación profesional y dotarlas de una estrecha vinculación con el mundo real, elemento fundamental para alcanzar el éxito en cualquier emprendimiento de este tipo.[145]

127. Pero, por otra parte, también es necesario advertir que la formación profesional posee un gran valor instrumental para permitir, promover o facilitar, el funcionamiento adecuado del sistema de relaciones colectivas.

Esta perspectiva también ha sido recogida por los instrumentos internacionales especializados, en los que se ha consagrado expresamente la necesidad de que la formación profesional contemple aspectos relacionados con la educación sindical y sea complementada con información sobre aspectos generales sobre la

---

144 Cfe. Rosenbaum, J., Negociación colectiva sobre formación profesional en los países del Mercosur, Bolivia y Chile, Montevideo, Cinterfor/OIT, 2000, pp. 38 y 40.
145 Ver supra, Capítulo I, numes. 3.1, 3.4 y 3.6.

negociación colectiva y los derechos y obligaciones de todos los interesados en virtud de la legislación del trabajo.[146]

De este modo se consagra una de las manifestaciones del principio de antropocentrismo, que pone a la persona como centro fundamental de todo el sistema formativo, y a partir del cual, todas las actividades relativas a la formación y orientación profesional deben fijarse como meta principal que la persona alcance a comprender su medio social en general y su medio de trabajo en particular y esté en condiciones de incidir en éstos, tanto individual como colectivamente.[147]

8.1. Formación profesional y sindicatos

128. El sistema de relaciones colectivas uruguayo ha sido tradicionalmente caracterizado a partir de la escasa intervención estatal, fenómeno que lo distingue claramente respecto de la situación predominante en el contexto de América Latina e, inclusive, hasta en el panorama mundial.

El movimiento sindical evolucionó históricamente hacia la unidad, fenómeno que también dotó al caso uruguayo de rasgos diferenciales en relación con otros países del continente, pues incluso en aquellos donde también existía un movimiento sindical único (caso de Argentina y Brasil), su conformación no había sido el resultado de un proceso autónomo, sino de una estrategia planificada a partir de normas dictadas por la autoridad estatal.

Esta estructura unitaria, así como la posibilidad de llevar a la práctica muchas de las ventajas que de la misma se derivaban (como por ejemplo, el beneficio de poder negociar colectivamente en niveles centralizados), permitió el fortalecimiento del sindicalismo uruguayo, que, entre otros elementos virtuosos, podía exhibir con satisfacción su independencia con relación a los partidos políticos.

129. Sin embargo, el movimiento sindical uruguayo no pudo constituirse en excepción frente a la crisis que afecta globalmente a las organizaciones de trabajadores.

A los factores que en general han provocado la misma (políticos, económicos, ideológicos, culturales, de organización del trabajo, etc.), en el caso uruguayo se agregan algunos inherentes a la región (impacto del desempleo, la recesión, etc.) y, en particular, otros originados en el ámbito específicamente nacional (por ejemplo, la omisión de la convocatoria a los Consejos de Salarios a partir de 1991).

Al igual que suele acontecer en casi todo el mundo, la crisis de los sindicatos se manifiesta en el descenso de las tasas de afiliación, la escasa militancia, la

---

146 Recomendación N° 150, párrafo 5, num. 2, lit. i) y párrafo 7, num. 3.
147 Ver supra, Capítulo I, num. 3.3.

apatía y hasta en el descreimiento y el rechazo de los trabajadores hacia las manifestaciones de carácter colectivo. La disminución del poder de los sindicatos se produce además, como consecuencia del fenómeno que se ha denominado *"descentramiento"* del trabajo, expresión con la que se alude a la depreciación de la importancia de este factor dentro de la consideración social. La circunstancia de haber perdido el trabajo la ubicación que otrora tenía en la sensibilidad colectiva, arrastra consigo al sindicato, que paulatinamente va resignando posiciones a nivel social, político y laboral.

130. Pero sin dudas es el fenómeno del desempleo uno de los factores que afecta con mayor rigor las posibilidades de desarrollo sindical.

El mismo provoca diversos impactos en el sindicato. El más directo consiste en la consecuencia de restarle afiliados y militantes, por el simple efecto del pronunciado descenso en el número de trabajadores en actividad.

Sin embargo, también existen otras consecuencias de carácter menos directo, pero mucho más graves y profundas. En efecto, el desempleo también provoca la generalización de sensaciones de incertidumbre e inestabilidad, de temor frente a la pérdida inminente de la fuente de ingresos. Esto conspira letalmente contra la vocación de los trabajadores por acercase a un sindicato, como forma de evitar el riesgo de quedar expuesto a las represalias del empleador.

Pero el desempleo también tiene el efecto de generar divisiones en los intereses de quienes integran la "clase trabajadora". El que tiene un empleo, procurará conservarlo a como dé lugar, en tanto que aquél que está desempleado, intentará de cualquier forma acceder al mercado de trabajo. Frente a la infinidad de contradicciones que provoca esta oposición de intereses, el sindicato debe pugnar por ubicarse en el camino intermedio, cuya definición exacta resulta muy difícil de determinar en la práctica.

131. Sin que resulte posible detectar soluciones autosuficientes para una crisis provocada por la conjunción de factores de muy diversa índole, el abordaje de la formación profesional por parte de los sindicatos ha sido propuesto como una de las alternativas posibles para comenzar a salir de este difícil trance.

La formación profesional puede presentarse, por una parte, como un instrumento a emplear por los sindicatos para atraer nuevos afiliados o militantes. El sindicato puede ofrecer esta formación profesional –dirigida al trabajador o a sus familiares– como un nuevo servicio para sus integrantes, del mismo modo que desarrolla actividades de esparcimiento, deportivas, culturales, etc. El desarrollo de la formación profesional constituye una forma interesante de ampliar la base objetiva y subjetiva del sindicato, mediante la incorporación de nuevas temáticas que permitan captar un mayor número de adeptos, provenientes desde distintos sectores de interés.

Además, mediante este instrumento se consagran otras finalidades igualmente virtuosas, pues se logra consolidar, en cierta medida, una alternativa contemporizadora de los intereses –en principio contradictorios– de empleados y desempleados. En tal sentido, la formación profesional permite mejorar la cualificación de los trabajadores activos, previendo el impacto que las nuevas tecnologías puedan provocar en el empleo, incrementando así sus posibilidades de conservar el puesto de trabajo. Pero por otra parte, también permite ofrecer la posibilidad de formarse o perfeccionarse a quienes careciendo de empleo, bregan por ocuparse.

No menos importancia poseen otras alternativas que ofrece la formación profesional. Así por ejemplo, mediante su desarrollo, el sindicato logra mejorar el nivel educativo de sus militantes y dirigentes, circunstancia que, entre otras cosas, le habilitará a ubicarse con mejores posibilidades de éxito en los procesos de negociación colectiva. También se incrementará la consideración social y política del sindicato, al permitir que éste pueda constituirse en actor fundamental de las políticas de empleo, sea directamente, mediante la integración de entidades con competencia en la materia, o en instituciones formativas, o sea indirectamente, a través del abordaje de la temática en la negociación colectiva.

132. En todo caso, debe señalarse que las cuestiones relativas a la formación profesional no pueden identificarse como elementos que hayan centrado la atención del movimiento sindical uruguayo y solo en los últimos años es posible advertir que la temática ha comenzado a formar parte de su discurso. Esto se aprecia, básicamente, a partir de una tímida inclusión de ciertos contenidos relacionados con la misma en algunos convenios colectivos y, con mayor énfasis, en la participación sindical en ciertas actividades vinculadas con el empleo y la formación.

8.2. *Formación profesional y negociación colectiva*

133. Al intentar tipificar un "modelo uruguayo" de negociación colectiva, resultaba habitual y pertinente distinguir tres grandes vertientes o manifestaciones de este fenómeno:[148]

a. Una primera modalidad "típica" o "pura", nacida espontánea y naturalmente junto con las primeras manifestaciones sindicales que comenzaron a esbozarse en nuestro país en la segunda mitad del siglo XIX. Se trata de un tipo de negociación bilateral, no procedimentalizada y sin ninguna regulación o inter-

---

148 Rosenbaum, J., "Autonomía colectiva e intervención estatal en materia de negociación colectiva", 1ª. Jornadas Peruano-Uruguayas, Lima, setiembre de 1994, p. 8. Barbagelata, H-H, Rosenbaum, J.; Garmendia, M., *El Contenido de los Convenios Colectivos*, FCU, Montevideo, 1998.

vención heterónoma. La negociación podía plantearse tanto a nivel descentralizado de empresa, como a niveles superiores, de rama, industria, actividad, oficio o profesión, circunstancia que dependía de las características estructurales organizativas que asumieran los respectivos interlocutores sociales.

b. La segunda modalidad, se plantea a partir de la instauración del mecanismo de los Consejos de Salarios.[149] Aunque la negociación colectiva que se generó en este ámbito puede ser conceptualizada como "atípica" (por su carácter trilateral, institucionalizado y regulado heterónomamente), en realidad fue a partir de este esquema que se construyó una verdadera "estructura prototípica" de negociación colectiva en el Uruguay, caracterizada por plantearse a nivel de sector o rama de actividad. El verdadero impulso de la negociación colectiva en nuestro país, se plantea a partir y como consecuencia de la puesta en funcionamientos de los Consejos de Salarios.

c. La tercera manifestación, es de tipo ecléctico, pues adopta elementos propios del mecanismo de los Consejos de Salarios al tiempo que también exhibe características propias de la primera modalidad. Se trata de una negociación colectiva que en el punto de partida se presenta como bilateral (los interlocutores sociales negocian frente a frente en un ámbito ajeno al organismo institucionalizado del Consejo de Salarios) pero cuyos resultados son sometidos a la aprobación del respectivo Consejo de Salarios, para así lograr la generalización o extensión de sus efectos a todo el sector de actividad.

134. En este contexto la presencia estatal en materia colectiva tendió a visualizarse como poco relevante, presentándose al "caso uruguayo" como desrregulado y "puro" en cuanto al grado de actuación autónoma de los interlocutores sociales. Sin embargo, si bien es cierto que la intervención estatal en materia colectiva careció en nuestro país de la impronta restrictiva o limitacionista que resulta típica en el resto de América Latina, en realidad aquélla no fue todo lo "ausente" que se solía señalar. Por el contrario, diversas formas de presencia estatal resultaron determinantes de las características de la negociación colectiva nacional, aunque es claro que al no ostentar una finalidad limitadora de la autonomía y libertad de los interlocutores particulares, pasaron en gran medida inadvertidas en cuando a su trascendencia.

Así, podrían mencionarse diversos ejemplos de presencia heterónoma, los que van desde las modalidades más indirectas (la temprana regulación legal y protectora de diversos institutos de la relación individual de trabajo, determina la existencia de niveles mínimos de condiciones laborales que se presentan como límite infranqueable *in pejus* para la negociación) hasta otras que no lo son tanto (como la puesta en práctica de los Consejos de Salarios, mecanismo que generó

| 149 Ley N° 10.449, del 12 de noviembre de 1943.

un *perfil uruguayo* de negociación colectiva, determinando estilos de organización y actuación sindical, y la preeminencia del nivel de sector o rama de actividad).

135. El convenio colectivo resultante de esta negociación de carácter centralizado (rama de actividad), coordinaba su eficacia con relación a las normas legales a partir del criterio de la norma más favorable, y por el respeto irrestricto por los mínimos establecidos en aquel nivel. La norma jurídica producida por la autonomía colectiva, representaba siempre un instrumento de superación de los mínimos legales, considerados intangibles en cualquier otro sentido. Además, los pactos contenidos en anteriores convenios colectivos, representaban el punto de partida para la negociación de los futuros instrumentos, los que habrían de incorporar beneficios iguales o superiores a los vigentes.

136. Debe señalarse como una constante histórica, que en Uruguay ha regido una amplia libertad de negociación, siendo escasos los ejemplos de intervención heterónoma con vocación limitadora. A pesar de ello, en los contenidos tradicionales de los convenios colectivos se advierte una marcada preeminencia de los temas vinculados a aspectos salariales.[150]

Esta tendencia hacia la "salarización" de sus contenidos, constituye una característica que aún hoy no han perdido los convenios colectivos que se acuerdan en Uruguay.

No obstante, al margen de esta prevalencia de la materia salarial, los convenios colectivos también tradicionalmente han visto proyectar sus contenidos sobre temáticas sumamente variadas, aunque solamente de manera muy esporádica se detecta el abordaje de la formación profesional, en general relacionándola con la incorporación de tecnología y las medidas de readaptación y capacitación que se adoptarían respecto de los trabajadores afectados.[151]

137. A partir del anuncio que en 1991 realizara el Poder Ejecutivo, en relación con su retiro de la negociación salarial y el cese de las convocatorias a los Consejos de Salarios, se produjo un notable cambio en la estructura y dinámica de la negociación colectiva, amén de haberse provocado un duro golpe al movimiento sindical.

El impacto de la referida decisión fue de tal magnitud, que ha determinado la generalización de novedosas características en la negociación colectiva, la que actualmente presenta ciertos rasgos consolidados que permiten aludir a un nue-

---

150 Informe RELASUR, *Las Relaciones Laborales en Uruguay*, Centro de Publicaciones del Ministerio de Trabajo y Seguridad Social, Madrid, 1995, p. 43.
151 Cfe. Barbagelata, H-H; Rosenbaum, J.; Garmendia, M., *El Contenido de los...*, cit., pp. 66-67.

vo modelo de negociación uruguayo.[152] Las características de este nuevo modelo consisten en su carácter bilateral, descentralizado o atomizado, selecto, con tendencia a la transaccionalidad, con una negociación colectiva frecuentemente promovida por el empleador y con tendencia a la desnaturalización.

138. La formación profesional ha ganado un espacio en la negociación colectiva en todo el mundo, a partir de la consideración que se le otorga como instrumento para enfrentar el desempleo, así como la aptitud que se le reconoce al convenio colectivo como mecanismo que permite atender con agilidad las cambiantes necesidades que el trabajo contemporáneo presenta en esta materia.[153]

Si bien no es posible advertir un ingreso masivo de este tipo de contenidos en los convenios colectivos uruguayos, en cambio pueden detectarse algunos ejemplos concretos en los que se ha abordado la formación profesional.[154] Por ejemplo, sobresale en tal sentido el convenio colectivo del sector de la Construcción, suscrito el 27 de junio de 1997, por el cual las partes celebrantes acuerdan crear una Fundación para la Capacitación de los trabajadores de la industria de la Construcción, de integración bipartita. Se prevé que la misma gestione la financiación de acciones e instrumentos que permitan la capacitación profesional de los trabajadores y empleadores del sector y se constituye en el órgano emisor de certificaciones de aptitud profesional, que acrediten la aprobación de los cursos formativos. Para ello, se cuenta con fondos suministrados por la Junta Nacional de Empleo, aportes bipartitos a cargo de los trabajadores y los empleadores que recaudará el Fondo Social y, una vez aprobados los estatutos Sociales de la institución, por el Banco de Previsión Social, órgano oficial gestor de la seguridad social en el país. Un convenio posterior, estableció programas de capacitación en coordinación con la Junta Nacional de Empleo.[155]

En convenios colectivos suscritos a nivel de empresa, es posible señalar algunos que específicamente han abordado el tema de la formación profesional. Tal el caso del convenio celebrado el 28 de diciembre de 1995 entre la Fábrica Nacional de Papel S.A. y el Centro Unión Obreros Papeleros y Celulosa (CUOPYC), que es el resultado de un intenso proceso de reconversión tecnológica y laboral, en el que se prevén algunas instancias en materia de capacitación (Capítulo IX), partiendo del reconocimiento de que las personas son el factor clave para el éxito de la empresa, y que su formación resulta imprescindible para alcanzar los niveles de pro-

---

152 Según fuera expuesto por el autor "Los efectos jurídicos de un nuevo modelo de negociación colectiva", *in Libro de ponencias de las XII Jornadas Uruguayas de Derecho del Trabajo y de la Seguridad Social*, FCU, Montevideo, 2000, p. 159 y ss.

153 Cfe. Ermida, O.; Rosenbaum, J.; *Formación profesional en la negociación colectiva*, Montevideo, Cinterfor/OIT, 1998, p. 13 y ss.; Rosenbaum, J., *Negociación colectiva sobre formación...*, cit., p. 25.

154 Tal como fuera expuesto en Barbagelata, H-H; Rosenbaum, J.; Garmendia, M., *El Contenido de los...*, cit., pp. 90-92. Barretto alude a un proceso de "lento anclaje de la formación profesional en la negociación colectiva en el Uruguay", *La obligación de formar...*, cit., p. 119 y ss.

155 Cfe. Rosenbaum, J., *Negociación colectiva sobre formación...*, cit., p. 38.

ductividad y rendimiento buscados. Es por ello que las partes asumen el compromiso de fomentar e impulsar iniciativas al respecto, con acento especial en ciertas áreas como las de la higiene y seguridad en el trabajo, orden y limpieza y medio ambiente. Se estructura, asimismo, una carrera funcional, asentada en tres pilares básicos: el desempeño, los conocimientos teóricos y los conocimientos prácticos. Para estos últimos, se estipula que la certificación deberá hacerse sobre la base de pruebas o procedimientos técnicos, de carácter objetivo. La postulación para la capacitación será una decisión libre de los trabajadores, seleccionándose los postulantes por parte del Facilitador y su equipo de trabajo. Por su parte, las bases de toda promoción será competencia de una Comisión Bipartita que se crea por el propio convenio con diversas competencias.

En el sector público se han suscrito convenios en los que se hace referencia a la formación profesional en el marco de procesos de reestructuración de empresas del Estado.

Por ejemplo, el convenio colectivo de fecha 12 de diciembre de 1997, acordado entre la Administración Nacional de Puertos y el Sindicato Único de la Administración Nacional de Puertos (SUANP), prevé la obligación de la ANP de impulsar y facilitar la capacitación de todos los funcionarios, a través de llamados abiertos y masivos, con el objetivo de mejorar las condiciones y conocimientos requeridos para el mejor desempeño del puesto de trabajo, de modo tal que la empresa pueda contar, en todo momento, con recursos humanos adecuadamente preparados y especializados. En el convenio también se regulan modalidades de práctica laboral, como pasantías a término, con el objetivo de estimular la capacitación de jóvenes que se insertan en el mercado laboral. Asimismo, se prevén incentivos para aquellos funcionarios de diferentes niveles jerárquicos que desarrollen cursos de capacitación en el exterior.

139. Otros convenios prevén la obligación de la empresa de brindar formación profesional a todos los trabajadores, ajustándose a un plan previamente acordado con el sindicato, así como la contratación de cursos con institutos de formación públicos y privados.[156] En otros casos se introducen ciertas definiciones de carácter más o menos genérico, como la no discriminación como criterio a respetar al proporcionar acceso a la formación profesional al personal de la empresa, o las finalidades que deben perseguirse mediante el desarrollo de las actividades de formación profesional.[157]

También existen previsiones convencionales en relación al tiempo libre para la formación, sea esta llevada a cabo exclusivamente por cuenta e interés del

156 Barretto, H., *La obligación de formar...*, cit., pp. 124-125; Rosenbaum, J. (con la colaboración de Dolores Storace), *Diálogo social sobre formación en el Uruguay*, Montevideo, Cinterfor/OIT, 2001, p. 18.

157 Cfe. Rosenbaum, J. (con la colaboración de Dolores Storace), *Diálogo social sobre formación en el Uruguay*, cit., p. 14 y ss; Rosenbaum, J., *Negociación colectiva sobre formación...*, cit., pp. 36 y 37.

trabajador, o asumida por la empresa. En convenios del sector bancario es relativamente frecuente encontrar previsiones sobre concesión de licencias por exámenes, o adjudicación de licencias extraordinarias para incentivar la participación de trabajadores en cursos de capacitación. En otros casos se pactan sistemas consistentes en que los cursos de capacitación que se realizan fuera de la jornada de trabajo, generan la posibilidad de ir acumulando horas de licencia a acordar con el empleador.[158] Disposiciones similares en cuanto a la concesión de facilidades de tiempo para el desarrollo de actividades formativas, pueden encontrarse en convenios de sectores como el Grupo Salarial N° 46 (Servicios Generales), Grupo N° 40 (Asistencia Médica y Servicios Anexos), Grupo N° 22 (Industria de la Bebida), etc.[159]

8.3. Participación en la formación profesional

140. La participación de todos los actores involucrados por las políticas y programas de formación profesional, resulta una condición indispensable para que pueda alcanzarse el éxito a partir de las mismas.

Dentro del concepto "participación" es posible incluir diferentes modalidades y mecanismos a través de los cuales, los diversos actores sociales intervienen en la construcción de los procesos relativos a la formación profesional.[160] En un sentido amplio, dentro de dicha expresión puede quedar incluida desde la propia negociación colectiva, hasta las formas más intensas de intervención en los organismos responsables de la formación profesional. Asimismo, es posible considerar como una modalidad de participación, aquella que consiste en formar parte de las fuentes de financiación de los sistemas de formación profesional.

141. La promulgación de ciertas normas legales en el pasado reciente, ha permitido que la participación en materia de formación profesional adquiriera una dinámica que anteriormente no había tenido. En tal sentido, la creación por la ley N° 16.320, de la Dirección Nacional de Empleo (DINAE) y la Junta Nacional de Empleo (JUNAE) –ambos dentro de la órbita del Ministerio de Trabajo y Seguridad Social– así como el respaldo financiero que significa el Fondo de Reconversión Laboral, además de otorgarle renovada dinámica al abordaje de la formación profesional, han promovido un mayor involucramiento de los actores sociales en la temática, circunstancia que permite que las políticas y programas que se emprendan, puedan tener una mayor relación con la realidad nacional.

---

158 Rosenbaum, J., *Negociación colectiva sobre formación...*, cit., p. 37.
159 Cfe. Barretto, H., *La obligación de formar...*, cit., pp. 122-123.
160 Según es desarrollado por Barbagelata, H-H, "Participación de los trabajadores en América Latina", rev. *Derecho Laboral*, Tomo XXXV, N° 165, 1992. Del mismo autor: *Formación y legislación del trabajo*, cit., p. 26 y ss.

Es posible advertir que en general, desde los diversos ámbitos (gubernamentales, sindicales y empresariales) se le otorga trascendencia al tema de la formación profesional.[161] Por otra parte, la estrecha relación orgánica e institucional que existe entre la DINAE y la JUNAE, permite asegurar la existencia del necesario vínculo entre la formación y las necesidades del desarrollo nacional (Ley N° 16.320 del 1° de noviembre de 1992, con las modificaciones).

142. En particular, corresponde señalar que la JUNAE posee una estructura tripartita, estando integrada por el Director Nacional de Empleo y otros dos representantes de los trabajadores y empleadores, respectivamente, los que son designados por el Poder Ejecutivo, a propuesta de las organizaciones profesionales más representativas en uno y otro caso (art. 323). Entre sus cometidos, se encuentra el diseño de programas de recapacitación de trabajadores, el estudio e instrumentación de respuestas para el impacto que en el mercado laboral producen la incorporación de nuevas tecnologías y las políticas de integración regional; la colaboración en el desarrollo de programas de información acerca de la mano de obra y su evolución; el estudio de las necesidades de los trabajadores amparados por el Seguro por Desempleo, definiendo la recapacitación del trabajador de acuerdo a sus aptitudes personales y a la demanda del mercado ocupacional, etc.

Además, la JUNAE es responsable de la administración del Fondo de Reconversión Laboral[162] y se encarga de solventar actividades de capacitación y recapacitación para trabajadores que se encuentran amparados al seguro por desempleo, trabajadores rurales, trabajadores que –aún encontrándose empleados– determine la JUNAE o hayan concertado convenios colectivos con sus respectivas empresas que prevean el tema de la formación profesional; u otros grupos con dificultades de inserción laboral o empleo con limitaciones (modificaciones introducidas a la Ley N° 16.320 por la Ley N° 16.736, art. 419). Los programas de formación deben atender preferentemente a los trabajadores desocupados como consecuencia de la introducción de nuevas tecnologías u otros procesos de reconversión (art. 332 de la ley N° 16.320, en la redacción dada por el art. 422 de la Ley N° 16.736).

143. En ciertos casos, la DINAE y la JUNAE a su vez cuentan con la colaboración de organizaciones de otro tipo, como por ejemplo acontece con el Programa de Capacitación Productiva (que atiende las demandas de capacitación provenientes de proyectos productivos que llevan adelante organizaciones guber-

---

161 Cinterfor/OIT, Base de Datos "Normativa y entrevistas sobre formación profesional de algunos países latinoamericanos y del Caribe".

162 Que se integra con aportes de trabajadores y empleadores por partes iguales (art. 325 de la Ley N° 16.320, en la redacción dada por el art. 417 de la ley 16.736).

namentales o no gubernamentales con el fin de crear o mejorar las condiciones de empleo de sectores con problemas de trabajo), el Programa de Capacitación e Inserción Laboral para Jóvenes (PROJOVEN) (que brinda capacitación laboral a jóvenes de escasos ingresos de 17 a 24 años, que no han podido culminar el segundo ciclo. La capacitación se orienta al nivel de semicalificación en ocupaciones en las que se verifican oportunidades de empleo. Es un programa de la Junta Nacional de Empleo y el Instituto Nacional de la Juventud), el Programa EMPRENDER, creando tu propio trabajo (que apoya mediante capacitación, asistencia técnica y tutorías a jóvenes de bajos ingresos para que puedan crear su propia fuente de trabajo), el Proyecto Retorno al Aula (experiencia de apoyo a jóvenes de bajos ingresos que por motivos económicos abandonaron sus estudios técnicos. El programa les apoya con becas durante un plazo máximo de dos años para que puedan terminar su formación. Es un proyecto de la JUNAE, con la participación de la UTU y el INJU), el Programa de capacitación para trabajadores rurales (que busca mejorar las condiciones de empleo de los trabajadores rurales, partiendo del diagnóstico de las posibilidades de empleo de cada localidad y mediante el desarrollo de cursos de capacitación dirigidos al trabajo asalariado, al autoempleo o a la creación de pequeñas empresas. Lo ejecuta MEVIR y es un proyecto de JUNAE), el Programa CINCO Capacitación Integral y Competitividad en las MYPES. (que apoya la consolidación del empleo existente y la mejora de la competitividad mediante la capacitación de los trabajadores y la implementación de Programas de Desarrollo Empresarial a medida de cada micro o pequeña empresa. Se realizan acciones de diagnóstico, asistencia técnica y capacitación a medida. Pertenece a JUNAE, con DINAE y DYNAPIME), el Proyecto Sistema Nacional de Competencias Laborales –dirigido a estudiar, diseñar y preparar la implementación de un sistema de normalización, formación y certificación en competencias laborales. Permitirá a los trabajadores obtener el reconocimiento de sus saberes, independientemente de cómo los hayan obtenido, facilitará el acercamiento entre la capacitación y el empleo. La responsabilidad técnica y administrativa está a cargo de la DINAE, pero se ha constituido un Consejo Consultivo integrado por delegados de ANEP, del Consejo de Educación Técnico Profesional (UTU), empresarios y trabajadores, de las Entidades de Capacitación y Cinterfor/OIT–.

144. También han sido señalados algunos ejemplos de participación a nivel de empresa, los que tienen su origen en algunos convenios colectivos que crean ámbitos de participación de carácter generalmente paritario. Sin embargo, la experiencia en este ámbito no parece tener demasiado desarrollo.[163]

---

163 Rosenbaum, J. (con colaboración de Dolores Storace), *Diálogo social sobre formación en Uruguay*, cit., pp. 46 y 47; Garmendia, M., *Legislación comparada sobre...*, cit.,

Bibliografía

BARBAGELATA, Héctor-Hugo, *Derecho del Trabajo,* 2ª ed. actualizada, T. I, vol. 2, FCU, Mdeo., 1999.

—. "La formación profesional en los instrumentos constitutivos de la Organización Internacional del Trabajo y en el sistema de las normas internacionales del trabajo", in rev. Derecho Laboral, t. XXXVII, N° 173-174, Mdeo., 1994.

—. "Participación de los trabajadores en América Latina", rev. Derecho Laboral, t. XXXV, N° 165, 1992.

—. *El derecho común sobre el despido y su interpretación jurisprudencial, Facultad de Derecho,* Mdeo., 1953.

—. *El Particularismo del Derecho del Trabajo,* FCU, Mdeo., 1995.

—. *Formación y legislación del trabajo: Tendencias de las recientes legislaciones sobre formación profesional,* Cinterfor/Polform (OIT), Mdeo., 1996.

—. *Régimen de los convenios colectivos,* FUECI, Mdeo., 1955.

BARBAGELATA, Héctor-Hugo; BARRETTO, Hugo y HENDERSON, Humberto, *El derecho a la formación profesional y las normas internacionales,* Mdeo.: Cinterfor/ OIT, 2000.

BARBAGELATA, H-H, ROSENBAUM, J. y GARMENDIA, M., *El Contenido de los Convenios Colectivos,* FCU, Mdeo., 1998.

BARRETTO GHIONE, Hugo, *La obligación de forma a cargo del empleador. Una relectura del derecho del trabajo en clave de formación,* FCU, Mdeo., 2001.

CARNOY, Martín, *El trabajo flexible en la era de la información,* ed. Alianza, Madrid, 2000.

CASAS, Emilia; DE MUNCK, Jean; HANAU, Peter; JOHANSSON, Anders; MEADOWS, Pamela; MINGIONE, Enzo; SALAIS, Robert; SUPIOT, Alain (Coordinador) y van der Heijden, *Trabajo y Empleo, Transformaciones del trabajo y futuro del Derecho del Trabajo en Europa* (Informe para la Comisión Europea), Ed. Tirant lo Blanch, Valencia, 1999.

CASSINELLI MUÑOZ, Horacio, "Acción de impugnación y acción de cumplimiento en lo contencioso administrativo para la tutela de intereses legítimos", in Revista de Derecho, Jurisprudencia y Administración, T. 70.

CASTELLO, Alejandro, "El despido abusivo. Criterios conceptuales para su determinación", revista Derecho Laboral, t. XXXVIII.

Conferencia Internacional del Trabajo, 78ª reunión, Ginebra, 1991. *Desarrollo de los recursos humanos: orientación y formación profesionales, licencia pagada de estudios.* Informe III parte (4B). Ginebra: OIT, 1991.

CORREA FREITAS, Ruben y VÁZQUEZ, Cristina, *Manual de Derecho de la Función Pública,* FCU, 1998.

COUTURE, Eduardo, *Vocabulario Jurídico,* 4ª reimpresión, Depalma, Bs. As., 1991.

DE FERRARI, Francisco, *Lecciones de Derecho del Trabajo,* T. II, Facultad de Derecho, Mdeo., 1962.

ERMIDA URIARTE, Oscar, "El concepto de despido abusivo", in revista Derecho Laboral, t. XXVIII,

—. *Modificación de condiciones de trabajo por el empleador,* Hammurabi, Bs.As.

—. "Tendencias y problemas del Derecho Colectivo del Trabajo en América Latina. Las Relaciones de Trabajo en América Latina" en Derecho Colectivo del Trabajo, Pontificia Universidad Católica del Perú. Facultad de Derecho. Materiales de Enseñanza, 2ª Edición, Lima, 1990.

—. "Derechos laborales y comercio internacional", Ponencia al V Congreso Regional Americano de Derecho del Trabajo y de la Seguridad Social, Lima, 16-19 de setiembre de 2001.

ERMIDA, O., ROSENBAUM, J., *Formación profesional en la negociación colectiva,* Mdeo., Cinterfor/OIT, 1998.

GAMARRA, Jorge, *Tratado de Derecho Civil Uruguayo,* T. XII, 3ª ed., FCU, Mdeo., 1979.

—. *Tratado de Derecho Civil Uruguayo,* T. XI, FCU, Mdeo., 1979.

GARMENDIA ARIGÓN, Mario, *Legislación comparada sobre formación profesional: una visión desde los convenios de la OIT,* Mdeo.: Cinterfor/OIT, 2000.

—. Orden público y Derecho del Trabajo, FCU, Mdeo., 2001.

—. "El principio de igualdad aplicado a la materia salarial", in *Temas Prácticos de Derecho Laboral 2,* FCU, 2001.

—. "Los efectos jurídicos de un nuevo modelo de negociación colectiva", in Libro de ponencias de las XII Jornadas Uruguayas de Derecho del Trabajo y de la Seguridad Social, FCU, Mdeo., 2000.

GOLDMAN, Alvin, "Una perspectiva comparativa sobre la determinación de la remuneración del trabajador", in *El Salario,* Estudios en Homenaje al Profesor Américo Plá Rodríguez, T. I, Amalio Fernández, Mdeo., 1987.

HENDERSON, Humberto, *Fomento de la formación e inserción laboral de los jóvenes,* Colección Texto y Contexto Nº 34, FCU, Mdeo., 1999.

—. *Normativa y entrevistas sobre formación profesional de algunos países latinoamericanos y del Caribe.* Montevideo: CINTERFOR/OIT.

MANGARELLI, Cristina, *El daño moral en el derecho laboral,* Mdeo, Acali, 1984.

MIRÓN HERNÁNDEZ, Ma. del Mar, *El derecho a la formación profesional del trabajador,* CES, Colección Estudios, Madrid, 2000.

OIT. *Las relaciones laborales en Uruguay: informe RELASUR.* Madrid: Ministerio de Trabajo y Seguridad Social, 1995.

PEREYRA BLANCO, Gabriela, "Análisis de la ley 17.320 (pasantías laborales)", in rev. Derecho Laboral, N° 202.

PÉREZ DEL CASTILLO, Santiago, "La Jurisprudencia del Tribunal de Apelaciones del Trabajo sobre daño moral en ocasión del despido", revista Derecho Laboral, T. XXIX.

PLÁ RODRÍGUEZ, Américo, "El papel del Estado en las relaciones industriales en la década de los 80", en *La Intervención del Estado en las Relaciones Industriales en la Década de los 80,* Instituto de Estudios Sociales, Ministerio de Trabajo, Madrid.

—. "El período de prueba", in rev. Derecho Laboral, T. I, N° 4, julio 1948.

—. *Curso de Derecho Laboral,* T. I, vol. 1, Ed. Acali, Mdeo., 1979.

—. *Curso de Derecho Laboral,* T II, vol. 1. Ed. Acali, Mdeo, 1978.

Curso de Derecho Laboral, Los principios del Derecho del trabajo, 3ª edición, Depalma, Bs. As., 1998.

RASO DELGUE, Juan, *La contratación atípica del trabajo,* Ed. Amalio Fernández, Mdeo., 2000.

ROSENBAUM, Jorge (con la colaboración de Dolores Storace), *Diálogo social sobre formación en el Uruguay,* Mdeo., Cinterfor/OIT, 2001.

—. "Autonomía colectiva e intervención estatal en materia de negociación colectiva", 1ª. Jornadas Peruano-Uruguayas, Lima, setiembre de 1994.

—. *Negociación colectiva sobre formación profesional en los países del Mercosur, Bolivia y Chile,* Mdeo., Cinterfor/OIT, 2000.

VALDÉS DE LA VEGA, Berta, *La profesionalidad del trabajador en el contrato laboral,* Ed. Trotta, Madrid, 1997.

VARELA, Raúl, "Contenido de los convenios colectivos", en *Veintitrés Estudios sobre los Convenios Colectivos,* VV.AA.., FCU., Mdeo., 1988.

Anexo Normativo

Constitución de la República

SECCION II. DERECHOS, DEBERES Y GARANTIAS
CAPITULO I

Artículo 7°. Los habitantes de la República tienen derecho a ser protegidos en el goce de su vida, honor, libertad, seguridad, trabajo y propiedad. Nadie puede ser privado de estos derechos sino conforme a las leyes que se establecen por razones de interés general.

CAPITULO II

Artículo 53. El trabajo está bajo la protección especial de la ley. Todo habitante de la República, sin perjuicio de su libertad, tiene el deber de aplicar sus energías intelectuales o corporales en forma que redunde en beneficio de la colectividad, la que procurará ofrecer, con preferencia a los ciudadanos, la posibilidad de ganar su sustento mediante el desarrollo de una actividad económica.

Artículo 70. Son obligatorias la enseñanza primaria y la enseñanza media, agraria o industrial.

El Estado propenderá al desarrollo de la investigación científica y de la enseñanza técnica.

La ley proveerá lo necesario para la efectividad de estas disposiciones.

Artículo 71. Declárase de utilidad social la gratuidad de la enseñanza oficial primaria, media, superior, industrial y artística y de la educación física; la creación de becas de perfeccionamiento y especialización cultural, científica y obrera, y el establecimiento de bibliotecas populares.

En todas las instituciones docentes se atenderá especialmente la formación del carácter moral y cívico de los alumnos.

Decreto-Ley N° 10.225, del 9 de setiembre de 1942.
Universidad del Trabajo

Artículo1°. Con la base de los organismos que actualmente integran la Dirección General de la Enseñanza Industrial y los que de análogas funciones puedan establecerse en el futuro, créase la Universidad del Trabajo del Uruguay.

Artículo 2°. Compete a la Universidad del Trabajo del Uruguay:

A) La enseñanza cultural destinada a la elevación intelectual de los trabajadores y a su formación técnica.

B) La enseñanza completa de los conocimientos técnicos manuales e industriales, atendiéndose en forma especial los relacionados con las industrias extractivas y de transformación de las materias primas nacionales.

C) La enseñanza complementaria para obreros.

D) La enseñanza de las artes aplicadas.

E) Contribución al perfeccionamiento de las industrias existentes, fomento y colaboración de las que puedan organizarse.

F) Información respecto a la estructura y funcionamiento de las industrias nacionales.

G) Examen de aptitudes técnicas.

Ley N° 10.449 de 12 de noviembre de 1943

Artículo 16. Los Consejos podrán tener presente, en la graduación de los salarios, las situaciones especiales derivadas de la edad o de las aptitudes físicas o mentales restringidas de alguno o algunos de los empleados u obreros del establecimiento industrial o comercial. En estos casos, justificarán, en forma breve y sumaria, la diferencia de situaciones.

El Consejo de Salarios podrá establecer el porcentaje máximo de obreros o empleados en estas condiciones para cada establecimiento o grupo de ellos.

El Consejo también podrá reglamentar el aprendizaje de los menores de dieciocho años, teniendo en cuenta las disposiciones del Código del Niño.

Ley N° 13.318, del 26 de diciembre de 1964

Artículo 307. Créase el "salario social de aprendizaje" destinado a solventar gastos de alimentación, vestimenta y locomoción de los menores concurrentes a los cursos de la Universidad del Trabajo del Uruguay que esta ley obliga. La Universidad del Trabajo del Uruguay reglamentará por intermedio de sus servicios, las normas que permitan fijar en cada caso la cuantía y duración del "salario social" y las formas de percepción por el beneficiario. Dichos servicios efectuarán en cada caso el relevamiento de los datos requeridos para esta reglamentación.

La Universidad del Trabajo del Uruguay podrá también concurrir con otras ayudas económicas, como becas, gastos de locomoción, etc., en todos aquellos casos donde los menores en condiciones de ingresar al organismo, residan en zonas del país que se encuentran alejadas de aquellas donde funcionan los establecimientos docentes oficiales en condiciones de prestar la enseñanza a que esta ley se refiere.

También la Universidad del Trabajo del Uruguay podrá conceder a sus egresados de los cursos de aprendizaje, becas destinadas a estudios de perfeccionamiento en el país o en el extranjero.

Artículo 308. Mientras las disposiciones del artículo 302 de la presente ley no logren plena ejecución, los patronos o jefes de empresas agrarias, industriales y comerciales, en cuyos establecimientos trabajen menores de dieciocho años, están obligados a otorgar a esos menores y éstos a recibir la posibilidad de una enseñanza correspondiente a la etapa del aprendizaje.

Artículo 309. A los efectos del artículo anterior se establece el "contrato colectivo de aprendizaje", el cual será redactado de acuerdo a las siguientes normas:

a) Los menores de hasta dieciocho años que trabajen en establecimientos agrarios, industriales y comerciales, tendrán derecho a recibir la enseñanza de un aprendizaje en las escuelas de la Universidad del Trabajo del Uruguay, debiendo esta Institución docente establecer los horarios, planes, programas y reglamentaciones que rijan esa enseñanza;

b) El empleador está obligado a dejar concurrir a los menores aprendices durante la jornada legal de trabajo a las escuelas y cursos de la Universidad del Trabajo del Uruguay o a aquellos centros privados de enseñanza a que refiere el artículo 304 y a otorgarles todos los beneficios sociales que son comunes al resto del personal asalariado, asegurándole las debidas condiciones de higiene, de seguridad y físicas, en el desempeño de su trabajo;

c) La edad mínima para la iniciación de los cursos de aprendizaje será de catorce años;

d) Los salarios que deban percibir los aprendices estudiantes serán fijados por los Consejos de Salarios de las respectivas agrupaciones industriales o comerciales, en los que el delegado de los obreros representará los intereses de los aprendices;

e) El contrato de aprendizaje que debe llevarse a cabo entre el empleador y el aprendiz, puede ser rescindido sin indemnización alguna dentro del plazo de sesenta días de su celebración, y en el mismo se establecerá que el aprendiz no podrá ser empleado en tareas ajenas a las relacionadas con el aprendizaje, ni en las que puedan perjudicar su salud; y

f) El contrato de aprendizaje será registrado en el Instituto Nacional del Trabajo y Servicios Anexados y el incumplimiento del mismo por las partes (patronos y aprendices) será sancionado en la forma que oportunamente se reglamente.

Artículo 310. Quedan exonerados de las obligaciones estipuladas en los dos artículos anteriores, aquellos patronos y jefes de empresas, en cuyos establecimientos trabajen menores que asistan o hayan asistido a los cursos regulares de la Universidad del Trabajo del Uruguay, a las de los centros de enseñanza mencionados en el artículo 304 o a los de enseñanza secundaria, y obtengan o hubieran obtenido certificados de aptitud en los dos primeros casos o hubieran aprobado por lo menos tres años en el último caso.

Artículo 311. Créase una Comisión que se denominará "Comisión de Fomento del Aprendizaje", la que estará integrada de la siguiente manera: un representante del Ministerio de Instrucción Pública y Previsión Social; uno del Ministerio de Industrias y Trabajo; uno designado por la Universidad del Trabajo del Uruguay; dos por la industria agraria (uno patronal y otro obrero); dos por la industria manufacturera (uno patronal y otro obrero); y dos por el comercio (uno patronal y otro obrero). La presidencia será ejercida por el representante del Ministerio de Instrucción Pública y Previsión Social.

Dicha Comisión tendrá los siguiente cometidos:

a) Redactar la forma del contrato colectivo de aprendizaje, creado por el artículo 309, para el grupo industrial o comercial correspondiente;

b) fijar para cada grupo industrial o comercial, el porcentaje de aprendices que le corresponda;

c) estudiar y fijar la tasa anual de renovación de aprendices para cada uno de los grupos industriales y comerciales, debiendo llevar a tal fin los registros de menores que trabajan en las distintas categorías. Las instituciones representadas en la Comisión de aprendizaje y las vinculadas a este problema, podrán a disposición de los integrantes todos los asesoramientos que éstos soliciten;

d) normalizar el aprendizaje correspondiente a cada grupo industrial o comercial considerándolo no como un modo de empleo, sino como un modo de instrucción;

e) considerar la situación de aquellos establecimientos cuyas características especiales no permitan dar cumplimiento a lo estipulado en el artículo 308. La resolución definitiva será acordada con la Universidad del Trabajo del Uruguay;

f) organizar y reglamentar un "servicio de empleo" para los aprendices egresados de las Escuelas de la Universidad del Trabajo del Uruguay, donde se desarrollen las enseñanzas referidas en el artículo 302; y

g) proveer de una libreta de trabajo y aprendizaje a los menores comprendidos en las disposiciones de esta ley, en la misma se certificará: identidad, estudios cursados, escolaridad, características de su empleo y todo otro antecedente que se considere pertinente incluir.

Artículo 312. Los patronos y jefes de establecimientos están obligados a emplear en sus empresas, aprendices titulados por la Universidad del Trabajo del Uruguay o cuyos certificados esta Universidad revalide, en número que corresponda al porcentaje fijado por la Comisión de Aprendizaje para el grupo industrial correspondiente, solicitándolos al "servicio de empleo" que crea el artículo anterior. En este número están incluidos aquellos aprendices alumnos que están realizando su formación.

También las reparticiones técnicas de los distintos Ministerios, Entes Autónomos y empresas concesionarias de servicios públicos, solicitarán al "servicio de empleo", los aprendices que necesiten, y darán preferencia, en igualdad de condiciones, para toda designación que requiera el conocimiento de un oficio, a los egresados de las escuelas de la Universidad del Trabajo del Uruguay y de los centros de enseñanza mencionados en el artículo 304.

Artículo 313. El Consejo del Niño deberá adecuar, por la vía de una reglamentación, las disposiciones del Código del Niño en materia de trabajo de menores, con las de la presente ley. Esta reglamentación deberá ser aprobada por el Poder Ejecutivo.

Artículo 314. Créase el "Fondo Universidad del Trabajo del Uruguay" destinado a atender los gastos que insuman:

-la construcción y reparación de edificios destinados a escuelas y cursos que funcionan o funcionen en la Universidad del Trabajo;

-el equipamiento de los talleres, clases, laboratorios, bibliotecas, oficinas, etc., pertenecientes a esas escuelas o cursos;

-el otorgamiento de becas estudiantiles que se creen por expresa reglamentación del Consejo Directivo de dicha institución;

-el pago de salarios sociales que pudieran establecerse como complemento económico de leyes tendientes al estímulo del aprendizaje;

-el pago de premios en concursos convocados por el Consejo Directivo del Instituto para la confección de textos;

-el costo de locomoción para el transporte de alumnos;

-la propaganda en favor de los cursos en las distintas zonas del país y cualquier otro tipo de erogación que demande el funcionamiento del Organismo.

Los recursos del Fondo que se crea en este artículo, no podrán afectarse al pago de sueldos, jornales, honorarios o compensaciones que demande el personal docente, administrativo y de servicio de la Institución.

Artículo 315. Destínase al referido Fondo, la partida de $ 25:000.000.00 (veinticinco millones de pesos), establecida en el Item 17.02 del Presupuesto de Sueldos y Gastos.

Artículo 316. El Consejo Directivo de la Universidad del Trabajo del Uruguay establecerá antes del 31 de enero de cada ejercicio, el Plan de gastos a realizarse durante el mismo con cargo a los recursos del Fondo, debiendo tener dicho Plan, para su ejecución, la previa aprobación del Tribunal de Cuentas de la República.

Artículo 317. La inspección y contralor del contrato colectivo de aprendizaje serán reglamentados por el Poder Ejecutivo.

Artículo 318. La Universidad del Trabajo del Uruguay, con el asesoramiento de la Comisión de Aprendizaje, confeccionará dentro de los noventa días de promulgada la presente ley, la reglamentación de la misma y la elevará para su aprobación al Poder Ejecutivo.

Ley N° 15.739, del 28 de marzo de 1985.
Ley de Emergencia para la Enseñanza.

CAPITULO I
Principios Fundamentales

Artículo1°. La enseñanza-aprendizaje se realizará sin imposiciones ni restricciones que atenten contra la libertad de acceso a todas las fuentes de la cultura. Cada docente ejercerá sus funciones dentro de la orientación general fijada en los planes de estudio y cumpliendo con el programa respectivo, sin perjuicio de la libertad de cátedra en los niveles correspondientes.

CAPITULO II
Régimen General

Artículo 5°. Créase la Administración Nacional de Educación Pública, Ente Autónomo con personería jurídica que funcionará de acuerdo con las normas pertinentes de la Constitución y de esta ley.

Artículo 6°. La Administración Nacional de Educación Pública tendrá los siguientes cometidos:

1°) Extender la educación a todos los habitantes del país, mediante la escolaridad total y el desarrollo de la educación permanente.

2°) Afirmar en forma integral los principios de laicidad, gratuidad y obligatoriedad de la enseñanza.

3°) Asegurar una efectiva igualdad de oportunidades para todos los educandos, iniciando desde la escuela una acción pedagógica y social que posibilite su acceso por igual a todas las fuentes de educación.

4°) Atender especialmente a la formación del carácter moral y cívico de los educandos; defender los valores morales y los principios de libertad, justicia, bienestar social, los derechos de la persona humana y la forma democrática republicana de gobierno.

5°) Promover el respeto a las convicciones y creencias de los demás; fomentar en el educando una capacidad y aptitud adecuadas a su responsabilidad cívica y social y erradicar toda forma de intolerancia.

6°) Tutelar y difundir los derechos de los menores, proteger y desarrollar la personalidad del educando en todos sus aspectos.

7°) Estimular la autoeducación, valorizar las expresiones propias del educando y su aptitud para analizar y evaluar situaciones y datos, así como su espíritu creativo y vocación de trabajo.

8°) Impulsar una política asistencial al educando que procure su inserción en la vida del país, en función de programas y planes conectados con el desarrollo nacional.

9°) Estimular la investigación científica y atender la creación de becas de perfeccionamiento y especialización cultural.

CAPITULO III
Organización

Artículo 7°. Los órganos de la Administración Nacional de Educación Pública son: el Consejo Directivo Central; la Dirección Nacional de Educación Pública, los Consejos de Educación Primaria, de Educación Secundaria y de Educación Técnico-Profesional y sus respectivas Direcciones Generales.

Artículo 8°. El Consejo Directivo Central se compondrá de cinco miembros que hayan ejercido la docencia en la educación pública por un lapso no menor de diez años. Serán designados por el Presidente de la República en acuerdo con el Consejo de Ministros, previa venia de la Cámara de Senadores, otorgada sobre propuestas motivadas en sus condiciones personales y reconocida solvencia y acreditados méritos en los asuntos de educación general, por un número de votos equivalente a los tres quintos de sus componentes elegidos conforme al inciso primero del artículo 94 de la Constitución.

Por el mismo procedimiento, serán designados de entre los miembros del Consejo Directivo Central, el Director Nacional de Educación Pública y el Sub-Director Nacional de Educación Pública, quien subrogará al primero en todo caso de impedimento temporal para el desempeño de su cargo.

Artículo 9°. Este procedimiento de designación regirá en esta oportunidad; las futuras autoridades de la Enseñanza serán designadas en el momento y por el procedimiento que establezca una nueva ley a sancionarse en la materia. Hasta tanto se designen esas futuras autoridades, seguirán actuando las designadas conforme a la presente ley. Para la provisión de vacantes que se produzcan en el Consejo Directivo Central, serán llamados los miembros de los Consejos desconcentrados.

A tales efectos, en reunión conjunta del Consejo Directivo Central con los Consejos desconcentrados se elegirá por mayoría absoluta de componentes una terna que el Consejo Directivo Central elevará al Poder Ejecutivo para que éste formule la designación de acuerdo al procedimiento previsto por el artículo 187 de la Constitución de la República.

Artículo 10. Los Consejos de Educación Primaria, de Educación Secundaria y de Educación Técnico-Profesional se compondrán de tres miembros cada uno; a los efectos de su designación se requerirá reconocida solvencia, acreditados méritos en los asuntos de educación y haber ejercido la docencia en la educación pública por un lapso no menor de diez años.

Artículo 11. Los miembros de los Consejos de Educación Primaria, de Educación Secundaria y de Educación Técnico-Profesional y sus Directores Generales, serán designados por el Consejo Directivo Central por cuatro votos conformes y fundados.

Al proceder a la provisión de los Consejos de Educación Primaria, de Educación Secundaria y de Educación Técnico-Profesional, el Consejo Directivo Central designará conjuntamente tres suplentes para cada Consejo, quienes deberán reunir los mismos requisitos que se exigen para ser titular.

Las vacantes que se produzcan en estos Consejos serán cubiertas acudiendo a la respectiva nómina de suplentes.

Artículo 12. El Consejo Directivo Central por cuatro votos conformes y resolución fundada podrá crear una o más Direcciones Generales de especial jerarquía para administrar ramas de la Educación que por su importancia y singularidad así lo requieran y que no sean por texto legal de la competencia expresa y específica de otros órganos estatales.

CAPITULO IV
Atribuciones de los Consejos

Artículo 13. Compete al Consejo Directivo Central:

1°) Establecer la orientación general a que deberán ajustarse los planes y programas de estudios primarios, secundarios y de la educación técnico-profesional.

2°) Aprobar los planes estudio proyectados por los Consejos desconcentrados.

3°) Fijar las directivas generales para la preparación de los proyectos de presupuesto que deberán enviar los Consejos desconcentrados y elaborar, en su momento, los proyectos definitivos de presupuesto y de rendición de cuentas.

4°) Representar al Ente en las ocasiones previstas por el artículo 202, inciso tercero de la Constitución, oyendo previamente a los Consejos desconcentrados.

5°) Dictar los reglamentos necesarios para el cumplimiento de sus funciones y particularmente el Estatuto de todos los funcionarios del servicio, con las garantías establecidas en la Constitución y en esta ley.

6°) Designar a todo el personal del Ente, salvo las designaciones de personal docente dependiente directamente de los Consejos desconcentrados.

7°) Designar al Secretario General y al Secretario Administrativo del Consejo Directivo Central con carácter de cargos de particular confianza.

8°) Destituir por ineptitud, omisión o delito, a propuesta de los Consejeros desconcentrados cuando dependieren de éstos y con las garantías que fija la ley y el

Estatuto, al personal docente, técnico, administrativo, de servicio u otro de todo el Ente.

9°) Destituir a los miembros de los Consejos desconcentrados por cuatro votos conformes y fundados.

10°) Organizar y realizar, a nivel nacional, el Servicio de Estadística Educativa.

11°) Organizar y realizar, a nivel terciario, en todo el territorio de la república la formación y perfeccionamiento del personal docente. A los efectos, podrá realizar convenios con la Universidad de la República.

12°) Conceder las acumulaciones de sueldo que sean de interés de la Educación y se gestionen conforme a las leyes y reglamentos.

13°) Habilitar a los institutos privados de Educación Primaria, de Educación Secundaria y de Educación Técnico-Profesional.

14°) Establecer normas y procedimientos de supervisión y fiscalización para los institutos habilitados, oyendo previamente la opinión del Consejo desconcentrado que corresponda, así como la de dichos institutos.

15°) Conferir títulos y diplomas y revalidar títulos y diplomas extranjeros, en dos niveles y modalidades de educación a su cargo.

16°) Ejercer la fiscalización de los institutos habilitados de formación docente.

17°) Establecer oportunamente mecanismos que posibiliten la consulta a los estudiantes de los institutos de formación docente y su iniciativa en los asuntos relativos a éstos.

18°) Resolver los recursos de revocación interpuestos contra sus actos, así como los recursos jerárquicos.

19°) Delegar en los Consejos desconcentrados y por resolución fundada, las atribuciones que estime conveniente. No son delegables las atribuciones que le comete la Constitución de la República y aquellas para cuyo ejercicio esta ley requiere mayorías especiales.

Artículo 14. Serán atribuciones de los Consejos desconcentrados:

1°) Impartir la enseñanza correspondiente a su respectivo nivel, exigiendo al educando, en el caso de Educación Secundaria y de Educación Técnico-Profesional, la preparación correspondiente al nivel anterior.

2°) Habilitar para cursar estudios superiores.

3°) Proyectar los planes de estudio y aprobar los programas de las asignaturas que ellos incluyan, una vez que los primeros sean aprobados por el Consejo Directivo Central.

4°) Administrar los servicios y dependencias a su cargo.

5°) Supervisar el desarrollo de los cursos.

6°) Reglamentar la organización y el funcionamiento de los servicios a su cargo y adoptar las medidas que los mismos requieran.

7°) Proponer toda clase de nombramientos, reelecciones, ascensos, sanciones y destituciones, así como otorgar licencias y designar el personal docente conforme al Estatuto del Funcionario y a las ordenanzas que dicte el Consejo Directivo Central. Podrán también dictar normas en esta materia con arreglo al Estatuto y a las ordenanzas.

8°) Designar al Secretario General de cada Consejo desconcentrado, con carácter de cargo de particular confianza.

9°) Proyectar las normas estatutarias que crea necesarias para sus funcionarios y elevarlas al Consejo Directivo Central a los efectos de su aprobación e incorporación al Estatuto de los Funcionarios del Ente.

10°) Proyectar, ajustándose a las normas establecidas por el Consejo Directivo Central, los presupuestos de sueldos, gastos e inversiones correspondientes a los servicios a su cargo y sus modificaciones; así como elevar al Consejo Directivo Central las rendiciones de cuentas y balances de ejecución correspondientes a los servicios a su cargo.

11) Ejercer la supervisión y fiscalización de los institutos habilitados de la rama respectiva.

12) Conferir y revalidar certificados de estudio nacionales y revalidar certificados de estudio extranjeros en los niveles y modalidades de educación a su cargo.

13) Adoptar las resoluciones atinentes al ámbito de su competencia, salvo aquellas que por la Constitución, la presente ley y las ordenanzas del Consejo Directivo Central correspondan a los demás órganos.

14) Ejercer las demás atribuciones que le delegare especialmente el Consejo Directivo Central.

CAPITULO V
Atribuciones del Director Nacional de Educación Pública y de los Directores Generales

Artículo 15. Son atribuciones del Director Nacional de Educación Pública y de los Directores Generales:

1) Presidir los Consejos respectivos, dirigir las sesiones, cumplir y hacer cumplir los reglamentos y resoluciones.

2) Representar al Consejo, cuando corresponda.

3) Autorizar los gastos que sean necesario, dentro de los límites que establezcan la ley y las ordenanzas.

4) Tomar las resoluciones de carácter urgente que estime necesario para el cumplimiento del orden y el respeto de las disposiciones reglamentarias. En ese caso dará cuenta al Consejo, en la primera sesión ordinaria, y éste podrá oponerse por mayoría de votos de sus componentes, debiendo fundar su oposición.

5) Adoptar las medidas de carácter disciplinario que correspondan, dando cuenta al Consejo en la forma señalada en el inciso precedente.

6) Inspeccionar el funcionamiento de las reparticiones de su competencia y tomar las medidas que correspondan.

7) Preparar y someter a consideración del Consejo los proyectos que estime conveniente.

CAPITULO VI
Del Patrimonio

Artículo 16. El Ente Autónomo que se crea sucede de pleno derecho en todos sus derechos y obligaciones al Consejo Nacional de Educación. Tendrá la administración de sus bienes, salvo la de aquellos que estén destinados al servicio de los Consejos desconcentrados o que se destinaren en el futuro, por resolución del Consejo Directivo Central. La administración de estos últimos bienes estará a cargo del respectivo Consejo desconcentrado.

Artículo 17. La adquisición y enajenación a título oneroso, gravamen o afectación con derechos reales, de bienes inmuebles por parte de la Administración Nacional de Educación Pública, deberán ser resueltas en todos los casos por cuatro votos conformes, previa consulta a los Consejos desconcentrados cuando se tratare de bienes destinados o a destinarse a su servicio. Las enajenaciones a título gratutito requerirán la unanimidad de votos del Consejo Directivo Central.

Artículo 18. Son ingresos del patrimonio de la Administración Nacional de Educación Pública:

1°) Las partidas que se le asignen por las Leyes de Presupuesto, de conformidad con lo dispuesto por la Constitución.

2°) Los frutos naturales, industriales y civiles de sus bienes.

3°) Los recursos o proventos que perciba el Ente por la venta de la producción de los establecimientos de los Consejos desconcentrados o de los servicios que éstos vendan o arrienden, de conformidad con los reglamentos que oportunamente se dicten.

4°) Los que perciba por cualquier otro título.

Decreto-Ley N° 14.869 del 23 de febrero de 1979.
Consejo de Capacitación Profesional

Artículo 1°. Créase el Consejo de Capacitación Profesional como persona de derecho Público no estatal con los mismas, atribuciones y organización que por esta ley se determinan. Será persona jurídica, tendrá su domicilio en la capital de la República y se vinculará con el Poder Ejecutivo a través del Ministerio de Educación y Cultura.

Artículo 2°. El Consejo de Capacitación Profesional tendrá a su cargo la proposición del Poder Ejecutivo en la política de formación técnico profesional para todos los sectores del país, como complemento de la enseñanza curricular, de acuerdo con las necesidades específicas de cada sector productivo. Una vez aprobada la misma por el Poder Ejecutivo, deberá ejecutarla.

Artículo 3°. El Servicio a que se refiere el artículo 1° será dirigido y administrado por un Consejo Honorario designado por el Poder Ejecutivo, actuando en Consejo de Ministros.

El Consejo Honorario estará integrado por:

A) El Rector del Consejo Nacional de Educación o por quien éste proponga, que lo presidirá;

B) Un miembro propuesto por la Universidad de la República;

C) Un miembro propuesto por el Consejo de Educación Técnico-Profesional Superior (UTU);

D) Un miembro propuesto por la Secretaría de Planeamiento, Coordinación y Difusión (SEPLACODI);

E) Un miembro propuesto por el Ministerio de Trabajo y Seguridad Social;

F) Un miembro propuesto por el Ministerio de Agricultura y Pesca;

G) Un miembro propuesto por el Ministerio de Industria y Energía;

H) Dos miembros propuestos por la Cámara de Industrias del Uruguay;

I) Un miembro propuesto por la Asociación Rural del Uruguay;

J) Un miembro propuesto por la Federación Rural del Uruguay.

Artículo 4°. Serán cometidos del Consejo Honorario de Capacitación Profesional:

A) Formular programas de formación técnico profesional para todos los sectores del país, como complemento de la enseñanza curricular;

B) Impulsar el sistema de capacitación técnico profesional y coordinar sus acciones con los Ministerios de Trabajo y Seguridad Social, Agricultura y Pesca, Industria, de Educación (Consejo de Educación Técnico Profesional Superior);

C) Fijar las normas técnicas mínimas que regirán al sistema de capacitación técnico profesional;

D) Evaluar y controlar el cumplimiento de los planes y programas de capacitación técnico profesional ejecutados.

Artículo 5°. Sin perjuicio de las atribuciones a que se refiere el artículo 6°, para el cumplimiento de sus cometidos tendrá las siguientes atribuciones:

A) Establecer, organizar y administrar sus servicios de capacitación técnico profesional;

B) Fijar los programas y planes de estudio conforme a lo establecido en el artículo 2° de la presente ley;

C) Aprobar la ejecución de estudios e investigaciones sobre materia de su competencia y la prestación de asistencia técnica a empresas públicas y privadas cuando se lo requieran;

D) Administrar, distribuir y fiscalizar sus recursos económicos;

E) Celebrar convenios con instituciones públicas o privadas a fin de lograr un cumplimiento de sus cometidos;

F) Expedir constancias a aquellas personas que hayan aprobado los cursos de capacitación que dicte;

G) Designar al personal previa autorización del Poder Ejecutivo y disponer su cese;

H) Proponer al Poder Ejecutivo para su aprobación las tarifas del os servicios o actividades onerosas que realice.

Artículo 6°. Créase una Unidad Ejecutora directamente subordinada al Consejo Honorario de Capacitación Profesional que llevará a cabo los planes y proyectos aprobados por éste, el cual, previa autorización del Poder Ejecutivo, designará a su Director y establecerá el régimen del personal dependiente, de acuerdo con lo que disponga la respectiva reglamentación.

Artículo 7°. A los efectos de lograr una efectiva participación de las empresas en el sistema, el Consejo Honorario de Capacitación Profesional podrá crear Comisiones Técnicas Asesoras en cada uno de los sectores en que se programen actividades de capacitación técnico profesional.

Artículo 8°. El patrimonio del Consejo de Capacitación Profesional estará integrado por los bienes muebles e inmuebles que adquiera a cualquier título y por todo otro recurso fijado por la ley.

Artículo 9°. Serán recursos del Consejo de Capacitación Profesional:

A) Un tributo de hasta el 5 ‰ (cinco por mil) como máximo sobre el valor FOB que gravará todas las exportaciones declaradas. El Poder Ejecutivo dentro de ese margen fijará anualmente la tasa y reglamentará el momento y forma de su percepción;

B) Los ingresos derivados de los servicios o actividades onerosas que realice (Artículo 5°, literal H);

C) Las contribuciones, donaciones y legados que se le destinen.

Artículo 10. El Consejo de Capacitación Profesional proyectará su presupuesto anualmente y lo elevará al Poder Ejecutivo para su aprobación, conjuntamente con el plan de actividades para el año. El proyecto comprenderá: I) Programas de funcionamiento discriminados en rubros de gastos y retribuciones personales; II) Previsión de los recursos y estimación de su producido; III) Programas de inversiones y IV) Normas para su ejecución e interpretación.

Artículo 11. Dentro de los noventa días de vencido cada ejercicio anual, el Consejo de Capacitación Profesional presentará al Poder Ejecutivo para su aprobación la rendición de cuentas correspondiente a dicho ejercicio.

Artículo 12. Sin perjuicio del contralor que realizará el Ministerio de Educación y Cultura, la Inspección General de Hacienda tendrá las más amplias facultades de fiscalización de la gestión financiera del Consejo de Capacitación Profesional.

Artículo 13. Exonérase al Consejo de Capacitación Profesional del pago de todo tipo de tributos nacionales o municipales.

Artículo 14. Deróganse todas las disposiciones legales que directa o indirectamente se opongan a esta ley.

Artículo 15. El Poder Ejecutivo reglamentará la presente ley.

Artículo 16. Comuníquese, etc.

Ley N° 16.104, del 23 de enero de 1990

CAPITULO VII
LICENCIA PARA ESTUDIANTES

Artículo 33. (redacción dada por el artículo 30 de la ley N° 16.736) Los funcionarios que cursen estudios en institutos de enseñanza pública o privada habilitados en los ciclos de Enseñanza Secundaria Básica y Superior, Educación Técnico-Profesional Superior, Enseñanza Universitaria, Instituto Normal y otros de análoga naturaleza pública o privada, tendrán derecho a una licencia complementaria de hasta treinta días anuales hábiles para rendir sus pruebas y exámenes. Tal licencia complementaria podrá gozarse en forma fraccionada.

A los funcionarios profesionales que cursen estudios de grado o postgrado, se les podrá conceder dicha licencia cuando los cursos a realizar redunden en beneficio directo de la Administración, a juicio del jerarca.

Artículo 34. (redacción dada por el artículo 30 de la ley N° 16.736) Los funcionarios estudiantes que hayan solicitado tal licencia deberán acreditar ante sus respectivos jefes, dentro del mes siguiente al último día de esta licencia, haber efectivamente rendido la prueba o el examen para la cual se la solicitó.

Para poder acceder a tal licencia deberá acreditarse, con excepción de aquellos que se encuentren cursando primer año por primera vez, haber aprobado al menos dos exámenes en el año anterior, situación que podrá presentar excepciones de acuerdo a los diversos planes de estudio que tenga la institución y el curso que esté realizando el estudiante. El Poder Ejecutivo reglamentará estas excepciones a propuesta de la Oficina Nacional del Servicio Civil.

Si se comprobare que los funcionarios estudiantes no cumplieron las condiciones por las cuales se le acordó la licencia complementaria, se aplicarán los correspondientes descuentos por inasistencia.

Ley 16.320, del 1° de noviembre de 1992.
Se crea la Dirección Nacional de Empleo como Unidad Ejecutora del Ministerio de Trabajo y Seguridad Social

Artículo 319. Créase en el Ministerio de Trabajo y Seguridad Social, programa 003 "Estudio, Investigación, Fomento y Coordinación de Políticas Activas de Empleo y Formación Profesional", la función de Director Nacional de Empleo. La retribución será la correspondiente a la establecida por el literal E) del artículo 9° de la Ley N° 15.809, de 8 de abril de 1986. La designación y cese de quien cumplirá la función se realizará por el Poder Ejecutivo y deberá recaer entre funcionarios de los escalafones A y D del Ministerio de Trabajo y Seguridad Social. El funcionario designado conservará su cargo presupuestal y todos los derechos inherentes al mismo.

Artículo 322. La Dirección Nacional de Empleo tendrá los siguientes cometidos:

a) elaborar la política nacional de empleo;

b) asesorar en la programación y ejecución de planes migratorios del sector laboral;

c) programar, ejecutar o coordinar planes de colocación para grupos especiales de trabajadores;

d) ejercer la supervisión de las empresas privadas de colocación;

e) proponer y ejecutar programas de orientación laboral y profesional, pudiendo para ello celebrar convenios con organismos públicos y entidades privadas nacionales, extranjeras e internacionales;

f) desarrollar programas de información acerca de la mano de obra y su evolución;

g) llevar una nómina del personal recapacitado o beneficiario del sistema de reconversión laboral, de acuerdo a lo que determine la reglamentación a dictarse;

h) desarrollar programas de orientación y asistencia técnica a trabajadores que deseen transformarse en pequeños empresarios;

i) implementar, ejecutar y coordinar estudios y proyectos referentes a planes nacionales, regionales, departamentales y locales de desarrollo social y económico en lo relativo a la utilización de recursos humanos;

j) actualizar la Clasificación Nacional de Ocupaciones y coordinar con otros organismos la certificación ocupacional.

Artículo 323. Créase en el Ministerio de Trabajo y Seguridad Social la Junta Nacional de Empleo que se integrará con tres miembros: el Director Nacional de Empleo que la presidirá, uno designado por el Poder Ejecutivo a propuesta de la organización sindical más representativa y uno designado por el Poder Ejecutivo a propuesta del sector patronal (Industria, Comercio y Agro).

La reglamentación a dictarse establecerá su forma de funcionamiento.

Artículo 324. Serán cometidos de la Junta Nacional de Empleo:

a) asesorar a la Dirección Nacional de Empleo en los cometidos que les fija la presente ley;

b) diseñar programas de recapacitación de la mano de obra, ya sea directamente por acuerdo con entidades públicas o privadas, nacionales o extranjeras;

c) estudiar y medir el impacto de la incorporación de nuevas tecnologías y de las políticas de integración en el mercado laboral, proponiendo las medidas correspondientes;

d) asesorar a requerimiento de otros organismos públicos o entidades privadas, en materias de su competencia;

e) colaborar y coordinar con la Dirección Nacional de Empleo en la elaboración de políticas de desarrollo local, en lo referente a los recursos humanos, coordinando su ejecución con los Gobiernos Municipales y entidades no gubernamentales;

f) colaborar en el desarrollo de programas de información acerca de la mano de obra y su evolución;

g) colaborar y coordinar con la Dirección Nacional de Empleo en la elaboración de programas de orientación laboral y profesional;

h) administrar el Fondo de Reconversión Laboral;

i) estudiar las necesidades de los trabajadores amparados por el Seguro por Desempleo, definiendo la recapacitación del trabajador de acuerdo a sus aptitudes personales y a la demanda del mercado ocupacional. A tales efectos afectará, por resolución fundada y unánime, los recursos que administra, pudiendo destinar hasta un 5% (cinco por ciento), de los mismos para pago de estudios e investigaciones.

Artículo 325. Créase el Fondo de Reconversión Laboral que se integrará con los siguientes recursos:

a) el 0,25% (cero con veinticinco por ciento), adicional de las retribuciones gravadas por el impuesto creado por el artículo 25 del decreto- ley N° 15.294, de 23 de junio de 1982, con excepción de los funcionarios públicos, jubilados y pensionistas;

b) lo recaudado por la prestación de servicios contratados por terceros relacionados con temas de su competencia;

c) lo recibido por herencia, donaciones, legados e intereses generados por el depósito de sus fondos;

d) lo recaudado por concepto de aporte patronal, establecido en el artículo 330;

e) lo obtenido por contratos de préstamo con organizaciones nacionales e internacionales, suscritos por el Poder Ejecutivo, con destino al Fondo de Reconversión Laboral;

f) lo recaudado por conceptos de multas, impuestas por el Poder Ejecutivo por infracciones a la presente ley.

Artículo 326. Facúltase al Poder Ejecutivo a partir del 1° de enero de 1994, a elevar la tasa del 0,25% (cero con veinticinco por ciento), establecida en el literal a) del artículo precedente, hasta un máximo de 0,50% (cero con cincuenta por ciento).

Dicha potestad podrá ser ejercida por el Poder Ejecutivo, exclusivamente si mediare una recomendación fundada y unánime de la Junta Nacional de Empleo, en razón del aumento de la demanda de la recapacitación profesional.

Artículo 327. Con cargo al Fondo de Reconversión Laboral, cuyos beneficiarios serán los trabajadores amparados al decreto- ley N° 15.180, de 20 de agosto de 1981, se atenderán las siguientes prestaciones:

a) actividades de formación para la recapacitación profesional prestadas a través de otros organismos estatales o entidades privadas. La ejecución de dichos programas se realizará mediante un contrato a formalizarse entre la Dirección Nacional de Empleo y las entidades seleccionadas por la Junta para impartir efectivamente los cursos;

b) un beneficio extraordinario para el trabajador que se recapacite, consistente en una prestación adicional a la establecida por el decreto- ley N° 15.180, de 20 de agosto de 1981, por el plazo que dure la recapacitación. El beneficio, cuyo porcentaje se establecerá sobre el monto mensual del subsidio por desempleo, se seguirá percibiendo una vez vencido el amparo previsto por el decreto-ley N° 15.180, de 20 de agosto de 1981, en aquellos casos en que la duración de la recapacitación lo requiera. Dichos porcentajes los fijará la Junta Nacional de Empleo, teniendo en cuenta la cantidad de trabajadores a recapacitar, las disponibilidades del Fondo y las condiciones establecidas en el literal i) del artículo 324.

Para que se generen las prestaciones referidas precedentemente, se requerirá la resolución del Director Nacional de Empleo que incorpore al o a los trabajadores al régimen previsto en esta norma, previo dictamen preceptivo y vinculante de la Junta Nacional de Empleo.

Si el personal recapacitado es reincorporado por la misma empresa, ésta reembolsará al Fondo los gastos de recapacitación y la reglamentación establecerá los plazos y condiciones en que se hará el pago.

Artículo 328. Son obligaciones del trabajador:

a) acudir a las entrevistas de orientación laboral que se dispongan, bajo apercibimiento de no ser incluido o de ser eliminado de la nómina a que se refiere el artículo siguiente;

b) concurrir a las actividades de formación profesional que se determinen. El no cumplimiento de esta obligación dará lugar a la pérdida de los beneficios otorgados por la presente ley.

Artículo 329. La nómina de trabajadores que llevará la Dirección Nacional de Empleo comprenderá los trabajadores amparados al Seguro por Desempleo, que aspiren a ingresar o hayan ingresado al sistema previsto en la presente ley.

La reglamentación establecerá la forma de inscripción.

Artículo 330. Para la cobertura de sus vacantes, las empresas podrán acudir a la nómina de trabajadores llevada por la Dirección Nacional de Empleo de acuerdo a las características, perfil y categoría profesional que necesite.

Los empleadores que tomen personal de la nómina referida, estarán exonerados durante los primeros noventa días de la relación laboral, de abonar los aportes patronales correspondientes y deberán verter el equivalente al 50% (cincuenta por ciento), del monto exonerado, al Fondo de Reconversión Laboral. La empresa no podrá despedir al trabajador contratado en estas condiciones —salvo notoria mala conducta— por un plazo de seis meses.

Sin perjuicio de lo establecido precedentemente, la Dirección Nacional de Empleo podrá autorizar contratos de trabajo a prueba que no excedan los quince días.

Artículo 331. La reglamentación a dictarse establecerá las sanciones al empleador en caso de infracción a las obligaciones que le impone la presente ley. Será de aplicación el régimen sancionatorio establecido en el artículo 289 de la Ley N° 15.903, de 10 de noviembre de 1987.

Artículo 332. Los programas que diseñe la Junta Nacional de Empleo atenderán preferentemente a los trabajadores desocupados como consecuencia de la incorporación de nuevas tecnologías u otros procesos de reconversión.

Los importes recaudados conforme al literal a) del artículo 325, serán acreditados mensualmente por el Banco de Previsión Social al Ministerio de Trabajo y Seguridad Social con destino al Fondo de Reconversión Laboral y depositados en cuenta especial en unidades reajustables que llevará el Banco Hipotecario del Uruguay. El retiro de fondos sólo se hará efectivo si el recaudo correspondiente se suscribe en forma conjunta por los tres miembros de la Junta Nacional de Empleo. Dentro de los ciento ochenta días de promulgada la presente ley, el Poder Ejecutivo dictará la reglamentación correspondiente.

Ley N° 16.873, del 3 de octubre de 1997.
Fomento de la Formación e Inserción Laboral de los Jóvenes.

I. DISPOSICIONES GENERALES

Artículo 1°. Para que las empresas puedan incorporar jóvenes en cualquiera de las modalidades contractuales previstas en la presente ley y obtener los correspondientes beneficios deberán cumplir con los siguientes requisitos:

A) Acreditar que están en situación regular de pagos con las contribuciones especiales de la seguridad social.

B) No haber efectuado, en los sesenta días anteriores a la contratación ni efectuar durante el plazo de la misma, despidos ni envíos al seguro por desempleo al personal permanente que realice iguales o similares tareas a las que el joven contratado vaya a realizar en el establecimiento.

C) Que tengan por lo menos un año de actividad en el país, salvo en aquellos casos que exista autorización previa de acuerdo a lo que establezca la respectiva reglamentación.

D) Que el porcentaje de contratados bajo cualquiera de las modalidades previstas en la presente ley no exceda el 20% (veinte por ciento) del total de los trabajadores de la empresa. En el caso de empresas unipersonales o empleadores que ocupen hasta cinco trabajadores no podrán incorporar más de un contratado en las condiciones previstas en la presente ley.

Artículo 2°. Los jóvenes que se contraten bajo cualquiera de las modalidades contractuales previstas en la presente ley deberán ser inscriptos en los Organismos de Seguridad Social gozando de todos los derechos y beneficios establecidos en las normas laborales vigentes y de todas las prestaciones de seguridad social, salvo el subsidio servido por el seguro por desempleo, sin perjuicio de las excepciones previstas en cada tipo de contratación por la presente ley.

Artículo 3°. El Instituto Nacional de la Juventud y la Junta Nacional de Empleo deberán evaluar cada dos años los resultados que surjan de la aplicación de la presente ley. Los Ministerios de Educación y Cultura y de Trabajo y Seguridad Social remitirán dichos informes a la Asamblea General.

II. CONTRATO DE PRACTICA LABORAL PARA EGRESADOS

Artículo 4°. Los contratos de práctica laboral podrán ser convenidos entre empleadores y jóvenes de hasta 29 años de edad, con formación previa y en busca de su primer empleo vinculado con la titulación que posean, con el objeto de realizar trabajos prácticos complementarios y aplicar sus conocimientos teóricos.

Artículo 5°. El contrato de práctica laboral deberá pactarse por escrito, debiendo constar expresamente la práctica a realizar y su duración, la que no podrá ser inferior a tres meses ni exceder de los doce meses.

Artículo 6°. Ningún trabajador amparado por la presente ley podrá ser contratado en prácticas en la misma o distinta empresa por tiempo superior a doce meses en virtud de la titulación.

Artículo 7°. Este contrato sólo podrá concertarse cuando el joven trabajador acredite, fehacientemente, haber egresado de las universidades, centros públicos o privados habilitados de formación docente, de enseñanza técnica, comercial, agraria, o de servicios, en la forma y las condiciones que establezca la reglamentación.

Artículo 8°. El puesto de trabajo y la práctica laboral deberán ser, en todos los casos, adecuados al nivel de formación y estudios cursados por el joven practicante.

Artículo 9°. Los empleadores deberán extender una constancia que acredite la experiencia adquirida por el joven practicante en el puesto de trabajo así como la asistencia, el comportamiento y la adaptación al trabajo.

III. BECAS DE TRABAJO

Artículo 10. El objeto de las becas de trabajo es posibilitar que jóvenes de quince a veinticuatro años pertenecientes a sectores sociales de bajos ingresos se vinculen a un medio laboral y realicen una adecuada primera experiencia laboral.

Artículo 11. El Instituto Nacional del Menor, el Instituto Nacional de la Juventud y la Administración Nacional de Educación Pública podrán acordar con organismos públicos estatales o no estatales, así como con empresas privadas becas de trabajo. Las organizaciones no gubernamentales requerirán la autorización de una de las instituciones antes mencionadas para acordar becas de trabajo. La autorización supone el reconocimiento de que la beca se refiere a los beneficiarios y al propósito expresado en el artículo anterior.

Artículo 12. Las becas de trabajo deberán pactarse por escrito y la duración de las mismas no podrá exceder de nueve meses. Los jóvenes se beneficiarán de ellas por única vez.

Artículo 13. Los empleadores deberán extender una constancia que acredite la experiencia adquirida por el joven en el puesto de trabajo así como la asistencia, el comportamiento y la adaptación al trabajo.

IV. CONTRATO DE APRENDIZAJE

Artículo 14. El aprendizaje es una de formación profesional en virtud de la cual un empleador se obliga a ocupar a una persona no mayor de veintinueve años y enseñarle o hacerle enseñar, íntegra y metódicamente, de acuerdo con un programa establecido por una instituto de formación técnico-profesional, un oficio calificado o profesión, durante un período previamente fijado y en el curso del cual el aprendiz está obligado a trabajar al servicio de dicho empleador.

Artículo 15. Los contratos de aprendizaje deberán pactarse por escrito entre la empresa, el aprendiz y la institución de formación técnico-profesional, pública o privada habilitada, responsable del proceso de formación y contener al menos los siguientes elementos:

A) Oficio o profesión para cuya formación y desempeño ha sido contratado el aprendiz.

B) Plazo de contratación.

C) Forma y monto de remuneración.

D) Días y horarios de trabajo y tareas a desarrollar por el aprendiz.

E) Formas de coordinación y supervisión del aprendizaje teórico y practico.

Artículo 16. El plazo de duración del aprendizaje deberá adecuarse a los planes y programas de formación, a la exigencias de la calificación a la que se aspira y a los conocimientos de base que posee el aprendiz, no pudiendo superar en ningún caso el plazo máximo de veinticuatro meses.

El plazo en los contratos de aprendizaje dirigidos por instituciones de formación técnico-profesional que no sean públicas o las privadas, sin participación o supervisión pública, deberá ser autorizado por la Junta Nacional de Empleo sin que pueda exceder el máximo previsto en el inciso anterior.

En los casos de enfermedad, accidente de trabajo o maternidad, se prorrogará el contrato por un tiempo igual al que haya durado la licencia por enfermedad, accidente de trabajo o maternidad, debiéndose justificar la atención por el Banco de Previsión Social o por el Banco de Seguros del Estado.

Artículo 17. En los contratos de aprendizaje en los que se prevean horas o jornadas de formación teórica fuera del establecimiento, los mismos se considerarán como tiempo efectivamente trabajado a todos los efectos, siempre que así hubiera sido previamente convenido.

Artículo 18. Las partes contratantes podrán acordar un período de prueba no superior a noventa días los que serán contados como parte del plazo máximo establecido en el artículo 16 de la presente ley.

Artículo 19. La institución de formación técnico-profesional otorgará al aprendiz una vez culminado el aprendizaje un certificado en el que conste la naturaleza, duración y finalidad de la formación profesional obtenida. Por su parte, el empleador extenderá una constancia acerca de la práctica desarrollada en la empresa.

Artículo 20. Expirada la duración máxima del contrato ningún trabajador podrá ser contratado bajo esta modalidad por la misma o distinta empresa.

V. CONTRATO DE APRENDIZAJE SIMPLE

Artículo 21. Los contratos de aprendizaje simple podrán ser convenidos entre empleadores y jóvenes de hasta veinticinco años de edad. En estos contratos el empleador se obliga a proporcionar trabajo e impartir capacitación en forma metódica durante un período determinado, brindando al aprendiz los conocimientos prácticos necesarios para el desempeño adecuado de un oficio o puesto de trabajo calificado.

Artículo 22. El empleador deberá proporcionar trabajo adecuado al aprendizaje objeto del contrato, no pudiendo emplearse el aprendiz en tareas ajenas al objeto del mismo, o que de cualquier manera defieran de su categoría laboral.

Artículo 23. El empleador nombrará un instructor de entre sus empleados que tendrá a su cargo, como máximo, tres aprendices.

Para el caso en que la empresa destine un instructor exclusivamente para esa tarea, podrán ser hasta diez los aprendices por cada instructor.

Artículo 24. El contrato de aprendizaje deberá formalizarse por escrito, haciéndose constar expresamente el objeto del mismo, la capacitación que se impartirá, los datos personales del aprendiz y su instructor, así como la especialización técnico-profesional de este último.

Artículo 25. Las partes acordarán el plazo del contrato, el que podrá fijarse entre cuatro y seis meses, teniendo en cuenta el tipo de capacitación que recibirá el aprendiz.

VI DISPOSICIONES FINALES

Artículo 26. Las empresas que contraten bajo las formas y condiciones previstas en la presente ley gozarán de las siguientes exoneraciones:

A) Aportes patronales con destino al régimen jubilatorio.

B) Aportes patronales con destino al seguro social por enfermedad.

Dichas exoneraciones alcanzarán a la materia gravada que generen las contrataciones celebradas en el marco de la presente ley y por el plazo de las mismas, a partir de la inscripción prevista en el artículo 31 de la presente ley.

Si el empleador rescindiere unilateralmente la relación laboral antes del vencimiento del plazo, y con excepción a lo dispuesto en el artículo 30 de la presente ley, deberá reintegrar al Banco de Previsión Social los aportes previstos en el presente artículo.

Dicho reintegro guardará correspondencia con el período por el cual se mantuvo la relación laboral.

Artículo 27. Cuando la extinción de la relación laboral se deba a la expiración normal del plazo acordado en las modalidades consagradas en la presente ley, los empleadores no estarán obligados al pago de indemnización por despido establecida en las normas laborales vigentes.

Artículo 28. Concluida la duración máxima de los contratos establecidos en la presente ley, ningún trabajador podrá ser contratado bajo la misma modalidad contractual, por la misma o distinta empresa.

Sin perjuicio de lo dispuesto en el inciso anterior, si el empleador rescindiere unilateralmente la relación laboral y no mediare notoria mala conducta por parte del trabajador, este último tendrá derecho a ser contratado bajo la misma modalidad por otro empleador. En este caso el nuevo contrato no podrá exceder el plazo del contrato pendiente de ejecución a la fecha de rescisión.

Artículo 29. Si al vencimiento del contrato el trabajador continúa desempeñando tareas se considerará una contratación definitiva y pasará a regirse por toda la normativa laboral y previsional vigente.

Artículo 30. Los contratos previstos en la presente ley se rescindirán sin responsabilidad alguna por voluntad unilateral del empleador durante el período de prueba.

Artículo 31. Todos los contratos que se celebren en el marco de la presente ley deberán registrarse en la Inspección General del Trabajo, la que tendrá por cometido, además, fiscalizar el debido cumplimiento de los mismos.

Artículo 32. La inobservancia de lo prescrito por la presente ley privará a las empresas de los beneficios otorgados por la misma.

Artículo 33. Todas las modalidades de contratos previstas en la presente ley serán remuneradas.

A falta de convenio colectivo del sector de actividad, de grupos de empresas o de empresa, la remuneración no podrá ser inferior al mínimo salarial de la categoría correspondiente en la empresa.

La remuneración inicialmente fijada se incrementará en la oportunidad y por los criterios aplicables al resto del personal del empleador.

Artículo 34. Las violaciones de la presente ley que se comentan por parte de los empleadores o de las instituciones de formación técnico-profesional en los casos que corresponda, serán sancionadas de acuerdo a lo dispuesto en los artículos 289, 290 y 291 de la Ley N° 15.903, de 10 de noviembre de 1987, con la redacción del artículo 289 que estableciera el artículo 412 de la Ley N° 16.736, de 5 de enero de 1996.

Artículo 35. Las disposiciones de la presente ley no serán de aplicación a las modalidades contractuales que celebren organismos públicos estatales como empleadores, con excepción de lo previsto en los artículos 11 y 26 de la presente ley.

Artículo 36. El Poder Ejecutivo deberá reglamentar la presente ley en un plazo máximo de ciento ochenta días.

Ley N° 17.230 del 7 de enero de 2000

Declárase el derecho de los alumnos mayores de quince años que concurran a establecimientos educacionales del país, a desarrollar una actividad productiva en concordancia con los objetivos educativos del desarrollo nacional.

Artículo 1°. Declárase el derecho de los alumnos mayores de quince años que concurran a establecimientos educacionales del país, a desarrollar una actividad productiva en concordancia con los objetivos educativos del desarrollo nacional.

Artículo 2°. Establécese el sistema de pasantías laborales como mecanismo regular de la formación curricular de los alumnos reglamentados del Subsistema de Educación Técnico-Profesional de la Administración Nacional de Educación Pública.

La presente disposición será también aplicable a los alumnos reglamentados de los institutos privados de educación técnico-profesional que se hallen debidamente habilitados.

Artículo 3°. El Consejo Directivo Central de la Administración Nacional de Educación Pública, a propuesta del Consejo de Educación Técnico-Profesional o del subsistema que corresponda en su caso, seleccionará entre las empresas interesadas a incorporarse al sistema a que refiere el artículo anterior, a aquellas en las que, por la tecnificación que hayan incorporado, se pueda prever un efectivo aprovechamiento teórico-práctico por parte del alumno, en su área específica de estudio.

Artículo 4°. El beneficiario de la pasantía deberá percibir por parte de la empresa respectiva una retribución íntegra equivalente a los dos tercios del salario vigente para las actividades idénticas a aquella en las que se desempeñe.

Artículo 5°. La actividad que desarrolle cada estudiante en la empresa respectiva será considerada de naturaleza técnico-pedagógica, y no será computada a los efectos jubilatorios, ni generará por sí misma derecho a permanencia o estabilidad alguna.

Artículo 6°. Cada pasantía laboral se cumplirá durante un período mínimo de tres meses, prorrogables por otros dos trimestres, en cada año lectivo, en empresas particulares cuyo giro esté vinculado a la naturaleza de los estudios que esté cursando cada alumno, y que se encuentren al día en los pagos del sistema de seguridad social.

Artículo 7°. El Consejo Directivo Central de la Administración Nacional de Educación Pública (ANEP) formalizará con las empresas referidas los convenios correspondientes, los que deberán contener cláusulas expresas sobre los objetivos a lograr, la limitación del horario de trabajo, que no podrá exceder el máximo legal, y la cobertura de los accidentes y enfermedades profesionales, así como también, la posibilidad de rescindir el contrato por parte de la empresa, cuando exista violación de la disciplina interna del establecimiento por parte del pasante.

La pasantía cesará "ipso jure" cuando el alumno pierda la calidad de reglamentado.

Artículo 8°. Los pagos a los pasantes no constituirán materia gravada para los tributos de la seguridad social ni para el Impuesto a las Retribuciones Personales.

Dichos pagos serán gastos deducibles para la determinación del Impuesto a las Rentas de la Industria y Comercio y del Impuesto a las Rentas Agropecuarias, en las condiciones y dentro de los límites que establezca el Poder Ejecutivo.

Artículo 9°. Los pasantes y los docentes acompañantes deberán ser debidamente registrados como tales por la autoridad educacional, ante las oficinas de la Inspección General del Trabajo y la Seguridad Social, con expresión del lapso autorizado en cada caso.

Artículo 10. Los pasantes podrán ser acompañados por sus docentes siempre que la empresa correspondiente lo autorice en forma expresa, todo ello, sin perjuicio de la plena vigencia de las potestades de orientación, supervisión y evaluación a cargo de la autoridad educacional.

Artículo 11. El Consejo Directivo Central de la Administración Nacional de Educación Pública (ANEP) determinará, por cuatro votos conformes, en cuales otros de sus servicios desconcentrados podrán ser aplicables los mecanismos de pasantías laborales a que refieren los artículos anteriores, así como también, las modalidades de pasantías no remuneradas que considere conveniente establecer.

Ley N° 17.296, del 21 de febrero de 2001
Apruébase el Presupuesto Nacional para el actual período de gobierno

Artículo 620. No podrán contratarse becarios y pasantes sin previa autorización expresa del Poder Ejecutivo.

Los créditos asignados para tales contrataciones serán limitativos no pudiendo aumentarse por medio de transposiciones ni refuerzos.

En el crédito autorizado se consideran comprendidos el sueldo anual complementario y las cargas legales.

Artículo 621. El Poder Ejecutivo reglamentará el régimen de contrato de beca y pasantía, en especial lo relativo a los perfiles apropiados de formación para la función, criterios de selección, de remuneración y ajuste, derechos y obligaciones y plazo.

Artículo 622. Para la contratación de pasantes y becarios, se dará preferencia a los estudiantes universitarios o del Consejo de Educación Técnico-Profesional de la Administración Nacional de Educación Pública (ANEP) o del Centro de Capacitación y Producción (CECAP). La calidad de estudiante se acreditará con la certificación por parte de un instituto oficial, habilitado o autorizado, de haber aprobado por lo menos una materia en el año anterior a la suscripción del contrato de beca o pasantía.

La convocatoria se hará por llamado público, teniendo en cuenta para su elección la escolaridad mínima exigible y el grado de avance en la carrera. A igualdad de condiciones de los postulantes, la selección se realizará por sorteo ante escribano público.

Artículo 623. La extensión máxima de los contratos de beca y pasantía que se otorguen en adelante será de doce meses incluida la licencia anual, prorrogables por hasta otro año más.

La remuneración para este tipo de contratos no superará los cuatro salarios mínimos nacionales por un régimen máximo de ocho horas diarias de labor. En caso de pactarse un régimen horario inferior, la remuneración se proporcionará al mismo.

Artículo 624. Los becarios y pasantes sólo tendrán derecho a una licencia por hasta treinta días hábiles anuales por estudio, que se prorrateará al período de la beca y pasantía si fuera inferior al año, de licencia médica debidamente comprobada, de licencia maternal y de licencia anual. Será causal de rescisión del contrato haber incurrido en cinco o más faltas injustificadas por año.

Artículo 625. El haber sido contratado bajo el régimen de beca y pasantía inhabilita a la persona a ser contratado bajo este régimen en la misma oficina o en cualquier otro órgano y organismo del Estado (Poder Ejecutivo, Poder Legislativo, Poder Judicial, Organos y Organismos de los artículos 220 y 221 de la Constitución de la República y Gobiernos Departamentales).

La unidad ejecutora contratante, previo a la suscripción del contrato, deberá consultar a la Oficina Nacional del Servicio Civil si el aspirante ha sido contratado en estas modalidades.

Toda extensión de la relación contractual que exceda lo dispuesto por esta norma, dará lugar a la responsabilidad patrimonial del jerarca de la unidad ejecutora que lo haya contratado y de quien, estando encargado en la Oficina Nacional del Servicio Civil de verificar la no reiteración de estos contratos, no informó tal circunstancia (artículo 25 de la Constitución de la República). El Poder Ejecutivo reglamentará el presente inciso en un plazo máximo de noventa días.

Artículo 626. La Oficina Nacional del Servicio Civil deberá mantener un registro actualizado con la información de los contratos de beca y pasantía.

Los jerarcas de las unidades ejecutoras solicitarán, en forma previa a la suscripción del contrato, información respecto a si el postulante no fue contratado como pasante o becario.

Suscrito el contrato de beca y pasantía deberán comunicarlo en un plazo de diez días.

Dentro del plazo de treinta días a partir de la vigencia de la presente ley, los jerarcas deberán comunicar los contratos de beca y pasantía vigentes y suscritos con anterioridad.

Artículo 627. Los becarios y pasantes, para cobrar sus haberes, deberán acreditar el haber inscripto su contrato en la Oficina Nacional del Servicio Civil, dentro de un plazo perentorio de ciento ochenta días a partir de la vigencia de la presente ley.

Decreto N° 318/998 del 4 de noviembre de 1998.
Reglaméntase la Ley 16.873 que establecía requisitos y otorgaba beneficios a empresas que incorporaran jóvenes en diferentes modalidades contractuales.

CAPITULO I.
DISPOSICIONES GENERALES

Artículo 1°. A efectos de acogerse a la ley que se reglamenta, las empresas deberán comparecer ante la Inspección General del Trabajo y de la Seguridad Social del Ministerio de Trabajo y Seguridad Social, conforme a lo que se dispondrá en los artículos siguientes.

Artículo 2°. A los solos efectos de solicitar la inscripción del contrato, se entenderá que la empresa está en situación regular de pagos cuando cuente con el certificado único vigente.

Artículo 3°. En cuanto a la situación regular de pagos con las contribuciones especiales de la seguridad social, el no envío al seguro de desempleo del personal permanente que realice iguales o similares tareas a las del joven que se va a contratar y que la empresa tenga por lo menos un año de actividad en el país, se estará a la declaración Jurada realizada por la empresa ante la Inspección General del Trabajo y de la Seguridad Social.

Artículo 4°. La inexistencia de despidos de personal permanente que realice iguales o similares tareas a las que el joven contratado vaya a realizar en el establecimiento, en el término de sesenta días previos a dicha contratación, se acreditará mediante declaración jurada ante la Inspección General del Trabajo y de la Seguridad Social.

Artículo 5°. Se considerarán tareas similares aquellas que podría haber desarrollado, dentro de su categoría laboral, el trabajador que fue despedido o enviado al seguro de desempleo.

Artículo 6°. Las empresas que no cuenten con un año de actividad en el país y que acrediten la voluntad de establecerse en el territorio nacional, mediante razones fundadas, podrán ser autorizadas por el Ministerio de Trabajo y Seguridad Social a ampararse a los beneficios de la Ley que se reglamenta. En consecuencia, el Ministerio de Trabajo y Seguridad Social evaluará los fundamentos y resolverá.

Artículo 7°. De acuerdo a lo dispuesto en el literal D del Art. 11 de la Ley N1 16.873 de 3 de octubre de 1997 el porcentaje de contratados dentro de la plantilla permanente de la empresa se apreciará al momento de la solicitud de la inscripción en el Registro. El porcentaje se acreditará mediante la exhibición de la planilla de control de trabajo, sin perjuicio de lo establecido por el Art. 31 de la Ley No 16.873 de 3 de octubre de 1997, que se reglamenta.

Artículo 8°. La inscripción de los contratos en el registro de la Inspección General del Trabajo y de la Seguridad Social se efectuará una vez que se presente el respectivo contrato escrito así como los recaudos correspondientes de acuerdo a lo anteriormente expuesto.

Artículo 9°. Los jóvenes contratados deberán ser registrados al inicio de la relación laboral en los organismos de seguridad social, de acuerdo a las normas vigentes, así como en el Banco de Seguros del Estado.

Artículo 10. A los efectos de dar cumplimiento a lo dispuesto en el art. 31 de la ley que se reglamenta se recabará información de la Administración Nacional de Educación Pública (ANEP), del Instituto Nacional del Menor (INAME) y de todas aquellas instituciones que se consideren necesarias.

Artículo 11. La Inspección General del Trabajo y de la Seguridad Social suministrará los modelos de las distintas modalidades contractuales, a ser considerados por las partes contratantes para su registración.

CAPITULO II.
CONTRATO DE PRACTICA LABORAL

Artículo 12. En el contrato de Práctica Laboral se entiende por primer empleo, la experiencia a adquirir por los jóvenes durante la práctica a realizar en un tiempo no superior a doce meses en virtud de la titulación que posean

Ninguna empresa podrá renovar el contrato bajo esta modalidad contractual.

Sin perjuicio de lo expuesto en el inciso anterior, el joven practicante podrá ser contratado por distintas empresas hasta completar el período máximo establecido por ley.

Artículo 13. Las partes podrán acordar un período de prueba no superior a la sexta parte del plazo estipulado en el contrato, de acuerdo a lo previsto en el art. 5 de la ley, el cual será contado como parte del plazo máximo previsto.

Artículo 14. A los efectos de lo dispuesto en el art. 7 de la ley, se considerará que el joven trabajador ha acreditado fehacientemente ante la empresa; haber egresado de las Universidades, centros públicos o privados de formación docente, de enseñanza técnica, comercial agraria o de servicios, con la exhibición del diploma o certificado según corresponda, dejándose constancia del mismo.

Artículo 15. A los efectos del art. 7 de la ley según corresponda, se entiende por habilitación:

a) Cuando se cumpla con los requisitos previstos en el Decreto 308/95 de fecha 11 de agosto de 1995 y sus modificativos;

b) Cuando se cumpla con los requisitos estipulados por las disposiciones reglamentarias dispuestas por la A.N.E.P. - Consejo de Educación Técnico Profesional;

c) Cuando se cumpla con los requisitos de calificación previstos en el Registro de Entidades de Capacitación existente en la Dirección Nacional de Empleo. En consecuencia, la Dirección Nacional de Empleo deberá determinar específicamente para este caso, los requisitos que deberán cumplir las Instituciones y Cursos de Formación Técnico Profesional.

CAPITULO III
CONTRATO DE BECAS DE TRABAJO

Artículo 16. A los efectos del presente decreto, se entiende por jóvenes provenientes de sectores sociales de bajos ingresos, aquellos que pertenecen a hogares cuyo ingreso mensual no supere el equivalente a 30 U.R. (treinta Unidades Reajustables)

Sin perjuicio de lo anteriormente expuesto, las Instituciones comprendidas en el marco de esta modalidad contractual, podrán identificar en forma más adecuada los beneficiarios, con datos complementarios sobre su nivel educativo, la situación ocupacional del jefe de hogar, sus condiciones habitacionales y la composición del grupo familiar.

Artículo 17. Para implementar las Becas de Trabajo se considerará una adecuada primera experiencia laboral aquella que posibilite al joven la adquisición o el desarrollo de actitudes y hábitos de trabajo que le permitan mejorar sus posibilidades de empleabilidad futura.

Artículo 18. Se consideran organizaciones no gubernamentales a las organizaciones privadas con personería jurídica que realizan actividades de promoción social, investigación, capacitación y asistencia social.

Artículo 19. En este caso las autorizaciones que otorguen ANEP, INAME e Instituto Nacional de la Juventud (INJU) a organizaciones no gubernamentales deberán ser por escrito.

Artículo 20. Las Becas de Trabajo deberán pactarse por escrito entre las empresas y las instituciones comprendidas en el marco de esta modalidad contractual, de acuerdo a lo anteriormente expuesto.

Artículo 21. Las partes podrán acordar un período de prueba no superior a la sexta parte del plazo estipulado en el contrato, de acuerdo a lo previsto en art. 12 de la ley, el cual será contado como parte del plazo máximo previsto.

Artículo 22. Las Instituciones comprendidas en el marco de esta modalidad, tendrán la facultad de supervisar en la empresa, que el desarrollo de las Becas de Trabajo cumpla con los objetivos propuestos. En el contrato que celebren las instituciones con las empresas se podrá acordar la forma en que dicha supervisión se llevará a cabo.

CAPITULO IV.
CONTRATO DE APRENDIZAJE

Artículo 23. Por oficio o profesión se entiende aquel conjunto de conocimientos, habilidades y destrezas relativas a una actividad en particular o a un sector de actividad en su conjunto comprensivo de aptitudes de más de un arte específico.

Artículo 24. De acuerdo a lo dispuesto en los arts. 15 y 16 de la ley, el contenido mínimo obligatorio del contrato de aprendizaje deberá responder al contrato tipo que a estos efectos elabore la Inspección General del Trabajo y de la Seguridad Social.

Artículo 25. De acuerdo a lo dispuesto en el art. 16 de la ley, previo al inicio del vínculo contractual, la Junta Nacional de Empleo deberá autorizar aquellos contratos de aprendizaje dirigidos por instituciones de formación técnico - profesional privadas, siempre que estén inscriptas y calificadas en el Registro de Entidades de Capacitación de la Dirección Nacional de Empleo.

Quedan exceptuados de lo anteriormente expuesto, aquellos casos de contratos de aprendizaje dirigidos por instituciones de formación técnico - profesional públicas y privadas que tengan participación pública en su dirección o que se encuentren bajo supervisión de instituciones públicas.

Artículo 26. A los efectos de la autorización prevista en el artículo anterior, la Junta Nacional de Empleo deberá expedirse en un plazo máximo de diez días hábiles.

Artículo 27. El contrato deberá indicar expresamente si la remuneración a percibir por el aprendiz comprende o no las horas o jornadas de aprendizaje teórico.

Artículo 28. Durante las horas o jornadas de aprendizaje teórico el aprendiz estará cubierto contra riesgos profesionales. En consecuencia, el contrato deberá indicar expresamente si dicha cobertura será brindada por el seguro contratado por la empresa o por la institución de formación técnico-profesional.

CAPITULO V
CONTRATO DE APRENDIZAJE SIMPLE

Artículo 29. El Contrato de Aprendizaje simple en todos los casos deberá incluir un Plan de Aprendizaje, a través del cual se especifique la capacitación que se impartirá, la especialización técnico profesional o idoneidad del instructor según corresponda y el lugar y las facilidades a otorgar al aprendiz para la formación.

Artículo 30. El plan de aprendizaje referido en el artículo anterior deberá ser autorizado por la Junta Nacional de Empleo, quien tendrá además a su cargo el seguimiento y evaluación del mismo

Artículo 31. A los efectos de la autorización prevista en el artículo anterior, la Junta Nacional de Empleo deberá expedirse en un plazo máximo de quince días hábiles.

Artículo 32 . Para el diseño del plan de aprendizaje, las empresas podrán recibir asesoramiento de las entidades de capacitación públicas o privadas inscriptas y calificadas en el Registro de Entidades de Capacitación de la Dirección Nacional de Empleo.

Artículo 33. Los jóvenes contratados bajo esta modalidad, se beneficiarán de la misma por única vez.

Artículo 34. Las partes podrán acordar un período de prueba no superior a la sexta parte del plazo estipulado en el contrato, de acuerdo a lo previsto en el Art. 25 de la ley, el cual será contado como parte del plazo máximo previsto.

Artículo 35. Los jóvenes contratados bajo esta modalidad, deberán declarar en el contrato, que no realizan al momento de la celebración del mismo, estudios en organismos públicos o privados que tengan que ver con el aprendizaje a desarrollar, ni que posean titulación al respecto.

Artículo 36. Culminado el contrato, los empleadores deberán expedir una constancia que acredite la experiencia adquirida por el joven, así como su asistencia, comportamiento y adaptación al trabajo.

CAPITULO VI.
DISPOSICIONES FINALES

Artículo 37. El incumplimiento de cualquiera de los requisitos exigidos en el Art. 1, de la ley, y 3° y 4° del presente Decreto Reglamentario, durante el transcurso de los contratos registrados, implicará la pérdida de todos los beneficios otorgados por la misma, generándose la obligación de reintegrar los aportes así como las sanciones tributarias correspondientes, a partir del momento en que se verifique el incumplimiento.

Lo anteriormente expuesto es sin perjuicio de lo previsto en los Artículos 32 y 34 de la ley que se reglamenta, así como de las sanciones que por defraudación establece el Código Tributario.

Artículo 38. En caso de rescisión del contrato, el empleador deberá comparecer ante la Inspección General del Trabajo y de la Seguridad Social, en un plazo de cinco días hábiles a efectos de comunicar dicha situación y el motivo de la misma. La no-comparecencia implicará la presunción de rescisión unilateral.

Si se probara ante la Inspección General del Trabajo y de la Seguridad Social que se configuró la notoria mala conducta del trabajador, el empleador no deberá efectuar los reintegros de aportes exonerados oportunamente. El procedimiento para evaluar si corresponde o no el reintegro de los aportes exonerados, será el previsto en el Decreto 680/

77 de 6 de diciembre de 1977 y el Decreto 500/91 de 27 de setiembre de 1991. En caso contrario, la Inspección General del Trabajo y de la Seguridad Social comunicará al Banco de Previsión Social que se ha configurado la situación prevista en el Art. 26 Inc. 3ro. de la Ley N1 16.873 de 3 de octubre de 1997, debiéndose reintegrar solamente al Banco de Previsión Social la totalidad de aportes que fueron objeto de exoneración,

Artículo 39. En caso de rescisión unilateral por parte del empleador, sin que mediare notoria mala conducta, el joven podrá celebrar con otro empleador un nuevo contrato, el que no podrá exceder el plazo pactado, descontando el tiempo transcurrido en el contrato anterior.

Artículo 40. Sin perjuicio de lo dispuesto en el Art. 30 de la Ley que se reglamenta el empleador deberá abonar los rubros salariales pendientes generados durante la relación laboral.

Artículo 41. En cualquiera de las modalidades previstas por la Ley No. 16.873 no se podrá contratar jóvenes en calidad de destajistas.

Artículo 42. A todos los efectos de la Ley No. 16.873 de 3 de octubre de 1997 créase el Registro de Contratos de Formación e Inserción Laboral para Jóvenes, en la órbita de la Inspección General del Trabajo y de la Seguridad Social el que tendrá como cometido la inscripción de los contratos celebrados bajo cualquiera de las modalidades previstas por la ley y realizar el control de legalidad de los mismos.

Artículo 43. En caso de rescisión del contrato por voluntad del joven contratado, así como durante el período de prueba, el empleador, no deberá reintegrar los aportes oportunamente exonerados.

Artículo 44. Los jóvenes no podrán beneficiarse por mas de una de las modalidades contractuales previstas en la ley 16.873.

Artículo 45. El joven contratado a través de cualquiera de las modalidades previstas por la ley que se reglamenta tendrá derecho a presentar una denuncia ante la Inspección General del Trabajo y de la Seguridad Social, en caso de que la empresa o el instituto de formación técnico - profesional no cumplan con las obligaciones establecidas en el contrato.

Decreto N° 211/993 del 12 de mayo de 1993

Capítulo I
ORIENTACIÓN LABORAL

Artículo 1°. A los efectos de la presente reglamentación, se entiende por orientación laboral la entrega de información que facilite la elección de una profesión, actividad u ocupación en relación a la evolución del mercado de trabajo, así como la relacionada con los estudios que permitan lograr una adecuada capacitación o formación y de las entidades encargadas de proporcionarla .

Artículo 2°. Dicha orientación laboral tendrá como cometidos:

A - Identificar los niveles de calificación de las personas que buscan empleo o deseen mejorar sus condiciones actuales de trabajo.

B - Informar y orientar a los trabajadores sobre las oportunidades del mercado laboral, especialmente en los siguientes aspectos:

1. Las profesiones, oficios u ocupaciones que existan en el mercado laboral y que puedan ser elegidas considerando tanto sus propias características como las del medio socio-laboral en que se desarrolle.

2. Las aptitudes, destrezas y habilidades que requiere una determinada ocupación para un desempeño laboral adecuado.

3. Las acciones o cursos de capacitación que puedan seguirse para lograr un desempeño apropiado a las exigencias del mercado laboral y las entidades que los imparten.

4. Los salarios promedios percibidos por los trabajadores de diferente calificación en diversas ocupaciones o profesiones.

Artículo 3º. Le corresponderá a la Dirección Nacional de Empleo realizar acciones de orientación laboral a través de sus oficinas regionales, coordinando con los organismos nacionales, municipales o locales que ejecuten actividades afines.

Capítulo II
DE LA RECAPACITACIÓN LABORAL
Sección I - Conceptos Generales

Artículo 4º. Se entiende, a los efectos de este reglamento, por recapacitación laboral, el proceso a través del cual se pretende reincorporar a un trabajador al mercado laboral, cuando teniendo una especialidad que usa en su trabajo, por diversas razones se ve impedido de aplicarla, siendo necesario para su reinserción cambiar o complementar dicha especialidad.

El objetivo de los programas de reconversión será, principalmente, alcanzar el desarrollo de nuevas capacidades para el empleo y perfeccionar aquellas con que cuente el trabajador.

Artículo 5º. Los programas de reconversión laboral comprenderán aquellas actividades de instrucción, que persigan una adecuada preparación para el desempeño de un trabajo, actividad u oficio y deberán tener objetivos de aprendizaje evaluables, en función de contenidos ocupacionales seleccionados y jerarquizados, acompañadas por el uso de técnicas metodológicas adecuadas.

Artículo 6º. La Junta Nacional de Empleo, atendiendo a las diversas necesidades de recapacitación de los trabajadores, podrá seleccionar los cursos existentes ofrecidos por las entidades capacitadoras, o requerir de éstas la realización de cursos específicos que se adecuen a los objetivos de recapacitación perseguidos.

Artículo 7º. El trabajador que sin causa justificada abandone el curso o no alcance en el mismo el mínimo de asistencia establecido por la entidad capacitadora, perderá todo beneficio y para su reingreso al sistema requerirá resolución unánime de la Junta.

Sección II - De los beneficiarios

Artículo 8º. Serán beneficiarios de las prestaciones establecidas en el art. 327 de la Ley 16.320, los trabajadores desocupados en forma total o parcial, que a la fecha de entrada en vigencia del presente decreto estén amparados a la Ley 15.180 del 20 de agosto de 1981, y que: a) requieran una recapacitación; b) hayan sido seleccionados por la Junta Nacional de Empleo para acceder a un programa de recapacitación; c) asistan a los cursos de formación profesional que les fueran adjudicados.

Artículo 9º. Para ser aspirante al sistema de recapacitación, los trabajadores descriptos en el artículo anterior deberán presentar ante las oficinas de la Dirección Nacional de Empleo, la siguiente información:

a) datos personales,

b) empresa a la que pertenece o pertenecía y rama de actividad;

c) causal de la suspensión o del despido,

d) antecedentes laborales (categoría , ingreso , tipo de contratación , etc .),

e) perfil educativo,

f) historia ocupacional,

g) recibo de pago de la Dirección de los Seguro de Desempleo.

Artículo 10º. Todo aquel que proporcione datos falsos, o que por otro medio fraudulento simulare su situación real, perderá los derechos de ingreso al sistema y el goce de los beneficios que estuviere percibiendo, sin perjuicio de las sanciones penales que pudieran corresponderle y no podrá volver a solicitar su reingreso al mismo.

Artículo 11. Los programas que diseñe la Junta Nacional de Empleo, atenderán preferentemente a los trabajadores desocupados como consecuencia de la incorporación de nuevas tecnologías u otros procesos de reconversión.

Artículo 12. Para la admisión al sistema de recapacitación laboral, se llevará a cabo una entrevista personal del aspirante luego de la cual, se realizará una evaluación a los efectos de determinar si en necesaria su recapacitación.

Artículo 13. Diagnosticada su necesidad de recapacitación, los aspirantes serán precalificados con el objeto de determinar cuáles accederán directamente al programa y cuáles requerirán un informe posterior. En el primer caso se determinarán cuáles serán los cursos que deberían realizar teniendo en cuenta las exigencias del mercado de trabajo.

En el segundo caso dicho informe será efectuado por la Dirección Nacional de Empleo y elevado a la Junta para su resolución. Esta precalificación tiene como finalidad permitir que los trabajadores inscriptos con mayores necesidades socio-económicas y dificultades de reinserción laboral, accedan en forma inmediata al programa.

Artículo 14. Aquellos casos en los cuales no se aconseje la recapacitación, serán estudiados por la Junta, quien resolverá en definitiva.

Artículo 15. La Dirección llevará la nómina de trabajadores desocupados que aspiren a ser beneficiarios del sistema, manteniendo informada a la Junta acerca del número de trabajadores registrados, aspirantes y beneficiarios, para ser tenida en cuenta en la planificación de la adjudicación del subsidio y de los cursos.

Artículo 16. Los trabajadores podrán reingresar al sistema luego de 5 años de comenzada su primera recapacitación, o en casos especiales cuando la Junta se expida en forma unánime.

En caso de cambios tecnológicos acelerados, la Junta Nacional de Empleo podrá sugerir al Poder Ejecutivo la reducción del plazo previsto en el inciso anterior.

Artículo 17. El trabajador deberá acudir a las entrevistas que se dispongan, previa notificación en debida forma. En caso de no concurrencia, se reiterará la citación bajo apercibimiento de ser eliminado de la nómina de aspirantes, salvo causa de fuerza mayor justificada.

Artículo 18. Cuando una empresa tome a un trabajador recapacitado, en régimen de exoneración previsto en la ley que se reglamenta, no podrá despedirlo dentro de los primeros seis meses de trabajo, salvo notoria mala conducta. Esta contratación deberá registrarse en el Libro Único de Trabajo, dejando constancia del período de prueba, que no podrá exceder de 15 días.

Se entiende autorizado, el período de prueba, mediante el asiento en el Libro Único de Trabajo.

Artículo 19. En el caso de que el personal recapacitado sea reincorporado por la misma empresa, ésta reembolsará al Fondo de Reconversión Laboral, los gastos de recapacitación. A tales efectos, la Empresa o el trabajador deberán comunicar a la Junta Nacional de Empleo la fecha de la reincorporación. Una vez que la Junta Nacional de Empleo le notifique el costo de la recapacitación, la empresa contará con un plazo de sesenta días para depositar en la cuenta del Banco Hipotecario del Uruguay el importe que corresponda y acreditar su pago ante la Junta Nacional de Empleo.

Artículo 20. Cuando las empresas prevean el envío de personal al Seguro por Desempleo, por las causales establecidas en el Art. 332 de la Ley 16.320, con una antelación de treinta días a la desocupación forzosa , presentarán ante la Junta Nacional de Empleo, programas de reconversión productiva y recapacitación laboral .

En tal caso se priorizarán en lo posible aquellos programas que hayan sido acordados con los trabajadores, concediéndose los beneficios que otorga el sistema con carácter de urgente.

Sección III - Procedimiento de adjudicación de cursos

Artículo 21. La Junta seleccionará a las entidades capacitadoras que ofrezcan mejores condiciones para el logro de los objetivos propuestos en el programa de la recapacitación laboral, en especial en lo que tenga relación con las metas del curso, infraestructura, tecnología aplicada y nivel de calificación de los instructores. La ejecución de los programas se realizará mediante un contrato a formalizarse entre la Dirección Nacional de Empleo y las entidades previamente seleccionadas.

Artículo 22. La elaboración de las bases de los llamados, así como toda otra actividad relacionada con los cursos , su supervisión y el seguimiento estará a cargo de la Junta Nacional de Empleo , para lo cual la Dirección Nacional de Empleo suministrará los recursos humanos y materiales necesarios .

Sección IV - De las entidades capacitadoras

Artículo 23. Se entiende como capacitadores, a los efectos de la presente reglamentación, a las entidades públicas o privadas, nacionales o extranjeras que acrediten solvencia para impartir capacitación a través de acciones o cursos.

Artículo 24. Dichas entidades deberán poseer los siguientes requisitos para ser seleccionadas:

a) Contar con personería jurídica.

b) Acreditar, por medio de sus estatutos, que la capacitación o formación profesional, son parte de sus objetivos.

c) Acreditar que se dispone de la infraestructura necesaria para el adecuado desarrollo de sus actividades o cursos, en especial de los recursos materiales y humanos idóneos .

No obstante, la Junta Nacional de Empleo, en casos calificados, podrá, por resolución fundada, eximir de algunos de los requisitos contemplados en los literales anteriores a las entidades que impartan actividades de capacitación.

Artículo 25. La Dirección Nacional de Empleo llevará un registro de las entidades capacitadoras. A tales efectos, dichas entidades deberán proporcionar oportunamente la información que se les requiera.

Artículo 26. Las entidades capacitadoras, a los efectos de su registro, deberán presentar en sus propuestas los siguientes elementos:

a) Nombre, objetivos y contenidos de las actividades de capacitación que se proponen.

b) Metodología a emplear en los cursos.

c) Infraestructura física, materiales y equipos a utilizar en el proceso de instrucción.

d) Aptitudes y condiciones de ingreso de los participantes .

e) Antecedentes sobre idoneidad y competencia de los instructores.

f) Número de participantes por curso.

g) Número total de horas por curso y, de corresponder, su distribución en horas teóricas y prácticas.

h) Requisitos de aprobación.

i) Presupuesto detallado del costo de la actividad .

j) Toda otra información que la Junta Nacional de Empleo considere conveniente solicitar.

Artículo 27. La Dirección Nacional de Empleo, previo dictamen de la Junta, eliminará del Registro a la entidad capacitadora que incurra en las siguientes infracciones:

a) Cuando dejare de cumplir con los requisitos por cuyo mérito se le otorgó la inscripción.

b) Por incumplimiento de las normas de la presente reglamentación.

Artículo 28. En los casos de incumplimientos previstos en el artículo anterior, la Dirección Nacional de Empleo rescindirá el contrato y no se podrá reclamar el pago de los cursos en ejecución.

Capítulo III
BENEFICIO EXTRAORDINARIO

Artículo 29. Por el plazo que dure la recapacitación, el trabajador percibirá una prestación adicional a la establecida por el artículo 6° del Decreto-ley N° 15.180. Dicho beneficio tendrá naturaleza de beca y estará exonerado de los aportes a la Seguridad Social y de Impuesto a las Retribuciones Personales.

Dicha prestación se fijará en un porcentaje del monto mensual del subsidio por desempleo, determinado por la Junta Nacional de Empleo en forma unánime, atendiendo a las condiciones establecidas en el art. 327 lit. b) de la Ley 16.320.

Artículo 30. Para la determinación del porcentaje se tendrá en cuenta:

a) la cantidad de trabajadores a recapacitar en ese momento y el cálculo actuarial de la demanda futura,

b) la disponibilidad del Fondo de Reconversión Laboral.

Artículo 31. Para propender a un tratamiento igualitario a los beneficiarios del sistema en el otorgamiento del subsidio, la Junta deberá crear y mantener un Fondo de Reserva para atender demandas futuras o un crecimiento eventual de éstas, excluyéndose el 5% establecido en el art. 324 lit. i) de la ley que se reglamenta.

La fijación del monto afectado al Fondo de Reserva estará a cargo de la Junta, la que decidirá en forma unánime.

Artículo 32. La beca será percibida por el beneficiario mientras dure la recapacitación, aún cuando haya vencido el amparo al Seguro por Desempleo.

Artículo 33. La beca se abonará mensualmente en la Dirección Nacional de Empleo, contra la presentación por parte del trabajador de un certificado de asistencia regular al curso respectivo.

Artículo 34. Los capacitadores están obligados a expedir al trabajador constancia de asistencia a los cursos.

Capítulo IV
LA JUNTA NACIONAL DE EMPLEO

Artículo 35. La Junta Nacional de Empleo se integrará por tres miembros y será presidida por el Director Nacional de Empleo.

La organización sindical más representativa y el sector patronal, propondrán al Poder Ejecutivo para la designación de sus representantes, un titular y dos alternos para los casos de acefalía o suplencia.

Artículo 36. La Junta Nacional de Empleo fijará su régimen de sesiones.

Artículo 37. El Ministerio de Trabajo y Seguridad Social, proporcionará la infraestructura y los funcionarios necesarios para el cumplimiento de sus funciones.

Artículo 38. Las resoluciones de la Junta Nacional de Empleo se adoptarán por mayorías, a excepción de aquellas que:

a) impliquen afectación de los recursos que administra,

b) la prevista en el penúltimo inciso del art. 327 de la ley 16.320

c) la establecida por el art. 326 inc. 2º.

Capítulo V
DISPOSICIONES GENERALES

Artículo 39. Delégase en el Ministerio de Trabajo y Seguridad Social la suscripción de contratos de préstamo o donación de organizaciones nacionales e internacionales, con destino al Fondo de Reconversión Laboral . Esta autorización no podrá a su vez ser objeto de subdelegación.

Artículo 40. Los empleadores que tomen personal del sistema de reconversión laboral, estarán exonerados durante los primeros noventa días de la relación laboral de abonar los aportes patronales correspondientes y deberán verter el equivalente al 50% del monto exonerado al Fondo de Reconversión Laboral.

A tales efectos, las empresas verterán dicho monto en la cuenta correspondiente en el Banco Hipotecario del Uruguay dentro de los 120 días siguientes a contar de la fecha de ingreso a la empresa del trabajador recapacitado.

Artículo 41. La Dirección Nacional emitirá a las empresas los certificados correspondientes para proceder a la exoneración.

Capítulo VI
DE LAS INFRACCIONES

Articulo 42. Las infracciones de las empresas a lo dispuesto en el presente decreto y a la ley que se reglamenta , se sancionarán de acuerdo con el régimen establecido por el art. 289 de la Ley 15.903 del 10 de noviembre de 1987 .

Las sanciones serán impuestas por la Dirección Nacional de Empleo, previo asesoramiento de la Junta Nacional de Empleo.

Decreto N° 344/001, del 28 de agosto de 2001.
Reglamentario de los artículos 620 y siguientes de la ley N° 17.296.
Contratos de beca y pasantía

Artículo 1. Los organismos comprendidos en los Incisos 02 al 15 del Presupuesto Nacional previo a la suscripción de los contratos de beca y pasantía previstos en los artículos 620 y siguientes de la Ley N⁰17.296 de 21 de febrero de 2001 deberán recabar en forma preceptiva la autorización del Poder Ejecutivo.

Los créditos asignados para tales contrataciones serán limitativos no pudiendo aumentarse por medio de trasposiciones ni refuerzos.

En el crédito autorizado se considerarán comprendidos el sueldo anual complementario y las cargas legales.

Los contratos de beca o pasantía suscritos con anterioridad a la aplicación de la Ley N⁰17.296 de 21 de febrero de 2001, así como sus respectivas prórrogas, continuarán rigiéndose por los convenios oportunamente celebrados.

Artículo 2. En los contratos de becas y pasantías, la Administración dará preferencia a los estudiantes universitarios o del Consejo de Educación Técnico Profesional de la Administración Nacional de Educación Pública (ANEP) o del Centro de Capacitación y Producción (CECAP) del Ministerio de Educación y Cultura (MEC), otorgando a los estudiantes de dichos centros educativos Un puntaje básico del 20% del total asignado en las bases del llamado.

Artículo 3. La convocatoria para la contratación de pasantes y becarios se hará por llamado público que deberá publicarse en el Diario Oficial, en un diario de circulación nacional y en el sitio WEB de cada organismo.

Los Jerarcas de los respectivos organismos establecerán, previo al llamado los perfiles apropiados de formación para la función que deberán cumplir.

Será responsabilidad del organismo contratante la instrumentación del llamado, inscripción, contralor previo de los requisitos documentales de carácter legal contenidos en el artículo 622 de la Ley N⁰17.296 de 21 de febrero de 2001, selección y eventualmente el sorteo.

La Oficina Nacional del Servicio Civil, a requerimiento del Organismo, podrá asesorar en todo aquello que le fuere solicitado.

Artículo 4. El postulante deberá acreditar ante el organismo que realiza el llamado, su calidad de estudiante, nivel de estudio alcanzado y exámenes rendidos, mediante certificado expedido por el instituto correspondiente, debiendo haber aprobado por lo menos un examen en el año anterior a la fecha de inscripción.

Artículo 5. El proceso de selección deberá asegurar la existencia de una adecuada correlación entre las tareas a desempeñar por el postulante y la idoneidad técnica acreditada por el mismo.

A tales efectos la Administración deberá puntuar, entre otros factores directamente vinculados con las actividades o tareas a desempeñar, la regularidad en los estudios y calificación promedio de su actuación curricular.

Cuando dos o más postulantes hayan obtenido igual puntuación en el proceso de selección, el organismo de que se trate deberá proceder al sorteo entre ellos ante Escribano Público y siempre que el número de contratos previsto en el llamado sea inferior al de postulantes igualados en el primer lugar del orden de prelación.

Artículo 6. El haber sido contratada bajo el régimen de beca y pasantía inhabilita a la persona a ser contratada baje este régimen en la misma oficina o en cualquier otro órgano y organismo del Estado (Poder Ejecutivo, Poder Legislativo, Organos y Organismos de los artículos 220 y 221 de la Constitución de la República y Gobiernos Departamentales) conforme lo dispuesto en el inciso 1° del articulo 625 de la ley que se reglamenta.

El organismo contratante previo a la suscripción del contrato deberá recabar el informe preceptivo de la Oficina Nacional del Servicio Civil, respecto a la habilitación del aspirante para contratar en dicha modalidad.

La inobservancia de lo dispuesto precedentemente dará lugar a las responsabilidades establecidas en el inciso 3° del artículo 11° de este Decreto.

Artículo 7. Una vez suscrito el contrato de beca o pasantía el organismo deberá comunicarlo en el término de diez días al Registro de Contratos de Becas y Pasantías en la Administración Pública.

Artículo 8. El régimen que se reglamenta no otorga la calidad de funcionario público al beneficiario, el contrato será a término, revocable por parte del organismo contratante y renovable por el término legal siempre que subsistan las necesidades del servicio que lo motivó y el rendimiento del beneficiario haya sido satisfactorio a criterio de la autoridad correspondiente.

Artículo 9. El usufructo de una beca e pasantía en la Administración Pública es incompatible con el desempeño de cualquier cargo público remunerado con excepción de los cargos docentes, de conformidad con lo establecido en el artículo 33 de la Ley N° 11.923 de 27 de marzo de 1953.

Artículo 10. La remuneración de los contratos de beca y pasantía no superará los cuatro salarios mínimos nacionales por un régimen máximo de ocho horas diarias de labor. En caso de pactarse un régimen horario inferior, la remuneración se proporcionará al mismo.

El reajuste de dichas remuneraciones se hará en la misma oportunidad y forma que el de los funcionarios públicos del organismo contratante no pudiendo sobrepasar en ningún caso el límite previsto en el inciso precedente.

Artículo 11. Los contratos de Becas y Pasantías con personas que se inicien como pasantes o becarios a partir de la vigencia de la Ley N° 17.296 de 21 de febrero de 2001, no podrán exceder los doce meses de duración a partir de la fecha de suscripción, pudiendo ser prorrogables por hasta un año más, debiendo acreditar haber aprobado una materia en el año anterior al periodo de prórroga.

Los plazos inferiores al máximo establecido se pactarán de conformidad con las necesidades del organismo contratante.

Toda extensión de la relación contractual que exceda lo dispuesto en la norma legal que se reglamenta dará lugar, en caso de haber obrado con culpa grave a dolo, a la responsabilidad patrimonial del jerarca de la Unidad Ejecutora que lo haya contratado y del Director del Registro de Contrates de Becas y Pasantías en la Administración Pública de la Oficina Nacional del Servicio Civil, ello sin perjuicio de las sanciones administrativas que puedan corresponder.

Artículo 12. Sin perjuicio de lo dispuesto en el artículo 7º del presente Decreto, los becarios y pasantes que suscriban contrato a partir de Ia vigencia de la Ley Nº 17.296 de 21 de febrero de 2001, a los efectos del cobro de sus haberes, deberán acreditar la inscripción de su contrato en el Registro de Contratos de Becas y Pasantías en la Administración Pública a cargo de la Oficina Nacional del Servicio Civil, en un plazo máximo y perentorio de 90 días corridos a partir de la suscripción del mismo.

Artículo 13. El becario o pasante tendrá derecho a usufructuar una licencia ordinaria de veinte días hábiles por el año de contratación, la que se computará dentro de dicho periodo. Si el lapso del contrato fuere menor al año, aquella se prorrateará al período correspondiente.

Asimismo, tendrán derecho a licencia por estudios hasta un máximo de treinta días hábiles, anuales computables dentro del período del contrato y de acuerdo al criterio de prorrateo señalado precedentemente. El organismo contratante deberá exigir la acreditación del examen rendido.

A los efectos del otorgamiento de licencias por enfermedad los becarios o pasantes que por razones de salud no puedan concurrir a prestar funciones deberán dar aviso en el día al Jefe respectivo quien lo comunicará de inmediato al Servicio de Certificaciones Médicas correspondiente.

La licencia por maternidad se regulara de acuerdo a lo dispuesto en los artículos 24 y 25 de la Ley Nº 16.104 de 23 de enero de 1990.

Artículo 14. Será causal de rescisión del contrato de beca a pasantía haber incurrido en cinco o más faltas injustificadas en el año.

Artículo 15. Cométese a la Oficina Nacional del Servicio Civil la organización, administración y control del Registro de Contratos de Becas y Pasantías en la Administración Pública, el que mantendrá actualizada toda la información relativa a los contratos suscritos bajo dicha modalidad.

Artículo 16. Comuníquese, publíquese, etc.

ÍNDICE GENERAL

Segunda parte
DERECHO ADMINISTRATIVO DE LA FORMACIÓN PROFESIONAL

500.08.2003

Este libro
se terminó de imprimir en el
Departamento de Publicaciones de Cinterfor/OIT
en Montevideo, agosto de 2003

Hecho el depósito legal número 330.687 /2003

www.ingramcontent.com/pod-product-compliance
Lightning Source LLC
Chambersburg PA
CBHW060326200326
41519CB00011BA/1846